PROYECTO, TEORÍA E HISTORIA
en las modernidades europeas
en el siglo XX

Del Valle, Luis
Proyecto, teoría e historia en las modernidades europeas en el siglo XX
- 1a ed. - Ciudad Autónoma de Buenos Aires : diseño, 2024.
544 p. ; 21×15 cm

ISBN 978-1-64360-918-8

1. Historia de la Arquitectura. 2. Arquitectura. 3. Urbanismo. I. Título

---

DISEÑO GRÁFICO
Karina Di Pace

Hecho el depósito que marca la ley 11.723

La reproducción total o parcial de esta publicación, no autorizada por los editores, viola derechos reservados; cualquier utilización debe ser previamente solicitada.

© 2024 de la edición, diseño editorial

ISBN 978-1-64360-918-8

Noviembre de 2024

PROYECTO, TEORÍA E HISTORIA
en las modernidades europeas en el siglo XX

LUIS DEL VALLE

diseño

ÍNDICE

Introducción	9
1. APROXIMACIONES A LA PROBLEMÁTICA DE LO MODERNO. UNA DIVERSIDAD DE MODERNIDADES	17
Sobre algunos despliegues de las nociones de lo Moderno	19
2. EL PROYECTO MODERNO EN ARQUITECTURA	41
3. EL ESTATUTO DE LA OBRA MODERNA	69
Los principios de la autonomía y la problemática formal	71
Sobre los conceptos de Composición y de Configuración	85
Sobre la Tipología	91
Montaje	101
Montaje y Espacio	135
4. OTRAS MODERNIDADES ARQUITECTÓNICAS	143
Estudio de casos	145
4.1. Expresionismo	151
4.2. Modernidad y Tradicion Clásica	207
Adolf Loos y los límites del lenguaje	216
Le Corbusier y el difícil conjunto	234
Mies van der Rohe y la tecnificación de la esencia	296
Giuseppe Terragni y el Ordo Humanista	333

4.3. Modernidad. Regionalismo	347
Le Corbusier. La estetización de lo vernáculo	358
Aino Marsio, Elissa Mäkiniemi y Alvar Aalto. Cultura y naturaleza	402
4.4. Modernidad y Esoterismo	441
Modernidad y tradición esotérica en Arquitectura	450
El lado oscuro de la Bauhaus	457
Le Corbusier y la figura del demiurgo	463
4.5. Periferias críticas de la disciplina	493
Bibliografía	535

INTRODUCCIÓN

Ha pasado ya más de un siglo de las primeras formulaciones y experiencias de lo llamado Moderno para el siglo XX y, no obstante, tales despliegues alcanzan hoy un cierto nivel de vigencia. Diversas formas de esos desarrollos mantienen en la actualidad una presencia. Lo Moderno como prosecución de los debates teóricos y críticos, como su conversión en un repertorio acrítico propio de ciertos planteos de tipo más profesionalista, como material histórico para la indagación proyectual, como interés filológico, como parte de una formación académica aún atada a postulados sin la necesaria revisión crítica: son éstas algunas de las expresiones que enfrentan a las construcciones contemporáneas con aquellas formuladas en el siglo pasado. Para interpelarlas, para fosilizarlas, o simplemente para ignorarlas. Una condición que tuvo a finales de ese siglo los llamados debates entre Modernidad y Posmodernidad, en los que los diferentes autores –Habermas, Berman, Lyotard, Wellmer, Anderson, Huyssen, Maldonado, Piñón, Montaner, entre muchos otros– no lograron un acuerdo acerca de si estábamos en presencia de un cambio de época y de paradigma, por el cual lo Posmoderno venía a superar y dar por finalizado el ciclo de lo Moderno, o si en realidad no se trataba de otra cosa que de una fase más dentro de los despliegues de la propia Modernidad.

No es el propósito de este trabajo dilucidar o tomar postura en tales cuestiones, acerca de la superación o la continuidad de lo Moderno.

En nuestro caso, nos interesa volver a indagar en la producción de esa Modernidad del XX, pero no como parte de un nuevo abordaje histórico, como reflexión en un nuevo tiempo sobre los hechos o fenómenos históricos de un cierto período o forma de producción, menos aún desde una descripción histórica y dentro de las concepciones de un sentido historicista. Lo que nos resulta significativo para esta incursión es reflexionar sobre las relaciones entre historia, teoría y proyecto desde este, otro momento. Proponer una mirada no desde el exclusivo conocimiento histórico sino desde un conocimiento proyectual integrado al de la historia y al de la teoría.

En muchos casos la historia de la arquitectura ha estado signada por la historia social, de la cual tomó sus procedimientos o categorías de análisis, lo mismo que de la historia del arte. Historias vinculadas a las superestructuras ideológicas que determinaban la producción disciplinar, o historias elaboradas desde la mera concepción estilística. En otros, el abordaje se ha efectuado desde las problemáticas de la forma, interpretaciones en gran parte dadas por las teorías del Formalismo o de la Pura Visualidad, y que referían a los desenvolvimientos de la arquitectura desde la más plena autonomía y en una hilación o continuidad a través de distintos momentos a lo largo del tiempo dentro de una prosecución transhistórica.

Pevsner, Giedion, Collins, Zevi, Kaufmann, Argan, Benévolo, De Fusco, Tafuri, Frampton, Norberg-Schulz, Rowe, Colquhoun, Agacinski, Rivera, Colomina, St. John Wilson, Fernández, Liernur; historiadores y críticos que construyeron y legitimaron diferentes miradas sobre la arquitectura moderna en el siglo XX. Un aporte que la disciplina de ninguna manera puede desdeñar o simplificar. Todos ellos fueron o son actores fundantes y relevantes de la producción del siglo XX, de sus diversos orígenes, características, principios y sistemas de valoración. Interpretaciones acerca de la Modernidad que ahondaban en sus aspectos ontológicos, axiológicos y teleológicos, en las definiciones respecto de su entidad, de sus principios formativos y de sus propósitos u objetivos.

Pero llamativamente, ninguno de ellos o de ellas se desempeñó más puntualmente como proyectista. Todas sus construcciones e interpretaciones se hicieron desde la especificidad de la historia o de la crítica como una forma específica de conocimiento. La autonomía de la historia o de la crítica ha operado precisamente dentro de su propia especificidad, en muchos casos dirigida a un profesional especialista en la historia y con muy relativa presencia en el campo proyectual. En otros, ha servido en la formación de la gran mayoría de los profesionales pero institucionalizando así mismo una visión apodíctica o cerrada respecto de la Modernidad. Una Modernidad comprendida o adoptada como modelo prefigurado o legitimado, como un repertorio unívoco, sin dar cuenta del espacio dado a su complejidad y heterogeneidad, de sus ambigüedades y ambivalencias. En el mejor de los casos, y en referencia al campo de lo proyectual, la historia de la Modernidad pudo cumplir con una función operativa, ser un instrumento para una aplicación la más de las veces acrítica, o una instancia subsidiaria respecto de un supuesto tronco profesionalista de la profesión. Este lugar de la historia desde su propia especificidad coincide, en cierto modo, con la llamada crítica literaria acuñada por Tafuri[1] a fines de los años sesenta. Era en oposición a su otro término, el de la crítica operativa, que el historiador italiano postulaba que solamente desde fuera del propio discurso y práctica proyectual podía efectuarse una verdadera interpretación crítica de los fenómenos y producciones puestos en juego.

---

[1] Tafuri, Manfredo. *Teorías e Historia de la Arquitectura*. Madrid. Ediciones Celeste. 1997. (El original de 1968)

Parte de estas visiones sobre la Modernidad, o para ser más precisos, de las diversas Modernidades, ha constituido lo que se ha definido como una historia canónica, aquella que sentó una serie de principios y de producciones en base a un paradigma de pretensión universal, instituyendo y legitimando formaciones y desdeñando otras. Junto a estas, se encuentran también aquellas que han configurado una versión más compleja y heterogénea respecto de aquello que constituiría lo Moderno, poniendo de manifiesto sus ambivalencias, ambigüedades, fantasmagorías, caras ocultas o contradicciones internas.

El propósito de este trabajo apunta a dos aspectos diferentes y complementarios.

Por un lado, intentar recoger o continuar con esa tradición crítica de lo específico de las construcciones históricas, proponer una disección de los fenómenos analizados, esa idea de un corte en el sentido foucaultiano –"… la ciencia no está hecha para comprender sino para cortar"–[2] que permite introducirnos, desmontar y volver a reconfigurar.

Por el otro, integrar o entrecruzar el conocimiento histórico con el proyectual, entendido éste como una forma de conocimiento y de construcción de la realidad que posee sus propias especificidades. Pero una especificidad ajena al pragmatismo y que se propone como un instrumento crítico y en los acuerdos y las tensiones entre autonomía y heteronomía, entre proyecto y cultura. El conocimiento proyectual que es capaz de ejercer aquella crítica operativa con todo su potencial de interpelar no solo a los propios modos de producción específicos sino así mismo a los contextos y sistemas con los que interactúan.

A diferencia de lo que pensaba Tafuri en los años setenta, en las últimas dos o tres décadas, la crítica proyectual o

---

[2] Foucault, Michel. *Nietzsche, Freud, Marx*. Barcelona. Anagrama. 1970. (El original de 1967 sobre una ponencia del autor de 1964)

las construcciones críticas formuladas desde el propio proyecto han generado toda una interpelación y revisión de los modos de lo proyectual específico sino también de sus relaciones con un medio dado o respecto de esos contextos de producción socio-cultural. Ya no navegan, muchas de esas producciones, en un mero formalismo o en un espacio incapaz de interpelar a la realidad o a sus representaciones, sino que pueden encarnar una capacidad crítica desde sus propias dimensiones de lo proyectual.

El trabajo de la crítica –tanto desde el discurso de la historia como desde el proyecto– funciona como una suerte de papel tornasol que sirve para descomponer, catalizar, analizar y comprender los fenómenos de la arquitectura. Los mismos nunca se presentan como cosas hechas, como algo formado previamente para quien quiera conocerlas. Se trata de un mundo inagotable, sobre el cual el rol de la historia y el del proyecto se presentan como un perpetuo producir. Por parte de la historia, como el ya mencionado desmontaje, disección y rearmado de los hechos y de lo producido, en una tensión permanente entre el análisis y la interpretación y los objetos analizados. Por parte del proyecto, construyendo desde sus propios materiales y en tensión con su exterior una conformación crítica, un dar forma o acto formalizador –en definitiva, de eso se trata el proyecto, el de dar forma en tanto entidad a algo que todavía no existe– que rehúye de las reproducciones de lo ya establecido. Así, el conocimiento crítico-interpretativo pone en movimiento una producción de sentido en relación a, y no como descubrimiento de un sentido que existe previamente. El conocimiento como construcción.

En las articulaciones entre contexto y objeto, el desplazar la investigación hacia las condiciones del marco contextual no alcanza. El contexto nunca da un estatuto de verdad a la obra, nunca la explica en su totalidad. Ninguna obra refleja un contexto o una ideología, siendo así mismo que las teorías del reflejo ya han sido largamente superadas. Entre objeto y contexto se despliega un margen ambiguo, ya que ese marco puede comprender un cierto conjunto de características —sociales, políticas, económico-productivas, sagradas o culturales— pero las mismas siempre se revelan como inestables, complejas, plurales. Es lo que, de manera similar, Didi-Huberman[3] ha incorporado al trabajo del historiador como lógica del *anacronismo*. La obra ya no es exclusivamente el producto de su tiempo histórico, no está dominada ni explicada solamente por un momento de pertenencia o de un *zeitgeist*, una eucronía o coincidencia temporal entre obra y momento histórico, sino que es el producto de un montaje de diferentes tiempos, de diferentes procedencias y materiales que se integran en ella.

Siguiendo un razonamiento de Carlo Ginzburg, Tafuri señalaba en la Introducción a *La Esfera y el Laberinto*[4] las similitudes entre el trabajo de investigación en la historia y las figuras del rompecabezas y del laberinto. El rompecabezas como aquel trabajo de reconstrucción de una totalidad a partir de fragmentos que en su disposición van encontrando una lógica o un orden. O un laberinto, que en su oculta organización se opone a la transparencia de su solución, del mismo modo que en la historia el abordaje de los fenómenos en estudio importan una incertidumbre.

Pero ambas figuras no se ajustan precisamente al trabajo de la historia. Tanto en el rompecabezas como en el laberinto existe una solución dada que justamente hay que descubrir. No se trata tanto de una construcción como del descubrimiento de una solución; la de una figura que ya existe previamente. En el trabajo del historiador la solución no existe como un a

---

[3] Didi-Huberman, George. *Ante el tiempo. Historia del arte y anacronismo de las imágenes*. Buenos Aires. Adriana Hidalgo. 2006. (El original de 2000)

[4] Tafuri, Manfredo. *La Esfera y el Laberinto. Vanguardias y Arquitectura. De Piranesi a los Años Setenta*. Barcelona. Gustavo Gili. 1984. (El original de 1980)

priori sino que es el producto en cierto modo impredecible de ese trabajo de construcción. Más que con el rompecabezas y el laberinto el trabajo de la historia puede asimilarse, a nuestro entender, con un armado de constelaciones. Se construye un entramado de relaciones que van vinculando diferentes puntos intervinientes –obras, personajes, referencias, principios, etc.– en la configuración de un armado. Tal configuración como sistema de relaciones no puede ser azaroso ni caprichoso; debe estar atravesada de un preciso rigor y pertinencia en aquello que se relaciona y en el modo en que se realiza.

Otra analogía planteada por Tafuri fue la del trabajo del historiador con el del análisis freudiano. El trabajo de análisis psicoanalítico entendido como un proceso contínuo de desmontaje y reconstrucción, el analista que opera diseccionando como parte, según Tafuri, de una reconstrucción arqueológica.

Pero nuevamente la similitud resulta imprecisa. El propio Freud, en *Construcción en el análisis*,[5] del año '37, establece las diferencias entre interpretar y construir, entre el trabajo del arqueólogo y el del analista. En la interpretación se trabaja con lo dado, generando asociaciones con lo ya establecido y en donde existe una verdad con la que se busca cerrar. Como el arqueólogo, la interpretación trabaja con fragmentos del pasado cuya aspiración u objetivo es el de una reconstrucción, integrar dentro de una verdad original, volver los pedazos a su lugar –como en el rompecabezas– a la memoria de donde provienen. A diferencia del arqueólogo y de la interpretación, el analista y la construcción operan con el hacer surgir un material que ha quedado olvidado u oculto, o con algo que aún no se conoce. No postula un acuerdo o una afinidad con una verdad supuestamente original, la conformidad con un orden ya dado. Sin una verdad previa, la construcción busca

---

[5] Freud, Sigmund. Construcción en el análisis, en *Obras Completas* Vol. IX. Madrid. Biblioteca Nueva. 1974. (El original de 1937)

abrir una nueva realidad, una iluminación sobre algo que al mismo tiempo se está organizando. En ese movimiento entre construcción y re-construcción, en el continuo desmonte y rearmado, en el entretejido entre lo inasible y las fijaciones provisorias, es que se despliega el trabajo de la investigación en la historia.

1.

APROXIMACIONES A LA PROBLEMÁTICA DE LO MODERNO

UNA DIVERSIDAD DE MODERNIDADES

SOBRE ALGUNOS DESPLIEGUES DE LAS NOCIONES DE LO MODERNO

"Hay un cuadro de Klee que se titula *Angelus Novus*. Se ve en él un ángel al parecer en el momento de alejarse de algo sobre lo cual clava la mirada. Tiene los ojos desencajados, la boca abierta, y las alas tendidas. El ángel de la historia debe tener ese aspecto. Su cara está vuelta hacia el pasado. En lo que para nosotros aparece como una cadena de acontecimientos, él ve una catástrofe única, que acumula sin cesar ruina sobre ruina y se las arroja a sus pies. El ángel quisiera detenerse, despertar a los muertos y recomponer lo despedazado. Pero una tormenta desciende del Paraíso y se arremolina en sus alas y es tan fuerte que el ángel no puede plegarlas. Esta tempestad lo arrastra irresistiblemente hacia el futuro, al cual vuelve las espaldas, mientras el cúmulo de ruinas sube ante él hacia el cielo. Tal temporal es lo que llamamos progreso."[1]

Paul Klee. Angelus Novus

---

[1] Benjamin, Walter. El Ángel de la Historia, en *Tesis sobre la filosofía de la historia*. Barcelona. Edhasa. 1971.

Remolino perpetuo al cual todas las cosas son arrojadas, aporía que atraviesa todos los estados de la existencia y la conciencia, la Modernidad se nos presenta como un cristal que descompone en una infinitud de haces.

Ya desde los años setenta u ochenta del siglo pasado quedó en claro que no se podía seguir hablando de una Modernidad como un fenómeno único, mucho menos monolítico u homogéneo. En realidad, esto que parecía asentarse, y en algunos casos sorprendentemente hasta descubrirse, ya debería haber sido algo evidente para todo lo largo del desarrollo del siglo XX. La autodenominada crítica posmodernista se esgrimió en aquellos años contra esa idea de una Modernidad monolítica, unidimensional, como si se tratara de un fenómeno único, siendo que en realidad debía dirigirse a las versiones de lo moderno racionalista, a lo sustentado por el imperativo de la razón respecto de fines, a sus ideales universalizantes y de una homogeneización de lo discursivo y lo formal.

Es entonces que más que tratarse de la Modernidad preferimos referirnos a una multiplicidad o diversidad de Modernidades, diferentes construcciones dadas desde distintas vertientes estéticas, teóricas, filosóficas y políticas que abren una diversidad y disparidad de definiciones y concepciones en términos teóricos, terminológicos y estratégicos.

Podría discutirse si la diversidad o la complejidad radican en el fenómeno, o en la mirada que lo interroga y lo analiza. Si se trata de una mirada que complejiza y hace diverso al objeto de su atención, que desdeña las homogeneizaciones o las relaciones por similitud. O si en verdad la complejidad, multiplicidad y heterogeneidad anidan en los propios fenómenos a abordar, en espera de ser expuestos en esa su diversidad y polisemia. En nuestro caso consideramos que ambas dimensiones se hacen presentes, interactuando recíprocamente una con otra en un intercambio sin fin. Tanto el fenómeno como la interpretación pueden presentar así lo indócil de su despliegue. Superpuestamente a las interpretaciones que vieron en la Modernidad del siglo XX una condición de homogeneidad y universalidad, un ideal de progreso basado en el desarrollo de la técnica, o un *zeitgeist* que establecía la superación del pasado y de toda tradición como parte del espíritu nuevo –si pensamos, en el caso de la arquitectura más concretamente, en Pevsner, Giedion, Behrendt o Banham–, se dieron también aquellas otras que expusieron otra complejidad, las articulaciones con ciertos aspectos de la tradición, o la particularidad de las diversas experiencias –en este caso en autores como Rowe, Kaufmann, Argan o Colquhoun–. Estas diferencias en las miradas no se deben a una ubicación temporal del autor, a un signo de época desde la cual se efectúa una construcción: al mismo tiempo que Pevsner o Giedion daban su versión a mediados de los años treinta y cuarenta, lo hacían también Kaufmann y Rowe desde una perspectiva diferente. Pero como decimos, la complejidad o diversidad no se verifica tan solo en la construcción de una versión, sino también en los fenómenos mismos. Junto al Mies del *Pabellón de Barcelona* y la *Casa Tugendhat* o las posturas radicales del Racionalismo de Mart Stam o Paul Artaria, conviven o coexisten Frederick Kiesler, Hans Scharoun y Bruce Goff; dentro del propio Le Corbusier anidan el platonismo y el purismo junto al esoterismo del *Mundaneum* y el regionalismo de la *Casa de Mme. de Mandrot*.

No vamos aquí a incursionar en un análisis profundo y pormenorizado de todas las construcciones epistemológicas de la Modernidad, de sus diferentes acepciones, de sus infinitos y múltiples despliegues, de sus configuraciones filosóficas, ya que el mismo excede ampliamente los alcances de este trabajo y no supondría siquiera la extensión de todo un libro sino de una biblioteca entera. Sí vamos a puntualizar en algunos de sus despliegues que consideramos significativos para las reflexiones a las cuales nos dirigimos.

A tal fin, iniciamos con una aclaración, que aunque ya conocida puede resultar aún necesaria, acerca de la diferencia entre los términos Modernización, Modernismo y Modernidad.

Nos referimos como Modernización a los procesos de modernización societal, política, técnica y económico-productiva que se conjugan en los fenómenos analizados y en un estado de conversión perpetua. Como Modernismo entendemos a las construcciones y despliegues culturales y estético-artísticos en articulación con los procesos de modernización societal. En cuanto a Modernidad, como la superestructura ideológico-filosófica que comprende a ambos fenómenos mencionados.

Una construcción que ha tenido un carácter hegemónico respecto de lo Moderno es precisamente aquella que se postuló en un sentido único y universal de la Modernidad. Una idea de Modernidad en el siglo XX heredera de la tradición iluminista del siglo XVIII, de la primacía de la luz de la razón, del Iluminismo de carácter positivista y de la razón respecto de fines. De acuerdo a esto, la Modernidad venía a expresar los ideales de un progreso y de un desarrollo universal. Un progreso que se presentaba como incuestionable e inevitable, desatando todas las fuerzas benéficas y liberadoras de la existencia, del pensamiento y de la producción. Tales desarrollos se correspondían con los avances y el progreso técnico y científico y con el impulso de la razón sustantiva como motor. Eran los alcances de un progreso que llegaban a todas las esferas de la existencia y de la cultura en términos de civilización. A la política y la organización del nuevo estado moderno —en la vía de los debates en Locke, Hobbes y Rousseau–, a la economía en la alianza entre capitalismo y liberalismo, a los inicios y desenvolvimientos de la sociedad de masas, a la separación definitiva de la dimensión de lo sagrado dentro del proceso de secularización de la cultura, al proceso de artificialización del ambiente y del territorio, a la conversión definitiva de todo lo natural en concepto y en artificio, o al avance técnico y científico en la también definitiva separación entre razón y mito. En una suerte de aplicación del darwinismo en la historia natural a las ciencias sociales, el progreso científico se asimilaba linealmente con el progreso social. Y tal progreso social, en el ideario iluminista, se correspondía con una lógica en la concepción del espacio. Una sociedad ordenada racionalmente, productivamente virtuosa, se correspondía y se ubicaba en un espacio –el de la ciudad– también racionalmente ordenado y virtuosamente productivo, el ideal de ciudad virtuosa de Adam Smith, David Ricardo o de Voltaire.

Uno de los valores primordiales en esta concepción de una Modernidad fue el de la innovación, la innovación como un valor por sí mismo. El ideal de cambio, de transformación, de exaltación de lo nuevo, como superación de las estructuras tradicionales y de los lazos con el pasado. El progreso científico y social se identifica con el ideal de innovación, como un nuevo horizonte hacia el cual se dirigen todas las fuerzas pero también la conformación de la realidad histórica. Innovación científica, técnica, social, política, estética.

Se configuraría de este modo la visión de una *Modernidad Olímpica*, asociada a la idea de un Proyecto Moderno en base al diseño racionalizador del mundo que voltea las narraciones tradicionales de representación, experiencia que la razón ilustrada burguesa escindirá en las distintas esferas del conocimiento como espacios de arribo a las certezas científicas, estéticas y éticas en un despliegue de una organización civilizatoria que conquista y fascina por sus afirmaciones y profecías. La asistencia a un conjunto de discursos que operaron en términos de filosofía de la historia, protagonismo de un nuevo sujeto moderno, concepción de un devenir emancipador de los hombres y de las sociedades, visión de un derrotero signado por un progreso indeclinable hacia la libertad. Una Modernidad que se supone sin fisuras, sin opacidades ni fantasmagorías.

Bajo la idea de un modelo hegemónico, la Modernidad se constituye como un gigantesco sistema de representación que, desde los dictados de la razón ordenadora, fundó sistemas de valoración, principios y lógicas operativas. El establecimiento de un paradigma para el pensamiento y para la acción, fijando entidades, categorías y códigos de alcance pretendidamente universal. El imperio de la razón sustantiva pensó al progreso técnico-científico como una nueva cultura redentora, nuevo paradigma de la visión olímpica y del brillo de lo Moderno. El Proyecto Moderno se edificó entonces a partir de este modelo de discursos hegemónicos y brillantes, en tanto proceso de semantización de un mundo secularizado y en tanto ideal teleológico de un horizonte futuro de realización de la historia.

Esta idea de Modernidad no puede separarse de una concepción acorde acerca del tiempo. El valor de la innovación y del progreso es sustancial precisamente a un tiempo de lo nuevo, de la superación del pasado y en cierto modo unidimensional en virtud del ideal de progreso. Esto lleva a una teleología de la historia o a un sentido teleológico de la historia y del tiempo; a que la historia y el tiempo como superación del pasado están determinados por una finalidad, por el cumplimiento de un propósito, por un *telos* que es el de dirigirse irremediablemente hacia un destino de progreso. La historia parece venir a cumplir con un objetivo y en ese destino de progreso el tiempo es el tiempo prometido del futuro. La negación o el dar la espalda al pasado o a las tradiciones implican esa idea del tiempo como superación. Así como se determina que las especies del mundo natural están sujetas a una idea de evolución y de desarrollo cada vez mayor, y que ese ideal de evolución se aplica a lo social, es que las sucesivas etapas socio-temporales también están sujetas a ese ideal de evolución. De allí que una figura como Adolf Loos fuera a considerar que un sujeto urbano de principios del siglo XX se encontrara en un estadío de evolución mayor que un habitante del siglo XV o que un integrante de una tribu de Nueva Guinea. El señalamiento y rechazo del tatuaje en el cuerpo del nativo implicaba no solo el repudio por el ornamento en la arquitectura sino también su condición de encontrarse en un nivel de evolución inferior perteneciente a un momento pasado.

Otro aspecto relevante en la construcción del Proyecto Moderno o de una visión olímpica de la Modernidad es la consagración de un nuevo sujeto. Un sujeto signado por e identificado con los grandes cambios sociales, políticos, técnicos y culturales, un sujeto como lugar y protagonista de la enunciación racional y de la transparencia de sentidos de la realidad. Un sujeto liberado a todas sus potencialidades, a los beneficios de la democratización de las prácticas, de su escisión del determinismo teológico-religioso, destinatario de las bondades de los avances técnicos y de la producción. Se trata del nuevo sujeto de los *Inmuebles Villa*, del higienismo y de los adelantos técnicos aplicados al espacio doméstico, de las nuevas tipologías habitativas y de la ciudad de los CIAM, diferente al sujeto renacentista o del mundo barroco.

La elevación de un sujeto moderno asociado al espíritu del tiempo ha de posicionarse en una nueva sociedad que la arquitectura y el arte van a ayudar a construir. Es el ideal utópico –tantas veces cuestionado– del compromiso social de una arquitectura y de un arte que se consideran capaces de transformar la sociedad. Le Corbusier va a encarnar más expuestamente esta figura del arquitecto como demiurgo que posee esa capacidad de transformación de lo social por medio de la disciplina, lo mismo que los racionalistas alemanes y holandeses de la llamada Línea Dura con su compromiso socio-político de izquierdas en las relaciones arquitectura racionalista-transformación social.

Al respecto, es necesario destacar que el calificativo de utópico, señalado desde una distancia histórica como una falencia u omnipotencia de la Modernidad como fulgor del progreso, implica una cierta simplificación o impertinencia de la crítica. Sin duda que la voluntad de transformar la sociedad por medio del arte y de la arquitectura podía entenderse como una promesa difícil de cumplir. Pero también es cierto que los instrumentos de la crítica deben operar en una tensión entre el momento en que se realizan y su pertinencia respecto al momento histórico analizado. En el impulso transformador que esta acepción de la Modernidad pudo tener en la primera mitad del siglo tal voluntad pudiera no resultar tan impertinente. Es más, coincidiría con el carácter heroico o de epopeya que la Modernidad olímpica supo encarnar.

Todo el presente discurso de un progreso universal y del valor de la innovación estuvo impulsado por esa dimensión heroica o de epopeya de una parte de lo Moderno. El imperativo del cambio, el abandono de las tradiciones, el lugar asumido por los actores del momento, aquel sentido teleológico de la historia como progreso, y la idea de los grandes relatos como discursos legitimadores, entre otras cosas, invistió al impulso moderno de ese sentido heroico y de epopeya en tanto gesta transformadora a la vez que acto fundacional. La epopeya de un acto *ex novo* que viene a fundar una nueva cultura, con nuevos principios, nuevos valores y nuevas lógicas de sentido. Toda esa gesta de la Modernidad olímpica no puede separarse de la condición heroica y de un acto fundacional. Algo inherente y esencial con lo que se identificaba el nuevo *zeitgeist* o espíritu del tiempo, tal como lo proponían los futuristas, Gropius, Le Corbusier, Moholy-Nagy, Loos, o los integrantes de *De Stijl*.

Los ideales de progreso y de innovación estuvieron acompañados de un contenido democratizante y liberador. En su gesta de progreso universal y destinada a todos, la Modernidad vendría a cumplir con un sentido de democratización en cuanto a la igualdad de todas la personas, a la confirmación de sus derechos, a sus posibilidades de acceso a las mejoras en el habitar, junto a una componente liberadora no solo de sus capacidades, creatividad y productividad, sino así mismo de los yugos del pasado, de los abusos del poder tradicional y de todas las facultades para una existencia digna. El sujeto moderno es el protagonista y el beneficiario de ese ideal democratizador y liberador, que va a arquitecturizarse en el ámbito de un nuevo espacio doméstico racionalizado, igualitario, con todos los avances de la tecnología y del higienismo de acuerdo a los nuevos protocolos del habitar moderno. Las lógicas habitativas y del espacio doméstico de la *Siedlung*, del *Inmueble Villa*, de la vivienda social en Holanda, pudieron ser pensadas para un sujeto tipo. Pero si por un lado esto puede objetarse en tanto una acción de homogeneización, uniformidad, y falta de contemplación por lo particular de la existencia de las personas, por el otro cabe reconocer que el fundamento podía estar dado por ese sentido de igualdad –y también de igualación– correspondiente a la voluntad democratizadora bajo las formas que podían entenderse según el *zeitgeist* del momento.

Es así que en ese sentido democratizador y liberador, la arquitectura moderna del Racionalismo venía a cumplir con una acción sanadora y restitutiva para con la existencia. Frente a las inequidades, la explotación, los conflictos y el *pathos* que la propia Modernidad había podido provocar, la arquitectura y su capacidad de incidencia y de transformación de lo social se postulaban como esa acción sanadora del cuerpo de la sociedad.

El ideal de progreso, la innovación como un valor per se, la voluntad democratizadora, junto con el propósito sanador de la arquitectura, venían a significar para esta versión de lo Moderno un intento de reunificar en una nueva totalidad la fragmentación de la existencia en la vida moderna. Tal como acabamos de decir, la Modernidad, en sus distintos momentos previos al siglo XX, fue también causante de los conflictos, las formas de dominación societal, la alienación de lo cotidiano, las desigualdades y violencias, la pauperización y el hacinamiento, o las bajas condiciones de vida que asolaban la existencia; en suma, una fragmentación de lo existencial ocasionada tanto por los excesos de la racionalización del sistema como por la pérdida del sentido de unidad integrada entre macrocosmos y microcosmos de la cultura tradicional. Hacia una solución y reparación de esta fragmentación y desintegración se dirigió la Modernidad olímpica bajo las formas de un intento de reunificar en una nueva totalidad lo que la misma Modernidad había hecho estallar. Acción sanadora y restauradora por parte de la acción benéfica de la razón y del progreso, que representada en términos arquitectónicos por el Racionalismo, luchó denodadamente por reintegrar aquello estallado. En cierto modo, y resumiéndolo en una figura, tal intento denodado fue el que caracterizó a Le Corbusier a lo largo de toda su vida.

Siguiendo parte de los planeos de Deleuze y Guattari,[2] el pensamiento Clásico se estructuró en torno de la figura del modelo. Todo aquello incluido en la cosmovisión de lo Clásico, la integración de todos los aspectos de la existencia y del conocimiento en una unidad íntegra de lo sagrado y lo profano, de la razón y el mito, se encontraba regido por la figura del modelo, más concretamente, de un único modelo. Tal concepción se trasladó al pensamiento Moderno, que siguió operando en torno a la idea del modelo, pero con la diferencia de que la Modernidad instituyó una pluralidad de modelos. Diferentes modelos ideológicos, económicos, sociales, culturales, estéticos, científicos consignan la real diversidad y multiplicidad de concepciones de lo Moderno, esa pluralidad de Modernidades.

En términos de la arquitectura, y más allá de las voluntades de unificación o de homogeneización de las concepciones y prácticas dentro de la idea de un Proyecto Moderno, lo cierto es que las visiones de la técnica en autores como Le Corbusier, Mies o Hannes Meyer resultan totalmente diferentes; las definiciones de arquitectura como un arte o como

---

[2] Deleuze, Giles y Guattari, Félix. *El Anti-Edipo: Capitalismo y Esquizofrenia* y *Mil Mesetas*. Madrid. Paidós. 1985 (Los originales de 1972 y 1980).

una técnica son también distintas en Corbu y en Karel Teige; las relaciones entre estética o poética formal e ideología son decididamente opuestas en Melnikov, Mies y Terragni.

Ante los discursos que han promulgado la concepción de una Modernidad más o menos homogénea, bajo esa condición olímpica, heroica y de progreso universal, se nos presentan aquellas otras visiones que dan cuanta de una multiplicidad de Modernidades. Esto no significa que dentro de esa Modernidad de carácter homogeneizante e integrador no se haya dado lugar para la diversidad o la multiplicidad. Pero el sentido unificador del llamado Proyecto Moderno garantizaba justamente la integración de tales diversidades en la amplitud del proyecto. Las diferencias y particularidades quedaban así subsumidas a lo generalizante y universal del ideal. Como todo ideal, operaba en el campo de la esencia, de aquello que actúa como un bajo continuo relegando las particularidades de cada caso. De este modo, bajo el patrón de tales ideales –el del progreso, el de la celebración de la técnica, el del compromiso social, el de la voluntad transformadora, el de la construcción de un nuevo sujeto– hubieron de reunirse experiencias tan particulares y hasta disímiles como las que, en el caso de la arquitectura, venimos enunciando.

Una diversidad de Modernidades, que son el producto del estallido y de la fragmentación ante la disolución y la pérdida de la unidad original en la cosmovisión tradicional. La ruptura y dispersión de todo aquello que se encontraba unificado en la totalidad de lo sagrado y lo profano, del mundo simbólico donde las esferas de la ciencia y de la moral, del arte y de la política, constituían un todo unitario y coherente, y que fue lanzado hacia una aporía sin fin. Aporía, en cuanto al encuentro o choque de opuestos o de diferencias sin llegar nunca a una síntesis y en un movimiento perpetuo. Aporía, contraria a la idea de síntesis preconizada por el idealismo hegeliano, condición sin equilibrio ni sosiego. En lo moderno, todo se encuentra impregnado de su contario. De acuerdo con Baudrillard en *Las Estrategias Fatales*,[3] a lo bello se le opondría lo feo, a la racionalidad la irracionalidad, a la redención lo irredento, a lo verdadero lo falso, a las democracias los totalitarismos, en una dialéctica del sentido. Pero tales contraposiciones no llegan a un acuerdo o síntesis superadora.

Las mismas concepciones de Modernidad se dispersan y diferencian en distintos posicionamientos filosóficos o conceptuales. Para Marshall Berman la Modernidad "es una forma de experiencia vital –experiencia del espacio y del tiempo, del ser y de los otros, de las posibilidades y los peligros de la vida–".[4] Para Perry Anderson se trata de una "experiencia histórica", situada entre un proceso económico y una visión cultural.[5] Para Tafuri constituye una superestructura ideológica,[6] mientras que para Jürgen Habermas[7] se define como la conciencia de una nueva época, como lo nuevo en su tensión con la novedad, como una conciencia del tiempo en contra del *continuum* de la historia, de toda normalización impuesta por la tradición. Para Habermas la Modernidad como conciencia de una nueva época es transhistórica, puede darse a fines del siglo V,[8] en pleno siglo XII o en el XX, en tanto que Anderson le pone una fecha en el tiempo, ubicándola exclusivamente en el XX.

---

[3] Baudrillard, Jean. *Las Estrategias Fatales*. Barcelona. Anagrama. 1984 (El original de 1983).

[4] Berman, Marshall. Brindis por la Modernidad. *Revista Nexos*. México. 1985.

[5] Anderson, Perry. Modernidad y Revolución. *Revista Leviatán*. Madrid. 1984.

[6] Tafuri, Manfredo. *Teorías e Historia de la Arquitectura*. Obra citada.

[7] Habermas, Jürgen. Modernidad: Un Proyecto Incompleto. *Revista Punto de Vista*. Buenos Aires. 1984.

[8] Habermas refiere en su trabajo citado que, de acuerdo con lo investigado por Hans Robert Jauss, la voz latina *modernus* fue utilizada por primera vez a fines del siglo V a los fines de diferenciar ese momento presente del pasado romano pagano.

En esta disolución en la que "todo lo sólido se evapora en el aire" –Berman parafraseando a Marx en *El Manifiesto Comunista*– los diferentes emergentes de Modernidad se revelan en su condición de crisis, en las tensiones entre postular un conjunto de valores, razones y relatos sustentadores, por un lado, y la inscripción de una autoconciencia de incertidumbre y desconciliación, por otro; Modernidad como crisis y crítica de las verdades. Crisis en cuanto a la multiplicidad de lenguajes y de discursos que se despliegan en lo irresuelto entre el lenguaje como nombramiento y postulación de lo real al mismo tiempo que como abismo entre lenguaje y realidad. En estas otras formas de lo Moderno la existencia de un *ethos* en tanto señalamiento de la lógica racional se desgarra en el enjambre de un *pathos* de la desintegración.

A fines del XVIII y principios del XIX, el Romanticismo Alemán, en Schlegel o en Hölderlin, va a manifestar lo trágico de la condición humana en el mundo. En medio de los fuertes cambios que se están produciendo sus representaciones van a dar testimonio de una nueva sensibilidad que expresa tanto lo maravilloso como lo desolador de los nuevos recorridos. La razón iluminada no será ya únicamente la de la ciencia y el progreso sino una fuerza que puede herir. Y frente a los imperativos de la razón sustantiva y de los inicios de racionalización del mundo, se les oponen los discursos de la subjetividad de la Modernidad romántica, no desprovistos de cierta desmesura. ¿Acaso no es el *Frankenstein o El Moderno Prometeo* de Mary Wollstonecraft, de 1818, un testimonio de ello? El Romanticismo Alemán está investido de lo trágico ya que ha comprendido lo irreversible del camino emprendido, trágico porque ante la ruptura definitiva de aquella Unidad, de la integración de lo bueno, lo bello y lo verdadero –lo reunido en el concepto de *kalakagathos* de la tradición clásica– no puede dejar de intentar su reconciliación y reunificación, la virtud de su intento, a la vez del destino de fracaso del mismo. El lenguaje romántico es precisamente moderno porque implica en sí mismo una concepción crítica de los propios fenómenos de la Modernidad.[9] Incorpora la oscuridad, lo fatal, el mito, lo inexplicable como algo que se contrapone a la razón respecto de fines pero que extrañamente puede importar una razón alternativa. El progreso, el avance técnico y científico, el maquinismo, inundan al mundo de artefactos y de novedades, pero crean también un páramo espiritual. En esa su Modernidad, el Romanticismo es una mirada desgarrada del presente, de su propio espíritu o conciencia de época, y no una simple reacción nostálgica anti-moderna. Justamente porque lo Moderno no se limita a la consagración del progreso y la innovación y a una voluntad de superación del pasado, sino que también se constituye en todo aquello de su otra cara oscura de lo Moderno, de sus opacidades y fantasmagorías. Lo Moderno no solo como cambio sino también como crisis.

A mediados del siglo XIX Marx va a generar una ruptura con los filósofos que formaban parte de la ilustración, en la línea de Kant, Hegel y Rousseau, una ruptura epistemológica en la mirada sobre el hombre y la sociedad, ya que entre la realización de la razón que Hegel ve en la Modernidad y las grandes masas que deambulan por los nuevos escenarios metropolitanos se abre un abismo:

> "Las llamadas revoluciones de 1848 no fueron más que pequeños hechos episódicos, ligeras fracturas y fisuras en la dura corteza de la sociedad europea. Bastaron, sin embargo, para poner de manifiesto el abismo que se extendía por debajo. Demostraron que bajo esa superficie, tan sólida en apariencia, existían verdaderos océanos, que sólo necesitaban ponerse en movi-

---

[9] Nos interesa señalar aquí esta concepción del Romanticismo, no como reacción anti-moderna, como voluntad de regresión nostálgica a un pasado idealizado, sino como concepción claramente moderna en tanto espíritu crítico.

miento para hacer saltar en pedazos continentes enteros de duros peñascos." (…) "Por un lado, han despertado a la vida unas fuerzas industriales y científicas de cuya existencia no hubiese podido sospechar siquiera ninguna de las épocas históricas precedentes. Por otro lado, existen unos síntomas de decadencia que superan en mucho a los horrores que registra la historia de los últimos tiempos del Imperio Romano. Hoy día, todo parece llevar en su seno su propia contradicción. Vemos que las máquinas, dotadas de la propiedad maravillosa de acortar y hacer más fructífero el trabajo humano provocan el hambre y el agotamiento del trabajador. Las fuentes de riqueza recién descubiertas se convierten, por arte de un extraño maleficio, en fuentes de privaciones."[10]

Abismo, fragmentación, decadencia, contradicción: la Modernidad en Marx está atravesada de la denuncia de la situación en la cultura europea del momento.

En Nietzsche, en *Más allá del bien y del mal*,[11] nos enfrentamos, lo mismo que en Marx, con un mundo en el cual todo está cargado de su contrario.

> "En estos puntos cruciales de la historia, se encuentran yuxtapuestos y confundidos entre sí una especie de ritmo magnífico, múltiple en rivalidad con el desarrollo, y una destrucción y autodestrucción enormes, debidas a egoísmos violentamente opuestos entre sí, que estallan, luchan por el sol y la luz, incapaces de encontrar cualquier tipo de limitación, de control, de consideración dentro de la moral que tienen a su disposición."[12]

---

[10] Discurso pronunciado por Karl Marx el 14 de abril de 1856 y publicado en el *People's Paper* del 19 de abril de 1856.

[11] Nietzsche, Friedrich. *Más allá del bien y del mal*. Buenos Aires. Ediciones Lea SA. 2015 (El original de 1882)

[12] Nietzsche, Friedrich. *Más allá del bien y del mal*. Obra citada.

La contradicción, la ambigüedad, la colisión de las diferencias, en la Modernidad no reconcilian, no recomponen ni calman en una existencia de lo plural.

Pero si en autores como Marx y Nietzsche todavía existía una esperanza para el futuro en cuanto a que los hombres modernos tenían la capacidad para comprender la situación y luchar contra un destino infausto producto de la Modernización, en otros autores, ya en el siglo XX, como Max Weber, Siegfried Kracauer o Walter Benjamin, la Modernidad expone una faceta decididamente oscura e irremediable, crítica y mitológica. En *La ética protestante y el espíritu del capitalismo*,[13] Weber considera al poderoso orden económico moderno como una jaula de hierro que determina inexorablemente el destino del hombre de manera trágica. En sus artículos en el *Frankfurter Zeitung* de los años veinte, Kracauer[14] proponía una mirada sobre los fenómenos marginales de la cultura urbana, aquellos aspectos propios de lo cotidiano o en apariencia banal y, que como en el caso de Benjamin, venían a funcionar como parte de un material para una reconsideración de la historia. Algunos de esos escritos se dirigían hacia la crítica artística o literaria, como en los casos de *Simmel, Nietzsche y Dostoievski, Teoría de la Novela en Lukács* o *Viaje al fin de la noche*. Pero otros estaban enfocados a la problemática sociológica metropolitana, a las angustias por el desamparo existencial, a las diferencias de clase, a las apariencias ilusorias, a las fantasmagorías y placebos producidos por la cultura capitalista; todo ello en el ámbito de los espacios de borde de la ciudad, espacios indefinidos, vacíos o sin cualidad, y que servían como reductos para una interpretación crítica de las relaciones entre capitalismo y metrópoli. Algunos de esos

---

[13] Weber, Max. *La ética protestante y el espíritu del capitalismo*. México. Fondo de Cultura Económica. 2011 (El original de 1904).

[14] Kracauer, Siegfried. *Estética sin Territorio*. Murcia. Colegio de Aparejadores y Arquitectos Técnicos de la Región de Murcia. 2006.

artículos fueron *Los que esperan, Aburrimiento, El viaje y la danza, Las pequeñas dependientas van al cine, El ornamento de la masa, Publicidad luminosa, Los empleados* y *Culto de la distracción*. En cuanto a Benjamin, la Modernidad no está escindida de una componente mítica; lo mítico que sobrevive bajo la superficie del progreso y del avance de la técnica. Lo moderno puede ser también un tiempo signado por lo arcaico, lo primitivo o lo anacrónico, donde aún pervive lo mesiánico y su confrontación con la persistencia de una voluntad redentora. Fragmentos del pasado en el presente, *Ángel de la historia*, marcha catastrófica de la historia en su afán civilizatorio. Una visión pesimista del devenir histórico como un ciclo perpetuo de desesperación. Una mirada echada hacia la destrucción de la naturaleza material, proporcionando un contraste dialéctico al mito del progreso. El futuro, esa promesa hacia la que apunta el progreso moderno, no tiene necesariamente nada, para Benjamin, que conmueva a la esperanza de los pueblos.

Tal como hemos dicho, una diversidad y multiplicidad de Modernidades, en Kant, Hegel, Comte, Marx, Nietzsche, Weber, Kraus, Freud, Simmel, Benjamin, Adorno. Como así también en la obra de Baudelaire, Dostoievski, Poe, Los Poetas Malditos, el Decadentismo, Jarry, Picabia, Le Corbusier, Karel Teige, Moholy-Nagy, Picasso, Malevich, y Duchamp. Diversas Modernidades o sus diferentes interpretaciones, que se despliegan en la celebración del futuro –el Futurismo de Sant'Elía, Marinetti, Popova y Goncharova– en las relaciones entre innovación y tradición clásica –Picasso, Le Corbusier, De Chirico, Joyce, o en la película *Lo Que Vendrá*, de Cameron Menzies–; en la presencia de componentes esotéricas –Klee, Duchamp, Le Corbusier, en películas como *Metrópolis* de Fritz Lang o *El Golem* de Paul Wegener y Carl Boese–; en la radicalización política –Hannes Meyer, El Lissitzky, el teatro de Meyerhold, las escenografías de Popova, o la pintura *Sachlichkeit*–; o con la presencia de lo misterioso, la amenaza, lo insólito o lo fantástico –Delvaux, Carrington, Jarry, los films del *Doctor Mabuse, El Misterio del Castillo de Dados,* o *El Gato Negro,* de Fritz Lang, Man Ray, y Edgar Ulmer, respectivamente–. Modernidad entonces como dispersión, verdades convertidas en fragmentos que se esparcen, metáfora en Edgar Allan Poe y los dientes de *Berenice*:

> "Con un alarido salté hasta la mesa y me apoderé de la caja. Pero no pude abrirla, y en mi temblor se me deslizó de la mano, y cayó pesadamente, y se hizo añicos; y de entre ellos, entrechocándose, rodaron algunos instrumentos de cirugía dental, mezclados con treinta y dos objetos pequeños, blancos, marfilinos, que se desparramaron por el piso."[15]

Experiencias artísticas que van a dar cuenta de ese desagregarse de la existencia, de este descomponerse del sujeto, del infinito alejarse de la condición y la reconciliación de lo humano y de lo humano con la naturaleza.

A diferencia de la Modernidad como celebración del progreso y del brillo, del consenso y la productividad, se presenta la modernidad como conflicto: fragmentación, dispersión, tensión, aporía. El lugar de la carencia, de la conversión del progreso en barbarie. Un paradigma e iluminación de la razón en la que la misma ha distorsionado en racionalización de todos los ámbitos de la existencia, en enajenación dominante; en donde aquello que era increíble se ha tornado en algo habitual, lo imposible en algo posible, y lo habitual, en lo insensato.

A los cantos apologéticos del desarrollo y el avance técnico y científico, se le opondrá la crítica técnico-maquinista,

---

[15] Allan Poe, Edgar. Berenice, en *Cuentos 1*. Buenos Aires. Alianza Editorial. 1990. En Poe, la literatura multiplica un sinfín de metáforas sobre la Modernidad: lo misterioso, el delirio, la destrucción, lo perturbador, lo morboso, el trastorno, la distorsión, todo ello en la conversión de una mirada sobre los objetos triviales.

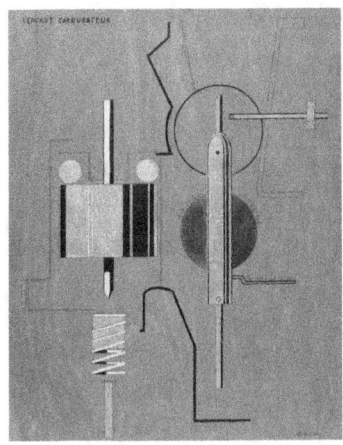

Francis Picabia. Carburador Niño   Georg Grosz. Autómata

la preocupación por la maquinización de todo impulso vital, por la absoluta artificialización de lo humano y lo natural. De ello nos hablan Picabia y su *Carburador Niño*, lo figurines de Man Ray, o *El Hombre Mecánico* o *Reportero Vertiginoso*, de Umbo.

Si el Proyecto Moderno y la Modernidad como progreso en tanto evolución pusieron el énfasis en el valor de lo nuevo, en la innovación como una virtud, en la superación del pasado y de las tradiciones, el despliegue de las Modernidades va a operar en las articulaciones entre modernidad y tradición, en las relaciones entre innovación y pervivencia, dando lugar a los anacronismos, y a una concepción del tiempo no teleológica respecto de la historia como progreso sino como incertidumbre, como saltos temporales, como superposiciones y lógicas del palimpsesto. Una concepción del tiempo y de la historia no solo como decadencia sino así mismo como ruina.

Frente a la edificación de un nuevo sujeto moderno, emancipado, democrático, protagonista de los idearios de progreso, se superponen también las visiones de una homogeneización de la existencia, de la fragmentación social, de la absoluta racionalización del individuo, del tedio, del aburrimiento, de la normalización del sujeto no solo a partir del trabajo estandarizado e industrial sino sobre todo por la normalización de la recreación y del esparcimiento, de la conversión del ocio en entretenimiento, tal como lo describen Kracauer y Benjamin; o por la pérdida de los rasgos subjetivos y la primacía del anonimato, como en las pinturas de Georg Grosz. Vacío y silencio, de acuerdo con Karl Kraus, testigo de la manera en que se deshace el tiempo y el sujeto: el yo liberado es al mismo tiempo la ilusión incumplida del yo.

La Modernidad ya no solo se identificará con un espíritu democratizador y liberador sino también con la explotación y la alienación. La cultura, que se ha convertido en una segunda naturaleza –infausta en este caso– tecnorreificadora, en públicos inertes, en simulaciones totalizantes, y en la manipulación sin pausa.

> "El mundo está sordo por el sonido. Yo estoy convencido de que los acontecimientos ni siquiera acontecen, sino que los clichés trabajan autónomamente."[16]

Mientras que para la Modernidad olímpica, para las historias canónicas, o una ortodoxia del Movimiento Moderno, la arquitectura y el arte eran instrumentos para la transformación social, creyendo firmemente que con el compromiso del arquitecto o del artista se podían modificar y mejorar las estructuras sociales, las construcciones otras de lo Moderno consideran al arte como una fuerza crítica. De este modo ya no concebido en tanto posibilidades de una transformación de dichas estructuras sino más bien como un instrumento de denuncia de las condiciones imperantes en el sistema, de

---

[16] Kraus, Karl. *Contra los periodistas y otros contras*. Madrid. Taurus. 1992 (El original de 1910).

sus contradicciones internas, de su complejidad, del pathos de lo Moderno.

En definitiva, si una de las tantas acepciones de lo Moderno concibió y se propuso –aún en el caso de que tal propósito fuese tan denodado como incumplido– la reconciliación y reintegración de todo aquello fragmentado y disperso, una acción sanadora, reunificadora y restitutiva del bienestar y de la existencia, se levantan del mismo modo todas aquellas versiones que denuncian y exponen el conflicto, las tensiones, la irresolución de las dialécticas; aquellas que operan con las mezclas, en ocasiones restitutivas y armonizantes, pero también complejas y conflictivas en su encuentro heterotópico. Una Modernidad como diáspora de Modernidades, de tiempos distintos e interactuantes, de anacronismos y superposiciones, idiomas dispares para nombrar las cosas, una Modernidad babélica.

2.
EL PROYECTO MODERNO EN ARQUITECTURA

Vamos a tomar como acepción del concepto de Proyecto Moderno en el campo arquitectónico a lo acuñado por los relatos canónicos de la historia de la arquitectura, a aquellos discursos que se plantearon como un acto fundacional de la Modernidad y del Modernismo, que pretendieron sentar los fundamentos y principios de un movimiento visto bajo ciertas condiciones de homogeneidad, de paridad entre producciones, bajo un concepto de origen en común que también los comprendía. Una concepción desde el campo filosófico y del pensamiento –como el que hemos visto en el capítulo anterior– que podía trasladarse o traducirse al ámbito de la arquitectura.

Los grandes relatos de quienes, por un lado, eran contemporáneos a la misma producción que se estaba dando en el campo arquitectónico y proyectual y que, como se ha reiterado en varias oportunidades, fungían como divulgadores y defensores de los nuevos valores y principios. Historiadores y críticos tales como los ya mencionados Pevsner, Giedion, Behrendt, Russell-Hitchcock, que difundían tales valores y principios en una doble entrada. Por una parte, como protagonistas en sí de esos cambios, figuras que compartían y estaban comprometidas personalmente con lo que consideraban como un impulso modernizador. Pero por otra llevando, a un nivel de idealismo aquello que en muchos casos había comenzado a formularse de manera tan solo incipiente o como una hipótesis. Justamente, lo que comenzaba a configurarse en esos mismos momentos y que carecía aún de una distancia crítica para su interpretación, era elevado por estos autores a una dimensión idealista acerca de sus posibilidades, logros y concreciones. Un idealismo atravesado por cierto sentido heroico o epopéyico en cuanto a la lucha de la Arquitectura Moderna –con mayúsculas– por superar y dar por finalizada toda presencia del pasado. Idealista y heroico por su cruzada transformadora. Discurso así mismo apologético respecto de las virtudes de lo Moderno y del Modernismo. Esa componente heroica o de epopeya era expresada por un autor como

Walter Behrendt,[1] que en 1937 señalaba que lo Moderno se inscribía en la lógica de las "grandes épocas" como las de lo Clásico y lo Gótico; grandes momentos de la Historia en donde se habían dado los principios fundantes o los grandes cambios. O sea, una Historia de grandes momentos a los que pertenecería lo nuevo Moderno. O como se anunciaba en el Primer Congreso Internacional de la Nueva Arquitectura reunido en Ginebra en 1928: el impulso de llevar adelante al "unir el arte con la estructura de un nuevo mundo". Y también Behrendt entendía a la arquitectura moderna, en el mismo sentido que otros contemporáneos, como una "aspiración unitaria internacional".[2]

De manera similar, puede decirse que se dio una continuidad de esos grandes relatos en los autores e historiadores de la siguiente generación –Benévolo, Banham, De Fusco, Collins, Zevi, entre otros– que prosiguieron con ese ideal de cierta homogeneidad y de la narración heroica.

Historiadores y críticos que organizaron la idea de un gran relato como expresión de una cierta continuidad y homogeneidad de lo Moderno. Así lo Moderno era postulado como una totalidad dada por el encadenamiento de experiencias que seguían un orden cronológico bajo un conjunto de principios y de lógicas de valoración, arrancando desde finales del siglo XIX o con las propuestas del Art Nouveau y llegando, en general, a los años cincuenta y principios de los sesenta.

Por lo general, y bajo esa visión de conjunto o de una totalidad, se presenta una dimensión de la Modernidad y del Modernismo que no expone situaciones conflictivas, fisuras u opacidades. Y en todo caso, las diferencias o particularidades

---

[1] Behrendt, Walter. *Arquitectura Moderna. Su naturaleza, sus problemas y formas*. Buenos Aires. Ediciones Infinito. 1959 (El original de 1937).

[2] Behrendt, Walter. *Arquitectura Moderna. Su naturaleza, sus principios y formas*. Obra citada.

que podían poseer las distintas experiencias o producciones, quedaban integradas y consensuadas en torno a ese tronco denominado Proyecto Moderno. Una visión integradora que aglutinaba a las diversas expresiones bajo una serie de postulados que, en gran medida, no daban cuenta de las diferentes relaciones entre forma y contenido o entre disciplina y pertenencia ideológica. Así, podían pertenecer a un mismo Proyecto ejemplos tan disímiles como los de Le Corbusier y Hannes Meyer, o Mies Van der Rohe y Giuseppe Terragni, todos ellos reunidos bajo ese impulso transformador. En otros casos, podían tenerse en consideración esas diferencias entre distintas expresiones. Pero entonces esa diferenciación estaba dada por la no inclusión de algunos intérpretes de lo Moderno en el mapa trazado. Así, la Modernidad arquitectónica podía estar representada por algunas figuras fulgurantes que encarnaban cabalmente los ideales del Proyecto: Le Corbusier, Mies, Gropius, acompañados de otros participantes tales como Loos, Oud, Duiker, o Rietveld. La historia canónica legitimó estas versiones, instituyendo ciertas experiencias y principios, y generando con ello los sistemas de validación o de legitimación que no solo ordenan sino que también definen los modos de pensamiento y de las prácticas. Aquello que puede pertenecer, como en este caso, a la producción moderna, y aquello que queda por fuera de la misma. Pero no solamente actuando como un medio de legitimación, sino también como un instrumento de mitificación. El mito de aquello considerado como moderno, la mitificación de un conjunto de valores o de principios que parecieran no requerir de verificación. Las ideas de progreso, de desarrollo técnico, de compromiso con la sociedad, llevadas al mito del progreso, al mito de la técnica, o al mito de lo social.

En el campo de la disciplina, las versiones canónicas identificaron sus concepciones y prácticas con las del Proyecto Moderno en términos más generales como los enunciados en el capítulo anterior.

Para el Proyecto Moderno en arquitectura la idea de progreso constituyó una de sus piedras basales, quizás su fundamento prioritario. Era ese impulso de progreso, asociado al de la innovación como un valor, lo que motorizaba las ideas de cambio y de transformación disciplinar, y su abandono de las viejas estructuras. La reiterada superación de la historia, que debía dejar atrás las formas del pasado y abrazar los nuevos repertorios de la abstracción, la reducción de elementos, la eliminación de todo lo considerado como superfluo en tanto derroche, los modelos del habitar doméstico, y la necesidad de impulsar nuevos programas, impulsados por el Racionalismo, entre otras cosas.

Nuevamente el progreso como ideal y como mito.

Los cambios en la arquitectura no podían separarse de la condición ideal de progreso en tanto un sentido de evolución hacia instancias superadoras. El progreso arquitectónico junto al progreso técnico y científico, al progreso social, que en el idealismo de su concepción suponía llevarlos a un alcance universal y general, asequible a todos, corriéndose de lo individual. En su visión como *pioneros del diseño moderno*, Pevsner ve, en 1936,[3] en la prosecución que va de William Morris a Walter Gropius, un sentido de progreso para la cultura y el diseño europeos. Lo que entiende como una evolución desde los criterios artesanales de Morris y los Prerrafaelitas llegando a la necesaria integración de artesanía, arte e industrialización propiciada por la Bauhaus. Lo idealizado como un desarrollo en progreso contínuo basado en el desarrollo del maquinismo.

Las visiones de los años treinta otorgaban al ideal de progreso una dimensión espiritual, un nuevo espíritu de lo Moderno, que debía encarnar la arquitectura. Dentro del ideal de

---

[3] Pevsner, Nikolaus. *Pioneros del diseño moderno. De William Morris a Walter Gropius.* Buenos Aires. Ediciones Infinito. 2003 (El original de 1936).

progreso, las condiciones de crisis, las conmociones, las transformaciones sociales, políticas y económicas acaecidas, obligaban a construir un orden nuevo, diferente del anterior, del orden decimonónico. Emancipándose de las normas del pasado, es que debía crearse un nuevo espíritu y un nuevo orden para una nueva civilización. Ese nuevo orden debía coincidir con un nuevo estilo, una nueva voluntad de forma, la cual debía ser universal, desdeñando lo individualista, la fantasía personal, la excentricidad, todo ello como algo perteneciente al pasado, y que estaba sujeto a fuertes juicios de valor y de rechazo por parte de estos exégetas del progreso moderno.

Para estas visiones canónicas, la arquitectura estaba involucrada con la idea de una evolución en el tiempo. Cambio y progreso entendidos en un sentido evolutivo por el cual cada momento de la historia y cada formulación de la arquitectura importaban un estadío superior al anterior. Volviendo a Adolf Loos, en *Ornamento y Delito*, de 1908,[4] el autor determinaba esa relación lineal dentro de un sentido evolutivo entre las distintas edades del hombre, la supuesta evolución de los pueblos a través del tiempo, y los criterios formales del arte o de lo artesanal.

> "Cuando nace un ser humano, sus impresiones sensoriales son iguales a las de un perro recién nacido. Su infancia pasa por todas las transformaciones que corresponden a aquellas por las que pasó la historia del género humano. A los dos años lo ve todo como si fuera un papúa. A los cuatro como un germano. A los seis como Sócrates y a los ocho como Voltaire." (...)
> "En el niño, garabatear es un fenómeno natural; su primera manifestación artística es llenar las paredes con símbolos eróticos. Pero lo que es natural en el papúa y en el niño resulta en

---

[4] Loos, Adolf. Ornamento y Delito, en *Ornamento y delito y otros escritos*. Barcelona. Gustavo Gili. 1980 (El original de 1908).

el hombre moderno un fenómeno de degeneración" (...) "La evolución cultural equivale a la eliminación del ornamento del objeto usual".[5]

La joven generación, postulada por Behrendt a mediados de los años treinta –Oud, Mies, Mendelsohn, Gropius, Le Corbusier– actuaba contra ese supuesto individualismo, coherente con el sentido universal de ese nuevo *zeitgeist* o espíritu del tiempo. La componente heroica asociada a la del progreso investía a tal espíritu del tiempo de una condición ética. Los pioneros de Pevsner conformaban un cuerpo "emprendedor" e "incorruptible"[6] dotado de un propósito de sanación y de evangelización acerca de los nuevos principios supuestamente benéficos para todo el cuerpo social. La primacía de la utilidad y el rechazo por el ornamento en Pevsner estaban fundados en los más altos criterios de una racionalidad enaltecida como principio esencial para la nueva cultura del siglo XX, una racionalidad imbuida así mismo de una ética. La oposición a los denunciados derroches producto de la ornamentación, de los excesos de lo que señalaban como decorativo, importaba una dimensión ética que debía asumir la arquitectura moderna dentro de su rol transformador y a la vez moralizante. Lo que se consideraba racional en tanto aprovechamiento y no dilapidación de los recursos suponía esa relación entre Racionalidad, Técnica y Ética. Una visión ética acerca de un deber ser, pureza, ascetismo, racionalización, en lo espiritual del nuevo orden y el *zeitgeist*.

David Rivera[7] señalaba poco tiempo atrás que la idea de Movimiento Moderno como "único estilo moderno" se en-

---

[5] Loos, Adolf. *Ornamento y Delito*. Obra citada.

[6] Pevsner, Nikolaus. *Pioneros del diseño moderno. De William Morris a Walter Gropius*. Obra citada.

[7] Rivera, David. *La Otra Arquitectura Moderna. Expresionistas, Metafísicos y Clasicistas. 1910-1950*. Barcelona. Editorial Reverté. 2017.

contraba sustentada por dos sofismas básicos. Por una parte, la institucionalización efectuada por Pevsner y Giedion sobre un *zeitgeist* muy definido con obras y figuras que representaban con claridad ese espíritu y esa voluntad de forma. Por otra, por la cual cualquier expresión o lenguaje asociado a la historia eran *por naturaleza* anti-modernos y carecían de toda substancia. Tal definición –dada *por naturaleza*– erradicaba desde ya toda versión en contrario y la probabilidad de entender cualquier interpretación de un fenómeno como una construcción –ideológica, social, cultural– y no como algo dado naturalmente. En nuestro caso, podríamos sumarle otros tres sofismas más: los de la herencia exclusiva del pensamiento del Iluminismo Positivista, el mito del progreso y la primacía del Racionalismo.

Toda esta construcción teórica, concebida por sus apologistas como algo natural, legitimaron los largos alcances de una historia que era parcial en una versión convertida en hegemónica, que influyó decididamente en todo el pensamiento y la producción posteriores, en la formación disciplinar, en las prácticas profesionales, en la educación de arquitectos y arquitectas y en el gusto masivo. De esos alcances duraderos nos dan cuenta hoy trabajos como los de Peter Blundell Jones,[8] Alan Colquhoun[9] y Jean Louis Cohen,[10] quienes vuelven a mirar críticamente aquellas formulaciones.

Como ya se anunciara en el capítulo anterior, para los relatos canónicos de la Modernidad y del Modernismo en su versión Racionalista, el ideal de progreso estaba asociado al desarrollo técnico y científico. Para Pevsner, los verdaderos

---

[8] Blundell Jones, Peter. *Modelos de la Arquitectura Moderna: Monografía de edificios ejemplares*. Barcelona. Editorial Reverté. 1911.
[9] Colquhoun, Alan. *La Arquitectura Moderna. Una historia desapasionada*. Barcelona. Gustavo Gili. 2005.
[10] Cohen, Jean Louis. *L'architecture au futur depuis 1889*. París. Phaidon. 2012.

pioneros de lo Moderno eran los partidarios de la máquina, siendo la figura del ingeniero la que encarnaba el nuevo espíritu. Loos, Wagner, Wright, Van de Velde, todos ellos quedaban sin distinción aunados por su supuesta adhesión al tema de la técnica. Pevsner citaba a Anatole Baudet como un argumento, quien afirmaba en 1889:

> "Hace mucho tiempo que declinó la influencia del arquitecto, y el ingeniero, *l'homme moderne par excellence* está empezando a sustituirlo".[11]

De la mano de la técnica, el artista, lo mismo que el arquitecto moderno, lograría llegar a la más perfecta y pura utilidad y, por lo tanto, a la perfección.

También Mallet-Stevens, en un artículo publicado en 1925 en la revista *Wendingen*, proponía un talante para la época:

> "Abruptamente, todo cambió...el hormigón armado apareció y revolucionó los procesos de la construcción... La ciencia crea una nueva estética las formas se modifican de manera profunda".

La primacía dada a la técnica en el proyecto, en su alianza con el Racionalismo, es lo que permitiría alcanzar la necesaria objetividad tanto en la arquitectura como en el arte. El término *Sachlichkeit* devenía del vocablo *sachlich* que aludía a lo positivo, lo pertinente y lo objetivo. La técnica, que conduciría también a definir una estética, la estética de la máquina, de la razón objetiva.

El ya consabido uso de los nuevos materiales y de las nuevas tecnologías debían impactar en las concepciones formales y del lenguaje, creando no solo un avance técnico-

---

[11] Citado por Pevsner, en su obra ya citada.

constructivo sino así mismo una nueva expresión basada en los principios del funcionamiento, de la utilidad y de las capacidades expresivas que podían tener esos nuevos materiales.

En los años sesenta, Banham volvía a reivindicar, en otro contexto distinto, este rol de la técnica y su relación con la estética:

> "Lo que distingue a la arquitectura moderna es con seguridad un nuevo sentido del espacio y de la estética de la máquina".[12]

Ya desde la primera era de la máquina, Banham entendía que el mundo moderno estaba atravesado y sostenido en la primacía de la técnica y de la ciencia, en donde cualquier hecho o fenómeno se encontraba ligado a las transformaciones de la ciencia y de la tecnología. La estética maquinista que se imponía a partir de los medios productivos industriales, de los avances técnicos y científicos, y de aquel ideal de objetividad que determinaban el Racionalismo y la máquina. De la mano de la técnica, el siglo XX daba la espalada a todo lo artesanal y arcaico.

Arte y ciencia unificados en el mundo moderno, tal como preconizaba el manifiesto de *Apres le Cubisme* de los Puristas:

> "Nada nos autoriza a suponer que exista incompatibilidad alguna entre ciencia y arte. Una y otro persiguen el objetivo común de reducir el universo a ecuaciones. Demostraremos que el arte puro y la ciencia pura no son dominios estancos. Poseen una mentalidad común... Arte y ciencia dependen del número".[13]

---

[12] Banham, Reyner. *Teoría y diseño arquitectónico en la era de la máquina.* Buenos Aires. Nueva Visión. 1971 (El original de 1960).

[13] *Apres le Cubisme* –Después del Cubismo– e el manifiesto del movimiento purista publicado en 1918 por Paul Dermeé y Charles Edouard Jeanneret como una superación del Cubismo.

Una integración entre técnica y estética como la que podían exponer el Cubismo y el Futurismo en sus relaciones con la arquitectura, a partir de considerar esas experiencias artísticas como determinadas por el racionalismo, la objetividad, el dinamismo, la abstracción y el movimiento.

En los años sesenta Banham reconocía que con los preceptos del Funcionalismo no alcanzaba para definir los valores de la arquitectura moderna y de una nueva estética; los dictados funcionalistas terminaban siendo un reduccionismo de lo Moderno. Las obras de la Modernidad, como la *Ville Savoye* o el *Pabellón de Barcelona*, debían estar signadas por una componente estética, simbólica y hasta emotiva. Pero no obstante, tal dimensión estética o formal no dejaba de estar dictada o condicionada por una concepción técnica que incidía en el arte. Había una problemática asociada a las cuestiones de la forma y de la expresión, los vínculos existentes entre las obras del Cubismo, el Futurismo, el Neoplasticismo, el Purismo o el Constructivismo. Pero esa concepción estética y artística, para los discursos canónicos, estaba incluida en los discursos dominantes de la técnica del Racionalismo como categorías omnipresentes. El espíritu de la época, la coherencia del *zeitgeist*, y la voluntad de forma o *Kunstwollen* postulada para el momento,[14] desdeñaban lo que consideraban arbitrario, irracional, exceso de subjetividad, fantasía, anacronismo, o excentricidad. Un *zeitgeist* que coincidía en cierto modo con *La obra de arte en la época de su reproducción técnica*, de Benjamin, o con la confianza en los medios técnicos que hacía decir a Moholy-Nagy que la confección de una obra de arte podía dictarse por teléfono.

Dentro de las posiciones canónicas y de la centralidad del Proyecto Moderno, la Modernidad hubo de instituirse en una

---

[14] El término *kunstwollen* fue acuñado por Alois Riegl a fines del siglo XIX, y se traduce como voluntad de forma o voluntad artística. Según el mismo cada época histórica tendría su propia voluntad de forma o *Kunstwollen*. Volveremos sobre el tema más adelante.

Marcel Duchamp.
Portabotellas

Raoul Hausmann.
Festival Dadá

Lázsló Moholy-Nagy.
Composición I

unidad de la palabra, en la solidez de un discurso y en la irrefutabilidad de un saber dada por la consagración de la ciencia y de la técnica; la Modernidad como un lugar de la verdad. Basada en los señalamientos del empirismo, en su observación científica de la naturaleza y de la realidad, en la definición de una base científica, la Modernidad canónica intentó relegar todo aquello perteneciente al terreno de lo oculto, la incertidumbre, la ambigüedad, lo extraño o lo inquietante.

Según lo promulgado por Banham, estas certidumbres y estatuto de verdad de lo Moderno organizaban e instituían las relaciones entre técnica y arte o técnica y estética. El arte moderno se desprendía así de toda función representativa y las concepciones y los productos de la técnica se trasladaban al campo artístico. Esto apuntaba a dos cuestiones diferentes pero complementarias.

Por un lado la influencia de la técnica en el arte se verificaba de una manera más lineal o concreta en el traspaso directo de los objetos de producción seriada o industrial a las prácticas artísticas: por ejemplo la *Rueda de Bicicleta*, el *Portabotellas* o el *Urinal* de Duchamp, la inclusión de elementos industriales o de residuos de la técnica en los collages cubistas o dadaístas, en la obra de Kurt Schwitters, Jean Tinguely, Johannes Baader o Hans Arp, o las referencias sígnicas a objetos técnicos en los collages de Moholy-Nagy, Man Ray y Raoul Hausmann.

Por el otro, una influencia de la técnica desde una dimensión más conceptual y de concepción. Aquello dado por una visión técnica y científica de la realidad, por el traslado de concepciones, principios, categorías y procedimientos del campo técnico al artístico, tales como el entender a la forma como una *construcción*, la categoría y procedimiento de montaje, la utilización de técnicas mecanicistas como la fotografía y el trabajo con lo seriado, o la concepción ontológica del objeto.

La estética debía ser la expresión de una serie de valores constantes, siendo el objeto del arte y de la ciencia la producción de leyes y objetos invariables; para un artista como Albert Gleizes, a principios del XX, los beneficios de la producción en masa o industrial se verificaban en su determinación de principios bien definidos y simples.

Este era el caso también del Purismo, con Le Corbusier y Ozenfant a la cabeza. Esos valores invariantes se hallaban relacionados con la idea de un objeto tipo, un objeto absoluto que venía a identificarse con el objeto platónico. Ya se ha hablado extensamente de la vinculación en el Purismo entre el objeto purista, único y perfecto –en su dimensión platónica– y los objetos producidos en serie. Desde el propio Le Corbusier en *Hacia una Arquitectura* y en *Apres le Cubisme*, pasando luego por Banham y De Fusco, y más tarde por Colquhoun y Marchán Fiz se ha dado cuenta de ello. Lo que nos interesa destacar en este caso, es la apología de la técnica que se hace desde las versiones como las de Banham en cuanto a esa relación entre objeto artístico como un tipo y un valor de perfección y los objetos industriales. De hecho, el Purismo corbusierano efectuaba una crítica al Cubismo –del cual el Purismo era una superación– por ser demasiado subjetivo y fragmentario, habiendo llevado a una descomposición de la forma que el Purismo quería precisamente recomponer. Al observar las pinturas puristas, se observan ambas cuestiones. Por una parte la representación de objetos que son producto de la reproducción en serie –platos, botellas, instrumentos, objetos de uso cotidiano–, y por la otra, la recuperación del criterio de unidad de la forma, la reunificación de lo fragmentado por el Cubismo –y por la realidad– en base a la recomposición de la forma y la geometría como un valor absoluto y eterno.

Pero estas relaciones entre arte y técnica no serán para nada lineales en el despliegue de lo Moderno y en las articulaciones entre Modernidad y Vanguardia. Como se verá más adelante, más allá de una cuestión apariencial o de la presencia de elementos de la técnica o de sus recursos y concepciones en las prácticas artísticas, los contenidos y lógicas de sentido en cada una de las experiencias serán muy diferentes. En las visiones canónicas las postulaciones del Futurismo, del Cubismo, del Racionalismo arquitectónico, de la poética de la abstracción, podían ir todas juntas dentro de cierto marco de contención, asociadas a los valores del dinamismo, el cambio, la evolución, el progreso o la fluidez espacial. Pero la idea de progreso del Futurismo no fue para nada la misma que la de Le Corbusier, y el trabajo con el lenguaje de la abstracción no fue el mismo en el Cubismo que en el Neoplasticismo de *De Stijl*.

Toda una retórica sobre la estética maquinista, la abstracción lingüística, el elementarismo, la ruptura y negación del pasado, la identificación entre forma innovación y progreso, la articulación entre arquitectura

Georges Braque. Mujer Leyendo

Liubov Popova. Retrato de una dama

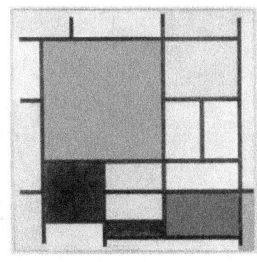
Piet Mondrian. Composición

y producción industrial, la propuesta de nuevos programas y tipologías, la preponderancia de lo funcional, o las reformulaciones y transformaciones en la concepción del espacio, va a constituir el cuerpo central de la ortodoxia sobre lo Moderno.

Las historias canónicas pusieron el énfasis en un conjunto de factores que conformaron el contexto para el desarrollo del llamado Movimiento Moderno bajo ese sentido unitario. La crisis producto de la primera posguerra, las modificaciones políticas en el escenario europeo, la agudización del conflicto de clases, los problemas sociales irresueltos, el desarrollo de la técnica y de la industria, y la reformulación del rol y de la presencia del estado en tales escenarios, actuaron como agentes en la constitución del Proyecto Moderno en tanto cuerpo troncal en torno a cuatro ejes irrefutables para la ortodoxia:

La confianza de herencia iluminista en el paradigma de la razón para la concepción de la realidad, para su interpretación y para la resolución de los problemas.

El despliegue de las vanguardias figurativas, junto con las nuevas teorías estéticas del Formalismo y de la Pura Visualidad que redefinieron todo el panorama de las problemáticas de la forma.

La componente de compromiso social también como un paradigma de comportamiento en las articulaciones entre arquitectura, proyecto y sociedad.

La relación con el desarrollo técnico y la civilización industrial, asociada con el interés por lo funcional como sinónimo de cultura moderna.

Una gran parte de la historiografía ortodoxa, así como también algunos de los enunciados de los propios protagonistas de la época, hizo hincapié en la primacía de la función. El funcionalismo como principio rector de la

Arquitectura Moderna. Ya desde hace mucho tiempo se sabe que la famosa muletilla "la forma sigue a la función" no fue proferida por ninguno de los llamados grandes maestros sino que fue Louis Sullivan quien la acuñó en 1896:

"Ya sea el águila en pleno vuelo o la flor de manzano abierta, el incesante trabajo de los caballos, el cisne alegre, la ramificación del roble, el arroyo que serpentea en su base, las nubes a la deriva, sobre todo el sol que cursa, *La forma siempre sigue a la función*, y esta es la ley. Dónde la función no cambia, la forma no cambia. Las rocas de granito, las colinas siempre inquietantes, permanecen durante siglos; el rayo, viene, toma forma, y muere, en un abrir y cerrar de ojos".[15]

Como parte de la herencia iluminista del siglo XVIII y del pensamiento positivista que atravesó en gran medida el paradigma racionalista y de progreso evolutivo del Proyecto Moderno, las ideas funcionalistas ya estaban presentes en algunas figuras de aquel pasado que se constituyeron como referentes, tales como el teórico de la arquitectura Carlo Lodoli o el naturalista Jean Baptiste Lamarck.

"Nada debe llevarse a la representación que ya no exista en la función".[16]

"El desarrollo de los órganos y de sus facultades tiene una relación constante con el uso de los órganos".[17]

Tal como hemos anticipado, esto influyó en la formación de los arquitectos y arquitectas de toda la segunda mitad del siglo XX y, sorprendentemente, aún hoy existen algunos núcleos

---

[15] Sullivan, Louis. *The Tall Office Building artistically considered* (Consideración artística del edificio de oficinas elevado). *Lippincott's Magazine*. 1896.

[16] Citado en De Fusco, Renato. *El placer del arte: Comprender la pintura, la arquitectura y el diseño*. Barcelona. Gustavo Gili. 2013 (El original de 2004).

[17] Lamarck, Jean Baptiste. *Filosofía Zoológica*. Barcelona. Editorial Alta Fulla- Mundo Científico. 1986 (el original de 1809).

que siguen ligados a esta ortodoxia de la tradición moderna dentro de la formación académica. Las visiones reduccionistas de "La Máquina de Habitar" y de la problemática de los usos y la función dada por una ingenua interpretación mecánica de la ciencia como una verdad fija y de la lógica demostrable por un criterio de racionalidad supuestamente indiscutible. En ese sentido, el traslado de las ideas evolucionistas a la arquitectura y el arte no pudo sino alcanzar ese nivel de reduccionismo y de simplificación de la ortodoxia. Inclusive Banham, como referimos anteriormente, señaló que con los dictados del funcionalismo no eran suficientes para comprender la problemática de la arquitectura, si bien sus interpretaciones –por ejemplo en cuanto a las relaciones entre estética, técnica y arquitectura– no dejaban de tener un perfil técnico-mecanicista. Dicho de una manera más directa, la función no determina la forma, sino que ambos términos se interrelacionan en una construcción mucho más compleja. De hecho, en la arquitectura del Modernismo, y dentro de la condición de autonomía de la obra moderna, la problema de la forma va a seguir sus propios desarrollos específicos.

Las cuestiones formales del Racionalismo y la ortodoxia Moderna estuvieron fundamentadas y desarrolladas por las teorías de la Pura Visualidad o *Sichbarkeit*, postuladas a fines del siglo XIX por autores como Fiedler y Riegl. Las teorías del Formalismo y de la Pura Visualidad actuaron como una reacción crítica y superadora de las teorías tradicionales de la representación naturalista y figurativa por las cuales el arte funcionaba como una representación de la realidad.[18] Para el arte moderno, las formas artísticas no representan ningún contenido o significado externo sino que se representan a sí mismas, a su propio material o lógica de construcción formal; de la misma manera ocurrió con la lógica formal de la arquitectura.

---

[18] Más adelante, en otro de los capítulos, abordaremos las problemáticas de la forma y las teorías del formalismo con mayor profundidad.

El abandono de los criterios tradicionales de definición de la forma, dados básicamente por el procedimiento de la Composición, llevó a concepciones formales novedosas, basadas en el lenguaje de la abstracción, la descomposición volumétrica, las formas abiertas, la asimetría o las simetrías parciales, el movimiento, y las tensiones entre el equilibrio estable y el inestable y entre la fragmentación y la recomposición de la unidad, la simultaneidad de encuadres, las superposiciones, las compenetraciones entre interior y exterior, y las transparencias. El equilibrio dinámico, la desestructuración y la forma abierta, o la llamada relación espacio-tiempo se dieron lugar en el Racionalismo arquitectónico lo mismo que en el Cubismo, el Neoplasticismo o el Constructivismo, como parte de una acción antinaturalista. En una primera instancia puede decirse que el criterio de Composición fue sustituido por un nuevo criterio, el de la Configuración o Construcción de la forma, a partir básicamente de la categoría y procedimiento del Montaje.

Kasimir Malevich. El Afilador

Bauhaus. Viviendas de los profesores

Esto incidió así mismo en las concepciones espaciales, tanto de la arquitectura como del arte en general.

El Cubismo, el movimiento De Stijl, el Suprematismo, el Futurismo, lo mismo que el Racionalismo, el Neoplasticismo y el Constructivismo en la arquitectura, plantearon una concepción espacial que ponía en crisis los principios espaciales de la perspectiva tradicional venida desde el Humanismo del '400. El espacio se configuraba ahora a partir de las leyes del dinamismo, la continuidad, la fluidez, la ruptura de la caja muraria. Un espacio no determinado por la primacía de un punto privilegiado de la visión –como en la perspectiva– sino por una simultaneidad de posiciones, por una diversidad de puntos de vista, por su percepción y construcción vivencial a través del recorrido y la experimentación psíquico-corporal.[19] En tal sentido, la historiografía canónica ha abundado enormemente en las relaciones entre el Cubismo y la Arquitectura Moderna, entre el espacio cubista y el espacio arquitectónico del Racionalismo, como son los casos de Giedion y de Banham.[20] Para Giedion las relaciones entre Cubismo y Racionalismo arquitectónico estuvieron dadas por la construcción de imágenes en base a una estructura geométrica, por la configuración de un objeto a partir de una serie de planos que desmontan y rearman el volumen, por la multiplicidad y combinación de diferentes puntos de vista en la mirada, y por esa concepción espacio-temporal ya mencionada.

La idea del espacio en relación al tiempo ya había sido señalada por Heidegger[21] al entender al espacio no como un recinto conformado por ciertos límites, el espacio como una entidad

---

[19] Cabe aclarar no obstante que la idea de un espacio único y realista dado por la perspectiva tradicional, o sea la perspectiva humanista como una representación realista del espacio, ha sido también una construcción canónica de cierta historiografía. El análisis de pinturas de los siglos XV y XVI, de obras como las de Uccello, Ghirlandajo, o Piero della Francesca, demuestra que en esas obras el espacio no estaba dado como una representación real sino que también incluía superposiciones de diferentes espacios, de distintos momentos en el tiempo, o de alteraciones de la realidad supuestamente representada fielmente. Una especie de montaje de diferentes espacios o de eventos ocurridos en distintos momentos, pero disimulados como una unidad espacio-temporal en un mismo momento y lugar reales por medio de la forma de representación. Al respecto, puede consultarse mi trabajo *Cultura y Proyecto en los inicios de la modernidad europea. Los despliegues del Clasicismo en los siglos XV y XVI*. Buenos Aires. Ediciones Diseño. 2023.

[20] También volveremos más adelante sobre estas miradas canónicas acerca de la relación entre Cubismo y Arquitectura Moderna.

[21] Heidegger, Martin. *Ser y tiempo*. México. Fondo de Cultura Económica. 1971 (el original de 1927).

preexistente a ser llenada, sino como un *continuum,* una continuidad temporal en la conciencia del sujeto; el espacio no como un ente contenido dentro de un cierto volumen sino como una construcción que se iba dando a partir del recorrido y de la experiencia psíquica, sensorial y corporal de las personas. Algo acerca de lo que también se ha abundado a lo largo de todo el siglo XX en cuanto a las relaciones del espacio-tiempo de la Modernidad Racionalista con las teorías de la relatividad, de la cuarta dimensión y del pensamiento científico.

Hans Scharoun. Vivienda Modelo en la Exposición del Werkbund

En el caso de la arquitectura, la interpretación ortodoxa le confería al tema de la forma las componentes de una racionalidad rigurosa, en donde todo el código formal provenía de deducciones lógicas a partir de exigencias que se consideraban objetivas. Una concepción de la arquitectura y del proyecto como una unidad metodológica racional, con un máximo de beneficio social y un aprovechamiento eficiente de los recursos. En ese sentido, la eficiencia era otra de las componentes básicas del Proyecto Moderno como paradigma. La innovación y el progreso que requerían de una condición de eficiencia en cuanto a que ser moderno equivalía a ser eficiente –dentro de una fórmula lineal– en el aprovechamiento de los recursos, en la solución de los problemas sociales, en la concepción y manipulación técnica. Todo manejo formal, toda concepción espacial, estaba asociada a un ideal

Le Corbusier. Ville Savoye

Arquitectura Moderna.
La eficiencia en el habitar

de eficiencia que debía ir en beneficio de las condiciones del habitar. Para esta mirada, toda eliminación de los elementos decorativos, toda reducción de los componentes expresivos, la configuración de un hábitat aséptico y despojado, en contraposición de la sobreabundancia expresiva y material de la arquitectura del Academicismo y el Eclecticismo, importaba no solo la consagración de un nuevo paradigma estético sino un objetivo de eficiencia a través del manejo de la forma. La identificación entre arte y técnica industrial y entre innovación y eficiencia conformaban esa unidad metodológica racionalista que permitía diseñar desde los objetos de uso cotidiano hasta la ciudad. Un criterio metodológico que, nuevamente, se postulaba como universal. El Racionalismo como un fenómeno internacional con aportes tanto individuales –Le Corbusier, Mies, Duiker, Meyer, Loos– como colectivos –Bauhaus, los grupos holandeses– y cuyo internacionalismo no daba cuenta de las particularidades locales o regionales. Un cuerpo unitario que reúna las diferentes variantes, con una raíz cultural y civilizatoria en común, y un propósito referido a la necesidad ideal de dotar de una influencia vital al proyectar y de una coherencia moral que debía expresarse en el hecho de cada obra.

Respecto de esto último, podría ponerse en evidencia una relación conceptual del Racionalismo con la tradición Clásica.

Esta relación fue señalada por algunos autores canónicos, como es el caso de Banham. La determinación de un orden racional, la existencia de un sentido de unidad de la obra, la primacía de la regularidad y del orden geométrico, la claridad expresiva, la consagración de un ideal formal, son algunos de los aspectos que marcaron ciertas vinculaciones entre el Racionalismo de la primera mitad del siglo XX y lo Clásico, pero todo ello bajo la consagración de un nuevo *zeitgeist* propio del mundo moderno.

Lo que aquí podríamos agregar es que entre Racionalismo y pensamiento Clásico existe otra vinculación, dada por el concepto de *kalokagathía*.[22] En el mundo Clásico, *kalokagathía* era el término que señalaba la identidad o la relación entre Ética y Estética, entre lo bueno y lo bello en una obra. En el pensamiento platónico, una obra para ser bella debía ser buena, y viceversa, si era buena es porque era bella. Lo bueno de una obra estaba asociado a una componente ética del arte, el cual debía cumplir con una función social y de enseñanza de ciertos valores éticos destinada a los integrantes de la polis. O sea, la obra de arte adecuada a unos fines superiores en donde Ética y Estética estaban integradas. De manera similar, en el Racionalismo del siglo XX la obra y el artista o arquitecto venían a cumplir también con una función ética en cuanto a su compromiso con el cuerpo social, su propósito pedagógico para con un nuevo sujeto moderno, o respecto de una ética en el aprovechamiento de los recursos y en la consumación de un progreso y de una eficiencia en la concepción y en los modos de producción.

De acuerdo a estos criterios las villas de los años veinte, el *Edificio del Ejército de Salvación*, o el *Pabellón Suizo* en la Ciudad Universitaria de París, entre otras obras de Le Corbusier, al igual que el *Pabellón de Barcelona*, la *Casa Tugendhat*, el proyecto de *Casa con Patio* y el proyecto para la *Casa Hubbe*, de Mies, el edificio de la *Bauhaus* en Dessau y las viviendas para profesores de Gropius, lo mismo que la *Casa Schminke* de Hans Scharoun, las *Villas Steiner, Moller* y *Muller* de Adolf Loos, la *Escuela al aire libre* en Amsterdam de Duiker, la *Villa de Noailles* de Mallet-Stevens, o la *Casa Colnaghi* de Hans Schmidt y Paul Artaria, todas estas obras estarían integradas en el tronco del Proyecto Moderno bajo su mirada de un modelo de tipo jerárquico, vertical, que define pertenencias, coherencias y principios. Todas ellas reunidas

---

[22] En la Grecia Clásica, *kalokagathía* provenía de los términos *kalós*, lo bello, y *agathós*, lo bueno.

bajo los principios de la estética maquinista, del lenguaje de la abstracción y la objetividad, de los dictados de la función, de la continuidad y fluidez del espacio, de la ruptura de la caja muraria y de los principios técnicos como regidores del proyecto. Obras paradigmáticas que representan el discurso de la Modernidad canónica.

Para los discursos de la ortodoxia, la historia hubo de definirse en un sentido evolutivo, en consonancia con el sentido evolutivo de lo social y de una teleología de la historia que se encaminaba hacia un ideal de progreso, la historia dentro de un sentido inmanente, de una finalidad por cumplir. Sentido evolutivo vinculado así mismo con la idea de un progreso del material dentro de un nuevo espíritu del tiempo. Así se comprende, en las narraciones de Pevsner, de Benévolo, o de De Fusco, el modo en que la arquitectura se presenta bajo ese criterio evolutivo, pasando, por ejemplo, de las experiencias del llamado Proto Racionalismo a las del Racionalismo en sí. La idea de progreso del material[23] sería lo que llevaría de Garnier, Perret o Behrens a Le Corbusier, Mies y Gropius.

Estas concepciones de la historia canónica coinciden en cierto modo con algunas de las interpretaciones de Adorno respecto del problema de la forma. Para Adorno, los materiales artísticos reflejan el estado del desarrollo social, y para cada época, en coincidencia con el *zeitgeist*, existe solamente una idea de material, una concepción de forma. De allí que no resulte pertinente la utilización de formas o de lenguajes del pasado, sin caer en una parodia o en una declinación.[24]

Un abordaje crítico y más complejo de los fenómenos en estudio nos lleva así mismo a una mirada crítica sobre las

---

[23] Nos referimos a la idea de material según un sentido adorniano, entendiendo al material como todo el conjunto de objetos, elementos físicos, ideas, teorías, conceptos, obras, con los que cuenta el autor para la concepción y ejecución de sus obras.

[24] Adorno, Theodor. *Filosofía de la nueva música*. Madrid. Ediciones Akal. 2004.

versiones canónicas o de la ortodoxia moderna. Una mirada crítica sobre la producción en sí y a la vez sobre las interpretaciones más convencionales de esa producción. Una construcción crítica que ya reconoce toda una tradición y aportes alternativos como los de Kaufmann, Rowe, Colquhoun, Tafuri, Lahuerta, Rivera, Colomina, Agacinski, Foster, Krauss, entre muchas otras y otros.

No fue el desarrollo de la técnica el único motor que impulsó el despliegue de las experiencias de la Modernidad, no hubo una relación directa entre desarrollo técnico y despliegue artístico-arquitectónico. Esto ya lo señaló Perry Anderson al decir que las sociedades más avanzadas social y técnicamente no necesariamente dieron las experiencias y producciones artísticas y arquitectónicas más significativas. Como tampoco fueron las nuevas tecnologías y los nuevos materiales los que produjeron exclusivamente los cambios o desenvolvimientos en la arquitectura. Una comparación entre el *Edificio de la Calle Franklin*, de Perret, y la *Villa Stein*, de su sobrino Le Corbusier, da cuenta de ello. Las articulaciones entre forma y técnica y el desenvolvimiento de la problemática de las formas conllevan contenidos muy complejos, asociados a la autonomía de lo formal, las nuevas teorías estéticas, los cambios en el pensamiento filosófico y las relaciones entre forma e historia.

Lo que se denomina como arte, las producciones artísticas, no constituyen un reflejo del contexto o del momento histórico. Más bien lo descomponen en una multiplicidad de haces que abre las concepciones, las prácticas y las interpretaciones. Las relaciones entre arte o arquitectura y contexto son mucho más complejas, ambiguas, ambivalentes y hasta inasibles, que el mero reflejo. Una obra puede, según cierta interpretación puntual, *representar* un contexto o un momento dado, pero abre también una multiplicidad de interpretaciones respecto de la relación crítica con ese contexto, respecto de las contradicciones entre obra y contexto, o sobre las propias contradicciones o ambivalencias internas de la obra.

Tampoco puede decirse que exista un sentido evolutivo del arte y de la historia.

Tanto uno como la otra no evolucionan sino que se despliegan en el espacio y en el tiempo. Ni el arte ni la historia *progresan* como parte de un estadio superior al anterior. Se arman como una construcción, como constelaciones complejas, con transformaciones, desplazamientos, mutaciones, situaciones ambiguas y ambivalentes, con anacronismos, superposiciones o a la manera de un palimpsesto. La historia no posee una inmanencia ni un sentido teleológico en cuanto a cumplir con un propósito determinado: el acceso al progreso, la liberación de los pueblos, el triunfo del socialismo o la fraternidad espiritual de los pueblos. Antes bien la historia se da como construcciones que no siguen un orden cronológico. Es así que se configuran en armados más complejos, en sus aporías, en sus tensiones entre el brillo y la ruina, en sus fantasmagorías y opacidades, en las relaciones entre innovación y tradición, o en las articulaciones indóciles entre obra y despliegue histórico.

Con la etiqueta de Movimiento Moderno se impuso entonces una mirada homogeneizadora de los fenómenos puestos en juego. Y en muchos casos, aquello que constituía una serie de propuestas incipientes, de planteos iniciales, o de hipótesis no claramente verificadas, dentro de un contexto en transformación y de crisis, fue tomado como verdades absolutas, como principios indiscutibles y definitivos acerca de lo que implicaba la Modernidad y el Modernismo. Un planteo sujeto a la idea de un modelo o de un paradigma.

Antes que pensar en la Modernidad y en la Historia como fenómenos específicos o en un sentido de evolución en el tiempo, lo que se nos hace presente es un innumerable conjunto de cortes históricos, de formaciones en un tiempo que no es plano sino heterogéneo, y en donde cada momento histórico, cada ubicación temporal, se entrecruza con diversos ejes problemáticos o categorías críticas en la construcción de las diversas interpretaciones.

La Modernidad no es un período definido cronológicamente, no es una ubicación dentro de cierto arco temporal, no es aquello ubicado en el siglo XX con ciertas características y algún origen más o menos preciso que la distinguen de otros momentos. La Modernidad es una concepción y puesta en acto, una *conciencia*, que puede existir en diferentes momentos históricos bajo las formas de un desplazamiento, de las tensiones entre ruptura y continuidad, o de una interpelación sobre lo establecido.

3.
EL ESTATUTO DE LA OBRA MODERNA

LOS PRINCIPIOS DE LA AUTONOMÍA Y LA PROBLEMÁTICA FORMAL

La obra moderna es la obra autónoma

Esta autonomía de la obra se inscribe así mismo en el proceso de autonomía de las disciplinas que se definió a partir del pensamiento iluminista del siglo XVIII. Lo que en el mundo tradicional se hallaba unificado en el marco de una cosmovisión integradora, la Modernidad llevó a su separación y autonomía. En la Antigüedad, en el Medioevo, y hasta el Humanismo del siglo XV y XVI, todo el conocimiento se encontraba integrado en una cosmovisión que vinculaba lo profano y lo sagrado. No existía una separación entre la Ética y la Religión, el Arte y la Técnica.

En la relación entre Macrocosmos y Microcosmos, la obra de arte estaba integrada a su contenido sagrado, forma y significado constituían una misma unidad. A partir del Humanismo del '400 esa unidad entre forma y significado se va a comenzar a disolver, y entonces la forma va a pasar a *representar* un significado, que está separado o por fuera de la forma en sí. Esto se debió al paulatino proceso de secularización de la cultura, al surgimiento del yo como sujeto o conciencia individual, y a la definición del arte como una práctica liberal, separada de lo sagrado. La obra seguía expresando un contenido sagrado, pero ya no como una manifestación de lo divino en la tierra sino como una *representación* de un contenido, un volver a hacer presente un contenido que está por fuera de la obra. En *La Prosa del Mundo* narrada por Foucault,[1] el mundo tradicional se organizaba en base a la semejanza y a sus cuatro figuras constitutivas: conveniencia, emulación, analogía y simpatía. La tierra sigue al cielo, la medicina, la química, la alquimia y la magia conforman un mismo saber, la astronomía con la astrología, y la razón y el mito son términos complementarios. En ese mundo, la obra de arte debía copiar o reproducir –a través de la mímesis– la perfección, la armonía y la belleza de lo divino o de la naturaleza para establecer su propia perfección, armonía y belleza.

El paulatino proceso de autonomía de las disciplinas y de la obra de arte terminó de constituirse con el Iluminismo del XVIII, cuando Kant va a proceder a separar de manera casi definitiva las tres ramas principales del conocimiento: La Ética, la Estética y la Técnica, cada una de ellas como una disciplina autónoma. Algo que se profundizó con el Enciclopedismo y la hegemonía de la razón iluminada, clasificando y separando más exhaustivamente el conocimiento de cada rama del saber. Es cada disciplina la que define y constituye sus propios conocimientos específicos, sus principios y categorías, sus límites y formas de operación.

A finales del siglo XIX la autonomía artística se va a confirmar a partir de las teorías del Formalismo y de la Pura Visualidad desarrolladas por Fiedler, Riegl, Wölfflin, Hildebrand y Schmarzow, y posteriormente con el Formalismo de Sklovski.[2]

---

[1] Foucault, Michel. La Prosa del Mundo. Capítulo II de *Las palabras y las cosas. Una arqueología de las ciencias humanas*. México. Siglo XXI. 1986 (El original de 1966.

[2] Para una profundización de las teorías del Formalismo y de la Pura Visualidad pueden consultarse Fiedler, Konrad. *Escritos sobre el arte*. Madrid. Visor. 1991; Von Hildebrand, Adolf. *El problema de la forma en la obra de arte*. Madrid. Visor. 1988; o las interpretaciones de De Fusco,

La teoría formalista promulgaba una negación del naturalismo y de la obra de arte como representación de la realidad. Junto con el conocimiento racional dado por el lenguaje, lo visual y el acto formativo –el dar forma– se definieron también como un modo de conocimiento. El arte ya no reproduce la realidad exterior, sino que por medio de la forma, de sus propios materiales y de la visión, constituye una realidad en sí misma. La plena autonomía implica que las leyes y los principios del arte no están dictados por un conocimiento externo –el de la heteronomía– sino por el propio conocimiento artístico. Para el Formalismo, la obra de arte no representa nada, o mejor dicho, no representa ningún contenido o significado externo, solo se representa a sí misma, a su propia forma y material.

Fiedler coincidía con Kant respecto de las diferencias entre el juicio estético o del gusto y el juicio artístico. El juicio estético es subjetivo, está dado por la sensibilidad o la intuición, por la mera percepción en reconocer una forma o por el placer de experimentar la belleza, y no requiere de un conocimiento intelectual o técnico. En cambio, el juicio artístico sí implica la posesión de un conocimiento intelectual o conceptual. A partir de esto, la obra no puede ser evaluada por el juicio estético o por el gusto, por la experiencia placentera, sino por el juicio artístico. Para que exista la obra de arte como obra en sí debe haber concepto, construcción intelectual. La obra de arte se separa de esta manera de la idea de belleza –como valor eterno o absoluto– y del placer en la contemplación para constituirse en una forma de conocimiento y de construcción de una realidad.

El arte es un modo de conocimiento, y lo mismo se podría decir de la arquitectura. Y a partir del Formalismo trabaja con sus propios medios y principios: las relaciones entre imagen y

---

Renato. *La idea de Arquitectura. Historia de la crítica desde Viollet-le-Duc a Pérsico*. Barcelona. Gustavo Gili. 1976; y Morpurgo-Tagliabue, Guido. *La Estética Contemporánea*. Buenos Aires. Losada. 1971.

expresión, los procedimientos formales utilizados, el lenguaje, la relación entre forma y materialidad, o la concepción espacial.

De estos desarrollos respecto de la forma y del conocimiento se desprende otro aspecto importante que hace al tema científico y a las visiones canónicas de lo Moderno respecto del lugar de la ciencia y de la técnica, comentados en el capítulo anterior.

Para el Formalismo, que tuvo una incidencia fundamental en el arte y en la arquitectura del siglo XX, el conocimiento científico no abarca todas las posibilidades de lo cognitivo, no define toda aproximación ni alcanza como única manera de conocimiento. El arte posibilita otras formas de conocimiento y otras categorías diferentes a las de la ciencia. Las cuestiones de forma, la imaginación artística, el dominio de los procedimientos, los modos de percepción y de experimentación de la obra, la relación entre forma, materialidad y expresión, implican una componente intelectual y conceptual para la interpretación y la construcción de las cosas. De allí que no pueda asegurarse que fue la técnica tan solo el fundamento para las diferentes versiones de la arquitectura moderna, sino que gran parte de su despliegue y experiencias se encuentran fundadas en las problemáticas de la forma y en sus derivaciones de las teorías del Formalismo y de la Pura Visualidad. Teorías y principios que influyeron en las manifestaciones del Arte Moderno, del Expresionismo, del Cubismo y el Purismo, del Arte Abstracto, y de las Vanguardias como el Constructivismo, el Dadaísmo y el Surrealismo, lo mismo que en la arquitectura. De igual mismo manera podría proponerse una relación entre el Formalismo de Sklovski y la arquitectura. En su *Teoría de la Prosa*, desarrollada a partir de 1919, Shklovski describe distintos procedimientos compositivos para la construcción de la trama, tales como la dilación, la estructura escalonada, el paralelismo o el encadenamiento, trabajando con una descomposición y ensamblaje de motivos literarios. De manera comparativa puede decirse que la arquitectura operó con recursos semejantes, a partir de una serie de procedimientos configurativos tales como la superposición de elementos formales, la descomposición de la unidad volumétrica, las contraposiciones y desplazamientos.

No obstante, para estas teorías de finales del XIX, debe aclararse que no existió una uniformidad en los planteos de sus distintos integrantes, existiendo diferentes visiones entre Fiedler, Riegl o Semper, por ejemplo en las relaciones entre forma y materialidad o entre ciencia y espíritu, cuestiones a las que volveremos más adelante.

La autonomía del arte y de la obra moderna implica no solo que éstas dictan sus propias leyes o principios sino además que cada disciplina artística funciona de manera autónoma o particular. Nuevamente, ya el Formalismo había señalado la autonomía de cada una de las artes en contra de las ideas de *la obra de arte total* erigida por los Modernismos del Art Nouveau, el Liberty o la Secesión Vienesa, que promovían un diseño totalizador del hábitat, desde los enseres cotidianos y la vestimenta hasta la arquitectura, o por el concepto de obra existente en la ópera wagneriana.[3] Un criterio de unidad de todas las artes reunidas en una obra.

Contra esto, la obra moderna va a operar dentro de la especificidad de cada disciplina. Cada una de ellas dicta sus propios principios, y la pintura es pintura, la arquitectura es arquitectura, y la música es música. Es cierto que pueden darse vinculaciones o préstamos entre las disciplinas, entre la arquitectura y las artes plásticas, por ejemplo, como en los casos de

---

[3] El concepto de *obra de arte total*, o *Gesamkunstwerk*, proponía un diseño totalizador, por ejemplo en el caso de la arquitectura, que implicaba el diseño de lo arquitectónico junto con el del mobiliario, los objetos de uso, la decoración, y hasta la vestimenta de sus ocupantes. La obra entendida como una totalidad en todos los aspectos que pudieran concurrir en ella, diseñando desde el edificio hasta la falleba de la ventana. Algo similar a las óperas de Wagner en las que el autor no solo compañía la música sino todas las componentes de la obra, escenografías, vestuario, iluminación, programas, etc. Una unidad de todas las artes reunidas en una obra.

Le Corbusier o del Bauhaus, o de algunos constructivistas rusos. Pero se trata de préstamos o de intercambios efectuados de una disciplina a otra desde la propia especificidad de cada una de ellas. Los límites de cada arte o disciplina están precisados y no se pierden en una disolución de los límites disciplinares. Al contrario que en los planteos, si pensamos en Edgar Morín, de lo interdisciplinar, lo multidisciplinar y lo transdisciplinar de finales del siglo XX y principios del XXI, la obra moderna se mueve dentro de la especificidad disciplinar.[4]

En el despliegue de la obra moderna, de las artes y de la arquitectura del siglo XX, los planteos del Formalismo van a abrir un profundo debate acerca de las relaciones entre forma y significado.

Para el Historicismo del siglo XIX, la obra seguía representando una realidad externa, una serie de significados históricos, sociales y culturales, entendiendo a la obra como una suerte de síntoma o de expresión de un sistema cultural. Según Alan Colquhoun, en *Arquitectura e Historicismo*,[5] las reglas y principios que organizaban y definían a las obras historicistas estaban dadas por ese contexto cultural, venían definidas por fuera de la obra. Contra esta situación, en donde la obra seguía representando un significado exterior, es que supuestamente para Colquhoun el formalismo reaccionaba desde la autonomía artística y arquitectónica. Pero es necesario aclarar que esto no era exactamente así, ya que en realidad el Historicismo se movía en una dialéctica entre la heteronomía y la autonomía, entre las reglas

---

[4] Aquí se plantea una de las diferencias de la obra del siglo XX con las de finales del siglo e inicios del XXI. La obra moderna actúa dentro de la autonomía disciplinar en tanto que muchas de las obras de estos últimos veinte o treinta años operan en el campo de lo transdisciplinar, en esa disolución de los límites disciplinares.

[5] Colquhoun, Alan. *Arquitectura e Historicismo*. Conferencia dictada en la Universidad de Belgrano en 1982 y publicada en *Cuadernos de Historia del Instituto de Arte Americano e investigaciones Estéticas "Mario J. Buschiazzo"*. Buenos Aires. FAU-UBA. 1988.

y la representación del mundo exterior y la propia especificidad autónoma de la obra. Si por un lado, efectivamente, las normas del arte estaban dadas por el contexto cultural y por un sistema de representación, por el otro cabe decir que las obras también dictaban sus propias leyes, establecían sus propios principios de conformación como parte de una dinámica propia de la disciplina, como parte de la propia experimentación o indagación que se daba dentro de un cierto arte; las reglas y principios de la obra como producto del propio despliegue del material artístico o arquitectónico. En el Historicismo la obra no representa a la naturaleza o a un contenido sagrado, o a valores ideales como en el caso del Clasicismo, sino que representa a la propia historia del arte, a lo hecho por la disciplina misma. El arte ya no imita a la naturaleza sino que imita al arte, y la arquitectura imita a la arquitectura. Es por eso que ese trabajo con el propio material de una disciplina hizo que el Historicismo también operara dentro de la dimensión de la autonomía artística.

Las tensiones entre autonomía y heteronomía o entre forma y significado se van a verificar así mismo en el Formalismo.

Las normas artísticas pueden variar de acuerdo a una dinámica propia, según las indagaciones dentro del material mismo de un arte, a partir del tratamiento formal, del uso del material y de las técnicas, de los procedimientos, del manejo del color, o de la concepción de espacio que la obra desarrolle. Pero así mismo, el propio Fiedler reconocerá que las normas y principios varían con el contexto, se vinculan con un momento histórico determinado; la forma se expresa a sí misma pero a la vez conecta con un universo de significados.

Esta dialéctica entre autonomía y contexto, entre forma y significado, va a generar toda una reformulación sobre las nociones de sentido del arte y sobre las relaciones entre significante y significado que va a atravesar todo el arte moderno.

Es a partir de la ruptura del criterio de unidad, de la cosmovisión que organizaba el mundo tradicional, que las relaciones entre forma y contenido van a estallar.

Filippo Brunelleschi. Sacristía Vieja   Filippo Brunelleschi. Capilla Pazzi

Tal como ya dijimos, en el mundo tradicional la forma estaba unida al contenido o en todo caso lo representaba. Existía una relación a través del concepto de mímesis que establecía un vínculo determinado entre la forma y el significado sagrado de la misma. En las culturas tradicionales la cúpula presentaba una significación cósmica; en las bóvedas de los templos humanistas del '400, como en la *Sacristía Vieja* o en la *Capilla Pazzi*, la bóveda era una representación del cielo y de lo divino; en el conocimiento del Neoplatonismo y del Neopitagorismo, cada forma geométrica y cada número tenían un significado sagrado; la figura del laberinto aludía al conocimiento.

A partir del proceso de secularización de la cultura y de la correspondiente autonomía de la forma y del arte, la forma se va a separar de un significado determinado y a partir de esa autonomía podrá pasar a representar o expresar cualquier contenido. Es así que se hace presente un sentido polisémico de la forma. Una misma resolución formal puede entonces representar cualquier significado, político, religioso, social, o cultural.

Si en el caso del arte la autonomía formal importó esa condición polisémica y la total apertura de las relaciones entre forma y contenido, en la arquitectura estas cuestiones se problematizaron aún más, o al menos de manera diferente.

La arquitectura puede desarrollar toda una autonomía en sus concepciones y procedimientos formales, pero cumple a la vez una función utilitaria que el arte no necesariamente reconoce. Esto no significa que la arquitectura no sea un arte —así como lo supuso el idealismo de Hegel— pero sí que torna más complejas las relaciones entre forma y contenido. La presencia de una función o una finalidad útil otorga a la arquitectura una componente que va más allá de lo estrictamente formal. Justamente la arquitectura posee una finalidad que el arte desconoce.[6] Tal cumplimiento de una función útil problematiza la exclusiva autonomía formal de la arquitectura ya que la misma no se limita a un problema de forma. En su caso, la dimensión autónoma de la forma debe articularse con las cuestiones del uso, con los protocolos del habitar, con las pautas culturales, antropológicas y psicológicas de construcción y apropiación de lugar habitable, con un contexto físico e intangible-simbólico, e inevitablemente con un medio de producción. En ese marco en el que se ponen en juego un conjunto de aspectos extra-disciplinares o propios de lo heterónomo —condiciones de uso, de lugar, psicológicas, económicas, productivas— es que se tensan las relaciones entre autonomía y heteronomía o entre forma, significado y contexto.

Entender a la arquitectura como una disciplina cultural implica dar lugar a estas articulaciones entre autonomía formal y contexto cultural. La forma puede seguir sus propios despliegues y principios, no está determinada por la función ni por ningún otro medio externo. Pero esa autonomía formal se inscribe en un ida y vuelta de construcción de significados dentro de un cierto contexto o sistema de referencia. Solo puede construir significado a partir del manejo de figuras o *tropos* que pertenecen a un campo de convenciones. Como ya sabemos desde

---

[6] A partir de Kant y de la condición del arte como una finalidad sin fin es mucho lo que se ha desarrollado acerca de la función que cumpliría, o no, el arte.

mucho tiempo atrás –vía Saussure, Pierce o Barthes– todo signo o imagen –y la autonomía formal configura imágenes– resulta pertinente a un sistema de pertenencia.

El Clasicismo ortodoxo[7] se movió dentro de un conjunto de principios formales que representaban un modelo ideal, acotado a un sistema de leyes esenciales que invocaban a un pasado y a un paradigma así mismo ideal. Las reglas del arte eran absolutas y universales, reglas fundamentales que expresaban valores permanentes y en un sentido transhistórico o intemporal, que desconocían la particularidad de cada momento histórico o lugar. Un sistema formal con operaciones y reglas de combinación limitado, basado en la simetría, la axialidad, la frontalidad, la centralidad, la tripartición, el equilibrio y la armonía formal, la regularidad y los sistemas de proporciones y ritmos armónicos, dentro de lo que dio en llamarse el concepto de obra cerrada.

Contrariamente, las posturas del Historicismo, o del Realismo Romántico, se abrieron a la diversidad y a un relativismo en el cual ya no existían reglas invariables o permanentes sino que los principios formales estaban vinculados a la particularidad de cada contexto cultural. En esa heterogeneidad podían encontrarse una diversidad de modelos formales y de lenguajes con los cuales operar y el arte o la arquitectura no debía remitirse a un único modelo ideal. Las reglas y principios artísticos resultaban propios a cada cultura. Tanto la concepción teórica como la obra en sí podían referirse al modelo clásico,

---

[7] Nos referimos al término de un clasicismo ortodoxo ya que en los despliegues clasicistas pueden encontrarse experiencias disruptivas de la ortodoxia o de los criterios ideales y universales. Experiencias que efectuaron una interpretación crítica de las normas, generando desplazamientos, reformulaciones o interpelaciones al sistema, si pensamos en ejemplos como algunas obras de Miguel Ángel, Giulio Romano, Pirro Ligorio, Claude Nicolás Ledoux, o Jean Jacques Lequeu. No obstante, tales críticas al sistema no dejaban de formularse desde dentro de los principios del propio sistema.

pero también a las formas renacentistas, medievales, orientales, o a una particularidad regionalista, lo mismo que trabajar con las mezclas y combinaciones de diferentes repertorios. Precisamente, todas las experiencias de la historia se convierten en un material y en un posible repertorio.

De ese trabajo con la diversidad del Historicismo va a devenir la multiplicidad y heterogeneidad de propuestas y de concepciones de la Modernidad del siglo XX. En principio, y desde una perspectiva conceptual, esto echaría por tierra la afirmación de la modernidad arquitectónica o artística del siglo XX como negación del pasado o de la historia.

La Modernidad en ese siglo ha expuesto una diversidad y multiplicidad de propuestas tanto desde la autonomía formal como desde las relaciones entre forma y contenido. Y esa heterogeneidad no solo se refiere a las posibles diferencias entre distintos autores –entre Le Corbusier y los Racionalistas Alemanes, por ejemplo– sino también a las diferencias dentro de una misma figura. El Neoplasticismo de Mondrian, Van Doesburg, Rietveld o Van Eesteren fundó su lógica formal en una reducción a una serie mínima de leyes esenciales, mientras que Hans Scharoun o Erich Mendelsohn operaron desde las mezclas y la diversidad. Pero más aún, en algunas obras de Mies Van der Rohe se puede identificar una complejidad formal y conceptual, como en el *Pabellón de Barcelona*, mientras que en otras es planteo se da en torno a la máxima reducción a un esencia y a un valor intemporal, como en el *Crown Hall* o la *Casa Farnsworth*. En el caso paradigmático de Le Corbusier, en todas sus obras se va a dar una tensión entre la invocación a unos valores o principios intemporales o esenciales, por un lado, y la presencia de la ambigüedad, la ambivalencia, lo contingente o las superposiciones, por otro; el enunciado o la promesa de una regla para su posterior puesta en crisis.

Llegados a este punto, la problemática de lo Moderno se va a abrir a diferentes interpretaciones acerca del tema de la forma, de las relaciones entre forma y contenido, y de la relación con el pasado o la historia.

Para Theodor Adorno, el uso de formas del pasado y su presencia fragmentada, parcial o distorsionada en una obra moderna –como en los collages cubistas, la pintura de De Chirico o la música de Stravinsky– supone un atentado contra lo que él denomina como concepto de *hegemonía de la forma*[8] y contra la idea de una verdadera condición de modernidad para el arte. Según Adorno, en correspondencia con un espíritu del tiempo, existe tan solo un material para cada época, un solo criterio de forma para cada momento histórico. Utilizar formas del pasado en una obra moderna atenta contra el propio criterio de Modernidad. Cuando Stravinsky incluye en algunas de sus obras –*La Historia del Soldado, Polichinela* o *La Consagración de la Primavera*– elementos del tango, el vals, la música popular, el ragtime o las músicas de las ferias de diversión, se está actuando en contra del espíritu del arte moderno o se está cayendo en una parodia vacía de contenido o regresiva.

Esta visión más rígida o sumaria de Adorno puede resultar cuestionable, ya que elimina las posibilidades del trabajo con una diversidad de materiales o formas al mismo tiempo que la capacidad crítica que puede elaborar la obra. La utilización de formas del pasado puede tener tan solo un sentido repetitivo, superficial o banal, desprovisto de toda componente crítica. Pero también puede ser un elemento cuestionador, de puesta en crisis o de interpelación a lo institucionalizado. Tal fue uno de los aportes de la Vanguardia, la puesta en crisis y el impulso de ruptura a partir del uso de materiales del pasado incluidos de manera fragmentada o paródica, de la inclusión de materiales provenientes de distintos momentos o procedencias, del trabajo con la ironía o con el anacronismo como un procedimiento.

---

[8] Adorno, Theodor. *Filosofía de la nueva música*. Obra citada.

Que la inclusión de materiales del pasado, que el trabajo con muy diversos materiales o criterios formales, tenga un sentido regresivo o banal, o que posea una componente crítica o de desestabilización de lo dado, solo puede definirlo el abordaje y el análisis detallado de la obra.

Giorgio De Chirico. Melancolía

De manera contraria a lo postulado por Adorno, Walter Benjamin abogó por esta posibilidad de un uso de cualquier material en cualquier obra en cualquier momento. La obra moderna puede echar mano a la utilización de cualquier material o criterio de forma, haciendo yuxtaposiciones o superposiciones, combinando elementos, haciendo recortes y ensamblajes. Un único material o criterio formal no es el signo de un momento.

Precisamente, si entendemos a la Modernidad como diversidad, multiplicidad, conflicto, interpelación, aporía, el liberarse de la idea de un único material es propio de la actitud del artista moderno y amplía todas las posibilidades de concepción y realización. En la obra de Picasso o de Braque se reúnen la desintegración cubista, la perspectiva renacentista, elementos de Cézanne y de Seurat, el Puntillismo del XIX, la inclusión de fragmentos de objetos de la realidad; Picasso hace pastiche, y pinta a la manera de Ingres.[9] En De Chirico se mezclan las componentes del Clasicismo, de la

---

[9] El término pastiche puede aludir a diferentes acepciones. Por un lado refiere a la superposición o mezcla de diferentes elementos en una obra y con un sentido de cierta acumulación sígnica. Por otro, alude al trabajo artístico copiando o emulando a otro artista. En esta segunda acepción, la emulación o el trabajar "a la manera de" puede tratarse tan solo de una copia banal o superficial, como así también poseer una intención crítica. Para una profundización y análisis exhaustivo del concepto de pastiche puede consultarse el trabajo de Rosalind Krauss, *Los Papeles de Picasso*. Barcelona. Gedisa Editorial. 1999 (El original de 1998).

pintura renacentista, de la metafísica y del Surrealismo. En Le Corbusier se verifica la presencia de la pintura purista, del lenguaje abstracto, de la técnica industrial, del pensamiento platónico, de las influencias de Hegel, del regionalismo, de los criterios de la composición del XIX o del Clasicismo Francés del XVIII.

Dentro de estas tensiones y dialécticas las obras modernas van a plantear nuevas ideas sobre el material artístico y proyectual y sobre los criterios de definición de la forma y del sentido polisémico de la obra.

Una de las operaciones más significativas al respecto va a ser la crítica al concepto de Composición tal como lo entendía el siglo XIX para el arte en general, y el de Tipología –para el caso de la arquitectura en particular–, y su sustitución por el concepto de Configuración, y más particularmente de Montaje.

SOBRE LOS CONCEPTOS DE COMPOSICIÓN Y DE CONFIGURACIÓN

El criterio de Composición se constituyó en el procedimiento hegemónico durante todo el siglo XIX para las artes en general, para la arquitectura y la pintura, la escultura, la música y la literatura.

Una primera acepción de la Composición va a ser su asociación con la idea de la obra cerrada, una obra basada en una limitada cantidad de normas y operaciones formales fundamentales vinculadas a valores permanentes y reglas transhistóricas. Durante el siglo XVIII la Composición se definía a través de los criterios de la Tradición Clásica, con la forma gobernada por el principio de imitación y de una ley natural.

Posteriormente, ya en el XIX, y como parte del proceso de la autonomía, se convirtió en un sistema de organización de la forma, en donde las reglas u operaciones formales ya no remitían a aquel mundo exterior sino que eran precisamente eso, operaciones o reglas formales. Convertida en algo secular, autónomo, la Composición se definía como un criterio de organización formal, como una lógica de estructuración del material con que se operaba y que determinaba las relaciones entre las partes y entre las partes y el todo. Un sistema combinatorio de partes, que indicaba un ideal de orden y de los pasos u operaciones a seguir Como modelo proyectual, importaba también la idea de una estructura jerárquica, con un principio de orden

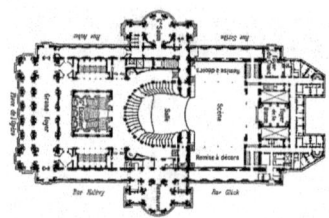

Charles Garnier. Ópera de París

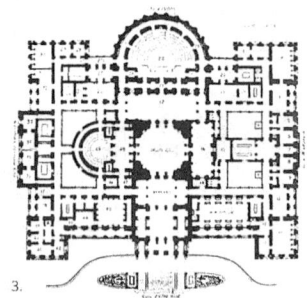

Víctor Meano. Congreso de Buenos Aires

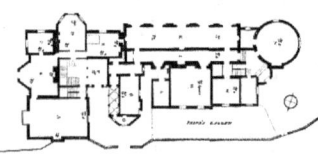

Horace Walpole. Strawberry Hills

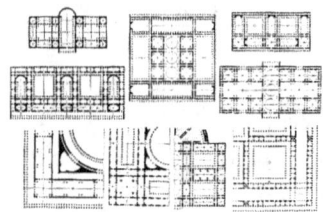

Jean Nicolas Louis Durand. Tratado de Arquitectura

que organizaba la totalidad, y con operaciones principales y secundarias. Las operaciones formales que definían la sintaxis o el orden en la relación de las cosas eran limitadas, no pudiéndose utilizar cualquier operación. Las mismas estaban dadas por la axialidad, la simetría, la tripartición, la proporción armónica, la regularidad, la centralidad, la frontalidad. Estas operaciones estaban sujetas a un propósito superior que era, a través de la Composición, representar un ideal de armonía, de equilibrio y de unidad formal. No tenían lugar la fragmentación, el desequilibrio, la dispersión, o lo inarmónico.

Se podían incluir las superposiciones de elementos, las mezclas o la diversidad, pero la presencia de lo diferente o de la variación debía estar sometida a un principio de unidad y de consenso que armonizara esa diferencia entre las partes. Podía darse el caso de composiciones de carácter más abierto, pero las mismas no renunciaban a la idea de una unidad, de la diferencia dentro del consenso. En las composiciones más abiertas podía darse una mayor presencia o autonomía de la parte, cada una de las partes que constituían la totalidad con un nivel mayor de individualización. Pero la parte, en su formación individual, mantenía un criterio de unidad. Junto a esto, el trabajo con una autonomía de la parte dentro del todo no implicaba o no llegaba al grado de la fragmentación.[10] El principio de unidad en la sintaxis estaba puesto a salvo, aún en el trabajo con lo diferente.

Tanto en un caso como en otro, en la Composición del siglo XIX lo importante es el sistema combinatorio entre las partes, el cual actúa como un criterio esencial, más allá del lenguaje, del estilo, del tema o de la función de la obra. Lo esencial es el criterio de ordenamiento formal, que se puede aplicar a cualquier caso, independientemente del lenguaje o de lo apariencial. Los esquemas de Durand en su *Precis* de la Escuela Politécnica a principios de mil ochocientos o las propuestas de Louis Bruyere daban cuenta de la prioridad de la norma combinatoria por encima del destino del edificio.

En *Composición versus Proyecto*,[11] Alan Colquhoun efectúa esa diferencia entre el sistema de Composición Cerrada y el de una Composición Abierta, entendiendo a la noción general del término como ese procedimiento creativo que estructura la lógica de la forma y organiza el material de acuerdo a las propias leyes de la obra, haciendo coincidir a la Composición con la idea de autonomía. Pero no relega el concepto de Composición solamente a las prácticas del Academicismo del siglo XIX sino que también incluye a la Composición como un recurso de la obra moderna. Habría así, para Colquhoun, dos tipos de Composición, una de carácter cerrado o de reglas fijas, propia de la tradición o de la Academia, y otra de carácter abierto o variable,

---

[10] Tal vez sea necesario aclarar la diferencia entre la idea de parte y la de fragmento. En la parte se mantiene un criterio de unidad formal, una entidad e identidad más definidas, y remite al todo del cual proviene. En el caso del fragmento la forma no posee un sentido de unidad sino que su forma es más bien aleatoria y no refiere a la totalidad de la cual se ha fragmentado.

[11] Colquhoun, Alan. Composición versus Proyecto, en *Modernidad y Tradición Clásica*. Madrid. Júcar Universidad. 1991 (El original de 1989) El abordaje de Colquhoun sobre la problemática moderna estaba efectuado, como en el caso de cierta historiografía inglesa, desde las cuestiones referidas a la forma como componente sustancial del Modernismo.

inherente a la Modernidad. Una Composición de tipo moderno derivada del Formalismo de Fiedler, y en donde las reglas de combinación y los elementos combinados serían variables, con lo cual le pretendía otorgar al término un sentido progresista.

En nuestro caso, preferimos utilizar el concepto de Composición para la producción de carácter más tradicional, como la del Academicismo del XIX o para ciertas obras del XX, pero no como un término aplicable directamente a las obras de la Modernidad. En su lugar, consideramos más acertada la idea de Configuración. Puede pensarse que tan solo podría tratarse de una manera de denominación o de cómo nombrar una cierta lógica. Pero consideramos que en este caso el término o la denominación pueden tener una correspondencia con el contenido. Tanto la Composición como la Configuración aluden a un criterio formal de cómo disponer las partes o los elementos unos con otros. Pero la Composición posee una componente conceptual de equilibrio y de unidad formal que la Configuración no reconoce necesariamente. Aunque podamos pensar en Composiciones Abiertas tanto para un momento como para otro, el sistema de pensamiento, o el contexto que le da sentido o contenido al recurso formal no es el mismo. Tal como dijimos, en las estructuras compositivas del siglo XIX podía tener lugar la presencia de lo heterogéneo, de la diversidad de elementos, las disposiciones más abiertas. Pero el sentido es algo diferente en relación a los dispositivos formales posteriores, por dos motivos concurrentes. Por un lado, porque en las organizaciones formales del siglo XX ya han incidido las influencias y los aportes de las Vanguardias con su sentido disruptivo, crítico y desestabilizador, incorporando una lógica cultural y una concepción filosófica inédita hasta el momento. Si bien todas las obras del Modernismo del XX no son justamente de Vanguardia,[12] las

---

[12] Los términos o conceptos de Modernidad y de Vanguardia obviamente no son sinónimos. Más adelante profundizaremos en esta diferenciación.

Marianne Brandt. Composición   László Moholy-Nagy. Composición

influencias y el cambio de conciencia no pueden desconocerse. Por otra parte, porque el contexto social, cultural, ideológico-político, productivo y filosófico ha cambiado, incidiendo obviamente en las concepciones y los modos de producción artísticos y arquitectónicos. Ya no podría hablarse de una idea de Composición de la forma en tanto la acción de poner un elemento en relación con otro bajo cierto criterio de unidad o de totalidad, sino de una *Construcción de la forma* –o Configuración– en donde ese sentido constructivo plantea significados diferentes. El trabajo con la abstracción de las figuras o con la relación entre abstracción y figuración, con la descomposición, con la ruptura del criterio de la perspectiva y la introducción de una noción de espacio diferente, con lo incierto en la comunicación de las formas al omitir todo rasgo figurativo, o con la ruptura entre la forma y lo que la obra narra como por ejemplo en algunas de las pinturas de los artistas de la Bauhaus –en casos como los de Marianne Brandt o László Moholy-Nagy– dificultan en reconocerlas como una Composición, más allá de que irónicamente la obra pueda llevar ese título.

SOBRE LA TIPOLOGÍA

En cuanto al tema de la Tipología, en el caso de la arquitectura, la situación se vuelve algo más compleja, en virtud del desarrollo histórico del concepto de Tipología y su despliegue y reconversión en el siglo XX.

Dentro de toda la tradición europea y de su área de influencia el concepto de Tipología estuvo dado por dos ejes principales, el de las tipologías funcionales –tipología de templo, de terma, de palacio, de stoa, de villa, de la vivienda popular– y el de las tipologías formales –planta central, planta longitudinal, claustro, pabellón–. En muchos casos existía también una cierta correspondencia o identificación entre la tipología de uso y la tipología formal, dada la integración entre las dimensiones simbólicas y las funcionales o de ciertos criterios de uso. Tanto en un caso como en otro, la definición tipológica obedecía a un criterio de reglas más o menos fijas o constantes. Los cambios o alteraciones no implicaban una ruptura absoluta de las reglas sino que se daban como variaciones dentro del tipo, o en ciertos casos como una indagación más experimental y tensionada pero sin llegar a romper totalmente con las leyes, o sea, moviéndose de manera más convencional u ortodoxa o de un modo más experimental y creativo dentro los valores del signados por el tipo.

Desde lo formal, las diferentes tipologías se manejaban con los mismos recursos de la tradición: la regularidad, la axialidad,

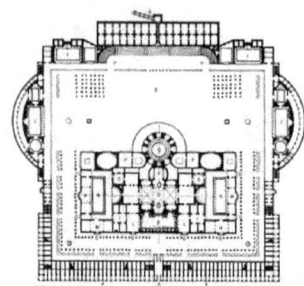

Termas de Caracalla

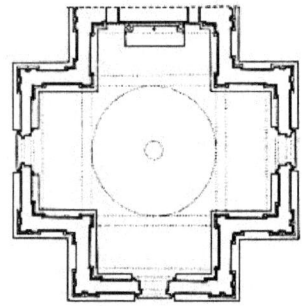

Sangallo. Santa María delle Carceri

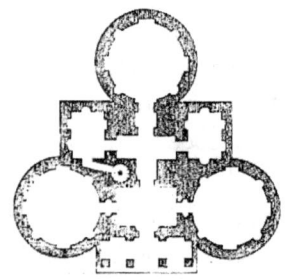

Giovanni Montano.
Organismo Policéntrico

la simetría, la tripartición, la centralidad, la frontalidad, el equilibrio estable y la unidad de la forma.

Cabe aclarar que estas regulaciones atendían básicamente, y en general, a lo que era la arquitectura institucional, la arquitectura de cierta elite o la legitimada por el saber arquitectónico oficializado, por la tradición tratadística o por ese conocimiento oficial transmitido de generación en generación. Queda por fuera toda una ingente producción no oficial, menos conocida, o no legitimada por la historia de la arquitectura, que planteó alteraciones, interpretaciones particulares, criterios locales o regionales u otras lógicas formales propias.

En toda esta tradición, la Tipología no se limita a un esquema cerrado o inamovible sino que justamente permite variaciones sobre el tema. Una planta central puede tener mayor o menor tamaño, forma cuadrada, circular, elíptica poligonal o rectangular, diferentes resoluciones de cubierta, diferencias en las distribuciones internas o en las relaciones entre las partes y el todo, pero invariablemente debe respetar el concepto de planta central.

Esta idea de la variación dentro del tipo también hubo de inscribirse dentro de un despliegue histórico, por ejemplo, tomando nuevamente el tipo de planta central, el desarrollo experimental que tuvo desde el Humanismo del siglo XV

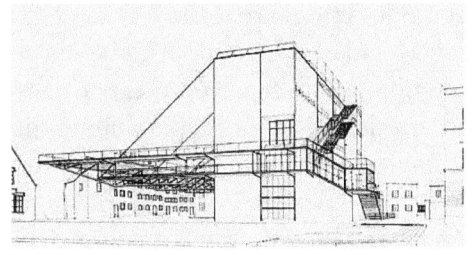
Hannes Meyer y Hans Wittwer. Petersschule

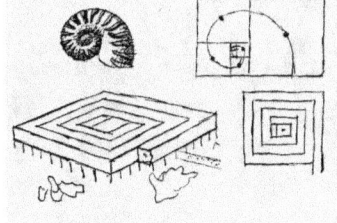
Le Corbusier. Museo del Siglo XX. Proyecto

hasta las propuestas del XVIII, con versiones más convencionales y otras mucho más tensionadas.

El otro aspecto a tener en cuanta en esa tradición tipológica es la relación entre forma y espacio.

Una unidad tipológico-formal implicaba en sí misma un tipo o definición espacial ya dada, determinada previamente por los elementos tipificados. El espacio era el recinto vacío que quedaba determinado por los límites materiales y la forma tipológica en sí, y no como una entidad que era definida como parte de un proceso de construcción tridimensional.

En el paso a la Modernidad del siglo XX las relaciones entre Tipología, forma y espacio van a complejizarse y a abrirse a otras formulaciones.

La forma tipológica ya no está dada por la fijación a priori de sus elementos constitutivos sino por una manipulación creativa variable y heterogénea de cada una de las piezas o de los elementos formales y espaciales, de los elementos materiales, y las cuestiones del uso.

El trabajo con la Tipología se entrecruza con las nuevas concepciones espaciales dadas por los aportes de la fenomenología o de la Gestalt. La relación entre forma y espacio ya no está dada por una definición a priori determinada por el tipo formal-espacial sino por una elaboración indeterminada y que se va construyendo como parte del proceso proyectual. El experimentalismo tipológico no opera exclusivamente

Gerrit Rietveld. Pabellón de Esculturas

como un criterio de variación sobre las reglas dadas, como en la tradición: se trata de una indagación o experimentación dentro de la propia autonomía formal que manipula el material con muy diferentes grados de movilidad de los elementos y de sus formas de combinación. De alguna manera, la regla y sus posibilidades de variación dentro del sistema pasan a convertirse en una lógica abierta.

El Modernismo del XX va a producir toda una elaboración sobre las tipologías funcionales y las formales, con entrecruzamientos o integraciones entre sí y como parte del despliegue de la autonomía y de las influencias del Formalismo.

Las tipologías de carácter funcional se van a desenvolver entre la arquitectura institucional y la de la vivienda.

Tan solo por mencionar algunos casos, edificios institucionales que a nivel tipológico reformulan temas ya existentes o abordan otros, producto de los cambios modernizadores. Edificios destinados a la educación, como la *Petersschule*, de Hannes Meyer y Hans Wittwer, la *Escuela al Aire Libre*, de Johannes Duiker, o el *Crown Hall*, en el IIT, de Mies; a las exposiciones, como el *Pabellón del Esprit Nouveau* y el *Pabellón Philips*, de Le Corbusier, el *Pabellón de la URSS* en la Exposición de París de Melnikov, o el *Pabellón de Esculturas* de Rietveld; a los museos, como la *Galería Nacional de Berlín*, de Mies o el *Museo Nacional de Arte Occidental de Tokio* y el *Museo del Siglo XX*, de Le Corbusier; o los nuevos condensadores sociales, como los clubes obreros, con el *Club Rusakov* de Melnikov. Naturalmente que esto no supone una mera enunciación de casos todos igualados a través del tiempo, sino tan solo una ejemplificación de la diversidad de propuestas y de la indagación tipológica dentro de ciertos usos.

En cuanto a la vivienda, la tipología funcional estuvo volcada tanto a la vivienda individual como colectiva, también con una innumerable cantidad de ejemplos de muy diferente concepción y resolución. Un tema funcional, el del habitar doméstico, que no se reduce a una idea de la función en términos empíricos sino que está atravesado de toda una dimensión simbólica. La construcción de un nuevo sujeto moderno asociado al nuevo *zeitgeist*, el debate sobre la propiedad y la sociabilización del suelo, o las diferencias ideológicas entre los distintos autores, con propuestas que pretendían evitar la revolución, como en el caso de Le Corbusier, y otras que venían a señalar su consagración, como las de Asnova y los Constructivistas Rusos. La tipología funcional no se reduce entonces a esa concepción meramente empírica o mecanicista acerca de una racionalización de los usos, ya que está vinculada a valores simbólicos de lo filosófico y lo ideológico.

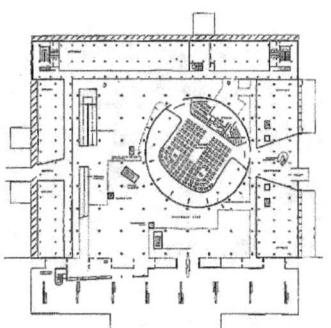

Le Corbusier. Palacio de la Asamblea Chandigarh

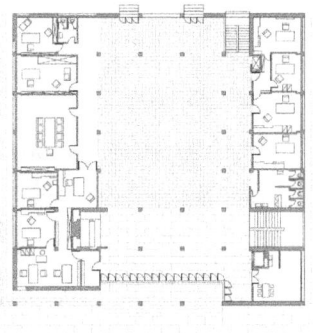

Giuseppe Terragni. Casa del Fascio

El experimentalismo tipológico no se agota, como anticipamos, en los temas funcionales, sino que, y prioritariamente, hubo de volcarse a los aspectos de la lógica formal. Tipologías formales como la vivienda de patio, la planta central, el bloque regular, o el claustro. Una investigación infinitamente variada, con casos tan disímiles, como por ejemplo en la tipología de vivienda con patio, la los casos de la *Ville Savoye* de Corbusier y los *Proyectos de Vivienda con Patio* de Mies.

Lo que aquí va a ponerse de manifiesto es esa tensión entre el desarrollo autónomo de la forma, los despliegues de lo específico de una lógica formal, y los contenidos o significados que esa forma puede construir. La forma invocando a la tradición

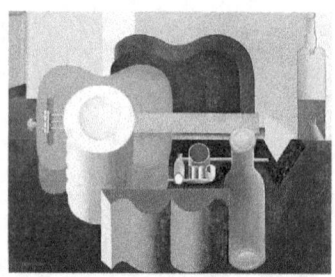

Le Corbusier. Naturaleza muerta con jarra blanca sobre fondo azul

clasicista, a las presencias de lo artesanal y lo regional, al idealismo platónico, a la primacía de la técnica industrial, a la revolución política o a los poderes del capitalismo concentrado.

De allí que en la indagación tipológica que produzco el Modernismo se verifique toda una serie de entretejidos complejos entre los aspectos formales, funcionales y de representación simbólica, como así lo atestiguan las experimentaciones sobre la planta central en el *Crown Hall* y el *Edificio de la Asamblea de Chandigarh*, sobre el claustro en la *Casa De Fascio* y en el *Convento de la Tourette*, o sobre el bloque regular en las propuestas tan diferentes del mismo Le Corbusier, Walter Gropius, Ernst May o Moiséi Guinzburg.

Una mención en particular merece la idea de tipología arquitectónica asociada a la de tipo en Le Corbusier. Y a las relaciones entre arquitectura, arte e industria.

Tanto el arte como la ciencia y la técnica implican para Le Corbusier el objetivo de producir leyes y objetos invariables en los términos de poseer un valor de permanencia y de perfección a través del tiempo.[13]

El objeto artístico tal como lo pensaba el Purismo –en su relación con la tradición clásica– refería a un valor de lo constante, lo invariable y lo absoluto, con una obra de arte pensada como expresión de valores permanentes y en oposición al estallido y la multiplicidad abierta que había lanzado el Cubismo.[14]

---

[13] Esta visión puede haber sido más explícita en sus concepciones y experiencias con el Purismo en los años veinte, pero de uno u otro modo tuvo diferentes emergentes a lo largo de toda su carrera.

[14] Justamente, Le Corbusier consideraba al Purismo como una superación y una vuelta al orden luego de la disolución que consideraba había producido el Cubismo.

En el mundo signado por el desarrollo de la técnica y de la industria, la idea de un objeto invariable y absoluto encontraba su correspondencia con el objeto-tipo industrial. En Le Corbusier anidaba esta integración entre un objeto absoluto y perfecto en término platónicos de la perfección de la idea y los objetos producidos en serie. Una suerte de identificación entre platonismo y técnica en cuanto a apuntar a un sentido de perfección. De hecho, también la pintura Purista representaba un repertorio formal de objetos producidos industrialmente: botellas, vasos, platos, instrumentos, etc., objetos útiles, de la vida cotidiana.

Le Corbusier. Hacia una Arquitectura

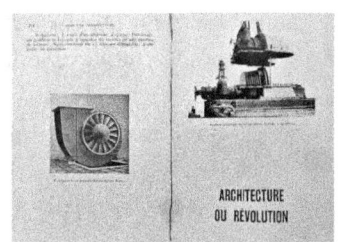

Le Corbusier. Hacia una Arquitectura. Imágenes de ventilador y turbina tomadas de catálogos de la industria

Para Le Corbusier la perfección del objeto-tipo se alcanzaba a través del desarrollo de un objeto en el tiempo, a lo largo de la historia. Es muy conocido como en *Hacia una Arquitectura*,[15] escrito a principios de la década del veinte, compara el desarrollo del templo griego con el del automóvil, proponiendo una idea de progreso tanto en uno como en otro, el progreso que habría entre un templo más antiguo como el de Paestum y la perfección alcanzada con el Partenón más adelante, lo mismo que sucedería con un automóvil como el Humber de 1907 y un Delage de 1921. Es a través de esta optimización y perfección a través del tiempo que se llegaría al objeto-tipo. La idea de perfección como final de un proceso, como proponía también Valery en el Eupalinos o El Arquitecto.

---

[15] Jeanneret, Charles Edouard. *Hacia una Arquitectura*. Buenos Aires. Editorial Poseidón. 1970 (El original de 1923).

Junto con lo postulado en *Hacia una Arquitectura* también se ha mencionado largamente la consabida inclusión de objetos producidos por la industria en las páginas de *L'Esprit Nouveau* entre 1923 y 1926.[16] Autos, aviones, barcos, artefactos diversos, turbinas, publicidades de objetos y enseres domésticos, imágenes sacadas de folletos. Todo un universo de la producción de objetos-tipo producidos por la industria como exponentes del nuevo espíritu y del progreso moderno.

La optimización del objeto-tipo industrial producido en serie y del objeto purista debía trasladarse a la arquitectura con la idea de la vivienda tipo o *Maison Type*.

En algún caso este traslado estaba pensado como algo más directo entre la industria y la arquitectura con la construcción de viviendas industrializadas como la *Maison Voisin*.

Pero en otros se trataba de una traducción más bien conceptual o metafórica, entrecruzando la idea del objeto-tipo con la de la autonomía y el Formalismo. Lo que significó la investigación con toda la serie de tipologías de vivienda como la *Dom Ino*, las *Casas para Artistas*, las *Viviendas Monol*, o la *Casa Citrohan*. En el pensamiento platónico de Le Corbusier, la *Máquina de Habitar* no tanto como un producto técnico concreto sino más bien como una metáfora.

En Le Corbusier, la Tipología no vino a cumplir con un propósito pragmático y mecanicista sino más bien con una

---

[16] Entre la ingente cantidad de trabajos al respecto pueden citarse los de Colquhoun, Alan. La significación en Le Corbusier, en *A&V Monografías de Arquitectura y Vivienda*. N°7. Le Corbusier I. Madrid. S.G.V. 1987; Winter, John. El dilema tecnológico de Le Corbusier, en *A&V Monografías de Arquitectura y Vivienda* N°10. Le Corbusier II. Madrid. S.G.V. 1987; Torres Cuenco, Jorge. *Le Corbusier: visiones de la técnica en cinco tiempos*. Barcelona. Fundación Caja de Arquitectos. 2004; el ya mencionado clásico de Banham, *Teoría y Diseño en la era de la máquina*; y muy especialmente el de Colomina, Beatriz. *Privacy and Publicity. Modern Architecture as Mass Media*. Massachusetts. The MIT Press. 1994.

decisión estética y el valor de un pensamiento ideal de acuerdo a la componente platónica de su ideario. Las leyes perennes de la geometría en el diseño, la forma y el tipo como un absoluto, el valor de la precisión, no procedían de un pensamiento tecnocrático o del pragmatismo técnico sino más bien del ideal de perfección formal y de *La Idea* de la tradición platónica. Publicidad en *L'Esprit Nouveau*, la imagen del automóvil y del paquebote, el aeroplano y la figura del ingeniero y de la técnica, como acción propagandística y de permanente difusión de quien fuera definido por Colin Rowe como el zorro que se disfraza de erizo.[17]

"El zorro sabe muchas cosas, pero el erizo sabe una que es muy importante" (...) "En sentido figurado y sin llevarlo demasiado lejos, lo que se supone que hay aquí son dos tipos de orientaciones: psicológicas y temperamentales; una, la del erizo, preocupado por la primacía de la idea individual, y otra, la del zorro, preocupado por una multiplicidad de estímulos." "[(...) Una figura de] "aguda y chocante inteligencia" (...) "Es la figura que monta unas estructuras elaboradas solo para valerse de ellas con una pretensión igualmente elaborada" (...) "El Le Corbusier de múltiples aportes, referencias cerebrales y complicados scherzi" (...) "podríamos proponer que él fue, de nuevo, otro caso de un zorro que asumió el disfraz de un erizo con miras a sus apariciones en público".[18]

---

[17] Es Colin Rowe quien en *Ciudad Collage* define a Le Corbusier como "un zorro que asumió el disfraz de erizo", dando a entender la manera en que adoptaba ciertas posturas y discursos altisonantes con fines propagandísticos mientras en realidad desarrollaba otros contenidos. Rowe, Colin y Koetter, Fred. *Ciudad Collage*. Barcelona. Gustavo Gili. 1981 (El original de 1981).

[18] Rowe, Colin y Koetter, Fred. *Ciudad Collage*. Obra citada.

Le Corbusier. Viviendas Monol　　　　Le Corbusier. Casa Citrohan

La Tipología en Le Corbusier adquiere entonces el sentido de una indagación ocupada por los problemas de la forma y de un valor que apunta a dos direcciones que van a coincidir. Por un lado de la forma asociada a lo intemporal, a un ideal de perfección, a la búsqueda afanosa de aquellas reglas permanentes que alimentan el espíritu. Por el otro, la posibilidad de aplicar la forma-tipo a una gran variedad de situaciones, a su aplicabilidad a las diferentes escalas, a los diferentes momentos o a los diferentes contextos o culturas, desde la Casa Citrohan hasta la Villa Shodan.

Esto revela una interacción en Le Corbusier que hubo de darse permanente, entre la idea abstracta, el valor universal e intemporal, por una parte, y las características de lo particular, del lugar, por otra. No es casual en este sentido su estudio de los tipos arquitectónicos de la cultura mediterránea, del norte de África o de Oriente. Las características de un lugar dan un cierto tipo y el mismo, como parte de un proceso de abstracción y de presencia de las lógicas del Formalismo, se vuelve universal. La casa de patio, su dimensión concreta, se vuelve la imagen de un concepto ideal y por lo tanto inmaterial a través de un procedimiento de conversión icónica. Aquello concreto se convierte en la representación de una imagen abstracta e ideal.

Una tensión entre lo absoluto y lo permanente y lo particular y lo concreto que va a atravesar toda su carrera.

MONTAJE

Si tomamos como válida esta sustitución del concepto de Composición por el de Configuración o Construcción[19] de la forma, se hace presente la categoría o procedimiento del Montaje.[20]

El concepto de Composición se refería, tal como hemos visto, a un criterio de organización de la forma basado en los valores de la armonía y la unidad formal de la obra, aquello que la teoría ha definido como el concepto de la Obra Orgánica. Puede tomarse al concepto de la Obra de Arte Orgánica de manera similar al de la Obra Tradicional, en donde la obra expresaba ese ideal de armonía y de unidad. De armonía y de unidad entre las partes y el todo, y entre el sujeto, su exis-

---

[19] El concepto de Construcción en el Arte Moderno ha sido desarrollado por los artículos de Nikolai Tarabukin en la década del veinte del siglo pasado, sobre todo en *Por una teoría de la pintura*. En Tarabukin, Nikolai. *El último cuadro. Del caballete a la máquina / Por una teoría de la pintura*. Barcelona. Gustavo Gili. 1977 (Los textos originales de 1923).

[20] Respecto del concepto de montaje pueden consultarse Buchloh, Benjamin. *Formalismo e Historicidad. Modelos y métodos en el arte del siglo XX*. Madrid. Ediciones Akal. 2004; Bürger, Peter. *Teoría de la Vanguardia*. Barcelona. Ediciones Península. 1987 (El original de 1974); Prada, Manuel de. *Arte. Arquitectura y montaje*. Buenos Aires. Diseño Editorial. 2014; Tarabukin, Nikolai. *El último cuadro*. Obra citada; y Valle, Luis Andrés del. *El Montaje*. Apuntes de Cátedra. Buenos Aires. FADU-UBA. 2016.

Robert Delaunay. Torre Eiffel

tencia, la naturaleza y el mundo de lo trascendente. Tales valores de unidad y armonía podían integrar, no obstante, lo diferente, lo particular, las superposiciones, como puede verificarse en muchas obras del siglo XIX, pero estando todo ello integrado dentro de un sentido de totalidad armónica. En esa recreación de un sentido de unidad, la Obra Orgánica[21] no dejaba de plantear una reconciliación entre la existencia de la persona y el mundo exterior.

Todo el proceso de Modernización societal, económico-productiva, política, técnica y cultural que significó la fragmentación y la disolución de aquello que se encontraba unido en la cultura tradicional hubo de impactar en las concepciones y la producción en lo estético y en lo artístico, llevando así al concepto de Obra Inorgánica o de la Obra Abierta de la Modernidad. Como ya hemos señalado, no es que exista una relación lineal entre el contexto histórico y los campos de la Estética y del Arte en términos de una estricta representación. Pero el proceso de Modernización Societal va a interactuar con el Modernismo Estético y Artístico. Una realidad cacofónica, compleja, la fragmentación de la existencia, la alienación del sujeto, la explotación y la enajenación social, el dominio definitivo de la clase burguesa y del capitalismo industrial, los nuevos medios de comunicación, en fenómeno de lo metropolitano, conllevan una disolución de todos los agentes de la realidad, la turbulencia que mencionáramos en el caso de Marshall Berman cuando todo lo sólido se desvanece en el aire.

---

[21] Tomamos el concepto de Obra Orgánica de acuerdo a como lo planteó Theodor Adorno en su *Teoría Estética. Obras Completas* 7. Madrid. Ediciones Akal. 2004 (El original de 1970).

Pablo Picasso. Guitarra, Partitura y Vaso

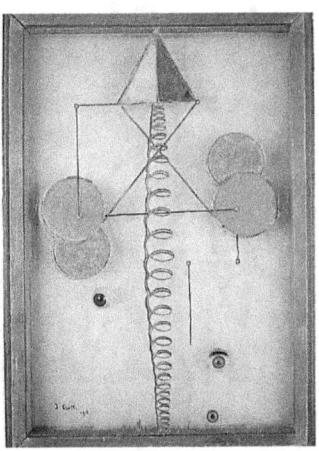
Jean Crotti. Payaso

Las articulaciones entre el contexto y la autonomía o especificidad de las disciplinas artísticas van a generar nuevas teorías estéticas –como las del Formalismo, la Pura Visualidad, la Nueva Objetividad, el Racionalismo– los cambios en los modos de la percepción, las nuevas concepciones sobre la idea de espacio, que llevan a una multiplicidad de las experiencias y a la reelaboración de las relaciones entre forma y contenido.

Volviendo al concepto de Construcción de la forma, y a su diferencia con el de Composición,[22] la Obra Inorgánica puede corresponderse con él.

Reforzando lo dicho anteriormente, la Construcción viene a ser la organización creadora y distributiva de los elementos que

---

[22] Los distintos autores no se han puesto de acuerdo en las diferencias entre *Composición y Construcción*. Como hemos visto, Colquhoun considera utilizar el término de Composición tanto para la obra tradicional como para la moderna refiriéndose a composiciones cerradas o abiertas según sea el caso. Tarabukin toma ambos conceptos actuando conjuntamente dentro de una misma obra. En nuestro caso optamos por diferenciarlos, tomando a la noción de Construcción como propia de la Obra Moderna o Inorgánica.

Hannah Höch. Desde el museo etnográfico

Kurt Schwitters. Construcción para damas nobles

Pablo Picasso. Mujer con camisa

integran la obra, destinada a expresar a través de ellos la idea de una totalidad a partir de la existencia de un orden interno. La Construcción como sistema organizador del ensamblaje y de la distribución de todos los elementos. Lo que consideramos como diferencia sustancial con la Composición apunta a dos cuestiones fundamentales para la concepción y comprensión de la obra:

1. En el caso de la Construcción, el centro de gravedad o de atención de la obra pasa del tema o de la representación figurativa –esta última en el caso de la pintura– al de la expresión misma del material y de su disposición.

2. En la Construcción lo que queda expuesto consecuentemente es precisamente el proceso de construcción de la forma.

La Obra Inorgánica o Abierta renuncia a todo criterio de unidad e intento de reconciliación, dejando abierta la denuncia de todo aquello que se ha fragmentado. En su organización, se despliegan todas las operaciones y todos los materiales posibles a ser utilizados. La categoría o procedimiento que reúne todas esas posibilidades va a ser la del Montaje.

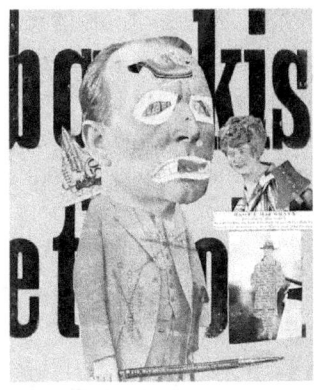

Raoul Hausmann.
El crítico de arte

Hannah Höch. Cortado con un cuchillo de cocina a través de la barriga cervecera de la República de Weimar

El Montaje es un principio o procedimiento artístico de construcción o configuración de la forma.

Básicamente fue creado a principios del XX por el Cubismo, a partir de los collages de Picasso y de Braque que, herederos del Formalismo, rompían con la idea de la representación figurativa de la realidad, y poco tiempo después por los collages y ensamblajes dadaístas como los de Jean Crotti, Hans Arp, Hannah Höch y Kurt Schwitters.

En principio, el Montaje actúa como una superposición, yuxtaposición o ensamblaje de elementos que pueden provenir de diferentes procedencias o no, dependiendo del criterio de la obra. Con su trabajo de incorporación de partes o de fragmentos, y en su manera de disponerlos, renuncia a la idea de una totalidad orgánica o de una unidad, a la idea de una sintaxis o de una narración clara y sintagmática. A diferencia de la Composición, trabaja a partir de las operaciones de superposición, yuxtaposición, colisión, fragmentación, dislocación, irregularidad, tensión, ruptura, inestabilidad, desequilibrio, asimetría, extrañamiento. Respecto del extrañamiento, puede sacar elementos de su contexto para insertarlos dentro de una nueva realización. Todas estas operaciones hacen que el Montaje atente contra la idea de la unidad de sentido del arte, creando una lógica de sentido diferente. Para ello, debe modificarse la manera de recepción de la obra, siendo que la que caracteriza a la obra tradicional –en referencia a la Composición– ya no es pertinente. Las relaciones convencionales entre las partes y el todo –herederas del *concinnitas* albertiano– pueden alterarse radicalmente, configurando otro tipo de articulaciones basadas en la contraposición, lo anómalo, lo inconveniente, lo no consensuado, lo enigmático, lo sorpresivo o inesperado. En el caso de las artes plásticas o de la pintura puede incorporar elementos o fragmentos tomados de la realidad como en los collages cubistas –recortes de periódicos, etiquetas, boletos, publicidades, etc.–, partes o fragmentos de materiales en el Cubismo y el Dadaísmo –metales, madera, telas– o figuras totalmente disruptivas respecto de un sentido realista, como en el Surrealismo. En esa operación de extrañamiento, el artista ya no representa la realidad sino que incorpora fragmentos de la misma.[23]

No obstante es preciso diferenciar, como lo hiciera Tafuri en *La esfera y el laberinto*, aquellos montajes que atentan y rompen la unidad formal de la obra de aquellos que pretenden terminar con el sistema institucional que la origina y contiene. En el caso del arte, hay montajes que operan con la fragmentación, las rupturas y dislocaciones, pero que actúan solamente a nivel de los aspectos formales de la obra. Es lo que diferencia, entre otras cosas, al arte moderno, como el

---

[23] Como en muchas otras ocasiones, pueden encontrarse anticipaciones a estas experiencias en otros momentos anteriores de la historia. Ejemplos de ruptura en la idea de representación figurativa, de una manipulación diferente del material, o de la inclusión de elementos extraños que alteran el espíritu del tiempo del momento. En relación al montaje pueden citarse ejemplos como los de la pintura de Cornelius Gysbrechts y su *Tromp l'oleil with letters and notebooks* de 1669; algunas operaciones de Borromini como en *San Carlos a las Cuatro Fuentes*; o en la arquitectura del Iluminismo con el Rendez Vous Bellgard de Lequeu.

Cubismo, del arte de las Vanguardias. Citando a Eisenstein de su *Ensayo sobre Piranesi*, Tafuri lo transcribe:

> "No sabiendo por donde atacar a los responsables del desorden social de este orden de cosas, ataca a las cosas".[24]

De este modo, antes que atacar al sistema del capitalismo burgués, el Cubismo de Picasso ataca a la integridad y a la unidad de las cosas, del objeto. Si la Vanguardia buscaba eliminar al sistema socio-político institucional, a la institución del arte,[25] al museo, Picasso no reniega de pertenecer al sistema, de ingresar al museo. De allí que sea necesario diferenciar Modernidad de Vanguardia. El Arte Moderno tiene una componente de tipo reformista, produce cambios, interpelaciones, desplazamientos o alteraciones, pero actúa dentro del sistema. Se mueve en el experimentalismo, pero dentro de ciertas redes de contención. La Vanguardia busca terminar con el sistema ideológico-productivo, actúa sin red.

Edvard Munch. Ansiedad

Esto amerita alguna precisión sobre el tema de las Vanguardias, lo mismo que sobre su relación con la arquitectura, atentos a los despliegues del concepto de autonomía, del problema de la forma, la cuestión de los procedimientos y de su vinculación posterior con lo proyectual.

---

[24] Sergei Eisenstein, citado por Tafuri en *La esfera y el laberinto*. Obra citada.

[25] Nos referimos a la institución del arte, tal como lo ha caracterizado Bürger, al sistema de producción, circulación y recepción del arte propio del sistema capitalista burgués.

Sin profundizar puntualmente en el tema, ya que no es el objetivo central de este trabajo, puede decirse no obstante que el concepto y los alcances de las llamadas vanguardias históricas es muy amplio y con diferentes visiones en los distintos autores.[26]

Una interpretación más general y convencional, y si se quiere menos precisa, es la de autores como Reyner Banham, Mario De Micheli y Renato De Fusco. Para ellos el término vanguardia es más abarcativo e incluye a todos los movimientos artísticos de índole innovadora entre 1900 y 1930 aproximadamente, aceptando, por ejemplo, al Cubismo, al Purismo o al Expresionismo como experiencias vanguardistas. Su característica principal, sin demasiadas diferencias ideológicas, era la de estar al frente de los cambios y transformaciones artísticas del momento, basándose tal interpretación en esa voluntad de innovación desde la esfera del arte en contra de lo establecido. Un movimiento de ruptura con lo anterior poniéndose a la cabeza o precisamente a la vanguardia de los cambios. En esas interpretaciones no se especifican las diferencias que habría con lo Moderno.

---

[26] Sobre la gran cantidad de aportes que se han hecho sobre el tema de las Vanguardias se pueden citar AA.VV. *The Dada Seminars*. Washington. National Gallery of Art. 2005; Buchloh, Benjamin. *Formalismo e Historicidad*. Obra citada. Bürger, Peter. *Teoría de las Vanguardias*. Obra citada; De Fusco, Renato. *Historia de la Arquitectura Contemporánea*. Madrid. Hermann Blume Ediciones. 1981 (El original de 1975) y *La Idea de Arquitectura*. Obra citada; De Micheli, Mario. *Las vanguardias artísticas del siglo XX*. Madrid. Alianza Editorial. 1995 (El original de 1966); Fernández, Roberto. *Utopías sociales y cultura técnica*. Buenos Aires. Concentra. 2005; Foster, Hal. *Dioses Prostéticos*. Madrid. Ediciones Akal. 2008 (El original de 2004); Krauss, Rosalind. *La originalidad de la Vanguardia y otros mitos modernos*. Madrid. Alianza Editorial. 1996 (El original de 1985); Subirats, Eduardo. *Linterna Mágica. Vanguardia, media y cultura tardomoderna*. Madrid. Ediciones Siruela. 1997; y Tafuri, Manfredo. *La Esfera y el Laberinto*. Obra citada y *Teorías e Historia de la Arquitectura*. Obra citada.

Otra interpretación podría ser la de Tafuri, en *Teorías e Historia*, quien establece una diferenciación entre experimentalismo y vanguardia. El experimentalismo, asociado a las formas de lo Moderno, trabaja con la tensión, las dialécticas, la ambivalencia y la ambigüedad, desmonta y pone en crisis las formas y el material de trabajo, pero opera dentro de un sistema sin buscar eliminarlo. En cambio las Vanguardias, a la vez que tensionan, desmontan, fragmentan, disuelven, ironizan, y rompen con el concepto de obra, lo hacen también con el sistema que la origina. El Modernismo puede ir asociado al reformismo y a la innovación, mientras que la Vanguardia es plena negatividad.

Por último, la definición de Peter Bürger resulta más acotada y crítica. En su visión no todos los movimientos o experiencias de principios del XX son expresión de Vanguardia. En coincidencia con Tafuri, la Vanguardia propone el cambio en el concepto de obra al igual que del sistema de producción y de legitimación de lo que se considera como arte. La Vanguardia es siempre negativa, y atenta contra la denominada institución del arte, contra lo que el sistema legaliza como obra, como práctica artística, como recepción, a través de todos sus medios de legitimación: formas de difusión, instituciones, museo, curaduría, historia, y lo que se determina como mercado del arte. Bürger incluye en las experiencias vanguardistas al Dadaísmo, el Neoplasticismo, el Suprematismo, el Constructivismo y el Futurismo, pero no así al Cubismo, el Expresionismo, el Surrealismo y el Purismo, por considerarlos que atentan, como dijera Eisenstein, contra la obra pero no contra el sistema.

Es entonces que la categoría de Montaje, dentro de las nociones de Construcción, se expuso como una crítica y ruptura al concepto de Composición, a los criterios de definición de la forma, y al concepto de obra, de la Obra Orgánica.

Pero mientras algunos de ellos atentaban contra los criterios formales y además contra el sistema y el llamado estatuto de la obra,[27] otros tan solo actuaron contra la dimensión de lo formal y no contra la idea del arte en general. En los primeros no hay ningún intento de reconciliación ni de consenso, de volver a reunificar los fragmentos estallados. En los segundos, puede leerse ese intento de reunificación, de construir un consenso, de romper con la forma pero no con el sentido.

En el caso de la arquitectura estas cuestiones cobran una problematización diferente.

En términos generales, las obras de la Arquitectura Moderna son formalmente montajes.

Pero aquí se da una diferencia sustancial con respecto a las otras artes que tiene que ver con dos aspectos determinantes: el destino funcional de la arquitectura y su necesidad de mediar con un sistema de producción dado.

En lo que hace a su propósito funcional o de uso, la arquitectura no puede romper ni diluir totalmente con algunos principios preexistentes. Las formas del habitar, sus usos, ciertos protocolos habitativos, la presencia de un usuario o destinatario final de la obra —que no es un mero espectador de una obra artística— hacen que se deba mediar con algunas de las pautas sociales y culturales, psicológicas y antropológicas, que se configuran en un sujeto y en una comunidad. Esto no quiere decir que no se puedan reformular, transformar o subvertir la lógica funcional, los modos de habitar, los protocolos del comportamiento, los regímenes de lo considerado como público y como privado, o los modos de apropiación psíquica y cultural de una obra arquitectónica. Pero el margen de maniobra se halla mucho más limitado que en el resto de las artes. Nada es definitivo, pero existe una tensión compleja entre las reformulaciones y rupturas en las nuevas propuestas y ciertos códigos o principios que hacen a los bienes de uso. Las nuevas concepciones

---

[27] Se denomina el estatuto de la obra a lo que se encuentra legitimado o institucionalizado dentro de una determinada cultura como una obra de arte.

formales y espaciales, la adopción de los avances técnicos, la reformulación de los comportamientos sociales y privados, las propuestas de una estética diferente, o la modificación de lo considerado como un objeto arquitectónico –si pensamos, por ejemplo, en algunas de las villas corbusieranas y su cambio en la idea de objeto edilicio o de vivienda– pueden impulsar cambios en los modos de habitar y de recepcionar una obra de arquitectura; pero también es cierto que la dueña de la *Casa Farnsworth* le inició un juicio a Mies van der Rohe.

Le Corbusier. Maison Guite

Mies van der Rohe. Casa Farnsworth

Por otra parte, la arquitectura debe mediar para su ejecución con un sistema económico y de producción material casi ineludiblemente. Una mediación con un sistema y una realidad productiva con los que se debe interactuar. Si aceptamos las definiciones de Vanguardia más rigurosas, ésta no buscaba mediar con el sistema sino eliminarlo. De allí que es más dificultoso hacer una identificación entre Vanguardia y arquitectura, pensar en una pertenencia de la arquitectura a una Vanguardia. El imperativo de operar con los medios económicos reales, con una clientela, con empresas constructoras y actores económico-productivos, y con normativas legales y administrativas, hace que la arquitectura, a diferencia del Dadaísmo, no pueda terminar con el sistema.

Friedrich Kiesler. Endless House

Pero, por otra parte, esto no resulta necesariamente así.

En primer término, porque ciertas indagaciones a nivel proyectual, como las de Friedrich Kiesler, el Neoplasticismo, Enrico Prampolini, Bruce Goff, Roberto Matta, El Lissitzky o

Vladimir Tatlin.
Monumento a la Tercera Internacional

Konstantin Melnikov, desarrollaron elementos propios de la Vanguardia a nivel formal, espacial, expresivo y de usos, y esa dimensión proyectual incide de alguna manera en la arquitectura real o construida.

En segundo lugar, porque el impulso de eliminación y sustitución del sistema por parte de las Vanguardias, su negatividad, estaba dirigido básicamente al sistema social, cultural, económico y productivo del capitalismo. En el caso del Constructivismo Ruso, la arquitectura se encontraba unida a la vanguardia artística y a una vanguardia política en donde el sistema ya había sido modificado, al menos hasta la asunción de Stalin. Posiblemente, las obras del Constructivismo Ruso, sean las únicas expresiones de la arquitectura como una vanguardia en los términos de ser parte de la sustitución de un sistema ideológico, político y social por otro.

Un debate en torno del Montaje es si se trata de un procedimiento o categoría solamente circunscripto a un momento histórico –el de la Modernidad y la Vanguardia del XX– o si se halla presente en diferentes momentos y contextos culturales, desde las culturas arcaicas hasta la del siglo XIX. Manuel de Prada[28] sostiene esta segunda versión, considerando la existencia de montajes en las culturas primitivas, en los pueblos africanos, en la Grecia Clásica, en el Medioevo o en el Renacimiento, tratándose entonces de una condición que no actúa tan solo en un contexto específico sino que se trata de un fenómeno transhistórico. Pero esta posición deja al descubierto dos reflexiones.

---

[28] Prada, Manuel de. *Arte, Arquitectura y Montaje*. Obra citada.

Piero della Francesca.
La Visita de la Reina de Saba

En primer lugar, de Prada argumenta, con cierta razón, que las obras del pasado pueden ser analizadas también con las categorías o principios del presente, siendo que la obra escapa a las intenciones del autor o a las determinaciones del contexto en que fueron creadas y quedan liberadas a las diferentes interpretaciones en el tiempo. La obra no solo puede ser explicada por su contexto de origen: el edificio de la *Bauhaus* en Dessau es todo lo que puede marcar su contexto de realización a mediados de los años veinte más todas las interpretaciones posteriores sobre el mismo. Pero es necesario también distinguir las diferencias entre la interpretación de una obra y los principios puestos en juego en el momento de su creación. Una cosa es la ideación de un proyecto o de una obra y otra las interpretaciones posteriores. Una cosa no inhibe a la otra. En todo caso actúan de manera interrelacionada. La pregunta podría ser si para una época determinada, existe o no, una relación entre la utilización de un procedimiento más allá de que el mismo tenga una denominación o sea usado conscientemente y la existencia desea categoría o de esa denominación justamente como algo consciente o especificado dentro de los principios artísticos o del conocimiento del momento.

En segundo lugar, podría atribuirse el procedimiento del Montaje a ciertas obras del pasado, como por ejemplo a algunas pinturas de Uccello, de Piero della Francesca o de Ghirlandajo, *El Milagro de la Ostia*, *La Visita de la Reina de Saba* y *Escenas de la Vida de San Francisco*, respectivamente. Cualquiera de ellas podría ser pensada como un Montaje a partir de la inclusión en la escena de personajes fuera de lugar, de yuxtaponer objetos, personajes o edificios que no coinciden en el espacio y el tiempo representado, colocar dos situaciones en un mismo espacio que sucedieron en diferentes momentos, repetir un mismo personaje en dos espacios distintos al mismo tiempo, o ponerles a los personajes rostros de personas conocidas por el artista, como el de su mecenas.[29] Pero en estos casos, las superposiciones y alteraciones, los ensamblajes, obedecen a priorizar la continuidad narrativa del tema a representar. No suponen una ruptura a la lógica del sentido tradicional, como en el montaje moderno, sino al contrario, un reforzamiento del sentido y de la hilación del discurso que constituye el tema de la obra. Se rompe con el criterio de la supuesta representación realista de la pintura del Renacimiento –que por otra parte la misma nunca tuvo– pero no con la lógica de sentido de la obra tradicional.[30]

El Montaje en la Modernidad y la Vanguardia se presenta como un procedimiento técnico y expresivo. No solamente es el resultado de nuevas concepciones técnicas y de construcción de la obra sino que también, y sobre todo, configura

---

[29] Por ejemplo, en una de las *Escenas de la Vida de San Francisco*, *La resurrección del niño*, Ghirlandajo representa en el mismo espacio-tiempo, en la misma escena, el momento en que el niño se accidenta y el momento posterior en que es resucitado. En *La Visita de la Reina de Saba*, de Piero, la reina aparece representada en dos lugares distintos al mismo tiempo, en el exterior y en el interior del edificio.

[30] Sobre estas cuestiones en la pintura del Humanismo me remito nuevamente a mi trabajo *Cultura y Proyecto en la Modernidad Europea. Los despliegues del Clasicismo en los siglos XV y XVI*. Obra citada.

nuevos criterios de expresión en cuanto a la concepción y a la comprensión de la misma.

Las nuevas lógicas de Construcción de la forma, las superposiciones y yuxtaposiciones, todas las operaciones formales que hemos mencionado anteriormente, implican una construcción de sentido totalmente diferente al de las obras tradicionales. El Montaje no es que anule el sentido que tendría una obra, sino que construye uno diferente. Es un mecanismo de significación, en el cual no se trata de ensamblar caprichosamente o sin una lógica sino que, como plantea Bürger, requiere de construir una estrategia y una significación.

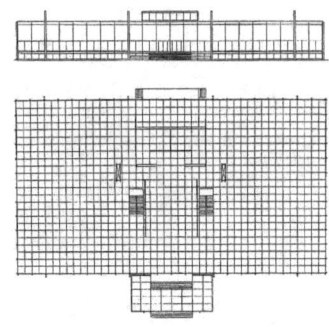

Mies van der Rohe. Crown Hall. IIT

Referido al campo de la arquitectura y del proyecto, el Montaje puede abrir las capacidades creativas y de concepción a todos los materiales y recursos posibles. Como en el caso del resto de las artes, puede recurrir a la reunión de lo dispar, de lo contrapuesto, a las superposiciones y yuxtaposiciones de elementos diferentes, trabajar con la heterogeneidad, las tensiones, la fragmentación, la colisión. Utilizar operaciones que incluyen la asimetría, la irregularidad, el desequilibrio, la atectonicidad, la complejidad formal.

Pero también el recurso moderno, en esa apertura a la utilización de cualquier material –apoyada por Benjamin y rechazada por Adorno– puede apelar a las operaciones o procedimientos propios de la tradición y de la Composición, trabajando con la simetría, la axialidad, la centralidad, la tripartición, las proporciones armónicas, la frontalidad, la pureza, o la regularidad. Pero tales conceptos o procedimientos ya no tienen los contenidos o significados de sus contextos anteriores o tradicionales. Se han convertido en un material, y en su inclusión en una nueva lógica adquieren diferentes significados. El Montaje, en su lógica de ensamblado, puede reunir

Gunnar Asplund. Biblioteca Nacional de Estocolmo

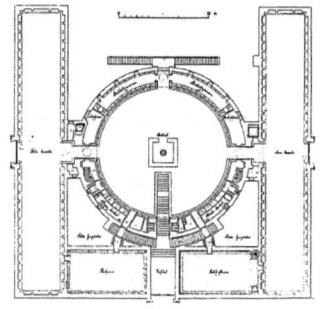

Heinrich Tessenow.
Centro de Gimnasia Rítmica de Hellerau

elementos de los más novedosos juntos otros del pasado, dando lugar a las mezclas, los sincretismos o los anacronismos. Esto no quiere decir que carezca de lógica, de coherencia o de una racionalidad, sino que plantea una coherencia y una racionalidad diferentes. La presencia de lo anacronista[31] o de elementos del pasado no va en desmedro de la modernidad o de la innovación de la obra, sino que precisamente, lo moderno es la manera en que se procede, en que se producen esas superposiciones rompiendo ciertas lógicas preestablecidas. La Modernidad no entendida como síntesis o exclusiva innovación sino como conflicto, como entrecruzamiento complejo.

De allí que en algunas obras de Le Corbusier, Mies, Behrens o Loos puedan hallarse elementos de la tradición clasicista junto con otros innovadores reunidos en nueva totalidad y con un sentido diferente. O más aún en casos como los de Asplund, Tessenow, Perret, o Plecnick, en donde la presencia de la tradición del Clasicismo es mucho más explícita sin por eso anular su condición moderna.

La superposición de lo diferente, el encuentro con lo opuesto, es parte de

---

[31] Nos referimos a la anacronista y no a lo anacrónico. En lo anacrónico puede anidar un cierto sentido regresivo, convencional y anti-crítico, mientras que lo anacronista funciona como un instrumento crítico con la inclusión de elementos de otro momento o supuestamente impertinentes, produciendo un salto temporal o de discontinuidad que incorpora esa variable crítica o de desestabilización.

una concepción en lo formal pero también de la realidad. En el *Manifiesto del Surrealismo*, de 1924, André Breton citaba un comentario de Pierre Reverdy:

> "La imagen no puede nacer de una comparación, sino del acercamiento de dos realidades más o menos lejanas. Cuanto más lejanas y justas sean las concomitancias de las dos realidades objeto de aproximación, más fuerte será la imagen, más fuerza emotiva y más realidad poética tendrá".[32]

La reunión de los opuestos, de lo diferente, construye una lógica de espacio o de lugar de encuentro diferente. En esa reunión, la relación no se da por la semejanza entre las cosas sino por la diferencia entre ellas. Y no se propone el resultado en una síntesis, en una reducción a una esencia, sino el de una condensación, en donde se reúnen y acumulan las diversidades. En algunos casos esas diferencias buscan una integración, un consenso entre lo distinto, recrear cierto equilibrio aún entre lo diverso; en otros puede quedar expuesto lo conflictivo del encuentro.

En esa construcción de una nueva concepción y expresión el Montaje vino a oponerse a los ideales de belleza y de orden armónico, y a subvertir así mismo la ruptura de la unidad idealizada entre forma y contenido. Cambia la sintaxis, la lógica en el ordenamiento y en la relación entre las partes que constituyen una nueva forma de totalidad. El sentido de la obra no reconoce las lógicas del sentido tradicional, y muchas veces no queda explícito, dando lugar a una condición enigmática, de ambigüedad o de lo oculto dentro de la obra. El sentido no está claramente expresado sino que puede ser un contenido que hay que descifrar. Y no se trata de la intervención de la fantasía sino de una estrategia diferente de conexión entre las cosas.

---

[32] Breton, André. *Manifiesto del Surrealismo*. Barcelona. Editorial Labor. 1995 (El original de 1924).

De acuerdo a lo planteado desde la filosofía, la antropología o la psicología, en autores como Bergson, Levy-Strauss o Freud, la reunión de lo diferente o el montaje de distintos componentes es parte de un modo de concebir y de construir la realidad en la mente humana.[33] El cerebro, de acuerdo a como lo definió Bergson, es un órgano de pantomimas, y su propósito es la reunión de imágenes diferentes dentro de un armado real o posible. También la memoria, según Bergson, permite que los recuerdos y las imágenes que son muy distintas se reúnan no siempre por medio de la semejanza o la analogía. Para Levy-Strauss, los contrastes entre opuestos –en su caso estudiando las culturas tradicionales– están habilitados por el cerebro, según su estructura neurológica, como una forma significativa del conocimiento y de la intelectualización. Dentro de todo el pensamiento moderno, en estos autores citados, como así también en Benjamin, Eisenstein, Jung, Piaget, el Montaje podría ser también el modo en el que el intelecto y el espíritu le confieren sentido a las cosas.

En filósofos como Nietzsche y Schopenhauer, tal como mencionáramos al principio, respecto de otra idea de la Modernidad, su planteo metafísico acerca de la existencia del hombre, de la naturaleza o de Dios va a dirigirse contra el pensamiento positivista basado en la racionalización y la idea del progreso ilimitado. Si existe una verdad en la naturaleza de las cosas, ésta no está en la superficie sino por debajo de la apariencia de las cosas. Para Bergson, la relación con la naturaleza es una experiencia en constante cambio, no dada como algo fijo e inmutable sino por la multiplicidad de las percepciones y de las memorias, por una simultaneidad de la experiencia. Se trata así de una conciencia diferente que

---

[33] Bergson, Henri. *Memoria* y Vida. Madrid. Alianza Editorial. 1987 (Con escritos de 1907 a 1919); y Levi-Strauss, Claude. *El totemismo en la actualidad*. México. Fondo de Cultura Económica. 1997 (El original de 1962).

hace a la experiencia y a la percepción de las cosas, y entre ellas, del espacio.

A todo lo largo de las experiencias de la Arquitectura Moderna y en su plena diversidad de posturas podemos encontrar diferentes formas de Montaje.

Se dan montajes en los que se superponen o yuxtaponen dos lógicas o dos estructuras formales diferentes. Por ejemplo, en las villas puristas de Le Corbusier, como en la *Villa Stein*, la *Villa Meyer*, la *Villa Cook* o la *Savoye*, se superponen la lógica de una grilla ortogonal sobre la lógica de una serie de elementos –tabiques, escaleras, equipamiento fijo, vacíos– que se disponen con otro criterio diferente al de la grilla. En el edificio del *Pabellón Suizo* de la Ciudad Universitaria en París se yuxtaponen dos piezas o volúmenes con lógicas formales totalmente distintas u autónomas entre sí: una regular vinculada a la repetición y lo estandarizado y otra irregular de expresión rústica o artesanal. También puede evidenciarse una superposición de criterios propios de la tradición –clásica o regional– con otros más innovadores.

En otros ejemplos el Montaje opera con una presencia de las lógicas o de los criterios del Clasicismo de manera más explícita, convirtiendo a esa tradición en un material para ser operado, desprovisto de sus contenidos originales o de otro momento histórico. En este caso, no se trata de composiciones, sino de un Montaje que utiliza elementos de la Composición –simetría, axialidad, regularidad, centralidad, frontalidad– pero de otra manera, en otro contexto, y con otros significados. En esos montajes, la forma se ha separado de aquellos significados que podía tener en el pasado y se resemantiza. Son casos como los ya mencionados del *Crown Hall del IIT*, el *Edificio Seagram* o la *Galería Nacional de Berlín*, de Mies. O como en la *Villa Steiner*, de Adolf Loos con su uso de la simetría, la axialidad, la frontalidad y la tripartición en planta y vistas pero con alteraciones intencionadas, como la negación de la centralidad. En algunos de ellos los criterios de la tradición clásica están pre-

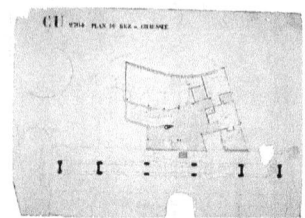

Le Corbusier. Pabellón Suizo en la Ciudad Universitaria de París

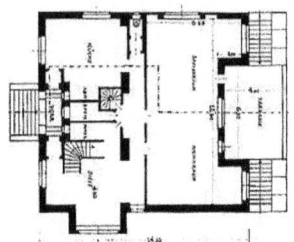

Adolf Loos. Villa Steiner

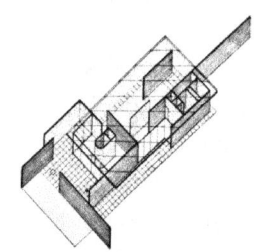

Mies van der Rohe. Pabellón en la Exposición de la Construcción

Simbirchev.
Proyecto de restaurante en voladizo

sentes pero justamente alterados. En la *Villa Muller*, también de Loos, hay una contraposición entre simetría y asimetría.

Así mismo se puede evidenciar el trabajo con las maclas, la interpenetración de volúmenes, el dinamismo formal o la tensión entre la estabilidad y el equilibrio inestable, como en las *Viviendas para los profesores* y el *Edificio de la Bauhaus*, en Dessau o la *Biblioteca de Viipuri*, de Alvar Aalto.

Hay casos en los que las operaciones del Montaje se dan dentro de la unidad de un bloque regular, único y puro, como un objeto autónomo o cerrado en sí mismo, como en el Corbusier de la *Villa Stein* o la *Villa Shodan*. Pero también se dan los casos en que se trata de un Montaje que actúa con un conjunto de partes, ensamblando o montando distintas piezas por medio de las superposiciones, yuxtaposiciones y axialidades, como en el *Centrosoyus* y el *Palacio de la Liga de las Naciones* de Le Corbusier o en el *Sanatorio de Paimio*, de Aalto.

En sus diversidades, el Montaje puede oscilar entre la recreación o la reunificación de todas sus partes componentes dentro de un criterio de unidad o unicidad formal, por un lado, y la descomposición elementarista, por otro. Este es el caso del *Pabellón de Barcelona* y el *Pabellón para la Exposición de la Construcción* en Berlín de Mies, de la *Casa Schroeder* y el *Pabellón de Escul-*

turas de Rietveld o de las configuraciones arquitectónicas de Van Eesteren; lo mismo que con el *Pabellón de la URSS* en la Exposición de París de Melnikov, el *Proyecto para un restaurant en voladizo*, de Simbirchev, o los ejercicios de la escuela de Vkhutemas. De una u otra manera, descomponiendo o rearmando una unidad, el Montaje opera con cierta autonomía de los elementos formales, espaciales y materiales como parte de esas piezas que deben ser ensambladas. Esa tensión entre la recreación de una unidad y la descomposición vincula a la arquitectura con muchas de las experiencias del arte abstracto en cuanto a la descomposición de las figuras o los volúmenes en planos o líneas, el equilibrio entre las diferentes partes, el equilibrio inestable, las transparencias, las superposiciones y las yuxtaposiciones de formas dentro del campo pictórico del abstraccionismo o de la escultura y los collages, en trabajos como los de László Moholy-Nagy, Naum Gabo, Kasimir Malevich, Marianne Brandt, El Lissitzky, Alexandr Rodchenko, Liuvob Popova o Natalia Goncharova.

El Lissitzky. Proun 12E y Proun GK

Junto con las descomposiciones o el elementarismo, el Montaje en arquitectura trabaja a nivel del fragmento, incluyendo la irregularidad de las piezas o del conjunto, los giros, la ruptura de la ortogonalidad, las compresiones y expansiones. El fragmento y el procedimiento del collage los podemos ver en Alvar Aalto y el *Finlandia Hall* y el proyecto para la *Ópera de Essen*, o en Hans Scharoun y la *Filarmónica de Berlín*.

En su artículo de 1987, *Heterotopía, un estudio sobre el orden en la obra de Alvar Aalto*, Demetri Porphyrios[34] hacía una clasificación del Montaje en base a tres modos de organización

---

[34] Porphyrios, Demetri. *Heterotopía. Un estudio sobre el orden en la obra de Alvar Aalto*, en AA.VV. *Alvar Aalto*. Barcelona. Ediciones del Serbal. 1998.

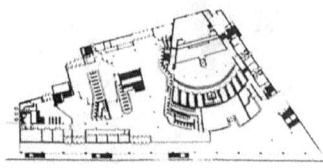
Alvar Aalto. Finlandiatalo

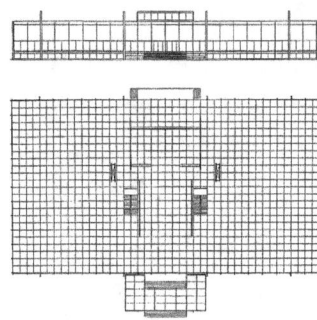
Mies van der Rohe. Crown Hall

y concepción formal y espacial, el Montaje Homotópico, el Montaje Isotópico y el Montaje Heterotópico.

En el montaje homotópico es el de una total homogeneización y uniformidad del espacio, de la forma y de los elementos puestos en juego. Todas sus partes pertenecen a una misma familia y se reúnen rearmando un criterio de unidad homogénea y uniforme. Como en el concepto de homotopía, todas las deformaciones del sistema son constantes, con lo cual no hay lugar para la ruptura, la heterogeneidad o la multiplicidad de elementos, de procedencias o de criterios. En el montaje homotópico priman la determinación de una esencia y de una síntesis. Ejemplo de este tipo de montaje es el ya citado del *Crown Hall* en donde todas las variables y las decisiones se reducen a una lógica y forma, la de la reducción, la síntesis y la esencia.

En el montaje isotópico lo que se verifica es una superposición de dos estructuras formales y espaciales distintas. Una de ellas bajo la forma de una grilla ortogonal asociada a los principios de la regularidad, la repetición, la norma, lo absoluto y lo universal; la otra dando cuenta de lo abierto, lo particular, lo diferente, y lo que se corre de la norma. El ejemplo que pone Porphyrios es justamente el de las villas corbusieranas como la *Villa Stein*.

En cuanto al montaje heterotópico, el autor lo define como aquellos constituidos por los ensamblajes de lo diferente, los que operan con las superposiciones, agrupamientos y mezclas de distintas partes, que pueden poseer diversas lógicas o características formales, espaciales, materiales o expresivas. Es el montaje que trabaja en base a lo diferente, lo heterogéneo, y a ese encuentro de lo diverso. No se propone el logro de una síntesis ni de una esencia sino el resultado producto de una condensación, un nuevo concepto de unidad o de totalidad, el de las partes separadas. Su ejemplo es, para Porphyrios, el de Alvar Aalto, en obras como el *Finlandiatalo*, el *Teatro de la Ópera* de Essen o el *Centro Cultural de Wolfsburg*, entendiendo en esas obras un particular sentido del orden basado en fragmentos sin una ley común que los unifique o les otorgue coherencia según la preceptiva del logos. Elementos que se reunían como por casualidad, discontinuidades, yuxtaposición de cosas no similares que solamente reconocían dos modos de agrupamiento: la *discriminatio* y la *convenientia*; discriminación para vincular por medio de lo diferente, conveniencia para fundamentar la mera adyacencia de una cosa con otra. Elevaba así Porphyrios, y la época no resulta casual, otro tipo de taxonomía, oponiendo la heterotopía aaltiana a la homotopía de Mies y a la isotopía de Corbusier.

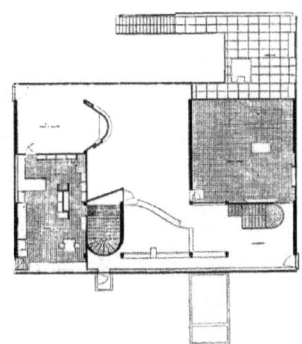

Le Corbusier. Villa Stein

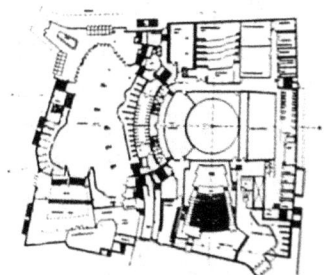

Alvar Aalto. Ópera de Essen

Hasta aquí, nos enfrentamos a una de las posibles interpretaciones o acepciones de la heterotopía, aquella que la entiende como una acumulación heteróclita o ingente de diversidades discordantes o de diferente procedencia.

Pero a esta acepción habría que sumar también la de lo heterotópico como lugar de la inconveniencia, de la marginalidad, o de lo que existe por fuera de la normalidad institucionalizada. Espacios marginales pero que a la vez la sociedad ordena o preconiza.

Más allá de lo reduccionista que puede ser toda clasificación, la relación que hace Porphyrios entre el montaje heterotópico y la obra de Aalto no se ajusta exactamente a la concepción de heterotopía.

Recordamos la caracterización del concepto de heterotopía dada por Foucault al referirse al famoso cuento de Borges y su clasificación de los animales:

> "Esas ambigüedades, redundancias y deficiencias recuerdan las que el doctor Franz Kuhn atribuye a cierta enciclopedia china que se titula Emporio celestial de conocimientos benévolos. En sus remotas páginas está escrito que los animales se dividen en (a) pertenecientes al Emperador, (b) embalsamados, (c) amaestrados, (d) lechones, (e) sirenas, (f) fabulosos, (g) perros sueltos, (h) incluidos en esta clasificación, (i) que se agitan como locos, (j) innumerables, (k) dibujados con un pincel finísimo de pelo de camello, (l) etcétera, (m) que acaban de romper el jarrón, (n) que de lejos parecen moscas".[35]

Lo heterotópico no implica tan solo el encuentro de cosas diferentes, sino que además importa otras dos cuestiones: la anomalía del encuentro y lo anómalo del lugar en que se reúnen las cosas. El mismo planteo de Foucault se encargaba de aclarar que para la constatación de la heterotopía no bastaba con la reunión de lo diverso, de lo extraño o de lo absurdo, que no se trataba de la extravagancia del encuentro en sí, del concepto de lugar como complejidad de lo heterogéneo, como en la mesa de disección surrealista, ya que "... hay un desorden peor que el de lo incongruente y el acercamiento de lo que no se conviene...".[36] Lo desestabilizante no debía ser entonces la

---

[35] Borges, Jorge Luis. *El idioma analítico de John Wilkins*, en *Otras Inquisiciones*. Buenos Aires. Emecé Editores. 1989 (El original de 1952).

[36] Foucault, Michel. *Las palabras y las cosas*. Obra citada.

proximidad o la reunión de esas cosas sino el lugar en sí en el que se podían llegar a juntar. Lo imposible, lo desfigurado, lo impensable de la clasificación de animales del emperador era la misma noción de lugar, el lugar como sitio que reúne las coordenadas de aquello que es aceptado, que permite ordenar las semejanzas y las diferencias, sus variaciones, la ley interior y de relación de las cosas que construyen, justamente, lugar como espacio del orden y de una lógica de apropiación y de explicación. Es por ello que, insistimos, las heterotopías deben denunciar el margen, el conflicto, la desestabilización. Espacios críticos, y de crisis, de esos otros espacios por los que transita la anormalidad, o de lo anormal que anula el lugar.

En ese sentido la obra de Alvar Aalto no configura un montaje heterotópico ya que por su definición el mismo renuncia a una reunificación de lo diferente, renuncia a una pretensión de reintegrar en una armonía. Y en el caso de Aalto, su arquitectura no es indiferente –aún en ese ensamblado de elementos diversos– a proponer una armonía en cuanto a la calidad en el habitar, en la materialidad, en la relación con el lugar y en la construcción de distintas instancias o momentos para una calidad existencial.

Por último, podríamos volver a invocar la idea de montaje heterotópico en la literatura de Borges, en este caso junto a Bioy Casares, en su texto *Eclosiona un arte*, lo mismo que en alguna otra expresión de la arquitectura y de ésta en el cine.

"Nada o poco importa que Piranesi ignorara o no el folleto de marras; el hecho indiscutible es que erigió en los terrenos antes palúdicos de la Vía Pestífera, con el concurso de albañiles y ancianos fanatizados, el Gran Caótico de Roma. Este noble edificio, que para algunos era una bola, para otros un ovoide, y para el reaccionario una masa informe, y cuyos materiales amalgamaban la gama que va del mármol al estiércol, pasando por el guano, constaba esencialmente de escaleras de caracol que facilitaban el acceso a paredes impenetrables, de puentes truncos, de balcones a los que no era dable acceder, de puertas que franqueaban el paso a pozos, cuando no a estrechos y altos habitáculos de cuyo cielo raso pendían cómodas camas cameras y butacas inversas. No brillaba tampoco por su ausencia el espejo cóncavo. En un primer arranque de entusiasmo, la revista The Tattler, lo saludó como el primer ejemplo concreto de la nueva conciencia arquitectónica. ¡Quién diría entonces que el caótico, en un porvenir no lejano, sería tildado de indeciso y de pasatista!".[37]

"Digno de interés, aunque ecléctico, es el sincretismo de Otto Julius Manntoifel, cuyo santuario de las Muchas Musas, en Postdam, conjuga la casa-habitación, el escenario giratorio, la biblioteca circulante, el jardín de invierno, el impecable grupo escultórico, la capilla evangélica, el templete o templo budista, la pista de patinaje, el fresco mural, el órgano polifónico, la casa de cambio, la vespasiana, el baño turco y el pastel de fuente. El oneroso mantenimiento de este edificio múltiple provocó su venta en remate y la demolición de rigor, casi a continuación de los festejos que coronaron la jornada de su debute. ¡No olvidar la fecha! ¡23 o 24 de abril de 1941!".[38]

Heterogeneidad. Multiplicidad. Superposición. Yuxtaposición. Acumulación. Sincretismo. Saturación. Contaminación. Margen. Colisión. Ruido semántico. Conflicto. Desestabilización. Son todos ellos términos que atraviesan al concepto de heterotopía. Tanto en el *Gran Caótico de Roma* como en el *Santuario de las Muchas Musas* se ponen de manifiesto las

---

[37] Borges, Jorge Luis y Bioy Casares, Adolfo. *Eclosiona un arte*, en *Crónicas de Bustos Domecq*. Libro que está dedicado "A esos tres grandes olvidados: Picasso, Joyce, Le Corbusier". Buenos Aires. Ediciones Losada. 1992 (El original de 1963).

[38] Borges, Jorge Luis y Bioy Casares, Adolfo. *Eclosiona un arte*. Obra citada.

nociones borgeanas de heterotopía,[39] ambas referencias bastante menos conocidas, o divulgadas, que aquella otra que remitía a "cierta enciclopedia china" que inspirara a Foucault en el prefacio de *Las Palabras y las Cosas*. Pero en la sucesión de los términos antedichos ya se puede percibir la progresiva complejidad y conflictividad que marca al concepto. Desde lo meramente heterogéneo, hasta lo desestabilizante, en ese despliegue se ponen en juego las diferentes características, y acepciones, que podrían signar la heterotopía. Es allí, entre las visiones del *Gran Caótico* y el *Santuario de las Muchas Musas*, por un lado, y la clasificación de los animales del emperador, por el otro, donde se plantean las dos primeras miradas, posibles, sobre lo heterotópico.

En la primera de ellas, en el *Gran Caótico de Roma* o en el *Santuario*, lo heterotópico resulta en la reunión de lo diverso, lo extraño, lo que no es familiar entre sí, o lo insólito; la reunión que, también al decir de Foucault, recuerda el encuentro surrealista del paraguas y la máquina de coser sobre la mesa de operaciones. Tal vez sea esta una de las versiones más difundidas de las heterotopías, la del conjunto de cosas o elementos provenientes de muy diversas procedencias, de esos lugares diferentes que atentan contra el criterio de unidad o de completitud acordada en su homogeneidad o familiaridad. Pero en este punto, y esto lo resalta Foucault, no alcanza con la diversidad de los elementos reunidos, con la rareza o inconveniencia de

---

[39] El término heterotopía no es mencionado por Borges o por Bioy en su trabajo, pero tiene un extenso despliegue en cierto desarrollo de la crítica o del trabajo de otros autores. Al respecto, y entre ellos, puede consultarse de Toro, Alfonso. *Borges/Derrida/Foucault: Pharmakeus/Heterotopía o más allá de la literatura ("hors litterature"): escritura, fantasmas, simulacros, máscaras, carnaval, y... Atlön/Tlön, Ykva/Uqbar, Hlaer, Jangr, Hrön(n)/Hrönir, Ur y otras cifras*, en de Toro, Alfonso y de Toro, Fernando editores. *Jorge Luis Borges. Pensamiento y saber en el siglo XX*. 1999. Madrid. Vervuert Iberoamericana; y Molloy, Sylvia. *Las letras de Borges*. 1999. Rosario. Beatriz Viterbo.

Orson Welles. El Ciudadano Kane, Xanadú

ese encuentro, con la mera acumulación o montaje de diferencias. Esto es lo que distinguiría a las heterotopías de lo pintoresco. Hay algo de anómalo, de desestabilizante, o de corrosivo de las estructuras sintácticas o de organización de la forma en las heterotopías que no se halla en la reconciliación o reificación armónica de las diferencias que si anida en lo pintoresco. Tal como dijera Foucault, en ese sentido las heterotopías no consuelan ni armonizan, sino que inquietan o producen perplejidad.

Tanto el cine como la arquitectura han dado cuenta de esa noción de heterotopía entendida como acumulación de elementos y procedencias extrañas que alteran las leyes de relación de las cosas o el orden de lo establecido. En tales conjuntos no existe ley organizativa, principio o composición, la relación está dada exclusivamente por la yuxtaposición, la vecindad o la superposición. Tales son los casos de la Xanadú de *El Ciudadano Kane* o ciertos interiores de *El Proceso*, ambas películas dirigidas por Orson Welles, o de la Buenos Aires de *La Sonámbula*, de Fernando Spiner. Charles Foster Kane construye Xanadú como una ciudad próxima a lo inverosímil y se recluye en ella, en ese mundo otro en el que —como en el *Santuario de las Muchas Musas*— se han acumulado una cantidad ingente o infinita de dispositivos, paisajes, construcciones, representaciones, esculturas, imágenes o escenarios procedentes de los más diversos lugares. Una isla, o un barco, comunidades autosuficientes pero también espacios de la alteridad que están por fuera del mundo. Yuxtaposiciones heteróclitas sin orden ni consenso que denuncian la improbabilidad del acuerdo, el fracaso del logos o la razón, o la incumplida promesa de una estructura que otorgue sentido a las cosas o a la existencia. En una versión local del problema de la heterotopía, la Buenos Aires de Spiner aparece también como un conglomerado de piezas edilicias o infraestructuras sin orden ni medida, y en una yuxtaposición en la que cada una de tales piezas se expone en una tensión entre la individualidad de la parte y su disolución en una amalgama que se ha vuelto opresiva y amenazante.

Por su parte, la arquitectura se ha hecho consciente del drama, la decadencia o la disolución que también importara la modernidad, el *pathos* de lo moderno en el *Angelus Novus* de Benjamin que mira no solo las ruinas producidas por el propio progreso sino la imposibilidad del mismo. Así ya lo exponía Piranesi a mediados del siglo XVIII en sus *Carceri*, en donde la descomposición, el fraccionamiento o la distorsión importaban una crítica feroz al concepto de lugar, o en sus imágenes de una *Antigua Vía Romana* que denunciaban la disgregación del orden de la sintaxis o de la estructura que vincula las cosas a manos de la acumulación, la saturación o la elección arbitraria.

Johannes Baader. Drama Dio Dadá

En otro recorte temporal y cultural algunas obras-manifiesto del dadaísmo berlinés van a sumarse a estas heterotopías por acumulación que en tanto espacios de lo diferente impugnan al espacio de la normalidad. Tal es el caso del *Drama Dio Dada: grandeza y ocaso de Alemania en cinco pisos, tres jardines, un túnel, dos ascensores y una puerta cilíndrica*, de Johannes Baader. Una construcción, efímera, objetual, producto del encadenamiento de una serie de *objects trouvés* cocidos con alambre sin ningún principio estético por fuera del caos. Cada uno de sus cinco niveles –*Elaboración del Oberdada, Verificación Metafísica, Iniciación, Guerra Mundial y Revolución Mundial*– remite a la acumulación y superposición del *Santuario de las Muchas Musas* como ejemplo de la impugnación del orden racional, de las clasificaciones tranquilizantes o de la forma como estatuto de unidad o pureza. Es la certidumbre inquietante acerca de la ausencia de toda sintaxis ordenadora dada por el acercamiento de lo que es incongruente y no se conviene,

> "(...) Sería el desorden que hace centellar los fragmentos de un gran número de posibles órdenes en la dimensión, sin ley ni geometría, de lo heteróclito...".[40]

Cada pequeña pieza y el procedimiento del collage de Baader –por completo ajeno a las voluntades estéticas del collage cubista, de las propuestas de Picasso– van a constituirse en una crítica sobre la cultura burguesa, el estatuto del arte y la sociedad berlinesa de 1920. Si en los collages dadaístas de Raoul Hausmann, Kurt Schwitters o Hanna Höch, o en los cubistas de Picasso, se reconoce la expresión de la fragmentación caótica de la realidad –plasmada por medio de la superposición o yuxtaposición de imágenes y fotografías, imágenes *ready made* tomadas de la realidad– en el *Drama Dio Dada* se nos presenta la misma idea de fragmentación y superposición en un collage de objetos reales con una intención caótica-alegórica. Pero el conocido uso dadaísta de materiales de desecho, de desperdicios de lo cotidiano o de cosas encontradas viene a conformar un espacio de lo diferente que puede entenderse como el esfuerzo por impugnar en el arte en su sentido comercial, en el de la institución artística o en el de su propio estatuto en tanto valor material o de su concepción tradicional.

Pocos años después, en 1923, la villa proyectada y construida por Mallet-Stevens para el vizconde de Noailles y su mujer Marie Laure en Hyères, podrá ser leída como otro ejemplo de construcción heterotópica.[41] Allí el espacio del habitar domésti-

---

[40] Foucault, Michel. *Las palabras y las cosas*. Obra citada.
[41] Un análisis de mi autoría sobre la obra de Mallet-Stevens para la *Villa de Hyères*, puede encontrarse en Valle, Luis del. Desde el Jardín.

co moderno se constituye en una intriga construida a partir de una serie de desdoblamientos inquietantes. Desvanecida la noción de un habitar basado en una clasificación pragmática o entomológica, aparece el misterio que atraviesa las relaciones entre artificio y naturaleza, entre arquitectura y paisaje. La villa posee uno de los contados jardines cubistas realizados en la modernidad, en este caso obra de Gabriel Guevrekian, recinto cerrado que remite a la larga tradición de los jardines, que así mismo es considerado por Foucault como uno de los espacios heterotópicos por excelencia.[42] Colocado en su aparente neutralidad geométrica, pero también en la inquietante y misteriosa artificialidad de lo natural, el jardín y la villa abrían una línea de fuga hacia una de las caras oscuras de lo moderno: la de las relaciones entre naturaleza y artificio, cuerpo y máquina, existencia y réplica, y la de la crítica a la definitiva artificialización del sujeto y lo natural tal como la entendieran Man Ray, Ernst, Bellmer o Umbo. Conjuntamente, hay otra cosa que el jardín denuncia, ya que en su profunda artificialidad adquiere un componente surreal, el de un espacio de ensueño, quimérico en su obsesiva racionalidad y que nos sumerge en un mundo inquietante, fantástico, un fragmento *extraño* que se introduce en lo cotidiano no arreglado. En las

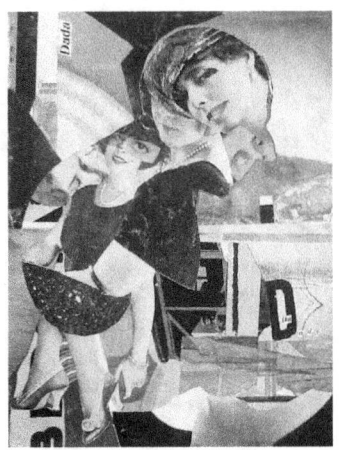

Hannah Höch. Da Dandy

Revista X2. eXperimentos en arquitectura y diseño. Mar del Plata. Facultad de Arquitectura, Urbanismo y Diseño. Universidad Nacional de Mar del Plata. 2009.

[42] El jardín de la *Villa en Hyères* es uno de los protagonistas de *Los misterios del castillo de Dé*, película de Man Ray de 1929, y en la que se vuelven a verificar las relaciones entre arquitectura y cine a lo largo de toda la modernidad.

Gabriel Guevrekian.
Jardín en la Villa de Noailles

Robert Mallet-Stevens. Villa Noailles

aporías de lo moderno se inscriben el sueño incumplido de la racionalidad de ese jardín, el sueño de su eternidad, su decadencia y el abandono de la villa por los vizcondes, el conflicto entre tiempo y existencia ritmada, absoluta, y las historias allí acaecidas y la posibilidad incierta de percibir sus huellas. El jardín forma parte así de la maquinaria heterotópica de la casa entendida como un agregado de partes, como una acumulación de situaciones en el tiempo y en el espacio, como artefacto complejo construido de diferentes piezas que no necesariamente deben expresarse en la irregularidad de la forma. Aún dentro de una cierta apariencia de síntesis la villa da lugar a esa concepción heterotópica que incluye el reconocimiento de lo otro, de lo no acordado: una conformación en donde se yuxtaponen y superponen la villa clásica, el castillo, la piscina excavada en la roca, la peluquería, el mirador, el estudio sin ventanas al exterior, la colección, el dormitorio al aire libre, la cama suspendida, el bar, la cancha de squash, el gimnasio, más próxima a aquellas construcciones de Bustos Domecq que a la interpretación reductiva que pudo hacerse de la máquina de habitar corbusierana.

Contrariamente al *Gran Caótico* y al *Santuario de las Muchas Musas*, Borges y Bioy exponen otro ejemplo de Montaje, en este caso de lo que sería la idea de un montaje homotópico, la *Casa de las Puertas y las Ventanas*, del maestro Verdussen, de Ütrecht.

"Resumamos la tesis: muro, ventana, puerta, piso y tejado constituyen a no dudarlo, los elementos básicos del hábitat del hombre moderno. Ni la más frívola de las condesas en su boudoir ni el desalmado que aguarda, en su calabozo, el advenimiento del alba que lo acomodará en la silla eléctrica, pueden eludir esta ley. La petit histoire nos cuenta al oído que bastó una sugestión de Su Alteza para que Verdussen incorporara dos elementos más: umbral y escalera. El edificio que ilustra estas normas ocupa un terreno rectangular, de seis metros de frente y algo menos de dieciocho de fondo. Cada una de las seis puertas que agotan la fachada de la planta baja comunica, al cabo de noventa centímetros, con otra puerta igual de una sola hoja y así sucesivamente, hasta llegar al cabo de dieciséis puertas, al muro del fondo. Sobrios tabiques laterales dividen los seis sistemas paralelos, que suman en conjunto ciento dos puertas. Desde los balcones de la casa de enfrente, el estudioso puede atisbar que el primer piso abunda en escaleras de seis gradas que ascienden y descienden en zigzag; el segundo, consta exclusivamente de ventanas; el tercero, de umbrales; el cuarto y último de pisos y techos. El edificio es de cristal, rasgo que desde las casas vecinas, facilita decididamente el examen. Tan perfecta es la joya, que nadie se ha atrevido a imitarla".[43]

En esta *Casa de las Puertas y las Ventanas* lo que queda expuesto es la lógica de esos montajes que se basan en la reducción de elementos y en una primacía de la esencia de las cosas. La reducción y esencia de trabajar con una serie mínima de elementos, con una arquitectura llevada a un ideal de síntesis total. Todo allí resulta mínimo y homogéneo, desde los elementos puestos en juego, los principios organizadores reducidos a una ley y la expresión general y particular de la obra. Como en el personaje de Protopirio imaginado por Piranesi,[44] la

---

[43] Borges, Jorge Luis y Bioy Casares, Adolfo. *Eclosiona un arte*. Obra citada.

[44] Nos referimos a los personajes de Protopirio y Didascalo fabulados por Piranesi en 1765, que en su *Parere su l'architettura* debaten acerca de la

arquitectura se reduce a la detención de una cantidad mínima de elementos o de componentes y a su condición de un silencio expresivo. Esencia asociada a la concepción de un ideal, de pureza y de absoluto. Una arquitectura que postula la primacía de una única ley, eliminando lo particular, lo diverso, lo contingente, en base a una homogeneización de todas las variables. En cierto modo, un montaje el de Verdussen que podría asimilarse a las obras de una absoluta esencia y reducción en Mies, a los proyectos donde gobierna la preeminencia de la ley, a una arquitectura que en su ideal de pureza también puede llevar al de la *tábula rasa*.

---

idea y del sentido de la arquitectura, en cuanto a una disciplina fundada en la esencia, la reducción, la homogeneidad y lo absoluto, frente a aquella otra que da lugar a la diversidad, la complejidad y la multiplicidad.

MONTAJE Y ESPACIO

El Montaje va a dar cuenta entonces no solo de nuevas lógicas formales, de una diferente sintaxis, y de otra relación entre forma y significado sino que además se va a involucrar con una nueva concepción del espacio.

La cultura del Humanismo del '400 generó un cambio respecto de la concepción del espacio del mundo medieval y la geometría proyectiva fue uno de los instrumentos para ese cambio, capturando el espacio de tres dimensiones y proyectándolo sobre dos como una forma de representación.

Llegados a los finales del siglo XIX e inicios del siglo XX, las nuevas teorías científicas y filosóficas trastocaron las ideas del espacio físico, con la Teoría de la Relatividad, del espacio-tiempo o de la cuarta dimensión, y las nuevas geometrías por fuera de lo euclidiano. Bajo los criterios de la idea de Construcción, el espacio del Montaje va a dar lugar a estos cambios.

Todo un arsenal crítico-estético en las articulaciones entre forma, espacio y experimentación se van a dar:

La ruptura de la caja muraria, la superposición de volúmenes, las interpenetraciones espaciales, las ideas de fluidez y de continuidad, la multiplicidad y simultaneidad en lo perceptivo, la construcción formal-espacial según una estructura geométrica, o la expresión plástica de los objetos por medio de la descomposición del volumen según los planos que lo cons-

Le Corbusier. Ville Savoye

tituyen. Todo ello no estuvo dado por la mera disposición de las nuevas tecnologías, antes bien se desplegó a partir de una serie de cambios en lo filosófico, lo científico y lo estético.

La genealogía y contenidos de estas conformaciones van a entrecruzar muy diferentes procedencias y miradas.

Por un lado existe un lejano ascendente teórico en el *Filebo* de Platón en donde se atribuye la perfección de la forma a la perfección y pureza geométrica. Una relación –muy propia de alguien como Le Corbusier– entre Clasicismo y Racionalismo.

Al mismo tiempo, las nuevas concepciones espaciales no dejan de estar vinculadas a las teorías del Formalismo y de la Pura Visualidad en cuanto a las lógicas autónomas de definición del objeto. Y en sus diferentes ensayos, Bergson plantea la idea de un continuum espacial, identificando al espacio con la manifestación exterior de la duración o continuidad temporal como una forma de la conciencia.

El otro de los aportes extensamente mencionado a las nuevas concepciones espaciales va a ser el del Cubismo.

Las relaciones entre el Cubismo y la Arquitectura Moderna han sido uno de los apotegmas más difundidos y convertidos en un cliché. Todo el discurso acerca de la idea de continuidad y simultaneidad espacial en un trasvasamiento del arte a la arquitectura fue una de las directrices más persistentes de la teoría, la historia y la crítica de la Modernidad, sobre todo de las versiones de la ortodoxia. En esa relación se establecían las nuevas concepciones espaciales de acuerdo a las teorías del espacio-tiempo, de la cuarta dimensión y de la Relatividad; se definía que tanto el Cubismo como el Modernismo en la arquitectura coincidían en la incorporación de tales teorías.

La principal relación entre la Teoría de la Relatividad y el espacio-tiempo con el Cubismo a través del concepto de simultaneidad se daba a partir de la coincidencia en cierto momento: Einstein publica su *Teoría de la Relatividad Especial* en 1905, y en 1907 Picasso pinta *Las Señoritas de Avignon*. Además de toda una afinidad que se planteó entre la ciencia y el arte por parte de diferentes figuras. En 1910 Metzinger observa en su libro *Nota sobre la pintura* que los artistas cubistas pintan sus obras moviéndose alrededor del objeto, representándolo desde diferentes puntos de vista, incluyendo así esa interpretación del espacio-tiempo en cuanto al desplazamiento. Dos años después, en 1912, Apollinaire, en *Los pintores cubistas*, postulaba a la cuarta dimensión como la exigencia para los pintores cubistas de adecuarse al pensamiento científico del momento.

> "Ahora los científicos no se atienen ya a las tres dimensiones de la geometría euclídea. Los pintores han sido llevados de manera natural, y por decirlo así, por intuición, a preocuparse de nuevas posibles medidas del espacio, medidas que en el lenguaje de los estudios modernos se designan global y brevemente con el término de cuarta dimensión".[45]

También en el caso de Siegfried Giedion se adhería a estas articulaciones entre las nociones del Cubismo y las del espacio-tiempo. Su interpretación –precisamente bajo el título espacio tiempo y arquitectura– funcionó como una suerte de prédica de un evangelio de la arquitectura moderna que hegemonizó y homogeneizó la idea de lo Moderno.

> "El cubismo rompe con la perspectiva del Renacimiento. Considera a los objetos relativamente, es decir, desde muchos puntos de vista, ninguno de los cuales tiene un predominio absoluto. Al seccionar de esta manera a los objetos, los ve simultáneamente desde todos los lados, desde arriba y desde aba-

---

[45] Apollinaire, Guillaume. *Los pintores cubistas. Meditaciones Estéticas.* Buenos Aires. Nueva Visión. 1964 (El original de 1912).

George Braque. Hombre con guitarra

jo, desde dentro y desde fuera. Gira alrededor de los objetos y penetra en su interior. De esta manera, a las tres dimensiones del Renacimiento que han durado como caracteres fundamentales a través de los siglos, se les añade una cuarta, el tiempo".[46]

Una supuesta identidad entre Cubismo y Arquitectura Moderna era promulgada por Giedion en su texto canónico de *Espacio, Tiempo y Arquitectura* en la que ambas producciones compartían los mismos ideales: la fluidez, la simultaneidad, la percepción a través del movimiento en el tiempo, la componente cinética del espacio moderno. De hecho Giedion lo comparaba también con lo cinemático del cine, al decir que solo este nuevo arte podía representar más cabalmente la obra de Le Corbusier. Nuevamente, toda una visión heroica y de plena innovación en el sentido propagandístico de Giedion.

También Bruno Zevi se sumaba a estas relaciones con el Cubismo:

> "Se descubren algunos caracteres que se vuelven a encontrar en la arquitectura moderna: planos que avanzan o retroceden, superficies que se interseccionan y que penetran una en otra formando varios ángulos, planos suspendidos en el espacio sin relación entre sí (en el sentido unívoco, focal, de la perspectiva) y, por último, transparencia, formas que aparecen unas detrás de otra y se superponen en el efecto (...) la insistencia cubista en la investigación espacial hacía concebir a los arquitectos en

---

[46] Giedion, Sigfried. *Espacio Tiempo y Arquitectura. El futuro de una nueva tradición*. Barcelona. Editorial Reverte. 2009 (El original de 1941)

términos de volúmenes –espacios definidos por planos– y no ya en términos de masa y solidez".[47]

Pero las teorías de Giedion fueron rebatidas o discutidas ya en el pasado, por autores como André Lothe, Pierre Francastel o Carlo Ragghianti, y ya en la actualidad por Oscar Rodríguez Mora.[48]

En su trabajo, Rodríguez Mora rechaza las nociones de Giedion ya que científicamente, y en primer lugar, no se consideran lo mismo a la Relatividad y al espacio-tiempo que a la cuarta dimensión y el llamado hiperespacio. De acuerdo con el autor, el Cubismo no se habría planteado desde las teorías de la Relatividad y el espacio-tiempo sino más bien desde el concepto de la cuarta dimensión, el hiperespacio, y las geometrías no euclídeas. Aparentemente, todo se debería a las interpretaciones erróneas de los distintos actores en juego. Según Rodríguez Mora el propio Einstein se había encargado de desmentirlo:

"Este nuevo lenguaje artístico nada tiene en común con la teoría de la relatividad".[49]

Así, el Cubismo y su concepción espacial, no estarían asociados al tema del espacio-tiempo sino más bien al de la geometría no euclidiana. De acuerdo a los acontecimientos de la época, sí puede comprobarse la relación del Cubismo y de los nuevos criterios espaciales con científicos, matemáticos y geómetras tales como Poincaré, Princet y Jouffret, y las investigaciones que venían desarrollando en el tema de la geometría no euclídea.

---

[47] Zevi, Bruno. *Verso una architettura organica*. Turín. Einaudi. 1945
[48] Rodríguez Mora, Oscar. *De las vanguardias a la arquitectura contemporánea. Espacio-tiempo, hiperespacio y nuevas geometrías*. Buenos Aires. Diseño Editorial. 2018.
[49] Carta de Einstein a Laporte de 1946, referida por Rodríguez Mora. Obra citada.

Pablo Picasso. Retrato de Ambroise Vollard

Según otra autora citada por Rodríguez Mora, Linda Henderson, las representaciones geométricas de Jouffret coincidían con las superficies multifacéticas del Cubismo:

> "Tanto en el Retrato de Ambroise Vollard de 1910 como en las perspectivas caballeras de Jouffret hay una fuerte semejanza en las facetas triangulares que representan una variedad de planos y ángulos vistos desde diferentes puntos de vista (…) ambas obras muestran una nueva clase de espacio no dependiente de la perspectiva tridimensional tradicional".[50]

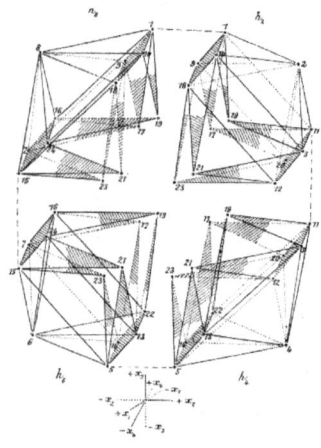

Edouard Jouffret.
Poliedroides de 4 dimensiones proyectados en perspectiva caballera

Finalmente, esa relación de la arquitectura moderna con el recorrido y el movimiento resulta mucho más compleja. Sin detenernos aquí en detalle, cabe decir que las ideas de Giedion fueron así rebatidas en cuanto a la relación lineal entre arte y ciencia. El problema no se agotaba en la cuestión del recorrido y el movimiento –justamente un reduccionismo de las historiografías canónicas del Modernismo–, sino que se extendía en los problemas de construcción de la forma y de su relación con el espacio. Esa relación entre forma-espacio estaba dada por la descomposición del volumen y la masa en elementos, en la línea y el plano, y por la interpenetración de esos elementos, la in-

---

[50] Henderson, Linda, citada por Rodríguez Mora. Obra citada.

tersección de superficies y volúmenes y nuevas relaciones de lleno y de vacío. Una problemática que apunta a las articulaciones entre forma y espacio, a las nuevas concepciones formales y sus vínculos con lo filosófico, y a la ruptura de la unidad forma-espacio que implicaba el criterio de la tipología. Como vemos, la cuestión no se limitaba al tema del movimiento y el recorrido.

Bajo los criterios de la idea de Construcción, el espacio del Montaje va a dar lugar a estos cambios, junto con la irrupción del espacio de índole fenomenológica. El espacio que rompe con la idea de un vacío existente a priori dentro del cual las cosas están dispuestas, al decir de Merleau-Ponty, para identificarse como un fenómeno en tanto campo de acción de diferentes vivencias, intuiciones, percepciones y articulaciones. A partir de autores como Edmund Husserl o Henri Bergson, la fenomenología va a plantear la experiencia consciente como una experiencia fenoménica, y esa experiencia consciente y la idea de lo fenomenológica va a servir a las concepciones de la psicología de la Gestalt.

Las teorías de la Gestalt van a contribuir, en muchos casos, a las nuevas concepciones del espacio arquitectónico.

El concepto de *Gestaltung* ya se encontraba en el Formalismo de Fiedler desde el siglo XIX en cuanto a que el contenido de la obra se hallaba implícito dentro de la misma obra. La *Gestaltung* se oponía de esta manera a la idea de Mímesis y de que la obra representara un contenido o un significado externo a ella misma.

Desde aquel momento y principios del siglo XX las teorías de la Gestalt van a desarrollar todo un campo de conocimiento sobre el tema de la percepción. Percibir se constituye en un hecho activo y en relación a la individualidad de cada persona. En la configuración de la psiquis humana se organiza un armado complejo en donde actúan los modos de la percepción y sus formas de recepción y de decodificación de la realidad exterior. Pero a la vez, y en su sentido activo, la percepción no solo recepciona el mundo exterior sino que tiene también la capacidad de configurarlo, de construirlo. En ello actúa así mismo la memoria como hecho activo que marca todo un sistema de referencias y alusiones para el armado de lo inteligible. El conocimiento, a través de la Gestalt, se constituye como un diálogo entre el exterior y el interior de la persona, en un ida y vuelta continuo entre el ser y el mundo objetivo. La mente configura los elementos que llegan a ella por medio de los canales sensoriales de la percepción o de la memoria. En la experiencia que tiene cada persona en su interacción con el medio, esta configuración tiende a armar una organización que estructura las relaciones entre las partes y el todo y en donde este último es más que la sumatoria de las partes.

El desarrollo de la Gestalt va a tener una incidencia en las concepciones acerca del espacio y de la forma en la arquitectura moderna, ya que por medio de la percepción se experimenta de manera vivencial, y se construye además, una comprensión de lo espacial y lo formal, ya que implica una capacidad para aumentar, disminuir o nivelar el nivel de atención del sujeto. De acuerdo a la Gestalt, el manejo de ciertos criterios formales y espaciales sirve a esa nivelación o al aumento de la comprensión del mundo exterior. La unificación de los fenómenos o del universo de los objetos, la acentuación de la simetría, la ortogonalidad, el equilibrio formal y visual, la claridad, la repetición, la ausencia de sorpresa o de lo inusitado, sirven para esa nivelación. Por el contrario, el aumentar las diferencias entre los elementos componentes, el uso de la asimetría y la irregularidad, la inclusión de la ambigüedad o la ambivalencia, la no repetición o el factor sorpresa, apuntan a aumentar las capacidades perceptivas y de relación con lo exterior.

Para una concepción del arte y de la arquitectura del siglo XX, junto con el Formalismo, con quien van emparentados, los principios gestálticos se oponen al concepto de Composición como criterio organizador de la forma y resultan propios a los de la Configuración en cuanto a las nociones de una verdadera idea de Construcción.

4.
OTRAS MODERNIDADES ARQUITECTÓNICAS

ESTUDIO DE CASOS

La probabilidad de pensar a la Modernidad arquitectónica y artística no bajo los señalamientos de una ortodoxia que en mayor o en menor medida vino a homogeneizar y administrar todo un conjunto de experiencias bajo la advocación del Proyecto Moderno, sino a partir de un armado diferente de lo considerado como Moderno, nos habilita a pensar y a abordar esa producción del siglo XX, o al menos una parte, a la luz de otras miradas.

Volvemos entonces a esa tensión entre si la diversidad se encuentra en la interpretación o en el fenómeno analizado.

Una tensión que juega necesariamente entre el fenómeno abordado y su contexto inicial de elaboración, por un lado, y el momento, en todo caso posterior, en que se efectúa el abordaje, por otro. Como ya hemos dicho, toda obra es el producto o está en relación con su contexto de producción original, pero a la vez es también todas las interpretaciones posteriores que sobre la misma se han realizado, allí cuando la obra escapa a las intenciones de su autor o a la condición de su propio momento histórico y se abre a la conformación de un tejido que adquiere la forma de un palimpsesto. Sucesivas escrituras y re-escrituras, una sobre otra, que no borran a la anterior, se superponen en la construcción de un fenómeno, artístico, arquitectónico, histórico.

En esa tensión entre la diversidad de la mirada y la del fenómeno analizado, no cabe duda que resulta fundamental la índole o la lógica de interpretación que detente el intérprete, las intenciones, la vocación, el contexto de pertenencia y el marco teórico e ideológico de quien realiza el abordaje. El mismo puede efectuarse desde una mirada homogeneizadora o desde una disección crítica, desde una concepción puro visibilista, marxista, warburgiana, formalista, o antropológica. Pero también es real que los propios fenómenos a analizar pueden exponer, u ocultar, una condición de diversidad en sí mismos que escapa a toda intención homogeneizante. Las diferencias y particularidades que se hallan en cada experiencia o en cada obra *per se* y que escapan a toda clasificación entomológica.

De tal modo que se nos abren una cantidad de concepciones y de modos de producción muy diversos en lo Moderno, configurando una especie de mosaico. Algunas de estas formaciones funcionan de manera más particular, en otras se verifican las vinculaciones o los vasos comunicantes, una capilaridad entre sí. Pero lo que es más importante, es como cada obra o cada experiencia particular o en sí no fueron el resultado de un único criterio, de una idea que lo explica todo, de una categoría que homogeiniza todos sus contenidos o lógicas de sentido, categorías tales como Funcionalismo, Organicismo, Racionalismo, y menos aún cualquier condición de un supuesto estilo.

El trabajo no supone un ordenamiento o una incidencia de tales categorías ya que un análisis crítico no puede sujetarse a una clasificación cerrada que lo explique pedagógicamente sino que debe operar en la apertura de cada caso. Esto coincide con lo planteado por Morin en el pensamiento complejo en cuanto a la necesidad de escapar a determinadas formas de clasificar. Los requerimientos de un abordaje crítico necesitan correrse de lo que Morin denomina como "inteligencia ciega", como parte de un pensamiento parcelado, clasificatorio y por ende reduccionista. En la interacción entre la obra y la interpretación radica la capacidad de hacer estallar todas aquellas componentes que anidan en una cierta realización. Construir una configuración que permite una desestabilización de la normativa reduccionista y de los dictados de un criterio regulador determinado a priori.

Adorno y Horckheimer se han referido al tema al decir:

> "Los grandes artistas no fueron nunca quienes encarnaron el estilo en la forma más pura y perfecta sino quienes acogieron en la propia obra al estilo como rigor respecto a la expresión caótica del sufrimiento, como verdad negativa".[1]

Lo mismo que Benjamin, al afirmar que

> "Las obras significativas se encuentran por fuera de los límites del género".[2]

Se nos hacen presentes así otras formulaciones de lo Moderno que problematizan sus definiciones más ortodoxas y amplían hacia otras direcciones.

La Modernidad ya no solo es entendida bajo los parámetros dictados por el Proyecto Moderno y por una etiqueta correspondiente a lo institucionalizado como Movimiento Moderno en cuanto a la consagración de los valores de la innovación, el progreso, la ruptura con el pasado, la indiferencia o la negación por las condiciones del lugar, el convencimiento de las posibilidades de una aplicación universal, la supresión de ciertos contenidos trascendentes, la primacía del Racionalismo por encima de la Razón, el Positivismo, la idea de la Técnica como motivo principal de la transformación de la arquitectura

---

[1] Adorno, Theodor y Horkheimer, Max. *Dialéctica del Iluminismo*. Buenos Aires. Editorial Sudamericana. 1987 (El original de 1970)
[2] Benjamin, Walter. *Iluminaciones*. Madrid. Taurus. 1992

y de su supuesto "progreso", o la reducción a un único código figurativo basado en la abstracción.

Diferentes formas de la Modernidad van a dar lugar al mito –el mito de la técnica, el del progreso–, a las relaciones con la tradición, a la presencia de las componentes autóctonas o regionales, a los vínculos con cierta tradición del conocimiento esotérico, a la exaltación de los rasgos expresivos como conformación de un código lingüístico alternativo, a los distintos modos de articulación con lo político, y a diferentes maneras de construir las relaciones entre forma y significado.

Estas diferentes Modernidades se van a encarnar en los diversos modos de pensamiento de los actores y actoras actuantes, lo mismo que en las obras en sí. Las obras como un campo de acción que está atravesado por diferentes y múltiples estímulos, procedencias y formulaciones que se condensan en cada una de ellas. Innovación, tradición, particularidad, universalidad, abstracción, figuración, técnica, forma, pueden reunirse armando un tejido complejo en cada caso. Ninguna regla ni dictamen prioritario organiza la constitución de la obra como una categoría determinante o un criterio que estructure la completitud de la mirada. Como diría Adorno sobre la obra de Benjamin, "Era su intención renunciar a toda interpretación manifiesta y dejar que las significaciones saliesen a la luz por medio de un montaje chocante del material". Se trata entonces de una disección de cada caso, de cada experiencia, para volverla a recomponer en el intento de exponer una mayor complejidad posible.

Todo objeto, toda obra, condensa o entraña una serie de contenidos, siendo posible, tal vez, que las obras piensen por medio de su propia forma, su propia materialidad, su propia objetualidad. Un pensamiento inmanente a la obra cuando la misma escapa a las intenciones de su autor. Cada obra posee un espesor o una profundidad que nos interpela y nos lanza una pregunta. En su condición elusiva, perpleja, ninguna obra tiene el valor de un ejemplo que representa las determinaciones de un criterio general del arte. Así, podría decirse, que más que una interpretación del mundo la obra es algo que nos hace cambiar la manera de ver el mundo, nos hace ver algo nuevo de una manera nueva.

Pero la obra no solo orbita en la dimensión de su plena autonomía kantiana, en su repliegue sobre sí misma, también tiene la capacidad de hablar de otra cosa, de algo externa a ella, volviéndose hacia el mundo como un poder significante. La autonomía del objeto tensiona e interactúa con el campo de lo heterónomo, no para reflejarlo sino funcionando como un prisma que descompone la realidad externa en infinitos haces. Y así como se interseccionan complejamente autonomía y heteronomía, se entrecruzan las formas de una teoría deductiva con las de lo inductivo. Una obra puede construir su propio *pensum* siendo en sí misma una forma de conocimiento y de construcción de lo real; es del análisis de las obras de donde puede desprenderse una teoría. Más, complementariamente, la obra surge también como resultado de un corpus de ideas, principios, categorías, tradiciones, que pueden ser formuladas previamente. Pero en las aporías de lo deductivo y lo inductivo, la obra podrá ser el resultado de ese corpus previo pero siempre será un resultado imperfecto, incompleto, elusivo. En esa tensión, la *Rueda de Bicicleta*, el *Urinal*, el *Portabotellas*, los *ready made* duchampianos, nos hablan de su propia objetualidad, de su renuncia al arte como representación de la realidad, del carácter enigmático de la obra. Como también nos hablan acerca de cómo se han vuelto un objeto artístico, de su atentado contra la institución del arte, de su no representación de la realidad pero si de la incorporación de la realidad al arte. Es así que la obra cumpla tal vez con una paradoja, la de ser un producto que es una causa.

La idea de la existencia de otras Modernidades no solo rompe con el paradigma único del Proyecto Moderno, con la idea de una Modernidad, sino además con esas categorías preestablecidas, con el concepto de género al que pertenecería una

Paul Delvaux. Mujeres Árbol

Sonia Delaunay. Vestidos simultáneos

obra, ni que hablar del de estilo. Esas categorías pueden cumplir con una función pedagógica y con el propósito de establecer un orden tranquilizante. Pero sin duda resultan reduccionistas en cuanto a la real complejidad que atraviesa a todo fenómeno.

De la misma manera, y como consecuencia de lo anterior, la consideración acerca de la existencia de otras formas de lo Moderno rompe con las oposiciones polares entre tales categorías: Racionalismo versus Organicismo, Funcionalismo versus Formalismo, Abstracción versus Figuración, Innovación versus Tradición. Pares de opuestos sobre los que se hubo de armarse gran parte de la historiografía del siglo XX, y más aún, la enseñanza. En la obra de Alvar Aalto se dan tanto las componentes de lo racional con las de la cultura del lugar. En Le Corbusier se entrecruzan la abstracción, el regionalismo, la tradición clasicista y hasta el Surrealismo. En la pintura no todo lo Moderno está referido a la abstracción sino que la producción moderna puede seguir apelando a la figuración, como en la obra de Leonora Carrington, Paul Delvaux, Paula Modersohn-Becker, Carlo Carrá, Tamara de Lempicka o Giorgio De Chirico. O a los entrecruzamientos entre abstracción y figuración, como en Paul Klee, Pablo Picasso, Benedetta Cappa Marinetti, Liubov Popova o Sonia Delaunay.

4.1. EXPRESIONISMO

Aquello retorcido o exprimido pero no celebrado como Moderno

Llamativamente, o quizás no tanto, lo consagrado por el llamado Proyecto Moderno o por lo erigido como cuerpo central del Movimiento Moderno, no incluyeron las concepciones y experiencias del Expresionismo como parte de los despliegues modernistas del siglo XX. Esto pone al desnudo a los sistemas de legitimación y a los diferentes mecanismos de institucionalización que actúan en las formaciones culturales, designando modelos, principios, sistemas de valoración, lo mismo que a los actores y cuerpos de pensamiento que quedan incluidos y formalizados dentro de una determinada concepción legitimada, y a cuáles no.

Uno de esos instrumentos o agentes de dichas formas de legitimación e institucionalización son sin duda los que provienen de las construcciones y discursos de la historia y de la teoría y la crítica. Las versiones que se construyen por parte de los estudios y análisis de la historia funcionan como medios de instaurar ciertas formulaciones o fenómenos, y también para silenciarlos o ignorarlos. Construcciones que, como tales, son organizaciones del conocimiento que se hallan definidas o fundadas por marcos ideológicos que nunca resultan inocentes o neutros. Los criterios de selección de temas o de casos, la inclusión o consideración de ciertas concepciones, en detrimento de otras o en su ignorancia, importan la asunción de una interpretación intencionada no solo de tales fenómenos o temas sino también de las concepciones que actúan a un nivel superior o de intelectualización en cuanto lógicas de valoración.

Desde fines de los años cincuenta, y posteriormente en su libro *La Arquitectura Expresionista*,[3] Wolfgang Pehnt se asombraba de la exclusión, por parte de la historiografía de la arquitectura, de toda la experiencia del Expresionismo como emergente moderno.

> "¿Qué clase de objetividad era esa –me preguntaba yo– que lleva a los historiadores a menospreciar todo aquello que no concuerda con sus premisas?".[4]

En *Pioneros del Diseño Moderno* Pevsner tan solo mencionaba al pasar alguna de las propuestas expresionistas, en los casos de Poelzig y Mendelsohn. Pero lo significativo al respecto en Pevsner lo constituían dos cosas: el uso de la técnica y la utilización de adjetivos. Lo único que mencionaba como relevante en esos pocos casos señalados era la presencia de la técnica como factor a resaltar. Al mismo tiempo que no se privaba de utilizar una serie de adjetivos sin duda intencionados respecto de tales ejemplos: "fantasía", "desenfrenado", "espurio". Para resaltar luego la manera en que Mendelsohn se había vuelto más "racional" como parte de una supuesta virtud.

También Giedion negaba la condición moderna del Expresionismo en *Espacio, Tiempo y Arquitectura*:

---

[3] Pehnt, Wolfgang. *La Arquitectura Expresionista*. Barcelona. Gustavo Gili. 1973.

[4] Pehnt, Wolfgang. *La Arquitectura Expresionista*. Obra citada.

"El Expresionismo no podía ejercer influencia alguna sobre la arquitectura".[5]

Para el historiador alemán, siendo la arquitectura un arte aplicada, y en su paradigma consagratorio de un supuesto ideal de progreso, la misma estaba demasiado condicionada por los aspectos de la utilidad, la racionalización técnico-funcional, los métodos de construcción y los factores económicos.

Las concepciones complejas del Expresionismo, su trabajo con la heterogeneidad y renuncia a la homogeneidad, sus articulaciones entre innovación y tradición, la exaltación expresiva y la fuerza macro-semántica, estaban en oposición a los principios idealizadores del Proyecto Moderno basados en un ideal de progreso sin más, al concepto de innovación como un valor plano, a la búsqueda de una síntesis y a la voluntad de racionalización y de homogeneización de todo aquello que pudiera ser considerado como Moderno. Para la idea de un Movimiento Moderno basado en esos ideales y en su espíritu homogeneizante, lo mismo que para sus apologistas, la inclusión del Expresionismo como otra forma de lo Moderno no resultaba pertinente.

Es aquí que va a trazarse toda una legitimación e institucionalización de aquello que puede considerarse como Moderno según ciertos principios rectores, la determinación de qué experiencias pertenecen al sistema de la Modernidad y cuáles no. Y, significativamente, esta versión acotada y apologética de la Modernidad y del Modernismo, va a gobernar también en toda la enseñanza de la arquitectura y del proyecto. Una visión claramente reduccionista.

Los sistemas de legitimación cultural, los espacios de la enseñanza de la arquitectura, los discursos de la historia y de la crítica, la sistematización y el reduccionismo del profesionalismo, la

---

[5] Giedion, Sigfried. *Espacio, Tiempo y Arquitectura*. Obra citada.

primacía de los criterios de racionalización de la existencia, los dictados de un imperativo técnico-economicista, o las alianzas entre uniformidad cultural y mercado, hicieron que se legitimara un imaginario determinado sobre lo que se consideraba Moderno y se silenciaran otras alternativas o líneas de acción y de pensamiento.

No obstante también ha habido una serie de discursos en la historia y en la teoría y la crítica que dieron cuenta de esas otras formas de lo Moderno. En algunos de ellos el Expresionismo aparece como una especie de *antecedente* del Movimiento Moderno, de una formación previa a la llegada de la *verdadera* Modernidad. Con lo cual en esa condición de antecedente finalmente se le niega su inclusión real dentro de las experiencias modernas. Un antecedente, una formación previa, que luego *evolucionaría* –nuevamente el ideal de progreso y de evolución– hacia lo ciertamente Moderno.

Pero en otras versiones el Expresionismo tuvo un lugar como parte de una concepción y de una práctica moderna. Tal es el caso de los trabajos de Henry Russell-Hitchcock, *Arquitectura de los siglos XIX y XX*; de Franco Borsi y Giovanni König, *Architettura dell' espressionismo*; de Ulrich Conrads y Hans Sperlich, *Phantastiche Architektur*; de Simón Marchán Fiz, *Contaminaciones Figurativas*; o los ya citados de Wolfgang Pehnt, *La Arquitectura Expresionista* y David Rivera, *La Otra Arquitectura Moderna*.[6]

La negación de la pertenencia del Expresionismo a una lógica de Modernidad en gran parte se debió a un no ajustarse a una serie de dictados del Proyecto Moderno como único mode-

---

[6] Borsi, Franco y König, Giovanni. *Architettura dell' espressionismo*. Génova. Vitali y Ghianda. 1972 (El original de 1967); Conrads, Ulrich y Sperlich, Hans. *Phantastiche Architektur*. Stuttgart. Hatje. 1960; Marchán Fiz, Simón. *Contaminaciones figurativas*. Madrid. Alianza Editorial. 1986; Russell-Hitchcock, Henry. *Arquitectura de los siglos XIX y XX*. Madrid. Ediciones Cátedra. 2008 (El original de 1958).

lo posible, ya que una revisión de todo un conjunto de principios o de aspectos que harían a un sentido real y profundo de la Modernidad no dejaban de ser propios también las formulaciones expresionistas.

Uno de los parámetros que las versiones de Giedion o Pevsner suponían con el que no se daba cumplimiento por parte del Expresionismo a un sentido de Modernidad era el de la funcionalidad y la utilidad en los términos del nuevo modelo que se postulaba. Pero de ninguna manera podría afirmarse que debiera existir un único criterio de funcionalidad o de utilidad dentro de un amplísimo repertorio que justamente la Modernidad, como tal, podría habilitar. Una comprensión compleja de los criterios de función o de uso, de lo que podría resultar útil, o de los modos de habitar, no puede limitarse a una única interpretación. En todo caso el concepto de función, de uso o de utilidad es absolutamente relativo a diversos aspectos: los destinatarios, la relación con el lugar, la cultura, los recursos a disposición, la esfera de lo psicológico y lo antropológico de un sujeto o de una comunidad. Suponer un modelo exclusivo o hegemónico de lo considerado funcional o útil no es más que una demostración del sentido universalista de esa versión modélica de lo Moderno que se quiso instalar.

De manera coincidente, está claro que los temas arquitectónicos encarados por el Expresionismo eran decididamente modernos o propios del momento o de las necesidades puestas en juego. Tales temas no resultaban *regresivos* —si es que eso podría efectivamente existir— sino que se dirigían a los nuevos programas tales como los conjuntos habitacionales, el cine, la fábrica o las instalaciones productivas, los centros comunitarios, el teatro, los pabellones de exposición o los edificios de oficinas.

En cuanto al uso de la técnica, el Expresionismo también dio lugar al empleo de nuevos materiales y tecnologías, tales como el hormigón armado, las estructuras metálicas o el vidrio. Claro que, desde una concepción formal y una sintaxis muy diferentes. La utilización del hormigón en obras como el

Grosse Schauspielhaus de Poelzig o la *Torre Einstein* de Mendelsohn implicaba un uso de los recursos técnicos modernos. Tales presencias de una modernidad técnica o material se combinaban con las de una recuperación o reformulación del trabajo artesanal. Esa presencia de lo artesanal podría verse como una componente regresiva o anti-moderna, si pensáramos que lo moderno está dado pura y exclusivamente por los medios de producción industrial. Pero también cabe la posibilidad de pensar cierto trabajo con lo artesanal como parte también de lo Moderno. O sea, lo artesanal como algo posible también de ser propio de la Modernidad en cuanto una formulación crítica de aquello consagrado por un filón de lo Moderno; un vector crítico o de interpelación a la Modernidad desde una concepción diferente o alternativa de la misma. La crítica a los desbordes enajenantes y de racionalización extrema causados por la técnica y el positivismo racionalista ya tenían una larga historia, desde el mencionado ejemplo del *Frankenstein* de Mary Wollstonecraft, la literatura de Hoffmann, o los Arts & Crafts, y llegando hasta los señalamientos vanguardistas de Francis Picabia, Georg Grosz, Otto Dix o Man Ray. No toda presencia de lo artesanal implica un sentido regresivo o anti-moderno; por el contrario, las tensiones o las dialécticas entre producción industrial y dimensión artesanal son una forma de lo Moderno, tal como lo atestiguan los famosos autómatas de finales del XVIII y del XIX, algunas de las experiencias y enunciados de la Bauhaus, o la obra de Gio Ponti, Alvar Aalto o del mismo Le Corbusier.

El Expresionismo va a proponer una concepción de Modernidad alternativa y diferente a la de la mecanización, la racionalización y la abstracción, diferente a la de Pevsner y Giedion y la apología de este último en *La mecanización toma el mando*.[7] Las alternativas a las visiones mecanicistas y racionalizadoras también son parte de la Modernidad, como lo son el Existen-

---

7   Giedion, Siegfried. La mecanización toma el mando. Barcelona. Gustavo Gili. 1987 (El original de 1948).

cialismo de Schopenhauer, la crítica nietzscheniana o la fenomenología de Husserl o Bergson.

Algunas visiones en un sentido transhistórico plantean una condición expresionista que podría darse en diferentes momentos de la historia, con emergentes en Pirro Ligorio, Borromini, Piranesi, Thomas Wilson, Gaudí, en algunas obras de Aalto o en el Le Corbusier de Ronchamp. O como una condición dentro de una especie de constante histórica que a través del tiempo va oscilando entre lo apolíneo y lo dionisíaco.[8] Pero en ese sentido de carácter transhistórico se prioriza un abordaje desde lo objetual, dejando de lado las relaciones entre proyecto u objeto arquitectónico y un determinado contexto.

En este caso, vamos a referirnos a algunas experiencias o aportes del Expresionismo como una concepción ubicada en el contexto del siglo XX y en las tensiones y dialécticas que se dieron en ese momento puntual.

Artes plásticas, cine y crítica social

Expressionismus es un neologismo en alemán, que proviene del término *ausdruk*, que significa retorcer, exprimir.

Desde fines del XIX y comienzos del XX,[9] el Expresionismo surge como una preocupación en torno a los males de

---

[8] Existe una comprensión de los fenómenos históricos, como por ejemplo la de Nietzsche, que considera que los mismos se organizan de acuerdo a dos momentos opuestos y dialécticos. Los momentos de lo apolíneo, asociados a la racionalidad, la objetividad, la pureza, la armonía o el consenso, y momentos de lo dionisíaco, caracterizados por lo que se considera como irracional, por la subjetividad, la impureza y las mezclas, lo inarmónico, lo crítico o lo rupturista. De acuerdo con esto, el Expresionismo sería uno de esos momentos de lo dionisíaco. En todo caso una visión también bastante simplificadora y reduccionista de los fenómenos históricos que elimina o desconoce la particularidad y las diferencias de cada experiencia histórica.

[9] Según Pehnt, el término Expresionismo comenzó a utilizarse por parte de los críticos a principios del siglo XX en referencia al arte de la pintura, pasando luego a la arquitectura.

la sociedad moderna capitalista, a la alienación y la angustia existencial provocadas por los conflictos que la Modernización técnica y societal generaba, por los rechazos a los crecientes procesos de racionalización y homogeneización que atravesaban todas las esferas de lo social, del trabajo, la recreación y la vida cotidiana. En su ideario, proponía una primacía de lo espiritual que reemplazara el dominio de la objetividad, el pensamiento funcionalista y el exceso de racionalización. Una propuesta que no importaba meramente un tema formal o de lenguaje artístico sino más profundamente toda una concepción del mundo y de la existencia, una nueva *weltanschauung*, una cosmovisión diferente sobre los problemas de la Modernidad y sus vías de acción y de pensamiento. Se exponía así toda una integración entre los problemas existenciales y filosóficos y una concepción estética que se fundaba en esa dimensión espiritual junto con la inclusión de lo diferente, lo que constituye lo otro, incorporando lo que la lógica racionalista entendía como algo anómalo o no consensuado por ese modelo racionalista. Es entonces que no se trata tan solo de un tema formal o estilístico sino que comprende una visión particular del mundo.

En el caso de la pintura o del cine, el Expresionismo aborda la problemática de personajes con una psicología compleja, de situaciones atravesadas por los conflictos interiores, y respecto del comportamiento que se encuentra sometido a las presiones de un mundo exterior de carácter inhumano, alienante, opresivo. Ese clima denso, inquietante, de angustia existencial y psíquica, va a expresarse, en el caso de la pintura y el cine, por medio de la exaltación de la carga expresiva de las imágenes, por una exacerbación de los rasgos, de la gestualidad, el trabajo con los rostros y la mímica, la acentuación de los primeros planos, lo mismo que por el tratamiento con los contrastes de luz y sombra, el claroscuro, y los modos de construcción del espacio y de la forma.

Con la pintura o del cine, se trata de un arte anti-naturalista, que no busca representar la realidad sino producir una refracción, una interpretación distorsionada que da cuenta de lo distorsionado de la realidad misma. Desde una mirada psicológica o espiritual, se rebela contra la opresión y la angustia que causan el exceso de racionalización o los conflictos del mundo exterior. En esa interpretación psicológica o espiritual, el Expresionismo no ve, sino que tiene visiones provenientes del mundo interior de la persona. Esto no se reduce a una simple condición de exaltar la carga sensible o emotiva, no se trata tan solo de exaltar la subjetividad; hay un propósito en su abordaje que es el de intentar develar aquello que se halla escondido por detrás de la supuesta realidad inmediata, exponer las fantasmagorías ocultas detrás de las apariencias de lo Moderno.

Sin caer en esas interpretaciones de la dialéctica entre lo apolíneo y lo dionisíaco o lo racional e irracional, ni en la pertenencia del Expresionismo como algo transhistórico, no obstante el mismo podría establecer –si bien teniendo en cuenta la particularidad de cada caso– algunas conexiones con la obra de artistas como El Greco, Caravaggio, Cranach, Holbein, El Bosco, Goya, la pintura de Friedrich, Fusseli o Millais, o la novela gótica y el cuento de terror, en el sentido de develar aquello que podría encontrarse oculto detrás del mundo de las apariencias, de lo dictado por la corrección, o también como expresión de una conciencia ética.

Algunos artistas, como Vasily Kandinsky, Franz Marc o Paul Klee –integrantes del grupo El Jinete Azul– priorizaron una búsqueda mística y metafísica, la expresión de un mundo interior y la purificación del instinto a través del lenguaje de la abstracción o de las relaciones entre abstracción y figuración. Otros, como Kirchner, Otto Dix o Georg Grosz, se dirigieron a una crítica de las reglas de la forma, operando con la espontaneidad del trazo, las referencias a lo primitivo, las distorsiones, lo caricaturesco, la exaltación de los rasgos expresivos, o las deformaciones de lo figurativo, todo ello como parte de una crítica a la hipocresía de la sociedad burguesa, a los convencionalismos del arte academicista del siglo XIX.

Gran parte de la producción expresionista se dio en Alemania luego de la Primera Guerra Mundial en un clima de muy alta conflictividad. Las secuelas de la guerra, las crisis políticas, la fuerte inestabilidad, la hiperinflación, los enfrentamientos entre izquierda y derecha, la debilidad del poder civil y democrático, la moral del poder burgués y la hipocresía social, como las características de un escenario muy lejano del apaciguamiento o del bienestar. La ciudad va a ser el lugar del enfrentamiento, la revuelta, la marginalidad y la disolución social. Y la pintura y el cine expresionistas son esencialmente metropolitanos, expresiones de una realidad metropolitana conflictiva, intensa, dramática. Pero la crítica expresionista no se ubica solo en el contexto de Alemania, ya que como dijimos, implica en su modo vanguardista, una crítica al sistema capitalista en general, a la hipocresía del poder político y económico, a la moral burguesa, a la racionalización de todas las esferas de la existencia, tal como lo exponía Siegfried Kracauer en sus artículos periodísticos de los años veinte como un testimonio del momento.

Desde un punto de vista estético, los desarrollos del Expresionismo pueden inscribirse en cierto modo dentro de lo que hubo de postular la Teoría de lo Sublime de Edmund Burke a mediados del siglo XVIII.[10]

La Teoría de lo Sublime surgió de las manos de Burke como una visión alternativa y diferente a las teorías del arte clásico y sus despliegues particulares hasta el siglo XVIII. Un planteamiento estético el de Burke que se oponía a una concepción del arte asociada exclusivamente a los criterios de belleza armónica, del equilibrio y de la unidad de la forma propios del pensamiento y del Arte Clásico y Clasicista. Según la Teoría de lo Sublime, el arte también podía dar cuenta de aquello no considerado tradicional y culturalmente como bello, dando lugar a otras expresiones vinculadas a lo inarmónico, la incompletitud, la

---

[10] Burke, Edmund. *Indagación filosófica sobre el origen de nuestras ideas acerca de lo sublime y lo bello*. Madrid. La Balsa de la Medusa. 1992.

Ernst Kirchner.
Fotografía tomada en el interior de su estudio

Dora Kallmus. Fotografía de Anita Berer y la Danza de la Cocaína

incertidumbre, lo irracional, el miedo, lo oscuro, o el terror. De acuerdo a esto, tales expresiones o contenidos podían también generar un placer estético o ser parte de lo incluido por el arte.

Las experiencias y planteos del Expresionismo no necesariamente conllevan de manera taxativa tales aportes. Como se verá, algo de ello sí podemos encontrarlo en algunas producciones de la pintura y del cine. En el caso de la arquitectura no resulta necesariamente así. Pero lo que sí es cierto es que el Expresionismo, de manera similar a lo Sublime, estableció una mirada diferente sobre lo considerado estético, abriendo otras interpretaciones más complejas a lo determinado por el pensamiento racionalista y poniendo en juego otros estímulos, otros principios y otros significados.

Los despliegues del Expresionismo van a abarcar un campo muy heterogéneo de concepciones y de propuestas que se identifican como fuertemente modernas. En algunos casos van a remitir a esa dimensión espiritual y mística, la necesidad de dotar a la existencia de un nuevo sentido trascendente frente a la monotonía y la alienación de la vida moderna, de construir un espacio que recupere una dimensión espiritual y un nuevo impulso vital. En otros se va a motivar una liberalización de las costumbres, de las relaciones interpersonales, un sacudir la

Ernst Kirchner.
Calle de Berlín

Erich Heckel.
Día vidrioso

Ernst Kirchner.
Interior de su estudio

moralina burguesa y los protocolos sociales de la formalidad decimonónica. La sexualidad, el matrimonio, el lugar del cuerpo, las nociones de convivencia, van a ser reformuladas bajo nuevas prácticas. La vida nocturna, el cabaret, la prostitución, van a ser temas de las obras y de la experiencia de vida del Expresionismo, arrancándolas del lugar de interdicción y señalando una interpelación a los valores establecidos.

En la obra de una artista como Ernst Kirchner se ponen en evidencia algunas de estas problemáticas propias de una Modernidad compleja. El registro del fenómeno metropolitano —en pinturas como *Calle de Berlín*— con el abigarramiento de las masas urbanas y el sujeto colectivo como un nuevo emergente social, el acentuamiento de los rasgos de los rostros, que oscilan entre la crudeza y la indiferencia, el tema del anonimato en las grandes urbes, son parte de la captación del artista de la intensificación de la vida nerviosa, las nuevas densidades y el dinamismo de la ciudad convertida en metrópoli. Un registro que coincide con lo narrado por Allan Poe en *El hombre de la multitud* o por Nathaniel Hawthorne en *Wakefield*.[11] Rostros

---

[11] Allan Poe, Edgar. *El hombre de la multitud*, en *Cuentos* 1. Buenos Aires. Alianza Editorial. 1990; y Hawthorne, Nathaniel. *Wakefield y otros relatos*. Madrid. Editorial Montesinos.

desencajados o indiferentes, la homogeneización en la moda, el movimiento de la masa, la expansión de la vida nocturna bajo el brillo de la luz artificial –tal como lo consignara Benjamin respecto de la irrupción de la iluminación en el espacio de la ciudad–,[12] la fisonomía de la masa y la incongruente uniformidad de su vestimenta y de sus gestos, constituyen el registro crítico de la vida moderna.

Algo similar se muestra en otra obra de Kirchner, *Leipzig Strasse*. La vida nocturna y el dinamismo de lo urbano, los medios de comunicación como el tranvía, la iluminación artificial, los contrastes de luz y sombra. La metrópoli moderna no es el lugar del reposo o la armonía, de las masas y de los gestos de sus habitantes en un equilibrio estático; es el lugar del movimiento, lo fugaz, la percepción rápida y el parpadeo, que se expresan en los trazos fuertes, dinámicos, del lenguaje pictórico. Las formas y el lenguaje, el uso del color, la texturalidad de la pintura, su densidad expresiva, dejan en claro una mirada sobre la ciudad. A diferencia de los registros metropolitanos de otros autores y autoras, como Hannah Höch o Paul Citroen, que a través del collage expresan la fragmentación de la existencia y de lo urbano, en la pintura de Kirchner o de otros expresionistas hay una puesta a salvo de la unidad de la forma o de la imagen. Pero esa unidad formal o registro de la realidad se encuentran totalmente transfigurados y alterados al ritmo de la exaltación moderna.

La presencia de lo primitivo y de lo exótico va a ser otra característica de la pintura expresionista y de Kirchner en particular. Las formas de lo primitivo y de lo exótico se verifican en cierta rusticidad de los trazos o en la representación de los cuerpos, lo mismo que en la definición de algunos entornos. Un desnudo del cuerpo femenino que no solo se ubica en algún interior doméstico sino también en el ámbito o las referencias a

---

[12] Benjamin, Walter. *El Flâneur*, en *Poesía y Capitalismo. Iluminaciones II*. Madrid. Taurus. 1999.

un espacio arcaico, como si la naturaleza o la condición de esa desnudez invocaran el retorno a un lugar de lo primitivo o de las geografías remotas. Las menciones o invocaciones a las culturas primitivas o exóticas –obviamente a lo que el pensamiento europeo designaba como exótico– no solo estaban presentes en la pintura o en la escultura expresionista, también formaban parte del universo de los interiores domésticos o de los talleres de los artistas, con imágenes, objetos, tallas, esculturas o ídolos de esas culturas lejanas.

Esta presencia de lo primitivo o de lo exótico no va a ser privativa del Expresionismo, también podía verse en el caso de Picasso y de su influencia en sus pinturas y esculturas. Nuevamente esto no suponía una reacción anti-moderna o regresiva, ni una suerte de retorno nostálgico-romántico a un pasado primigenio. Podía constituir un elemento de la crítica a las fuerzas de la mecanización moderna tanto como la manipulación de un material artístico dentro de otros componentes en la concepción de la obra. De una u otra forma, como instrumento crítico de la realidad imperante o como manipulación de un material creativo, la presencia de lo primitivo o de lo exótico estaba incluida como una forma alternativa de lo Moderno. Frente a un Modernismo basado en la abstracción, el racionalismo, la geometría y la descomposición de la forma, se postulaba otra forma de la modernidad artística concebida desde las mezclas, la presencia de lo diverso, las invocaciones y evocaciones, los entrecruzamientos y la acumulación. De este modo se trata de una Modernidad en el campo de la concepción y de la producción artística que contradice lo promulgado por Adorno respecto de la existencia de un único material para el arte de cada época; aquí un universo amplio y extenso de referencias, materiales, procedencias, se abre a las posibilidades de las prácticas artísticas.

Georg Grosz y Otto Dix van a dar testimonio de otros aspectos críticos sobre los conflictos y angustias de la realidad moderna y sus fantasmagorías, de aquello que se oculta tras el velo del brillo y el fulgor modernos. Los horrores y mutilaciones que ha dejado la Guerra Mundial, los personajes marginados por la sociedad, la opulencia de ciertos sectores de la burguesía o de la elite social que coexisten indiferentes con aquellos otros desposeídos, los personajes oscuros que son parte del poder, como el banquero, el rico comerciante, el clérigo o el militar, son retratados con crudeza y de manera explícita. Una pintura de líneas simples y descarnadas, ajenas a todo ideal de belleza. En este caso la obra de arte sí puede representar la realidad, pero se trata de una realidad cruda, dolorosa, en ocasiones no desprovista en su representación, de un costado sarcástico o propio del humor negro, como en *Los heridos de guerra*, de Dix. El arte ya no cumple con la función de proveer de un embellecimiento de la vida cotidiana, de representar un ideal de belleza armónica ni de prometer una reconciliación de la existencia. En su caso, el arte cumple

Otto Dix. Los heridos de guerra

Georg Grosz. Escena callejera de Berlín

con una función de denuncia, de convertirse en un testimonio del drama social. Y es un testimonio de fuerte carácter político que deja en evidencia la caída de lo civilizatorio, la conversión de una técnica que ya no es instrumento de progreso sino de destrucción. Imágenes de personas mutiladas, mendigos, burgueses que pasean su condición señorial ante la carencia del prójimo, es lo que retratan las imágenes de Grosz y de Dix. Es también el testimonio social y político, un documento, sobre la realidad de la ciudad moderna. Su espacio público ya no es el lugar del consenso, del equilibrio social, del progreso equitativo, sino de la desigualdad. Un espacio no de convivencia y

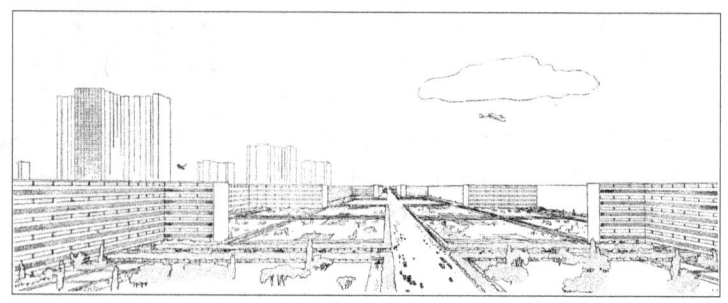

Le Corbusier. Ville Contemporaine

de construcción de comunidad sino de la coexistencia sin integración de sus diferentes habitantes: Georg Grosz y su *Escena callejera de Berlín*. En ese sentido, las obras del Expresionismo son la contracara de los dioramas de Le Corbusier, de la ciudad del brillo y del progreso universal, del ideal corbusierano de *La Ville Contemporaine*. Es esa la ciudad del orden armónico, en la cual el equilibrio del orden formal y espacial se corresponde con el equilibrio del orden social de acuerdo a la herencia del pensamiento iluminista. Si la ciudad de Le Corbusier expresa el imaginario de un ideal de Modernidad, la de una parte del Expresionismo es su contracara también moderna.

También va a ser un tema encarado por los expresionistas como Grosz y Dix el de otras condiciones de la marginación urbana, como son las de la prostitución, los burdeles, la explotación de la mujer o los crímenes aberrantes que se dan en la sociedad. Ejemplos de esto último pueden ser *Jonk, el asesino*, de Grosz y *Crimen Sexual*, de Dix, que retratan las psicosis, las pasiones o las enajenaciones que llevan al crimen en el anonimato de la gran metrópoli. Todo ello en el marco de una ciudad que, como decimos, es el lugar de la angustia existencial y de las versiones oscuras de lo Moderno. Estas expresiones del arte operaban en algunos casos en una tensión entre la denuncia de tales condiciones y una cierta liberación de las costumbres, de los comportamientos sociales, y de las

Georg Grosz. El Suicida

Otto Dix. Crimen Sexual

Egon Schiele. La Muerte y el Hombre

formas del entretenimiento y de la diversión. En las ciudades como Berlín o París, el cabaret se va a convertir en un espacio para la expresión de los artistas, poetas, cantantes de varieté, actrices, comediantes y humoristas. Pero no solamente como lugar de la diversión y de la vida nocturna, también como escenario del humor corrosivo, de la crítica al poder político o económico y de la ironía. Así el cabaret supo convertirse en una especie de condensador social que funcionaba como lugar de la crítica a la vez que como un mecanismo de escape en el seno de la convulsionada sociedad de entre guerras.

El suicidio, la muerte, las presencias ominosas, las zonas oscuras de la existencia humana, son temas que pertenecen a las preocupaciones de los artistas expresionistas, en algunos casos entremezclados también con las componentes dadaístas. En algunas de sus obras el Expresionismo se inviste en estos temas de una componente metafísica, como así también lúgubre, tétrica, oscura, como en *La Muerte y el Hombre*, de Egon Schiele. En esas obras lo figurativo no supone una representación de la realidad; antes bien, la figura humana, los rasgos físicos, están sometidos a la mirada psicológica del artista que a través del manejo del material, los contrastes de luz y sombra, las distorsiones, el tratamiento del color y la rugosidad textural de la obra crea un clima que supera toda dimensión de realidad. Esto configuraría otro rasgo de Modernidad, el modo en que la presencia de lo figurativo en la obra no cumple una función de representación de la realidad —como en parte del arte tradicional— sino como expresión de la psiquis interior del artista. Pero esa subjetividad no implica necesariamente un sentido de irracionalidad. Existe en las obras una cierta lógica que puede ser explicada y transmitida, que responde a ciertas intenciones o a una forma de construir el mundo. El calificativo de irracional para el arte del Expresionismo no es más que uno de los tantos reduccionismos de ciertas interpretaciones. ¿Qué sería lo irracional en la descripción de la problemática social en Otto Dix, Hans Slavos, Hans Leip o Georg Grosz? ¿Qué habría de irracional en la expresión de la angustia existencial, del horror a la muerte o de la complejidad psíquica de las personas? Cabe entonces diferenciar aquello que postula el *racionalismo*, como imperativo de una lógica abstracta y respecto de fines, de la *racionalidad* que puede existir en lo alternativo de otras miradas.

Las obras del Expresionismo muestran así sus diferencias con otras propuestas artísticas o las existentes entre Vanguardia y Modernidad. La pintura expresionista trastoca, altera o deforma al objeto sin llegar a destruirlo, y sin llegar a proponer otra categoría de objeto artístico como el collage cubista o los montajes o ensamblajes dadaístas y constructivistas. Pero al convertir al arte en un instrumento de denuncia social, en un testimonio político en contra del sistema de producción capitalista, pasa a pertenecer a los fenómenos de Vanguardia, crítica al sistema que el Cubismo, por ejemplo, no realiza. Algo similar ocurre con el Purismo. Tanto el Expresionismo como el Purismo mantienen ciertas componentes figurativas. En el primero, la figuración, a partir de sus alteraciones y distorsiones, sirve con su exaltación de la forma y su intensidad, con su intencionado desequilibrio, con lo inarmónico, para exponer el caos de lo social o las angustias de la existencia. Contrariamente, en el segundo, se pretende un equilibrio de las formas, una armonía y un criterio de orden que aluda a la recuperación del orden y la armonía del mundo.

El cine va a ser otro de los medios de expresión de las concepciones y preocupaciones del Expresionismo en cuanto a convertir el medio artístico en un instrumento de denuncia o en el testimonio de una realidad acuciante, caótica, conflictiva o sombría, como así también en la construcción de una nueva estética. Sin profundizar en este caso en el análisis, por cuestiones de extensión, no obstante creemos significativo hacer algunas precisiones al respecto.[13]

Friedrich Murnau. Nosferatu

Primeramente, el llamado cine expresionista no se limitó simplemente a una propuesta estética o estilística ya que funcionó como un importante documento o archivo sobre la problemática y el lugar del poder. Como en el caso de la pintura,

---

[13] Entre una ingente cantidad de trabajos han desarrollado la temática del cine vinculado al Expresionismo los aportes de AA.VV. *The Total Artwork in Expressionism*. Hatje Cantz Verlag. Alemania. 2011; Albrecht, Donald. *Designing Dreams. Modern Architecture in the movies*. Nueva York. Harper and Row. 1986; Eisner, Lotte. *La pantalla demoníaca*. Madrid. Cátedra. 1996; Gorostiza, Jorge. *La imagen supuesta. Arquitectos en el cine*. Madrid. Fundación Caja de Arquitectos.1997; Kracauer, Siegfried. *De Caligari a Hitler. Una historia psicológica del cine alemán*. Barcelona. Paidós. 1985; Liendivit, Zenda. *La metrópolis del mal*. Artículo publicado en *Contratiempo. Revista de Cultura y Pensamiento* N°1. Buenos Aires. 2006; Neumann, Dietrich. *Film Architecture. From Metropolis to Blade Runner*. Frankfurt. Prestel Verlag. 1996; Piña, Eudes. *Expresionismo alemán. Cine expresionista y principales obras*. Madrid. El Cid Editorial; Ramírez, Juan Antonio. *La Arquitectura en el Cine. Hollywood, la Edad de Oro*. Madrid. Blume. 1986; Sánchez Biosca, Vicente. *Sombras de Weimar. Contribución a la historia del cine alemán. 1918-1933*. Madrid. Verdoux. 1990; Triguero, Guillermo. *Criaturas del cine expresionista alemán*. Barcelona. Ediciones Hermenaute. 2022; Valle, Luis Andrés del. *Imaginarios Urbanos y Arquitectónicos en el Cine. La ciudad como lugar del misterio, la amenaza y la muerte*. Artículo en la *Revista Área. Agenda de Reflexión en Arquitectura, Diseño y Urbanismo* N°21. Buenos Aires. UBA-FADU. Secretaría de Investigaciones. Octubre de 2015.

asumió el compromiso político y de denuncia en contra del sistema capitalista, del orden social, del positivismo racionalizador, junto con el concepto del arte burgués y la función consoladora del arte. Películas de desnudan la presencia de tiranos, de personajes que actúan en las sombras –el científico loco, el jefe de la banda–, de espías y de conspiraciones que se mueven en un submundo. También la presencia del monstruo, como Nosferatu o Césare, es una metáfora de la amenaza que se cierne sobre las personas. En el cine se muestra así un desdoblamiento: Por un lado el mundo de la superficie, el mundo burgués, caracterizado por la hipocresía, las normas de la moralidad, el bienestar, o los beneficios de la ciencia y de la técnica. Por el otro, la emergencia de un mundo marginal, regido por otras leyes, en donde se dan cita el vampiro de *Nosferatu*, la casa de Rotwang en *Metropolis*, el manicomio del *Doctor Caligari*, o las sociedades secretas del *Dr. Mabuse*.

Tal como dijimos no vamos a abundar en el análisis del arte y de la producción cinematográfica –que sería parte de otro trabajo– pero sí en señalar algunas de sus características y de su relación con la arquitectura.[14]

El tratamiento de las formas de manera tensionada, los contrastes de luz y sombra, los primeros planos, la exacerbación en la gestualidad o los rasgos de los rostros, se conjugan con la propuesta del tratamiento espacial o arquitectónico de las películas como *El Gabinete del Doctor Caligari* y *Raskolnikow*, ambas obras de Robert Wiene. La irregularidad formal y las distorsiones espaciales, los interiores arquitectónicos, el ámbito de la ciudad y de la feria de atracciones, el espacio del manicomio y de la oficina del poder estatal en *El Gabinete del Doctor Caligari*

---

[14] Algo de esto ya fue tratado mucho tiempo atrás en otro trabajo de mi autoría, *Arquitectura Cine y Tecnología en los comienzos de la Modernidad. El Gabinete del Dr. Caligari, Metrópolis, Tiempos Modernos.* Apuntes de Cátedra. Teoría de la Arquitectura. FADU-UBA. Buenos Aires. 1994.

expresan un imaginario de ciudad y de la arquitectura nuevamente como espacios de la angustia, de la incertidumbre, del temor, como así también de lo sombrío y lo amenazante. O sufren transmutaciones, cuando el espacio doméstico asociado a las ideas del cobijo, la familiaridad o la contención afectiva se convierte en el lugar del horror. Tales transfiguraciones o reconversiones de lo arquitectónico son características de las articulaciones entre el cine expresionista y la arquitectura a partir del concepto de lo que Freud[15] definió como siniestro: la conversión del espacio de lo familiar y la afectividad de lo cotidiano en el espacio de lo ominoso o lo inquietante.

Robert Wiene.
El Gabinete del Doctor Caligari

Todos los espacios de la ciudad y de la arquitectura se encuentran atravesados de estas transfiguraciones. La calle y el espacio público han dejado de ser el lugar de la sociabilidad, el encuentro, la armonía social, para convertirse en el escenario de la amenaza, las conspiraciones, el temor o la psicosis, como en *La Calle*, de Karl Grüne, *La Última Carcajada*, de Friedrich Murnau, y *El Dr. Mabuse*, de Fritz Lang.

Los temas arquitectónicos también son objeto de una selección intencionada: la fábrica, el cabaret, el laboratorio del científico, el teatro, el hotel lujoso o la vivienda marginal, y en cada uno de ellos se construyen imaginarios. La fábrica no es el lugar de la productividad y las probabilidades de un trabajo digno sino el de la explotación y la alienación de la clase trabajadora, con una organización espacial jerárquica en consonancia con las jerarquías de lo social. Su configuración espacial o

---

[15] Freud, Sigmund. *Das Unheimlich –Lo Siniestro–*, en *Obras Completas*. Obra citada.

arquitectónica es opresiva, regida por la normalización absoluta de las tareas y por la identificación entre tiempo y eficiencia productiva, dentro de un lenguaje arquitectónico de lo carcelario y con la máquina convertida en un nuevo dios. *La Máquina de Habitar* se ha convertido en la máquina de devorar. El cabaret es el lugar de la diversión y la disipación, lo mismo que de la conspiración política o criminal, o donde recaen aquellos desesperados o angustiados ante los embates de la vida. El laboratorio del científico –por lo general en una mezcla con el mago o el alquimista– viene a ser el lugar de lo oculto, de los abusos o las aberraciones de la ciencia y de la técnica.

Espacios de lo doméstico, del trabajo o de la recreación habitados por esos personajes que oscilan entre la apariencia de corrección y lo oculto, entre la racionalidad y la psicosis. Lo mismo que en algunas de las pinturas que ya hemos mencionado, o como en *Homenaje a Oskar Panizza*, de Grosz, el cine buceará en la psiquis de los personajes urbanos evidenciando la agitación de la calle, la exaltación de la vida nerviosa o los rasgos emocionales.

Los cantos a la maquinolatría y de la modernidad heroica que creyó en un desarrollo ilimitado y en las posibilidades benéficas que brindaría el uso de la técnica será contrapuesto por parte de ese cine de los años veinte, que denunció los aspectos negativos producto del uso abusivo de la técnica y de los adelantos científicos.

La pintura Expresionista grita algunos años antes lo que *Caligari* va a mostrar poco tiempo después tras las formas fantasmagóricas de una ciudad que descree de la razón cartesiana como solución y menos aún como orden legitimador. En *El Gabinete del Doctor Caligari*, la analogía con la omnipotencia de la autoridad, los crímenes cometidos en la guerra a instancias del poder político, la autoridad ilimitada del poder por el poder mismo, y el autómata Césare como un oscuro retrato del hombre común obligado a matar, le otorgan al film un sentido revolucionario que la versión filmada modificó.[16] Los decorados lograron una perfecta transformación de los objetos materiales en ornamentos psíquicos. Con sus chimeneas oblicuas sobre un disloque de cubiertas, sus ventanas con formas de flechas y de cometas, y con sus arabescos en forma de árbol –que más que árboles serían amenazas– el mundo figurativo del film anula todo aspecto convencional. En términos espaciales, los elementos narrativos del film oscilan entre varios extremos. Uno de ellos es el de la autoridad, expresada en la oficina de los funcionarios y en el manicomio bajo la forma de la sinécdoque: el elemento escalera o el banco elevado el funcionario por sobre el visitante son la expresión de la autoridad. Otro espacio, que podría haber sido el de la libertad, es el de la feria. Un lugar que supone una tradición de anarquía, atracción por la diversión y lo lúdico, personas de todas las clases sociales fugazmente reunidas y que goza perdiéndose en el caos de colores brillantes y ruidos agudos, fuerte en el contacto físico y en donde el adulto puede regresar a su infancia, en donde no se distingue claramente realidad de ficción. Entre la tiranía de la autoridad y el caos

Robert Wiene.
El Gabinete del Doctor Caligari

Fritz Lang. Dr. Mabuse

Robert Wiene.
El Gabinete del Doctor Caligari

---

[16] Por presiones e imperativos de la producción, el final y la concepción de la obra en sí debieron ser modificados. Lo que era parte de una conspiración y una amenaza ejercida por un poder oculto se terminan transformando en la alucinación de un demente.

Robert Wiene.
El Gabinete del Doctor Caligari, la Feria

Fritz Lang. Metrópolis

de la feria, una metáfora de la República de Weimar en aquel momento histórico.

Metrópolis, de Fritz Lang, considerada a veces como una película futurista, apeló en sus imágenes urbanas a algunas de las propuestas por el Futurismo, pero la voluntad de forma no coincide en este caso con los mismos contenidos, quedando tan solo como un recurso figurativo que reconoce otros significados. Sí están presentes la movilidad, el dinamismo, los modernos medios de transporte, el rascacielos, todos ellos íconos de la Modernidad y la metrópoli, lugar de encuentro donde, según Simmel, se concentran los intereses económicos internacionales. Pero *Metrópolis* no es la ciudad futurista ni la ciudad de Le Corbusier. En ella conviven elementos racionalistas, expresionistas, futuristas, románticos y hasta esotéricos. La acumulación cacofónica, la heterogeneidad de los lenguajes, la saturación, las superposiciones heteróclitas de Metrópolis, no coinciden con el ideal del orden armónico y del equilibrio heredado del Clasicismo Francés del *Plan Voisin* o de *La Ciudad para Tres Millones de Habitantes* que Le Corbusier promulga como un nuevo demiurgo. El orden espacial y social en Corbusier se presume democrático, mientras que el de *Metrópolis* es aberrantemente jerárquico, con los obreros en las profundidades de un submundo y la elite en los jardines de la superficie como metáfora del Edén.[17]

---

[17] La película contiene numerosas referencias a lo esotérico y las escatologías. Las menciones al Jardín del Edén o la idea del Paraíso, los remates

Otras pinturas de Grosz, u obras de Anton Räderscheidt o de Heinrich Davringhausen, se vinculan con las concepciones de *Metrópolis*.[18] En *Sin título* o *Autómatas republicanos*, de Grosz, lo mismo que en *Encuentro*, de Räderscheidt, la sensibilidad expresada en cualquier dirección o la muerte de la vida individual, lo singular, ya no designa nada en un escenario mecanizado y anónimo en el que flotan en suspensión las figuras, de manera similar a la pérdida de toda personalidad y a la primacía absoluta del anonimato de los obreros-esclavos de *Metrópolis*.

Georg Grosz. Autómatas republicanos

La pérdida de los rasgos del sujeto será la característica de la pintura de Grosz en los años veinte. El muñeco como el autómata despersonalizado que se dirige a su trabajo mecánico y sin cualidad con paso también mecánico. El hombre sin rostro, sin atributos, suspendido en el escenario también anónimo de una arquitectura vacía y sin cualidad ninguna. En *El Jugador de Diábolo*, del mismo autor, el hombre es sustituido ahora por un robot –amputado– en la anomia de una arquitectura funcionalista que no reconoce las diferencias entre el adentro y el afuera. En cuanto a *El Especulador*, de Davringhausen, la figura ya no es la de un robot o maniquí sino la de un personaje frío, calculador, de atributos limitados,

---

de los edificios en forma de estrella, la presencia del pentagrama o Pentalfa, la cruz invertida, el símbolo de la caverna, entre tantas otras.

[18] Las obras de Grosz posteriores a 1920, lo mismo que la de artistas como Räderscheidt y Dravinghausen a lo largo de esa década, van a elaborar la estética y el lenguaje formal de la llamada Nueva Objetividad o *Neue Sachlichkeit*, diferentes al del Expresionismo. Cabe recordar que la Nueva Objetividad, junto al *Novembergruppe*, fueron un desprendimiento o derivación del Expresionismo posterior a 1919.

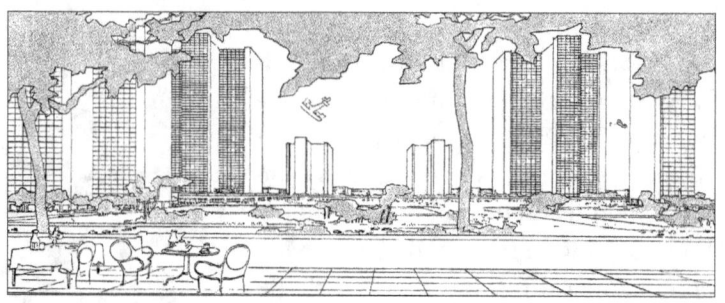

Le Corbusier. Ville Contemporaine

coincidente tal vez con Fredersen, el dueño de Metrópolis. Autómatas sin conciencia son los obreros de *Metrópolis*, masa anónima que cumple con un objetivo sin voluntad propia, semejante a la masa de soldados del ejército alemán que ha matado y muerto y que retratara Dix. Destino similar al de Césare, el sonámbulo de Caligari, que actúa bajo el poder hipnótico de la siniestra autoridad del doctor. Y el despersonalizado no-individuo sujeto-masa grosziano encuentra su contrapunto en el robot creado por el científico de *Metrópolis* para desacreditar al personaje de la maestra, María, creación supuestamente perfecta de la ciencia y de la técnica, brillante en su conformación, copia fiel del original y carente de voluntad propia. Pero allí se produce la paradoja: a la mujer y al hombre despersonalizados, sin iniciativa, le termina respondiendo la máquina tomando sus propias decisiones.

En principio dos Modernidades diferentes. Una Modernidad reformista, como la de Le Corbusier, en su intento de lograr una reconciliación y una armonía y un equilibrio a través de la arquitectura y del urbanismo, con sus propuestas para una ciudad ordenada, equilibrada, fundada en principios formales y funcionales racionalistas; equilibrio y armonía que se trasfunda en sus propias imágenes. Y una Modernidad crítica, que expone los desbordes y los conflictos, como se pueden ver en las obras pictóricas mencionadas de Kirchner, Nolde,

Schiele, Dix, Grosz y otros más; o en las realizaciones del cine de Wiene, Pabst, Lang, Murnau o Grüne.

Pero la diferencia entre una y otra resulta más compleja y menos rotunda. Existe entre Le Corbusier y la Metrópolis de Lang una cierta complicidad, la de la reconciliación. En Le Corbusier esa reconciliación la efectuará el arte y la arquitectura −recordemos, arquitectura o revolución− que reunirán los fragmentos dispersos y tenderán al ideal de una armonía a los fines de construir un mundo mejor. En el film de Lang, el final también es de una reconciliación, en este caso entre el capital y el trabajo. Pero, nuevamente, en ese juego de pistas falsas y verdaderas en que se construyen las interpretaciones, se nos revela una trampa. ¿Es verdaderamente optimista el mensaje final de Lang? Para Siegfried Kracauer[19] la máscara que se cae es la que deja al desnudo un horizonte oscuro. En definitiva, aquel que logra modificar la realidad es Freder, el hijo del amo de Metrópolis: o sea, la primacía de la acción individual antes que el esfuerzo colectivo de los obreros; la lucidez del elegido frente a la imposibilidad de la masa. El amo de la ciudad sede para no perder y seguir manteniendo el control o su influencia. Tras la apariencia de la reconciliación, se esconden las posibilidades de existencia de un horizonte oscuro o inquietante del que diera cuenta el Expresionismo.

Fritz Lang. Metrópolis

Arquitectura

Con sus similitudes y diferencias con las otras artes, la arquitectura del Expresionismo va a ser consecuente con esta construcción de una Modernidad y un Modernismo alternativos. Una modernidad arquitectónica que va a definir otros criterios

---

[19] Kracauer, Siegfried. *De Caligari a Hitler. Una historia psicológica del cine alemán*. Obra citada.

Michel De Klerk y Pieter Kramer.
Conjunto residencial De Dageraad

u otros principios sobre lo que sería y significaría ser moderno. Una arquitectura alejada de los dictados del pensamiento racionalista, del valor dado a la síntesis, de las concepciones idealistas o de pureza de la idea, y de los repertorios figurativos de la abstracción y de las articulaciones entre abstracción técnica y abstracción estética. La del Expresionismo arquitectónico es una Modernidad de mezclas, no de purezas, de entrecruzamientos de materiales de proyecto, de articulaciones entre innovación y tradición, de relaciones con lo particular de las culturas y no de la hegemonía de un código figurativo universal, de ponderación de una dimensión espiritual y no de un sometimiento a los dictados de la racionalización, la homogeneización y la mecanización, de una mirada diferente sobre la técnica, y de articulaciones alternativas entre forma, materialidad y expresión y de las relaciones entre forma y contenido. En todo caso también, la pregunta que nos arroja el Expresionismo es por qué lo Moderno debería estar asociado exclusivamente al paradigma de la racionalización positivista. Al decir de Hans Poelzig:

> "Seamos poco prácticos si queremos que un rayo de actividad creadora ilumine el alma humana."[20]

Una de sus características principales va a ser la concepción de la arquitectura no como una técnica sino como un arte. La importancia de la creatividad que no se suponía una fantasía

---

[20] Discurso de Hans Poelzig en el Congreso del *Deutsche Werkbund* en Stuttgart en 1919.

carente de sustento ya que se trataba de una voluntad que debía llevar a una mejor calidad de vida, y que se encontraba impregnada, en ese sentido, de una dimensión artística. Un arte que a la vez expandía las nociones y capacidades de la percepción. La arquitectura expresionista no prioriza solamente el sentido de la visión; las relaciones entre espacio y materialidad apelan a una comprensión por los sentidos de la vista, del tacto y de lo sinestético. Y despierta asociaciones heterogéneas tanto en el tiempo como en el espacio. En esa su concepción artística de la obra, se hace hincapié en las relaciones entre forma, espacio, materialidad y expresión no desde una perspectiva abstracta sino en cuanto a la realización concreta de la obra, al peso corporal de la misma, a su significación matérica. En ello se emparenta con las manifestaciones en el caso de la pintura y del cine ya que opera trabajando con la intensidad de la expresión, con el resaltar los rasgos formales, con la adscripción a las formas y las geometrías complejas, con los contrastes, con las tensiones y con las mezclas.

La expresión no era entendida como el percibir y dilucidar directa y objetivamente los componentes del diseño, se dirigía más bien a una comprensión más elevada en los términos de integrar simbólicamente los elementos heterogéneos. En su expresión, la obra debía aparecer como una entidad arquitectónica plenamente esculpida, en sus relaciones entre masa y vacío o entre luz y sombra. El contraste como un procedimiento antes que la síntesis.

Al Expresionismo no le interesaba la recreación de una armonía ni de una unidad sintética sino el carácter de la obra. Un carácter que debía expresarse con una alta contundencia formal y material, asociado así mismo a los contenidos o significados que tenía que expresar la obra en cuanto a su destino, el lugar, su inserción cultural, o un determinado sentido de pertenencia que comprendiera a una determinada comunidad, social, productiva, científica, o cultural.

Bruno Taut afirmaba que:

"La arquitectura es un arte (...) Consiste exclusivamente en emoción intensa y se dirige exclusivamente a las emociones".[21]

Aquí, la presencia de la emoción, como en general en el Expresionismo, es tomada como un mecanismo opuesto al del paradigma del más absoluto racionalismo y pragmatismo. Exaltar los rasgos emocionales significaba ubicar la concepción artística y arquitectónica en otro espacio por fuera del Positivismo y de una lógica abstracta, lo cual fue precisamente sancionado y rechazado por las lógicas racionalistas que no consideraban un lugar para el tema de la emoción. Pero la emoción también puede ser una forma de conocimiento, un modo de conocimiento alternativo, que opera a través de otros principios y otros mecanismos. Una comprensión a partir de la emoción significa poner en juego ciertos recursos de la percepción y de lo psicológico en el conocimiento y en la construcción de la realidad física y simbólica en la que se mueven las obras.

Como una Modernidad de mezclas, el Expresionismo va a reunir y a condensar muy diferentes materiales de proyecto y procedencias. Mezclas de una componente técnica-material con elementos de la historia, con la cuestión de los programas, junto con diversos criterios formales posibles a la vez que con contenidos místicos. En esa condición de mezcla o de heterogeneidad el Expresionismo va a trabajar con diferentes lenguajes y distintos modos de relación entre forma, materialidad y expresión. Lo mismo que con la complejidad formal junto a soluciones tipológicas pero con nuevas nociones de significado. En sus obras puede evidenciarse la presencia de elementos de la arquitectura egipcia, románica, gótica, oriental o de la ingeniería. Esos aportes provenientes de la historia no son literales ni reproducen las formas o los lenguajes en un sentido historicista, como en el siglo XIX. El material histórico

---

[21] Taut, Bruno. *Die Stadtkrone* –La Corona de la Ciudad–. Jena, 1919.

se encuentra tamizado, traducido, justamente trabajado como una material y no como un modelo. Su presencia está distorsionada, diluida, en una nueva configuración plástica.

Rudolf Steiner. Segundo Goetheanum

Esta idea de la mezcla y de convertir a la historia en un material es, precisamente, otra componente de modernidad.

La manera de trabajar con la historia, o con ciertas tradiciones, abre paso a otro aspecto que es la concepción del tiempo en el Expresionismo.

La idea del tiempo para la Modernidad Olímpica o para las concepciones del Proyecto Moderno como paradigma fue, tal como anticipamos, la del tiempo del progreso como un absoluto, de un tiempo en una especie de suspensión en un ideal, un tiempo homogéneo que eliminaba la particularidad de cada momento, los montajes o superposiciones temporales, los saltos o anacronismos. Se diría un tiempo plano, sin alteraciones, signado por aquel sentido teleológico de tener como finalidad el ideal de progreso universal. Contrariamente, las nociones del tiempo en el ideario expresionista es la de la posibilidad de los montajes temporales, de los saltos, de la presencia de momentos del pasado o de un tiempo cualificado por la subjetividad o el espíritu de comunidad. En esas nociones, la presencia del pasado o de lo extemporáneo no es vista necesariamente como nostalgia o como un retroceso; el anacronismo puede incorporar una componente crítica o de interpelación al momento presente.

El trabajo con la historia como un material hacía que no se viera ninguna contradicción ni deficiencia entre el ser original y la incorporación de elementos de la historia o de las culturas consideradas como exóticas por los europeos. El Expresionismo no buscaba en la historia un modelo a seguir o un repertorio lingüístico o formal sino que la misma fungía como un material de proyecto o como una referencia simbólica traducida

Fritz Höeger. Chilehaus   Templo de Brihadeshvara

o reformulada a los nuevos tiempos. Lo mismo podía suceder con lo exótico o las culturas primitivas, que implicaban una manera de reformular o renovar los estratos del arte y de la cultura europea.

Las alusiones al mundo medieval cumplían tanto con una componente física como a nivel de los significados. La verticalidad en algunas de las soluciones, el trabajo con la relación entre la materialidad y la luz, lo significativo de lo estructural, eran traducciones en el siglo XX de una tradición pasada: traducción-tradición. Pero esa traducción, como sabemos desde Benjamin y *La Tarea del Traductor*, nunca es fiel, nunca es una reproducción del original. En cuanto a lo concerniente a los significados, la cultura medieval traía invocaciones de una cultura de comunidad, la cual se quería recrear. Aquel sentido comunitario que proclamaba Gropius también para la Bauhaus:

"Todo el pueblo construía, creaba: esa era su principal ocupación, con el comercio como actividad secundaria. Así fue como se alcanzó en Alemania el apogeo del gótico y como debe suceder aquí de nuevo ahora".[22]

Un arte y una arquitectura surgida del espíritu de comunidad que superara el pragmatismo, la mezquindad y la inmediatez de la conveniencia. El gótico y el espíritu medieval tomados como algo renovador y propositivo. Una parte del Modernismo podía remitirse a los ideales de pureza y perfección de la idea del pensamiento platónico; otra parte podía hacerlo al sentido experimental y comunitario del medioevo. Gótico podía ser el término que significara muchas cosas, el triunfo de la expresión sobre la finalidad pragmática, la idea de una unificación de las artes, la garantía de una nueva comunidad que se levantaba por arriba de la mentalidad mercantil y mecanicista del momento.

Las invocaciones a la cultura oriental se dirigieron a las de Oriente Medio y Lejano Oriente, desde Egipto a Java pasando por la India.

La arquitectura del sudeste asiático y de la India, de Egipto o de la Antigua Babilonia, traían un fuerte contenido de relación entre forma y significado, e iluminaban las nuevas búsquedas. El arte oriental era un medio para liberar la creatividad y el impulso espiritual que debía tener la arquitectura nueva. En algunos de sus escritos, Mendelsohn se refería no solo al templo griego y la catedral gótica sino también al éxtasis formal de las pagodas chinas. Al respecto, este interés por las culturas orientales se correspondía con las búsquedas místicas que se daban en Europa a fines del XIX y principios del XX como parte de una renovación cultural.

---

[22] Gropius, Walter. *Notas para un discurso pronunciado ante los artesanos de Weimar*. Berlín. Archivo Bauhaus.

Así, los referentes del Modernismo en arquitectura no necesariamente debían remitir solo a la máquina y la tecnología industrial sino que podían hacerlo también a otras dimensiones simbólicas. Lo significativo fue la forma en que el Proyecto Moderno dominante silenció todas estas otras búsquedas eliminando sus posibles connotaciones modernas y erigiendo un único sentido o concepto de Modernidad.

En cuanto a la concepción y manipulación de la técnica, la arquitectura del Expresionismo también generó un discurso elaborado y complejo.

Su concepción técnica no se limitaba a los postulados de la industrialización y de la mecanización ya que en esa concepción integró ciertos aspectos técnicos modernos con el trabajo artesanal.

Cabe aclarar que aún aquellos discursos que señalaban una consagración de la máquina y lo industrial no dejaban, por otra parte, de recurrir a técnicas tradicionales de construcción, como es el caso de Le Corbusier. En muchos casos, más que el primado de la industrialización se trató del discurso o de la metáfora de la industrialización.

En cuanto al Expresionismo, en muchas de sus obras se utilizaron técnicas o materiales modernos o nuevos, como en las ya citadas *Grosse Schauspielhaus* y el *Pabellón del Vidrio*, de Poelzig y Taut respectivamente, la *Fábrica de Sombreros Luckenwalde* y el *Cine Universum*, de Mendelsohn, o la *Casa Schminke*, de Hans Scharoun. Junto con las nuevas técnicas lo que se verificaba además era esa componente artesanal en cuanto al cuidado o a la calidad formal y material de la obra. Lo artesanal que implicaba esa idea de un esmero en la ejecución, en ese compromiso del artesano en la realización de la pieza o de la obra. El oficio de lo artesanal y de su relación con el hacer que iba acompañado de una condición ética, de compromiso con un hacer manual pero también espiritual.

El Expresionismo podía incorporar nuevas técnicas o materiales –el hormigón armado, el acero y los grandes paños vidriados– pero lo que la obra no emitía era ese discurso de la imagen industrial, el discurso o el imaginario de lo industrial como fundamento de lo arquitectónico. No se trataba tanto de una resolución técnica en sí, más bien se trataba de esa elaboración de un discurso sobre la técnica. Esa separación del discurso de la industrialización y de lo seriado implicó así mismo una suerte de recuperación de la dimensión aurática[23] de la obra en cuanto a valorar su cualidad formal y material y su condición de obra singular, única. Una obra no pensada para ser reproducida sino para un destino, un lugar, un usuario, una situación determinada. El hecho de pensar cada obra como algo singular, único, y no necesariamente anacrónico, importaba el desinterés por los métodos de manufactura industrializados y de racionalización.

Michel De Klerk. Conjunto Eigen Haard

Estas articulaciones entre lo industrial y lo artesanal, las discusiones y debates entre una posición y otra, venían dadas ya desde mediados del siglo XIX, con diferentes momentos y posturas. Antes de 1920 el Werkbund abogaba por la aceptación de la producción industrial y su aplicación al diseño y la arquitectura. Luego de esa fecha, dedicó su sexto anuario a las artes y oficios del pasado y del presente. También Peter Behrens en las primeras dos décadas del siglo rechazaba lo artesanal, calificándolo de romántico y soñador, y el regreso a una producción manual; poco tiempo más tarde promovía el retorno a esos oficios de lo artesanal aduciendo que le daban otro sentido a la vida. Lo mismo que Gropius y los primeros años de la Bauhaus, con su ya conocida postulación de integración entre arte, artesanía e industria.

---

[23] Claramente nos referimos al concepto de obra aurática en Walter Benjamin, en *La obra de arte en la época de su reproducción técnica. Discursos Interrumpidos*. Madrid. Taurus. 1986.

No obstante sería necesario hacer alguna aclaración o diferenciación sobre el tema. La inclusión de lo artesanal en la producción artística y arquitectónica, o la integración entre medios artesanales e industriales ha podido funcionar como parte de una concepción más compleja y abarcativa de todo lo que podría comprender lo Moderno o las diferentes nociones de Modernidad, por un lado. Por otro, ha habido momentos en que esa recuperación de lo artesanal encerró un contenido de regresión conservadora o de acción realmente anti-moderna, el regreso a un pasado idealizado o directamente ser parte de una concepción ideológica reaccionaria.

Esa tensión entre un trabajo con lo artesanal como una cualificación del proyecto y como una reacción conservadora anti-moderna es así mismo parte de las situaciones de tensión que caracterizan al despliegue de lo Moderno.

La producción arquitectónica del Expresionismo, o en algún modo vinculada a la arquitectura, va a ser muy amplia y diversa. En ella se reunirán proyectos y obras en concreto, escenografías y bocetos para películas y obras de teatro, y una gran cantidad de dibujos, grabados y acuarelas, que en su conjunto van a poner en evidencia el universo formal, lingüístico, técnico, significativo, y de los imaginarios creativos de sus diferentes integrantes.

Los dibujos, acuarelas y grabados cubrieron un amplio espectro, con los que se enviaban los miembros de la Cadena de Cristal o aparecían en las distintas publicaciones.[24] Imágenes que representaban los imaginarios formales y los contenidos espirituales que podía tener la arquitectura. Muchas de ellas tenían un sentido fantástico o de elaboración mística,

---

[24] Recordamos que La Cadena de Cristal fue aquel grupo de arquitectos, artistas y pensadores que se comunicaban remitiéndose dibujos, escritos, ideas, que poseían un carácter espiritual, metafísico, utópico y creativo, formado por personajes tales como Taut, Gropius, Scharoun, Finsterlin y Luckhardt, entre otros.

bocetos a grandes trazos, en donde se combinaba lo arquitectónico con lo artístico. Pero ese universo imaginativo o fantástico sirvió también como un alimento o un material efectivo para los proyectos u obras en concreto. En el Expresionismo no cabe hacer esa separación entre una arquitectura imaginativa cuando solo es dibujada y luego una arquitectura *realista* cuando debe ser llevada a la concreción. En este caso lo imaginativo y hasta lo fantástico sirvió para su pasaje posterior a lo realizado. Dibujos como *Sala de Conciertos*, de Wassili Luckhardt, *Edificio de Cristal* o *Edificio para Exposición*, de Wenzel Hablik, *Formas Interpenetradas*, de Hans Scharoun, o las *Arquitecturas* de Hermann Finsterlin.

Adolf Mahnke. Escenografía para la obra De la mañana a la medianoche

Escenografía para el film Raskolnikow

Junto a esta producción artística-arquitectónica se va a dar también las propuestas para los bocetos y escenografías destinadas a las obras de teatro, como *Una calle de la ciudad* y *La ciudad de la muerte*, de Ludwig Sievert, *De la mañana a la medianoche*, de Adolf Mahnke, *El hijo* y *Tambores en la noche*, de Otto Reigbert, o *El mendigo*, de Ernst Stern. Lo mismo que para el cine para obras como *El Gabinete del Doctor Caligari*, *Raskolnikow*, *El Golem*, *Vineta*, o la saga del *Doctor Mabuse*.

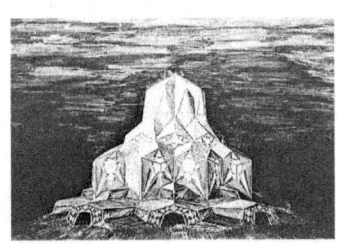

Wassili Luckhardt. Sala de Conciertos

En cuanto a los proyectos se pueden mencionar las distintas propuestas para el rascacielos de la *Friedrich Strasse* de Mies, Hugo Haring y Hans Poelzig, el *Teatro del Pueblo* de Wassili y Hans Luckhardt o el *Templo de la Estrella* y la

Iglesia Expresionista, de Otto Bartning. Y obras como el *Pabellón del Vidrio*, el *Pabellón del Acero* y el *Conjunto de Viviendas Económicas* de Bruno Taut; la *Torre de Agua* de Posen, los *Almacenes* en Breslau, la *Fábrica Química* de Luban, y el *Grosse Schauspielhaus*, de Hans Poelzig; la *Chilehaus* de Fritz Höeger; la *Fábrica de Sombreros Steimberg y Hermann*, la *Torre Einstein*, los *Almacenes Petersdorf*, los *Almacenes Schocken*, y el *Cine Universum* de Erich Mendelsohn; el *Goetheanum I y II* de Rudolf Steiner, el *Edificio de Viviendas* en Praga de Josef Chochol; o la *Fábrica Gut Garku* de Hugo Häring.

En Holanda las propuestas del Expresionismo tuvieron también su desarrollo, en lo que fue la llamada Escuela de Amsterdam. El Expresionismo holandés se movió con un alto grado de experimentalismo formal y material, sobre todo en algunas propuestas de vivienda colectiva. La calidad formal y en la materialidad estaba dirigida no a un mero formalismo sino a brindar una mayor calidad habitativa a sus destinatarios. Ejemplos de ello fueron los conjuntos habitacionales *Dageraad*, de Kramer y De Klerk y el *Conjunto Eigen Haard*, también de este último.

Dentro de los desarrollos modernos en la arquitectura Expresionista pueden citarse un conjunto de ejes problemáticos o de categorías que hacen a la concepción de la arquitectura y del proyecto. La reelaboración tipológica, la complejidad formal, las elaboraciones técnico-materiales o la resolución de ciertos programas o temas son todas categorías de lo proyectual que son evidentemente modernas. Desde luego, comprendidas desde una visión diferente o alternativa a las del Racionalismo ortodoxo como concepción modernista.

Algunas propuestas indagaron en una reelaboración de la tipología como recurso proyectual, si pensamos en ejemplos como los del *Pabellón del Vidrio* y el *Pabellón del Acero* de Bruno Taut, el *Jahrhunderthalle* de Max Berg, o el proyecto de *Templo de la Estrella* de Otto Bartning. En estas obras, la tipología de planta central se halla reformulada en su disposición, en la organización del espacio interior y en las relaciones entre forma y materialidad.

En el *Pabellón del Vidrio* y en el *Pabellón del Acero* la forma tipo de la planta central va a adquirir nuevas resoluciones incorporando una mayor complejidad espacial, diferentes niveles interiores y una superposición de usos internos. En el *Pabellón del Acero*, para la Exposición de la Construcción en Leipzig en 1913, se apilaron cuatro prismas octogonales en forma escalonada, con el sector de exposición en la planta baja y un cine que ocupaba los tres volúmenes superiores, todo ello resuelto en acero y vidrio y con una cúpula de zinc dorado que coronaba el conjunto. En el del vidrio, se superponían también diferentes niveles interiores conectados por escaleras y con una cascada de agua que ocupaba justamente el espacio central, dentro de un esquema circular y de una bóveda de tipo ojival. La resolución material y estructural utilizaba los adelantos técnicos del hormigón armado y las grandes superficies vidriadas, con la cúpula ojival con una doble cubierta de vidrio coloreado en el interior y reflectante en el exterior. Las paredes de la planta baja eran de ladrillo de vidrio, las escaleras metálicas y contaba con un dispositivo de iluminación que de noche daba la impresión de una corona encendida. De la misma manera el piso del nivel superior era de vidrio y con un hueco central que permitía ver la cascada de agua de la planta baja, la cual también estaba hecha de vidrio amarillo y violeta, con peldaños y muros de vidrio.

Todo el conjunto del *Pabellón del Vidrio* representaba las ideas del poeta Paul Scheerbart y sus ideas acerca de los valores poéticos y filosóficos del vidrio. Es esta una Modernidad en la cual el material no posee solamente una condición técnica o utilitaria sino que está imbuido de contenidos filosóficos y espirituales. El vidrio, y sus correspondencias con la luz y el brillo están asociados a una dimensión ética de la arquitectura en cuanto a dotar a la comunidad de un bien existencial y de una mayor calidad de vida; la transparencia y la fluidez no son solo

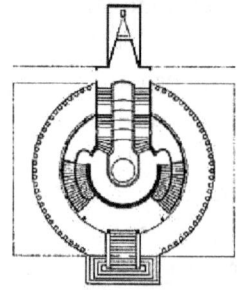

Bruno Taut. Pabellón del Vidrio

un requisito espacial-perceptivo, tienen un significado existencial y filosófico.

En el *Jahrhunderthalle* o *Pabellón del Centenario*, de 1913, el enorme espacio central circular se halla cubierto por una gran cúpula de 67 metros de diámetro construida con un sistema de nervios de hormigón armado apoyados sobre un sistema de arcos y de pechinas también de hormigón. Bandas horizontales de aventanamientos entre los nervios y los estribos daban la iluminación, y cuatro ábsides perimetrales con sus arbotantes funcionaban conteniendo los empujes laterales. El trabajo con el hormigón a la vista, con la densidad matérica y la esbeltez de los nervios junto a la escala monumental poseían un fuerte efecto escultórico y constituían a una gran obra de ingeniería que buscaba representar el espíritu de modernidad de la época. Pero esa Modernidad no renegaba de su vinculación con la tradición. La propuesta de Max Berg se correspondía con los desarrollos de la arquitectura gótica en donde se verificaba de la misma manera la integración entre lo técnico y lo artístico, lo estructural y lo formal y expresivo. Para los autores, el pensamiento técnico no implicaba simplemente un objetivo pragmático o utilitario.

En estas obras de Taut y de Berg la indagación tipológica se abre a dos cuestiones. Por un lado a nuevas resoluciones formales, espaciales y materiales y de relaciones entre forma y contenido. Por el otro, la tipología resulta aplicable a diferentes destinos o programas, yendo así mismo desde la pequeña a la gran escala. Más allá de la función la forma configura sus propias lógicas de desarrollo.

De esta manera se verifica como se entrelazan innovación y tradición, técnica y expresión, forma y experimentación dentro de una concepción compleja de lo que puede ser Moderno.

Max Berg. Jahrhunderthalle

El trabajo con la complejidad formal va a ser otro de los ejes con el que se van a mover estas ideas de Modernidad.

Se trata de una concepción de lo formal que no tiene como propósito la idea de síntesis, de una unidad cerrada de la forma ni de la regularidad como sinónimo de perfección. Su concepción implica otros valores o conceptos, e incorpora los principios de la irregularidad, las superposiciones, la presencia del fragmento, la discontinuidad, los quiebres y la heterogeneidad. Su concepción espacial también importa otros criterios que no son los de la continuidad llana, la indiferenciación, la homogeneidad o el espacio liso. Esto requiere que tales concepciones sean abordadas desde otras lógicas o sistemas de valoración y no desde aquellas que las asocian con lo irracional, el capricho, lo azaroso o la falta de una lógica.

En algunos casos el trabajo con la complejidad formal hubo de vincularse con la incorporación de las tradiciones autóctonas o de la arquitectura popular, generando esas fusiones entre Modernidad y Tradición. Allí se verifica una relación entre el tema, la escala y la presencia de la tradición. Justamente, el tema de la vivienda habilitaba esa articulación con la tradición autóctona dada la escala, el vínculo con el lugar y lo cultural, junto con cierto imaginario del habitar doméstico. Un ejemplo de ello fueron las casas proyectadas en Holanda, en el Parque Meerwijk, por Margaret Kropholler, Jan Staal y Pieter Kramer. La forma irregular, las relaciones entre forma materialidad y expresión con el tratamiento del ladrillo y las cubiertas de paja

Margaret Kropholler. Casa Meerlhuis   Jan Staal. Casa de Ark

tipo quincha, la densidad matérica, el uso de la heterogeneidad y la particularidad formal para generar distintas situaciones espaciales y de uso, y la relación con la naturaleza conformando un paisaje vinculado a las formas de la cultura local, proponen una Modernidad con una muy alta calidad arquitectónica por fuera de los principios de la abstracción, la pureza y la síntesis. En estos casos la forma no sigue los principios de una tipología o de una forma ideal a priori, de un concepto formal en abstracto que luego pasa a su concreción. La misma surge de un proceso de configuración a partir del modelado, la interpenetración de los volúmenes, la particularidad de cada parte, y la relación entre los espacios interiores y los exteriores cada uno dentro de esa particularidad de cada caso.

En ese sentido, la Modernidad arquitectónica produce una idea de relación con el lugar y de paisaje particular. La relación con el lugar no se da en este caso por mecanismos tales como el de la autonomía objetual y la contemplación dentro de una relación de contraste entre objeto y lugar, o como el de la metaforización de la pureza y la armonía natural por parte de la pureza y la armonía de la síntesis formal, como podría ser en Le Corbusier o en el Mies de la *Casa Farnsworth*. Aquí la relación con el lugar y la construcción de un paisaje obedece a una arquitectura proyectada con el lugar entendiendo al mismo como una realidad física o material pero a la vez simbólica y cultural, en un sentido de cierto arraigo antropológico. .

En otros, como los proyectos de *Casa de Campo* y de *Casa para Arquitecto* de Wassili Luckhardt de los años veinte, la complejidad formal provenía la asimilación y del estudio de las formas cristalográficas, de las formaciones facetadas de los cristales y minerales. En estas obras de Luckhardt la concepción de la arquitectura como un tallado en el cristal era la misma que la de sus dibujos y propuestas visionarias –como su mencionada *Sala de Conciertos*– dentro de las formulaciones de la Cadena de Cristal y de los imaginarios espirituales del Expresionismo.

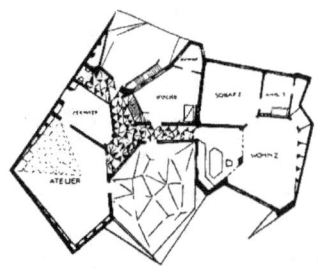

Wassili Luckhardt. Casa para arquitecto

La complejidad formal, el modelado de la forma, las cualidades escultóricas, entendidas como un valor arquitectónico y de Modernidad, van a atender a diferentes escalas y programas. No son exclusivas de un único tema, que por sus características podrían facilitar tal concepción de la forma, sino que pueden ser concebidas para todos los temas, la vivienda, los edificios institucionales o los industriales, lo mismo que a los de una menor complejidad programática como para los de una mayor.

Bruno Taut. Pabellón del Acero

Esta cuestión de lo programático y de los temas va a ser otro rasgo de Modernidad del Expresionismo. El mismo no hubo de ocuparse simplemente de temas que podían suponer una componente anti-moderna o propia de un arcaísmo romántico, como el de la vivienda en el

Rudolf Steiner. Segundo Goetheanum

medio rural. Se ocupó también de temas eminentemente modernos o propios de una renovación, tales como los edificios industriales y fabriles, los cines, los pabellones de exposición, los grandes almacenes y comercios, y los conjuntos de vivienda colectiva, o sea, temas que eran propios del movimiento, el dinamismo, la densidad, la intensidad, el fragor o las tensiones de la modernidad metropolitana.

Los aspectos técnico-constructivos no van a dejar de dar cuanta así mismo de lo moderno en el Expresionismo.

El mencionado trabajo con lo artesanal no supone necesariamente un sentido regresivo u opuesto al avance tecnológico. La presencia de lo artesanal se inscribe en una complejidad de la mirada sobre la técnica y los medios modernos de producción. Muchas de las obras expresionistas —como el *Jahrhunderthalle*, la *Fábrica de Sombreros* y los *Almacenes Schocken* de Mendelsohn— hacen uso de la complejidad ingenieril y de las nuevas tecnologías y materiales. Esa presencia de la técnica se da de la misma manera en las obras de menor escala o envergadura, como los pabellones de exposición que expresaban justamente los avances e innovaciones técnicas y productivas de las naciones. Lo que resulta particular de la modernidad técnica expresionista, es que las concepciones técnicas o tecnológicas no son el resultado de una visión pragmática o racionalizadora de la realidad. La técnica en su caso está imbuida de un sentido espiritual en beneficio de la comunidad y de una realización existencial, y no como explotación utilitaria de los recursos o como celebración racionalizadora de la innovación. La integración entre arte y técnica buscaban construir un nuevo y diferente sentido de lo considerado innovador. Las grandes estructuras de hormigón armado a la vista que le confieren de por sí un lenguaje a la obra, los materiales utilizados como un medio expresivo en sí mismo —la tan mentada *honestidad* del material—, el uso de un material potenciando alguna de sus cualidades como la densidad matérica del ladrillo o la esbeltez de los elementos metálicos, exponen esas relaciones entre forma y materialidad, arte y técnica, en las que se busca exaltar los rasgos expresivos. La arquitectura expresionista y la pintura de Nolde, Kirchner, Schiele o Grosz comparten esa vocación por resaltar las componentes expresivas de la forma asumiendo nuevos criterios estéticos, proponiendo nuevas relaciones entre forma material y expresión.

Un caso significativo dentro de las experiencias del Expresionismo fue el de Erich Mendelsohn.

El suyo es un ejemplo de las relaciones fecundas entre los imaginarios arquitectónicos, las arquitecturas imaginadas en el papel, esas indagaciones o prefiguraciones formales, y los proyectos y obras en concreto. Nuevamente se desmitifica esa presunción de que la creatividad o la fantasía de las elaboraciones imaginadas van por un lado –y se pueden permitir toda libertad creativa– y el momento de las realizaciones concretas van por otro. Este es uno de los tantos casos en donde la imaginación proyectual hubo de incidir en las realizaciones concretas. Sus bocetos o croquis de edificios realizados durante su permanencia en las trincheras en la Primera Guerra tuvieron una influencia fundamental en todos sus proyectos posteriores y anticiparon los principios arquitectónicos luego utilizados. Como en otros casos, la arquitectura imaginada y dibujada funciona como una prefiguración de la posterior. Los temas arquitectónicos de esos edificios eran claramente modernos: estación ferroviaria, terminal aérea, silos, fábrica para carrocerías, estudio cinematográfico, crematorio o estación de carga, entre otros más. Mendelsohn pensaba en términos de forma y volumen y solo secundariamente en la función; cualquiera de las definiciones formales de los bocetos podía servir para cualquiera de esos temas. Como en otros casos, la concepción formal no depende de la función.

Una de esas obras posteriores que va a recibir tal influencia va a ser la *Torre Einstein*, de 1917-1920. Este trabajo de Mendelsohn reconocía, por parte del propio autor, la influencia de los dibujos futuristas de Sant'Elia y la potencia de sus imá-

Erich Mendelsohn. Estación Ferroviaria   Erich Mendelsohn Torre Einstein

genes junto con la de Olbrich y su tratamiento formal en las obras de la Colonia de Darmstadt. La forma arquitectónica es modelada escultóricamente con un tallado que integra las formas rectas y curvas. Como un amasado en arcilla, el modelado define un juego de entrantes y de salientes creando un contraste de luces y sombras, planos curvos iluminados y huecos en la profundidad de la masa. Todo el conjunto en planta, corte y volumen expone coherentemente la idea de un modelado de la masa, organizando los locales interiores, los cerramientos, la envolvente y los vanos.

Como se anticipaba en los bocetos, el proyecto presenta a la manera de un procedimiento formal-perceptivo una tensión entre la simetría y la frontalidad, por un lado, y la visión en scorzo, por otro. Al observar la configuración de la planta y de la volumetría se verifica la existencia de un eje *compositivo* y de simetría que organiza toda la disposición, lo mismo que un fuerte principio de frontalidad. Pero al mismo tiempo el modelado volumétrico y el trabajo escultórico proponen la visión perspectívica en scorzo, la idea de un movimiento perimetral que se requiere para la comprensión del objeto. Este procedimiento de tensión entre la axialidad y la frontalidad y la visión periférica va a ser utilizado también por Le Corbusier en la *Ville Savoye*. La otra operación que organiza el armado es la contraposición entre la horizontal y la vertical.

La obra integra al observatorio con el laboratorio, con la torre rematada por la cúpula que alberga el celóstato. La luz de las estrellas era transmitida por medio de un sistema de lentes y espejos desde el celóstato en la cúpula hasta el laboratorio en el subsuelo.

De acuerdo con la lógica del modelado la materialidad estaba pensada en hormigón armado en función de la plasticidad y las cualidades escultóricas de dicho material. Pero por problemas técnicos y de entrega del material finalmente se terminó ejecutando en hormigón y mampostería de ladrillo, con un recubrimiento superficial en hormigón a los fines de afirmar la idea de continuidad expresiva del material.

La *Torre Einstein* no se trataba solamente de un edificio destinado a un uso científico sino que constituía un verdadero monumento a la ciencia. La arquitectura convertida en un ícono y con una singular componente simbólica en las relaciones entre forma y contenido. Hasta podría darse, bajo cierta invocación, una alusión desde la forma y la materialidad monolítica de la obra respecto de su destinatario, Einstein: *Ein-Stein*, en alemán, una sola piedra.

En el contexto de Holanda el Expresionismo va a desarrollar sus propias particularidades locales.

Una de ellas fue el antecedente que prestaron los arquitectos de la generación anterior, como Cuijpers, Berlage, y Kromhout, que influyeron con sus obras en la producción inmediatamente

Erich Mendelsohn Torre Einstein

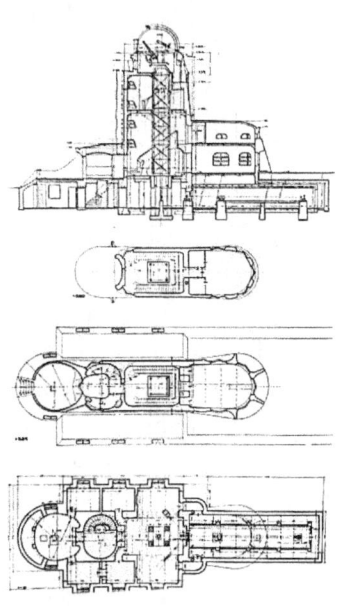

Erich Mendelsohn. Torre Einstein. Exterior, corte y plantas

posterior. Obras que entre 1890 y 1915 aproximadamente tuvieron esa influencia en las de diez años más tarde por su tratamiento del material, sus concepciones formales y su mirada sobre la tradición.

Otra característica particular fue la de la relación con la tradición medieval y la tradición ladrillera de la arquitectura holandesa. El pasado de la arquitectura románica y gótica va a ser evocado y reelaborado de una manera muy libre por los expresionistas. Nuevamente la historia no es tomada de un modo literal o bajo las formas de una reproducción historicista, constituye más bien un material de proyecto con el cual operar en términos formales y para funcionar como una referencia simbólica y cultural. Precisamente en esos términos, la modernidad expresionista está pensada como parte de una construcción de identidad propia, de involucramiento de lo Moderno con la cultura local como forma de construcción de una identidad. Frente a una Modernidad universal o internacional, la del Expresionismo es una Modernidad que se inserta en la construcción de una identidad cultural local. Algo similar ocurre con la tradición ladrillera holandesa, con la cual se verifica una continuidad en el tiempo. Esto estaba acompañado por las posibilidades de contar con las habilidades constructivas de los artesanos y operarios holandeses, y con el interés de las autoridades públicas en desarrollar una arquitectura de muy buena calidad.[25]

Una diferencia a considerar con el Expresionismo en Alemania va a ser el carácter urbano de esta arquitectura holandesa. En el caso alemán, muchas de las obras tenían el carácter de un objeto aislado, de una pieza autónoma o en sí misma, con su manera particular de establecer una relación con el contexto

---

[25] Cabe aclarar que en Alemania también se dio toda una concepción y una producción arquitectónica en ladrillo, con ejemplos como la *Chilehaus* de Höeger, la *Fábrica Química* en Luban de Poelzig o la *Fábrica Hoechst* de Behrens.

o el entorno. En Holanda también se dio esta posibilidad, pero al mismo tiempo muchas de sus obras tuvieron la vocación de hacer ciudad, de construir un escenario urbano integrado y en relación con aquella búsqueda de una identidad local, que no solo radicaba en el objeto autónomo como pieza simbólica sino así mismo en la recreación de una identidad a nivel del conjunto y de una imagen urbana.

Michel De Klerk. Conjunto Eigen Haard

De modo similar a las ya mencionadas obras de Kropholler o de Staal con sus viviendas en la periferia o el medio semi-rural –las casas *Ark*, *Meerlhuis*, *de Bark* o *Meezennest*, en Bergen– las obras en Amsterdam de Pieter Kramer y de Michel De Klerk van a exponer aquel trabajo con la complejidad formal y el tratamiento del material, en este caso con los conjuntos habitacionales de *Eigen Haard* y *De Dageraad*, dentro del plan urbanístico de Amsterdam Sur y Oeste.

Pieter Kramer.
Conjunto De Dageraad. Exteriores

Tanto en uno como en otro la arquitectura va a proseguir con su carácter escultórico de tratamiento de la masa, con la densidad matérica del ladrillo y la presencia de lo artesanal. La arquitectura se hace densamente tangible con el movimiento volumétrico, la integración entre líneas rectas y curvas, las relaciones de llenos y de vacíos, las lógicas de los aventanamientos y el trabajo con lo particular de cada situación.

A diferencia de las lógicas proyectuales del Racionalismo y del código de la abstracción, como por ejemplo en el caso de los otros holandeses del grupo De Stijl o del racionalismo objetivista de Rotterdam, que mantenían la pureza de la caja o descomponían el volumen en planos, en el Expresionismo se trabaja con una lógica de mantener la entidad volumétrica y la continuidad de la masa como criterio proyectual.

Como en el resto de la producción expresionista, hay una renuncia o un desinterés por la idea de síntesis como pensamiento proyectual. La lógica de proyecto se funda en las ideas de la heterogeneidad, la multiplicidad y la particularidad como principios para el hacer. Heterogeneidad y multiplicidad que se refieren a las distintas maneras de tratamiento de la envolvente, de resolver las cubiertas, en la diversidad de los vanos, en las trabas de los ladrillos.

Uno de los aspectos modernos de la concepción arquitectónica de estos ejemplos es la manera en que se rompen las diferencias entre la idea de cubierta y la de cerramiento vertical, o el tratamiento que se da a algunos elementos de servicio. En ciertos sectores del *Eigen Haard* el tejado de la cubierta desciende hacia abajo como parte del cerramiento vertical a lo largo de las fachadas en esa disolución de los límites claros entre cubierta y muro. Un recurso tomado de los antecedentes de la arquitectura rural y llevado –como una operación moderna– a un nuevo contexto. De manera coincidente, los elementos o piezas de tipo técnico, funcional, o de servicio, tales como chimeneas, escaleras, ventilaciones, etc., adquieren una nueva expresión y un nuevo carácter, abandonando su imagen simplemente utilitaria o técnica y pasando a integrarse de manera orgánica a la conformación general, o trabajando como una referencia simbólica: por ejemplo, el remate de las chimeneas en forma de cabeza de león que originalmente iban a terminar en la forma de un puño cerrado en alusión a las luchas del movimiento obrero.

Cada parte de la obra tiene esa concepción de lo particular, de cómo se piensa y se resuelve cada momento, cada elemento, generando situaciones muy diversas. En el tratamiento de las esquinas, en la relación entre los distintos plomos de la envolvente, en el vínculo entre la carpintería y la mampostería, en la definición de cada acceso, cada parte es pensada de un modo particular y puntual según cada situación. Al respecto pueden observarse la manera en que se definen ciertas situaciones, tales como el remate con la oficina de correos en la punta del triángulo, la pequeña plazoleta y el obelisco en el lado opuesto, o la extraña burbuja vertical de tres pisos en una de las aristas.

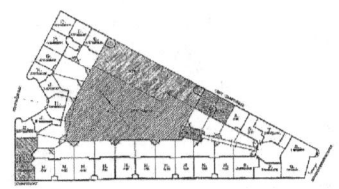
Michel De Klerk. Conjunto Eigen Haard. Planta

Un trabajo con la heterogeneidad, la multiplicidad y lo particular que se opone a la idea de una homogeneidad uniformadora como conformación de un lenguaje y como criterio proyectual.

En cuanto a las características espaciales del proyecto, las mismas apelan también a la presencia de la heterogeneidad y la multiplicidad en lo espacial. En los conjuntos habitacionales de *Eigen Haard* y *De Dageraad* se van hilvanando y sucediendo diferentes espacios, pasando de situaciones más amplias a otras de cierta compresión, con diferentes proporciones y escalas, de distintas formas, marcando los espacios comunes, los de esquina, los que se hallan en diferentes niveles, los de accesos.

Michel De Klerk. Conjunto Eigen Haard. Exterior

En algunos puntos se propone una organización en simetría, como en la plazoleta y el obelisco de *Eigen Haard*, para inmediatamente dejarla de lado en el siguiente sector. Otro ejemplo dentro de ese conjunto habitacional es el espacio interior de la manzana, con un tratamiento de diferentes volúmenes y alturas y con jardines que invocan los tradicionales patios residenciales de Holanda, creando un clima íntimo y acogedor a escala de la persona y del conjunto.

Esta lógica espacial contraviene los criterios de un espacio totalmente homogéneo y uniforme dentro de una única figura o de una retícula, y los de la perspectiva central como principio hegemónico. En ese hilvanado y ensamblado se van dando las distintas situaciones, distintas formas de percepción, y la simultaneidad de estímulos. El espacio no se reconoce solamente por el sentido de la visión como una comprensión unitaria y totalizadora de un solo golpe de vista sino desde lo visual, lo táctil, lo fenoménico. Es este el abandono del espacio como un ente abstracto o liso para su conversión en lugar; lugar como espacio apropiado y vivido perceptiva, psíquica, antropológica y culturalmente.

Un aspecto significativo de una obra como *Eigen Haard* es esa relación entre Tradición y Modernidad y entre Abstracción y Figuratividad. Tales vínculos entre lo abstracto y lo figurativo ha sido uno de los temas del arte moderno, como ya hemos mencionado en la pintura de Picasso, Klee o De Chirico. En esta obra de De Klerk, como en otras, vuelven a darse ambos términos. Por una parte cierto trabajo con la abstracción en cuanto al tratamiento del muro o a la manera de disponer los vanos. Pero por otra, la inserción de elementos figurativos como esculturas, imágenes de animales, o la figura del árbol de la vida, que remiten a la cultura tradicional y a una referencia simbólica-cultural. De ese modo, en las relaciones entre abstracción y figuración, esta versión de la arquitectura moderna se hace cargo de operar con ciertos contenidos simbólicos y culturales que forman parte de una identidad.

No obstante, la presencia de lo heterogéneo y lo particular, de la diversidad y la multiplicidad, no supone una fragmentación o una descomposición de la forma, antes bien, se procede a una reunificación dentro de un criterio de unidad o de totalidad. Es esta una unidad en la diversidad, una impresión de unidad dinámica. La Modernidad entendida como presencia de lo diverso, de lo diferente, pero en este caso no dentro de un sentido disolvente o de irreconciliación, sino volviendo a una integración entre esas diversidades, en una reunión armónica de lo diferente. Algo distinto a la heterotopía foucaultiana, en donde el encuentro de lo heterogéneo importaba un carácter anómalo, de irreconciliación, de algo que sacudía la relación armónica entre las cosas. En el Expresionismo holandés, lo diferente vuelve a integrarse bajo cierto consenso, bajo cierta unidad armoniosa.

Ese trabajo con la diferencia oscila entre la fusión y la individualidad de cada parte. Por un lado, como decimos, todos los elementos se reúnen bajo cierta fusión, una fusión dada por la continuidad del material, por el modelado de la forma, por la lógica volumétrica, por la continuidad de la textura y el color. Pero por otro, no todo está fusionado en una masa indiferenciada; cada elemento, cada parte, mantiene una cierta lectura individual, particular, dentro del conjunto. La parte es autónoma, pero a la vez integrada. Y esto hace a una concepción proyectual.

Michel De Klerk. Conjunto Eigen Haard

La idea de esta dialéctica entre la fusión y la autonomía de la parte, o la del trabajo con la heterogeneidad y su integración, es lo contrario a la uniformidad y a la estandarización de los criterios de la racionalización industrial aplicados a la arquitectura. La presencia de lo diverso y lo particular, y la oposición a la uniformidad, estaban fundadas en el propósito comunitario y de cualificación de la vida que tenía el Expresionismo arquitectónico. Un significado social en el sentido de que lo particular apelaba a esa inserción de la persona con sus particularidades propias dentro de un conjunto comunitario mayor. Los arquitectos

Michel De Klerk. Conjunto de viviendas en la Spaarndammerplantsoen

de Amsterdam rechazaban la monotonía y la uniformidad por considerarla inhumana. Estaban en contra del pensamiento de ese otro filón de la Modernidad de entender al sujeto moderno como un sujeto-tipo. En las relaciones entre forma y significado, una cálida humanidad era lo que estaba expresado por medio de la arquitectura con el uso de la escala, de los materiales tradicionales, de las particularidades y de la multiplicidad de espacios de diferentes formas, tamaños y cualidades.

Los conjuntos habitacionales de *Eigen Haard* y *De Dageraad*, como otros más, expresaron el fuerte contenido de compromiso social del Expresionismo, un rasgo indiscutiblemente moderno. Los mismos nombres aludían a ese contenido: *Eigen Haard* que significa *Nuestro Hogar* y *De Dageraad* que significa *La Aurora*. Tales intervenciones contaban con las viviendas además de un lugar de reunión para los ocupantes, equipamientos y locales. Y su alta calidad formal, material y habitativa buscaba no solo resolver un tema de demanda habitacional sino otorgarle a las clases obreras una mayor dignidad y calidad de vida, el orgullo de pertenecer a la clase trabajadora, para que esa calidad no fuese solo patrimonio de las clases más acomodadas.

Hubo así, con el Expresionismo en la arquitectura, una Modernidad diferente o alternativa a la de los postulados de la Modernidad canónica y sus impulsos de universalización.

Fue esta una Modernidad optimista en el futuro pero con un ideal distinto acerca del mismo. Los arquitectos expresionistas, en todas sus particularidades, se consideraban los constructores de una nueva humanidad o al menos de una nueva existencia. Una atmósfera de anticipación en cuanto a las posibilidades de una nueva unidad y armonía. En el sentido espiritualista y trascendente de Taut, Behne, Poelzig, Scharoun y de la Cadena de Cristal, en el contenido esotérico de muchas de sus propuestas,[26]

---

[26] Los contenidos esotéricos de la arquitectura, tanto expresionista como de otras experiencias, serán analizados más adelante en otro de los capítulos.

o en la búsqueda de una existencia cualificada por medio de la arquitectura en Kramer, De Klerk o Kropholler.

Pero como ya hemos anticipado, esta otra forma de lo Moderno fue rechazada y silenciada por los discursos dominantes de las versiones canónicas por hallarse en las antípodas del pensamiento objetivista y racionalizador. Ya en conferencias de aquellos mismos años, sus opositores, como Oud,[27] tacharon al Expresionismo como algo que deformaba la realidad, en donde lo práctico se volvía accesorio y en donde se violaban todos los puntos de vista los fundamentos arquitectónicos. Otros arquitectos, como los checos Josef Chochol y Karel Teige, atacaban la enfermedad del Expresionismo por no tener una forma funcional clara y comprensible. Una anarquía llevada a sus límites, una audacia técnicamente imposible, solo motivada por el afán de forma, irracional. Todas observaciones que le atribuían una falta de realismo y de significado social. Algo, que como hemos visto, no se corresponde con la realidad del Expresionismo. A mediados de los años cuarenta, Giedion, en *Espacio Tiempo y Arquitectura*, narraba lo que para él era la *evolución* de la arquitectura moderna dejando afuera aquellos episodios o experiencias que no coincidían con los mandamientos apriorísticos del libro. Lo mismo que a mediados de los cincuenta, Bruno Zevi, en *Poética de la Arquitectura Neoplástica*, acusaba a la Escuela de Amsterdam de hipocresía formalista y de querer disgregar la unidad del Movimiento Moderno. Y diez años más tarde, en los sesenta, Banham volvía a insistir sobre el tema.

El rechazo de la ortodoxia modernista por el Expresionismo radicaba en varios aspectos distintos pero confluyentes. En primer lugar no aceptaban como algo moderno el hecho de establecer ciertas vinculaciones con la tradición, el pasado no debía ser tenido en cuenta y solo se trataba de mirar hacia el futuro como el nuevo espíritu del tiempo. La innovación

---

[27] Oud, Johannes. *Mi trayectoria en De Stijl*. Murcia. Colegio Oficial de Aparejadores y Arquitectos Técnicos. 1986.

como sinónimo de evolución y entendiendo a la innovación solamente a partir de nuevos recursos desarrollados precisamente dentro de ese ideal supuestamente evolutivo. Junto a esto, el dogmatismo de considerar que solamente existía un criterio que instituyera lo que era ser Moderno, basado en otros dos ideales, el de lo universal y en el de lo técnico-funcionalista. Todo lo Moderno debía conducirse hacia ese cause. Un otro aspecto es el de la hegemonía mecanicista. Los criterios del Expresionismo se concebían dentro de ciertos principios de integración orgánica; las relaciones entre forma, materialidad, usos, expresión, se integraban orgánicamente en aquel sentido de unidad que no negaba lo particular o lo diferente. Criterios inversos a los del mecanicismo canónico que pensaban en términos de desarmado y re-ensamblado de partes bajo ciertas operaciones mecánicas. Por último, casi se podría decir que el rechazo por el Expresionismo se fundaba en el idealismo de un deber ser, de la supuesta ética de un *zeitgeist* convertida en un mandato de lo formal. Entender una identificación sin más entre lo real y lo racional, basada en la síntesis, la regularidad, la pureza, la abstracción, la funcionalidad.

Lo paradójico es que muchos de los principios o concepciones del Racionalismo o de la ortodoxia moderna pertenecían también al Expresionismo. El compromiso social con las clases menos favorecidas, el experimentalismo técnico, la buena calidad habitativa, el abordaje de temas y de programas propios del momento. Lo mismo que desde un punto de vista formal o lingüístico anticiparon ciertos procedimientos o categorías del código racionalista: las interpenetraciones volumétricas, las ventanas corridas, las superposiciones, las configuraciones asimétricas y dinámicas, las articulaciones de líneas rectas y curvas.

En todo caso, el Expresionismo pudo resultar un precedente o una forma de construcción incómoda para los dictados del racionalismo funcionalista o para la ortodoxia, ya que exponía una vía diferente para lo que podía considerarse como Moderno.

4.2. MODERNIDAD Y TRADICIÓN CLÁSICA

Ya desde mediados del siglo pasado se vinieron presentando una gran cantidad de trabajos provenientes desde la historia, la crítica y la teoría que proponían una serie de relaciones o de vínculos –aún de continuidades– de lo Moderno con la tradición Clásica o del Clasicismo en la arquitectura. Trabajos que rebatían o daban una mirada diferente a las de las visiones ortodoxas de la Modernidad. Nos referimos a algunos ejemplos ya mencionados como los de Emil Kaufmann, Colin Rowe, Alan Colquhoun, Manfredo Tafuri, y más recientemente, David Rivera. Desde distintas miradas y fenómenos abordados, cada uno de ellos tejió relaciones de la arquitectura moderna con la historia o la tradición, refutando la versión canónica de un rechazo de las mismas por parte del Modernismo.

Para Kaufmann, ya en la década del treinta y de manera superpuesta y diferente a Giedion, podía entenderse una continuidad que iba de Ledoux a Le Corbusier, del Iluminismo del XVIII al Modernismo del XX, en cuanto el sentido revolucionario de la arquitectura, al desarrollo del lenguaje de la abstracción, o a la propuesta de nuevos programas. Colin Rowe a mediados de los cuarenta hizo hincapié en la relación del Modernismo con la tradición, de Le Corbusier y Mies con figuras como Palladio y Miguel Ángel. A fines de los sesenta, Tafuri construyó una relación crítica y problemática de la Modernidad con la historia en *Teorías e Historia de la Arquitectura*. A fines de los ochenta, y como derivado de los discursos posmodernistas, Colquhoun tituló directamente su trabajo *Modernidad y Tradición Clásica*. Ya en los últimos años, Rivera ha rescatado un conjunto de experiencias o de casos para lo Moderno que fueron dejados de lado por los consabidos relatos canónicos.

Vale decir que estas relaciones entre Modernidad y Tradición sin duda no tienen nada de nuevo. No obstante tal vez valga la pena echar nuevamente algo de luz dentro de las articulaciones entre Historia, Teoría y Proyecto, poniendo cierto relieve desde este último punto referido a lo proyectual.

Las relaciones de la arquitectura moderna con la tradición pueden apuntar a diferentes direcciones. Pueden remitir a la tradición vernácula o regional, como en Alvar Aalto o Le Corbusier, a las tradiciones medievales como hemos visto en el Expresionismo, a ciertas tradiciones de Oriente o de las culturas consideradas exóticas por los europeos; en muchas oportunidades esas tradiciones podían entremezclarse y armar ciertas fusiones o mestizajes.

En el caso de las relaciones con la tradición Clásica, las mismas han tenido diferentes sentidos y contenidos.

Autores como Lutyens, Tessenow, Plecnik, Perret, Asplund, Piacentini o Libera, tuvieron una relación mucho más directa, lineal y hasta reproductiva con el repertorio de la tradición Clásica, tanto a un nivel del lenguaje como al de lo conceptual, con una depuración del lenguaje, el mantenimiento del principio de la Composición, y una suerte de fusión entre orden clásico y abstracción racionalista, en los que algunos dieron en llamar un Racionalismo Clasicista. Superpuestamente, y dentro de una concepción más compleja, están aquellos, como Le Corbusier, Mies, Loos, o Terragni, que construyeron una articulación más tangencial, indirecta, a nivel conceptual de ciertas categorías, en donde la historia o la tradición no tienen una presencia explícita o apariencial sino que están entremezcladas u ocultas por detrás de otras formulaciones, o que funcionan como un material de proyecto dentro de un campo muy abierto de materiales o de recursos proyectuales posibles.

No vamos a desarrollar aquí las particularidades de la primera de las formulaciones. Solamente mencionar algunos aspectos de la misma para contraponerlas con aquella otra poseedora de una componente más compleja.

Un ejemplo significativo de ese Racionalismo Clasicista va a ser el de Heinrich Tessenow.

Todo el pensamiento y la obra de Tessenow estuvieron sustentados por un mantenimiento de la tradición clásica como un ideal de *Verdad, Orden, Claridad* y *Sencillez*. Tessenow creía que existía en la arquitectura y en la cultura una *Esencia* que debía mantenerse, ya que representaba esos ideales de Orden y de Verdad. El problema en realidad no era el del lenguaje –en un sentido apariencial– sino el de la esencia entendido como un valor transhistórico e imperecedero. En todo caso, el lenguaje Clasicista era el medio y la sintaxis que permitían la manifestación de esa esencia. Una postura que funcionaba a nivel conceptual, no de lo apariencial, ya que se trataba de manejarse con las reglas conocidas y asentadas, con la cualidad de la Forma que permanece siempre idéntica a sí misma. El orden para Tessenow es un orden superior, que viene dado por el valor que tiene el mantenimiento de una tradición cultural para una comunidad. Pero esa tradición cultural, en este caso, es totalmente opuesta a la que podía promover el Expresionismo, ya que elimina toda diferencia, la diversidad o la multiplicidad de la que puede estar hecha toda cultura. El mantenimiento de una costumbre, en Tessenow, que forma el carácter.

Desde un punto de vista proyectual, la arquitectura de Tessenow estuvo fundada en un conjunto muy limitado de puntos:

- El mantenimiento del principio de la Composición Clasicista, a partir de la axialidad, la simetría, la regularidad, la unidad y el equilibrio estable.

Heinrich Tessenow.
Instituto de Gimnasia Rítmica

- El despojamiento formal y lingüístico, con una reducción o esencialización de todos los elementos expresivos.
- La recuperación del trabajo artesanal.

A partir de allí, su arquitectura se dirigió a dos temas principales, el de la vivienda unifamiliar y el de los edificios públicos.

En la vivienda unifamiliar, como las construidas en la Ciudad Jardín de Hellerau entre 1909 y 1911, se repite esa idea de una esencia vinculada, en este caso, a las tradiciones clasicistas junto a las vernáculas: la cubierta inclinada, la simetría, los tímpanos triangulares. Y con sus interiores pulcros, amables, íntimos, propios de la intimidad del interior burgués.

En cuanto a los edificios públicos, como el *Instituto de Gimnasia Rítmica* de Hellerau, los mismos pretenden recrear las formas mesuradas y el orden severo de los grandes edificios de la época Clásica, una sintaxis reducida a sus elementos básicos y a los principios de la Composición.

La recuperación y valorización de lo artesanal tenía un trasfondo ético y social. Tessenow asociaba el trabajo artesanal con una ética burguesa del esfuerzo, el orden y la constancia, con un valor de verdad puesto en el hacer. Orden, simplicidad, esfuerzo, constancia, repetición, que son constitutivos también del trabajo del artesano. "Para que el trabajo artesanal pueda tener un papel propio y positivo, debe fundarse en una tradición burguesa sólida y genuina".[28]

Desde una perspectiva crítica, puede decirse que el discurso de Tessenow referido al mantenimiento de una esencia, el

---

[28] Tessenow, Heinrich. *Hausbau und dergleichen*, citado por Lahuerta, Juan José. 1927 *La abstracción necesaria en el arte y la arquitectura europeos de entreguerras*. Barcelona. Anthropos. 1989 (El original de Tessenow de 1916).

sujetarse a un orden como imperativo de verdad, no era ajeno a una componente conciliadora y conservadora en cuanto al esfuerzo de reinstaurar una autoridad tradicional. Esta necesidad de un orden y de una esencia era así una reacción frente a lo que entendía como una descomposición de los valores y una fragmentación producto de los impulsos modernizadores sin contención. Pero además, constituía una reacción ante la diversidad, la multiplicidad y la heterogeneidad que lo Moderno también traía consigo. Frente a la diversidad y la particularidad del Expresionismo, la unicidad y la esencia de Tessenow expresadas por un nuevo Clasicismo en tanto recomposición de un Orden. Un empeño abnegado, pero a la vez ilusorio, de reconstruir una unidad y totalidad también ilusorias. La arquitectura de Tessenow cae así en una cierta condición anacrónica respecto de un código formal y comunicativo. Anacrónico, no anacronista, ya que carece de la componente

Heinrich Tessenow. Casa Otto

Auguste Perret. Instalaciones para El Havre

crítica, de interpelación o de desestabilización de un cierto estado de las cosas a los fines de restituir un orden perdido. Esta operación de recuperación o de restitución de una tradición podría entenderse, sin duda, como una actitud anti-moderna. El volver a un pasado y a un ideal de orden perdido a contramano de los cambios, en contra de lo que constituiría un espíritu de Modernidad. De allí que en la historiografía canónica no hay sido incluido como parte de la producción moderna y se lo haya considerado como una reacción en contrario, anti-moderna.

Pero es aquí que se plantea un dilema conceptual. Al tratarse de una restitución, de la recuperación de un orden perdido,

Adalberto Libera. Palazzo dei Congressi

la misma no deja de ser ilusoria. Y la ilusión por la restitución de un orden original y caído, ha sido así mismo una de las constantes trágicas del *pathos* de lo Moderno. Antes que antimoderno, Tessenow nos vendría a enfrentar con esa otra cara de la Modernidad.

En el caso de Tessenow su relación con la tradición Clásica tiene que ver con la idea de una esencia, de un valor considerado como universal, de un bajo contínuo y profundo que atraviesa todas las culturas.

En otras experiencias, la relación con la tradición Clásica está más vinculada con las particularidades de una tradición local, de una historia, o de un pasado, particularmente propios y con contenidos diferentes.

En la producción de algunos autores franceses, como Auguste Perret, la relación entre Modernidad y Clasicidad se inscribe dentro de la tradición del Clasicismo Francés propia de esa cultura. El orden regular, la repetición, el equilibrio estable, el ritmo armónico, la claridad expresiva, son compartidos por la producción del pasado y por estos nuevos aportes de un Modernismo austero, unificador, sin altisonancias.

En otro caso, como el de los italianos, si pensamos en Marcello Piacentini, Adalberto Libera, Giovanni Muzio o Giuseppe Vaccaro, la vinculación con la tradición del Clasicismo también está dada como parte de un fenómeno cultural y de una recuperación de un pasado propio, pero con contenidos diferentes. Entre 1920 y 1940 la arquitectura moderna italiana va a apelar a las formas y al código lingüístico de la arquitectura Clásica de la Antigua Roma como invocación y evocación de un pasado cultural glorioso. La arquitectura puesta así al servicio de las necesidades de representación del gobierno fascista, que como poder político buscaba identificarse simbólicamente con ese pasado del poder imperial romano. Una condición particular de la Modernidad en el escenario italiano, con obras como el *Palazzo della Civilitá Italiana* y el *Palazzo dei Congressi*, en la EUR, el *Rectorado de la Ciudad Universitaria de Roma*, o el *Palazzo delle Poste*, en Nápoles. Una relación que va a dejar plasmada la pintura de Luigi Filocamo, *Giovanni Muzio dialoga con Vitruvio*, de 1940. La presencia del pasado Clásico en la Modernidad italiana no va a ser patrimonio exclusivo del período fascista; se encontraba también en la producción pictórica del ya mencionado Giorgio de Chirico con significados diferentes.

Luigi Filocamo.
Giovanni Muzio dialoga con Vitruvio

Nuevamente aquí, sobre todo en el caso italiano, podría aducirse que esa presencia del pasado Clásico importa un sentido anti-moderno o externo al ámbito de la Modernidad. Pero se debe tener en cuenta que no solo implican una recuperación de la tradición sino que además son parte de una operación de resemantización de las formas. Lo que en el pasado tenía ciertos contenidos o expresaba cierta relación entre forma y significado –la manifestación del poder de los dioses, los contenidos sagrados de la forma– en este nuevo contexto ha pasado a cumplir otras funciones simbólicas o de significación, como las de representación del poder estatal moderno. Y esa operación de resemantización es una componente moderna.

Hay también, en la pintura de Filocamo, una clara operación de montaje. Una superposición de tiempos diferentes en un mismo espacio. Un montaje que resulta radicalmente rupturista pero que no obstante genera una cierta disrupción, que provoca un corte en la continuidad narrativa o de la lógica convencional. El espacio de fondo podría ser el *real* de la Antigüedad en que se encuentra Vitruvio, hacia donde ha viajado Muzio. Pero también puede ser el espacio simbólico, intangible, de la alusión y de la operación ideológica.

En gran parte de las obras modernas puede constatarse esa superposición en un espacio de diferentes temporalidades, de diferentes principios pertenecientes a distintos momentos, como una operación de montaje.

Sobre esas operaciones de montaje en las relaciones entre Tradición Clásica y Modernidad es que vamos a profundizar.

Modernidad, Tradición Clásica y Montaje

Las relaciones entre Tradición Clásica y Modernidad, o la presencia de la historia en el proyecto, van a adquirir diferentes formulaciones como parte de una construcción compleja. Ya no se trata de la presencia de ciertos principios formales o de contenidos vinculados a la tradición puestos de una manera más directa o literal. La Tradición Clásica o la historia se dan en estas alternativas de un modo indirecto, tangencial, dentro de una configuración compleja, ambivalente, con superposiciones, y diversa en sus significados según los casos.

Va a ser el Montaje la categoría o el procedimiento que va a permitir ese ensamblado o esas superposiciones, de patrones o concepciones formales y de alusiones a principios procedentes de la historia.

Dentro de cierto acoplamiento, el Clasicismo y el Racionalismo Moderno comparten un conjunto de principios o de concepciones. El concepto de orden, la idea acerca de la existencia de un orden que organiza el universo de las cosas, tanto de la vida como de las formas, es algo común a ambos términos. Los criterios de racionalidad, regularidad, repetición, homogeneidad, claridad, equilibrio estable, unidad, proporción armónica, consenso entre las partes, son también constitutivos de ambas concepciones. Y tanto el Clasicismo como el Racionalismo Modernista se basan en la primacía de los criterios de Razón, del *logos*, como forma de conocimiento y de construcción de la realidad. El *logos* como una lógica racional de estructuración.

Si pensamos en ejemplos como los de Le Corbusier, Adolf Loos, Mies Van der Rohe o Giuseppe Terragni, las articulaciones entre Modernidad y Tradición o entre Clasicismo y Racionalismo pueden constatarse. Pero cabe aclarar que esto no se trata de una clasificación, en cuanto a una pertenencia al Racionalismo arquitectónico. Ya hemos dicho que las obras escapan a las clasificaciones. De lo que sí se trata, es de atravesar una determinada producción desde una categoría teórica o un eje problemático, en este caso el de la relación entre Tradición Clásica y Modernidad. la categoría o eje problemático ha de servir para diseccionar la obra y abrirla a una interpretación de sus distintos componentes.

Desde un punto de vista de la forma, el espacio y la expresión del proyecto, desde su formalización, los elementos de la Tradición Clasicista se encuentran subsumidos, integrados o incorporados de una manera más bien sugerida o no tan explícita, articulados con otros aportes formales o sintácticos, como por ejemplo los de las Vanguardias, o con los aspectos propios de una visión sobre la técnica. Desde una perspectiva conceptual o filosófica, remiten así mismo a criterios de valoración, a concepciones filosóficas o metafísicas, o a una interpretación del lugar de la persona, de la sociedad o de la cultura en los diferentes despliegues de la Modernidad. Principios formales provenientes de la Tradición Clásica pueden ser tomados como parte de una cultura o de una identidad que forma parte de una genealogía del propio hacer. O el concepto Clásico de la perfección apolínea puede implicar la relación entre una armonía de la forma y una armonía de la existencia, como también expresar un criterio de perfección técnica.

En cada experiencia, en cada caso, esa presencia va a oponerse a otras visiones de la Modernidad ya comentadas, como las de Adorno, o las del ideal de evolución y progreso como rechazo por la historia. En los autores recién mencionados el material de proyecto va a contraponerse a la idea de material en Theodor Adorno y su postulado de un único material como expresión de una época. Y va a contradecir a aquellos que institucionalizaron la idea de una Modernidad y de un Modernismo como superación de la historia en tanto rémora de un pasado

Adolf Loos y los límites del lenguaje

Desde la publicación en 1908 de su artículo *Ornamento y Delito*, y como un latiguillo de la historiografía tradicional, se ha repetido el rechazo proferido por Loos respecto del ornamento en la arquitectura.

Uno de los principios básicos de su pensamiento y su producción fue el considerar que la arquitectura no era un arte.

Para Loos, en coincidencia con Hegel, la arquitectura no era una disciplina artística sino construcción, una disciplina técnica cuyo propósito era cumplir con una función social y práctica. Y su destino utilitario y funcional le impedía justamente pertenecer al campo del arte en tanto que éste carecía de toda utilidad funcional. Loos entendía que en la arquitectura lo único que podía ser considerado como arte eran la tumba y el monumento.

En el caso de la vivienda uno de sus aportes fue el concepto de *Raumplan* o plan del espacio. De acuerdo con él, cada espacio interior debía tener las dimensiones y la altura requeridas según la función a prestar en el mismo, generando un sistema de

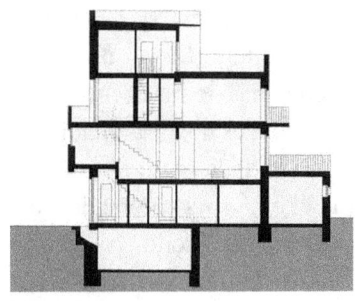
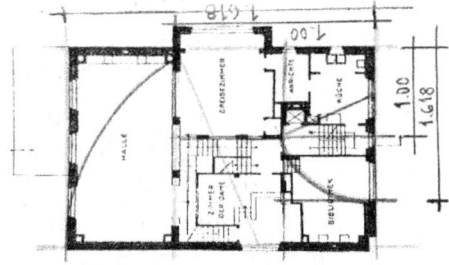

Adolf Loos. Casa Moller

Adolf Loos. Casa Muller. Trazados reguladores

encastres de espacios de diferentes alturas. En principio, la organización y distribución de esos espacios se daba bajo la forma de un acomodamiento. Esto determinaba tres consecuencias básicas. En primera instancia, que las proporciones y tamaño de los locales respondían a una necesidad funcional –si bien, como veremos, esto no era exactamente así –. En segundo lugar, que ese encastre interior daba como resultado una imagen exterior variada en cuanto a las alturas y a la ubicación de los elementos. Pero además, el encastre del *Raumplan* se oponía a la idea de un espacio interior homogéneo y contínuo, a la idea de un espacio contenedor dentro de los límites de la caja.

No obstante estas apreciaciones, difundidas por el propio Loos y por la historiografía, surgen del análisis de algunas obras otros aspectos que se contraponen o tensionan a los antedichos.

Por ejemplo, en las casas *Rufer, Steiner, Moller* y *Muller*, entre 1910 y 1930, se comprueba un uso de la geometría regular, de la simetría, la axialidad y hasta de la sección áurea, que al menos interpela el tema del exclusivo fundamento funcional o utilitario en la organización de los espacios y de la configuración general. Podría aducirse que el uso de una geometría regular y de la ortogonalidad vendría a estar dado por un valor y una optimización de lo funcional. Pero de todos modos no puede ser casual la utilización de un purismo geométrico, de la regularidad, y más aún de la sección áurea, sin pensar en una dimensión formal o estética de la arquitectura. No cabe duda de la adhesión de Loos a los principios del purismo estético y del racionalismo formal, al menos en varias de sus obras.

La presencia de estos principios formales de la tradición, no obstante, no está aplicada a la totalidad de la obra. Se trata de un uso de la simetría o de la axialidad en forma parcial; la axialidad o la simetría ordenan la parte, pero no el todo en la configuración de la planta. Lo mismo ocurre con las fachadas, algunas de ellas son simétricas y otras no, como en la *Casa Moller* y la *Casa Muller*, a diferencia de la *Steiner* que recurre a la simetría, la axialidad y la centralidad en el frente y el contrafrente.

Se dan entonces estas tensiones entre Modernidad y Tradición, en donde los elementos o los criterios del Clasicismo están ensamblados con otras operaciones diferentes. Una tensión entre el orden Clásico y el *Raumplan* y los criterios funcionales o de un acomodamiento de las partes según los usos. También hay un lugar para las ambigüedades o para lo que parece y lo que es. En la *Casa Steiner* al ver la fachada del frente pareciera que la idea de centralidad que gobierna a la misma se va a verificar en el interior con un espacio central protagónico. Pero eso no sucede de ninguna manera. El supuesto eje compositivo que debería ordenar la distribución y la jerarquía de los espacios interiores se interrumpe abruptamente ni bien se ingresa a la vivienda.

Los espacios y las formas interiores se organizan entonces de acuerdo a un Montaje entre todos los elementos: locales, escaleras, ascensores. De hecho la técnica del *Raumplan* funcionaría como un verdadero Montaje, y en el cual una serie de espacios a veces laberínticos y las escaleras sirven para salvar las diferencias de nivel entre un lugar y otro.

El procedimiento de Montaje no actúa en estas articulaciones entre Modernidad y Tradición tan solo como un procedimiento a nivel formal, ensamblando los distintos elementos. Lo hace también a nivel conceptual, montando o superponiendo conceptualmente las formulaciones o principios del Clasicismo con los del Modernismo. De allí que no puede tratarse entonces de una Composición ya que en esa superposición de dos concepciones se pone en juego una categoría y una cosmovisión diferentes. Es el Montaje el que precisamente permite concebir y resolver el ensamblaje de dos momentos históricos y de dos materiales proyectuales diferentes.

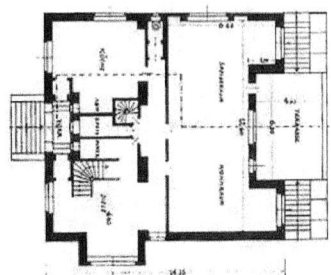

En las fachadas de la *Casa Steiner* las relaciones entre Racionalismo y Clasicismo son evidentes: un orden claro, equilibrio estable, jerarquía, claridad en la expresión. En la configuración de la planta, tales relaciones se desdibujan un poco, y lo que parece perfectamente simétrico no lo es, proponiendo una no correspondencia entre interior y exterior. Esa no correspondencia no debe verse como una falencia o debilidad sino que constituye un procedimiento u operación proyectual intencionada. La forma no sigue a la función y el exterior no debe necesariamente representar el interior, fachada y planta son dos figuras con una autonomía relativa. Insistimos, esto constituye una operación proyectual consciente en cuanto a poner en crisis el concepto de unidad de la obra. Algo que reconoce una cierta tradición en la arquitectura del Clasicismo. Al observar la *Casa de la Bailarina Guimard*, de Ledoux, de mediados del siglo XVIII, se presenta justamente esa dicotomía entre la perfecta recreación de la unidad en el exterior y la fragmentación y autonomía de la parte en la composición de la planta.

Adolf Loos. Casa Steiner

En el tratamiento de ambas fachadas se connota esa relación entre Tradición y Modernidad por medio de un montaje que

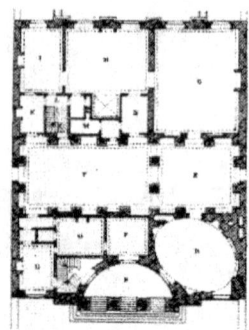 

Claude Nicolas Ledoux. Casa de la Bailarina Guimard

apela a lo conceptual. La tradición del Clasicismo no se verifica obviamente por la presencia de elementos decorativos o figurativos sino por la idea de una esencia en el orden de las cosas, por la presencia de tres o cuatro principios fundantes o esenciales. Sobre ese orden sintáctico se superpone lo moderno con la cubierta metálica y la expresión homogénea del Racionalismo.

Estos desarrollos en la *Casa Steiner* se diferencian de otros ejemplos, como en las casas *Moller* y *Muller*. En la configuración en planta los espacios se organizan sin ese equilibrio casi simétrico distribuyéndose según un criterio de encastre entre sí, pero siempre dentro de las normas de la regularidad y la pureza formal. El orden de la caja y la unidad de la forma exterior están puestos a salvo y no se disloca ni fragmenta la idea de una totalidad regular. Dentro de ese marco, las variaciones –el calado de una terraza, un pequeño volumen saliente– están controladas por ese criterio de homogeneidad general. Un principio de Montaje diferente, en el interior y en el exterior y un juego de simetrías y asimetrías, axialidad y movimiento.

Esto implica precisamente que los principios de la tradición o del Clasicismo han perdido su criterio de orden de la totalidad como en la obra cerrada, y se han convertido en un material de trabajo proyectual que puede ser manipulado u operativo de acuerdo a cada caso o propósito.

Adolf Loos. Casa Muller

Pero importa además otra paradoja que trae la Modernidad: ¿puede halarse de un mantenimiento de la idea de esencia a través del tiempo, o esa idea de esencia también se ha convertido en un material manipulable u operativo perdiendo entonces toda esencialidad? ¿Ha perdido la esencia su condición de valor vinculado a lo trascendente que tenía originalmente para convertirse en un concepto?

Sección áurea, simetría, axialidad, regularidad, equilibrio, homogeneidad, principios de la Tradición que se han convertido en lo Moderno en un instrumento, perdiendo o cambiando su significado original. En Loos, como en otros modernos, los principios de la tradición se han re-semantizado y ahora expresan otros contenidos asociados a valores institucionalizados por la Modernidad tales como el rigor técnico, la economía de medios, la objetividad, un habitar eficiente, o la funcionalidad de las cosas.

En las relaciones entre Tradición y Modernidad la arquitectura de Adolf Loos deja otra pregunta: ¿cuáles son los límites del lenguaje? O, dicho de otra manera, ¿cuáles son los límites de la negación?

El silencio expresivo y el ataque de Loos contra el ornamento en la arquitectura doméstica constituyen en realidad una negación o rechazo del lenguaje arquitectónico como capacidad

Adolf Loos. Casa Muller

Adolf Loos. Casa Moller

Adolf Loos. Casa Muller

de comunicación. La homogeneidad, la reducción de elementos y el silencio expresivo hacia el exterior en sus villas importan esa renuncia a expresar, a mostrar al exterior. No se trata solamente de la adopción a un criterio estético sino del señalamiento de una actitud y una voluntad filosófica. El mundo de lo doméstico ha de mantenerse en un estado de intimismo resguardado o cobijado en el seno de la interioridad. Y valga la diferencia entre intimidad e intimismo, ya que este último connota una condición psicológica o existencial más allá de las componentes de la privacidad o de los protocolos de la vida doméstica.

No es casual entonces el fuerte contraste entre exterior e interior en las obras domésticas de Loos.

Al silencio expresivo hacia el exterior se le contrapone un universo interior pleno en expresividad y cualidad.

Hacia el exterior se intenta negar toda expresividad, mientras que en los interiores la expresión está dada por el propio uso del material: la mampostería, el mármol, la madera, los revestimientos cerámicos, artesonados, textiles y equipamientos.

Así como la abstracción y el silencio expresivo en el exterior no se tratan solamente de una opción estética, el tratamiento en el interior está cargado de sus significados propios. Los interiores domésticos de Loos, con su expresividad y riqueza de material, son una representación del mundo burgués. La plena interioridad e intimismo son la representación del resguardo y del cobijo frente al mundo exterior. Un mundo protegido, a salvo, y acomodadamente confortable; tal como dijo alguien una vez, como el interior de una polvera de carey, objeto típico de la intimidad del mundo burgués.

A partir de esto dicho, se pueden desprender dos reflexiones.

Por un lado acabamos de decir que *hacia el exterior se intenta negar toda expresividad*. Pero esa negación es en cierto modo ilusoria o no se cumple exactamente. Puede existir una negación del exterior cuando el mismo, como en algunos casos, es el resultado del interior. Pero también se verifica, como dijimos, una autonomía relativa en otras partes, a partir del tratamiento específico de una fachada por medio de los principios de la Tradición. Sea que tales principios conservasen una esencia o que se hayan convertido en un material operable, ese exterior está en todo caso emitiendo un discurso o un mensaje acerca de esas problemáticas de la Modernidad; de hecho, el enunciado de una renuncia no deja de ser una declaración. En ese silencio, están expresadas las aporías de lo Moderno, las preguntas sobre la esencia o la operatividad, o sobre los límites que puede tener un lenguaje para comunicar.

Por el otro, la expresión sobria pero rica en los interiores, además de su representación del mundo burgués, está preñada de una componente ética. La veracidad en la expresión del material, la honestidad de mostrarse tal cual es, supone el imperativo ético y hasta moral que Loos señaló durante toda su vida. La denuncia en contra del delito del ornamento estaba atravesada de esa campaña en pos de lo ético. Y en ese sentido no es casual el empleo de los términos veracidad y honestidad.

La adhesión de Loos a la tradición Clásica estuvo expresada por él mismo.

"Desde la caída del Imperio romano occidental en ninguna época se pensó y sintió tan a lo clásico como en la nuestra" (...) "¡Mirad la bicicleta! ¿No corre por sus formas el espíritu de la Atenas de Pericles? Si los griegos hubiesen tenido que fabricar una bicicleta se hubiese parecido exactamente a la nuestra".[29]

"El nivel cultural que alcanzó la humanidad en la época clásica difícilmente puede ser borrado de sus mentes. La época clásica es y fue la madre de todos los subsiguientes períodos culturales".[30]

"Y ya no podemos apartar de nuestra memoria la sensación siguiente: la superioridad espiritual de la antigüedad clásica" (...) "siempre habrá algún genio al que voy a denominar superarquitecto, que sepa liberar a la Arquitectura de toda influencia extraña y que nos de nuevamente el estilo arquitectónico clásico en toda su pureza. Y el pueblo siempre celebrará la aparición de un hombre así, ya que somos clásicos en nuestra manera de pensar y de sentir".[31]

Esta adhesión a lo Clásico se encuentra teñida del valor ético que el autor reclama para su época. Lo Clásico como una cultura sustentada en los valores de la verdad y la honestidad, en lo que considera como la racionalidad de las cosas, ante el derroche decorativista, frívolo e irracional del arte y de las artes decorativas de fines del XIX e inicios del XX. Ante lo superficial y hasta repugnante con lo que Loos asocia al arte es que no considera a la arquitectura como parte del mismo. Ante el derroche y lo banalmente decorativo, Loos incluye a la arquitectura dentro de los objetos de uso cotidiano que claramente deben

---

[29] Loos, Adolf. *Panorama de la Industria Artística*, en *Ornamento y Delito y Otros Escritos*. Obra citada.

[30] Loos, Adolf. *Panorama de la industria artística*, en *Ornamento y Delito y Otros Escritos*. Obra citada.

[31] Loos, Adolf. *La antigua y la nueva tendencia en la arquitectura*, en *Ornamento y Delito*. Obra citada.

cumplir con un rol funcional, con la mejor prestación para su uso.

Se establece así una conexión entre la recuperación y su panegírico de la Tradición Clásica con la actualidad y lo Moderno en virtud de esa recuperación ética:

Adolf Loos. Casa Muller

> "De entre todas las profesiones, la del arquitecto es la que exige la más sólida formación clásica" (...) "Pero para hacer justicia a las exigencias materiales de su época, tiene que ser también un hombre moderno".[32]

> "Quiero beber en un vaso para beber. El vaso debe ser de tal modo que la bebida, ya sea agua o vino, cerveza o aguardiente, sepa lo mejor posible. Esto es lo esencial. Y por este motivo sacrifico de buen grado todas las inscripciones en alemán antiguo o los ornamentos secesionistas".[33]

> "A mí y a todos los hombres cultos, el ornamento no nos aumenta la alegría de vivir. Si quiero comer un trozo de alujú escojo uno que sea completamente liso y no uno que esté recargado de ornamentos, que represente un corazón, un niño en mantillas o un jinete." (...) "El defensor del ornamento cree que mi impulso hacia la sencillez equivale a una mortificación. ¡No, estimado señor profesor de la Escuela de Artes Decorativas, no me siento mortificado! Lo prefiero así. Los platos de siglos pasados, que presentan ornamentos con objeto

---

[32] Loos, Adolf. *La antigua y la nueva tendencia en la arquitectura*, en *Ornamento y Delito*. Obra citada.

[33] Loos, Adolf. *Cerámica*, en *Ornamento y Delito y Otros Escritos*. Obra citada.

Adolf Loos. Casa Moller   Adolf Loos. Casa Muller

de hacer aparecer más apetitosos los pavos, faisanes y langostas a mí me producen el efecto contrario. Voy con repugnancia a una exposición de arte culinario, sobre todo si pienso que tendría que comer estos cadáveres de animales rellenos. Yo como *roastbeef*".[34]

En la arquitectura de Loos el Racionalismo formal, el lenguaje de la abstracción o la pureza expresiva son los instrumentos formales y de una sintaxis para expresar el rigor y lo virtuoso de la utilidad que tienen que tener las cosas, de la utilidad de la función, como con el vaso que no requiere decoración. Esto equivaldría, más allá de una negación de la arquitectura al campo del arte, a la existencia de una componente estética o de un recurso formal entendido como un medio de representación de cierto contenido, como un instrumento que de un modo u otro sirve para expresar un contenido –el de la funcionalidad– mediante un procedimiento formal o lingüístico.

La abstracción y la síntesis formal, la pureza expresiva, se unen con los principios de la tradición Clásica en contra de la máscara que supone el ornamento para dejar al desnudo la uti-

---

[34] Loos, Adolf. *Ornamento y Delito*, en *Ornamento y Delito y Otros Escritos*. Obra citada.

lidad de las cosas. Loos entiende en 1900 al ornamento como el sistema de representación propio del arte. Pero los recursos o instrumentos formales que él utiliza también se constituyen en un sistema o medio de representación de contenidos o significados. No hay función sin expresión.

Con los montajes entre Tradición Clásica y Racionalismo Loos construye una relación entre un momento paradigmático de la historia o del pasado –señalado como un modelo de virtud– y el *zeitgeist* de su propio tiempo. Para Loos existe un espíritu del tiempo de su propia época al que hay que representar: "Nosotros ya tenemos objetos que ostentan claramente el sello de nuestro tiempo".[35] Claramente para Loos el *zeitgeist* de su tiempo es el de la utilidad. Pero también el de una ética marcada por el sentido de evolución de la cultura. Propio del pensamiento Positivista, Loos considera, como ya se ha dicho –y lo expresó en escritos tales como *Civilización, Degeneración de la civilización, Arquitectura* u *Ornamento y Delito*– que existe en la humanidad un sentido de evolución a través del tiempo. Un planteo discutible si se considera que el mismo elimina toda posibilidad de existencia de la diferencia o que rechaza toda aquello que esté por fuera del *zeitgeist* del momento.

En su escrito *Arquitectura*, de 1910,[36] Loos deja constancia de lo que considera sobre las relaciones entre arte, arquitectura y vivienda. Una relación que plantea contradicciones o ambigüedades en el autor, ya que lo dicho en algunos textos no coincide con otros; en algunos afirma la pertenencia de la arquitectura al arte, en otros la desmiente. En el caso de este texto de 1910 queda clara la no inclusión de la vivienda como una obra perteneciente al arte:

---

[35] Loos, Adolf. *Panorama de la industria artística*, en *Ornamento y Delito y Otros Escritos*. Obra citada.

[36] Loos, Adolf. *Arquitectura*, en *Ornamento y Delito y Otros Escritos*. Obra citada.

"Vi como las antiguas construcciones, de siglo en siglo, iban emancipándose de los ornamentos." (…) "para poder mantenerse en la línea de la evolución la sencillez era de la mayor importancia" (…) la casa no tenía que llamar la atención".[37]

"La casa debe agradar a todos, a diferencia de la obra de arte que no tiene por qué gustar a nadie. La obra de arte es un asunto privado del artista. La casa no lo es. La obra de arte se sitúa en el mundo sin que existiera exigencia alguna que la obligase a nacer. La casa cubre una exigencia" (…) "La obra de arte quiere arrancar a los hombres de su comodidad, la casa ha de servir a dicha comodidad. La obra de arte es revolucionaria, la casa es conservadora".[38]

"Por tanto, ¿no será que la casa no tiene nada que ver con el arte y que la arquitectura no debiera contarse entre las artes? Así es. Solo una parte, muy pequeña, de la arquitectura corresponde al dominio del arte: el monumento funerario y el conmemorativo. Todo lo demás, todo lo que tiene una finalidad hay que excluirlo del imperio del arte".[39]

Algo que claramente se contradice con otros escritos, como el ya señalado *La antigua y la nueva tendencia en la arquitectura*:

"La Arquitectura, arte de espacios y de formas".[40]

---

[37] Loos, Adolf. *Arquitectura*, en *Ornamento y Delito y Otros Escritos*. Obra citada.

[38] Loos, Adolf. *Arquitectura*, en *Ornamento y Delito y Otros Escritos*. Obra citada.

[39] Loos, Adolf, Arquitectura, en *Ornamento y Delito y Otros Escritos*. Obra citada.

[40] Loos, Adolf. *La antigua y la nueva tendencia en arquitectura*, en *Ornamento y Delito y Otros Escritos*. Obra citada.

El *supuesto* vacío expresivo, como oposición al ornamento, posee entonces en Loos dos significados complementarios, uno ético y otro referido a lo Moderno como evolución.

Por una parte, el imperativo de una ética que se demanda ante la degeneración artística del momento:

> "El papúa cubre de adornos cuanto se halla al alcance de sus manos, desde su cuerpo y rostro hasta su arco y su barca de remos. Pero actualmente, los tatuajes son signo de degeneración y solo los llevan los criminales y los aristócratas degenerados".[41]

Por la otra, el consabido sentido de evolución heredero del Positivismo Iluminista:

> "Las variaciones de la forma no proceden del afán innovador, sino del deseo de perfeccionar más aún lo bueno".[42]

Allí donde "la casa no debe llamar la atención" es que se hace patente la renuncia al lenguaje.

Silencio expresivo que coincide con el expresado por Wittgenstein: "De lo que no se puede hablar, hay que callar".[43]

Se plantea así en la arquitectura doméstica de Loos la pregunta acerca de cuáles son los límites del lenguaje, los límites de la negación, los límites de la creatividad.

Una arquitectura basada en la idea de la existencia de una esencia, de una esencia de las cosas que constituyen al mundo. El lenguaje solo puede hablar de esa esencia, y debe eliminar

---

[41] Loos, Adolf. *Arquitectura*, en *Ornamento y Delito y Otros Escritos*. Obra citada.

[42] Loos, Adolf. *Panorama de la industria artística*, en *Ornamento y Delito y Otros Escritos*. Obra citada.

[43] Wittgenstein, Ludwig. *Tractatus lógico-philosophicus*. Madrid. Alianza editorial. 1999 (El original de 1919).

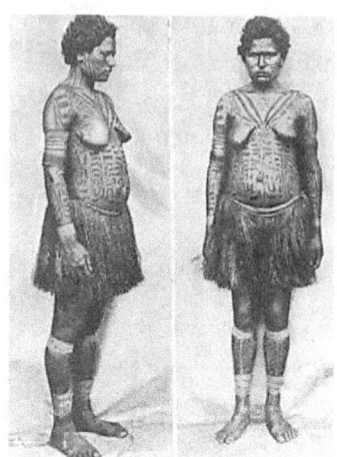

Imágenes de época de mujer perteneciente a la cultura papú

todo lo otro entendido como accesorio, debe callar todo aquello que se considera que distrae de la esencia de las cosas. Borrar las huellas, borrar los ornamentos de la arquitectura que son el sucedáneo del tatuaje en el hombre primitivo.

La Modernidad de Loos es una Modernidad de esencia.

No se admiten las mezclas, las superposiciones, la heterogeneidad de elementos.

Todo debe remitir a poner a salvo la esencia que supone existe en las cosas, una esencia que atravesaría a la cultura desde la Antigüedad Clásica a los inicios del siglo XX. Reducir los elementos, operar con el silencio expresivo, no es una elección estética sino un principio de carácter fundamentalista.

Una de las culturas admiradas por Adolf Loos es la inglesa, la cultura inglesa rural, del trabajo artesanal, de la verdad expresiva del material, la del trabajo con la diversidad heredera de la tradición medieval. Alguna referencia a esto se verá incluida en el *Edificio de la Michaelerplatz* de 1910. Pero la adhesión de Loos por lo Clásico y la esencia de la forma cúbica va a llevar a un rechazo por esa presencia de lo diferente, lo pintoresco, de la arquitectura libre inglesa.

Suponer que la arquitectura *evoluciona* –lo mismo que la cultura– en un sentido cronológico, y que existen momentos de esplendor, frente a otros de confusión y decadencia, importa lo que ya hemos definido como un reduccionismo conceptual que ha sido algo propio de la herencia del pensamiento Iluminista en su versión Positivista y pragmática. Supone además, como en Loos, la existencia de paradigmas o modelos sobre los que se construye el pensamiento y que pueden ser trasladados al campo proyectual.

La no inclusión de la arquitectura como una disciplina artística, su no relación con el arte, implica en el caso de Loos una lógica de la plena autonomía de la arquitectura y del proyecto.

La arquitectura y el proyecto se mueven exclusivamente dentro de la esfera de la especificidad disciplinar, promulgando sus propias leyes y operando con sus materiales específicos.

La combinación de los principios de la Tradición Clásica junto con los del Racionalismo y la funcionalidad se ensambla en el procedimiento de un montaje que define los criterios de forma y del lenguaje.

Adolf Loos. Casa Muller

Dentro de esa operación proyectual se distinguen claramente el interior del exterior.

En el interior se verifica una variedad en la configuración espacial, con una diversidad de situaciones y un movimiento del espacio en distintos niveles y medio-niveles, generando cierta continuidad espacial. Pero esta continuidad está controlada, ya que no se procede a una ruptura de la idea de caja muraria y a una desmaterialización de la misma. Estructura y cerramientos interiores no se independizan, y la idea de caja y de unidad de la forma está puesta a salvo desde una concepción espacial, apoyada al mismo tiempo por la presencia de la densidad matérica de la forma.

En el exterior la diversidad de situaciones queda descartada, recreando una idea de unidad a través de la homogeneidad expresiva, la regularidad, el purismo y el silencio expresivo. De manera sí similar al interior, tampoco se procede a una desmaterialización de la forma, consolidando la masa y no descomponiendo el volumen en diferentes elementos, como podría verse en Le Corbusier, Mies o Scharoun. Mientras en el *Pabellón*

Hans Scharoun. Casa Schminke

de Barcelona Mies descompone la idea de caja en varios elementos –planos, líneas– y procede a su desmaterialización; o mientras Scharoun efectúa un ensamblaje de diferentes volúmenes o piezas en el *Cine Universum* o la *Casa Schminke*, Loos mantiene el criterio de unidad volumétrica cerrada. Dentro de esa lógica puede darse lugar a la variación, pero no a la diferencia como parte del procedimiento. Variación y diferencia actúan de manera distinta. En la variación todo movimiento o cambio se produce dentro del sistema, como un cambio o declinación dentro de las reglas de la conjugación. En la diferencia se puede resaltar la diversidad de elementos o de términos puesto en juego pertenecientes a distintos sistemas. En las villas de Loos los cambios obedecen a una variación. La diferencia entre una parte simétrica y otra asimétrica, la inclusión de un vacío espacial o de una terraza, la saliente sutil de un volumen, se hallan colocadas y homogeneizadas dentro del criterio de unidad general.

Dentro de las lógicas del Racionalismo y de la Modernidad dos posturas bien diferenciadas.

Aquellas que plantean una desmaterialización o una descomposición del criterio de unidad de la forma, y aquellas otras que ponen a salvo o resguardan el principio de la unidad formal y de la expresión. De nada sirve englobar dos obras –como el *Pabellón de Barcelona* y la *Casa Muller*– dentro de una clasificación como la de Racionalismo si no se las aborda desde las diferencias y las particularidades proyectuales y desde las distintas concepciones sobre lo Moderno que las mismas exponen.

Desde una concepción espacial, tales diferencias en las propuestas modernas quedan también expuestas.

La desmaterialización y descomposición en obras de Le Corbusier, Mies o Rietveld llevan a esa continuidad fluida que en Loos está limitada por la densidad de la caja muraria.

Por otra parte, y como ya se ha dicho infinidad de veces para el supuesto decálogo del Modernismo, la continuidad espacial entre interior y exterior –en el *Pabellón de Barcelona*, la *Casa Tugendhat*, la *Ville Savoye* o la *Maison du Verre*, de Charreau–, la fluidez entre el afuera y el adentro, en Loos no se comprueba. El corte o la indiferencia para con el exterior hubo de llevar a Loos a decir que una ventana servía para la entrada de luz, pero no para ver hacia afuera.[44]

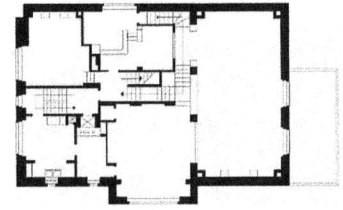

Adolf Loos. Casa Muller

Con esto se abrirá otro eje conceptual que es el de la relación de la arquitectura racionalista con el entorno.

Una interpretación reduccionista y hasta poco comprensiva estableció la creencia de una supuesta indiferencia

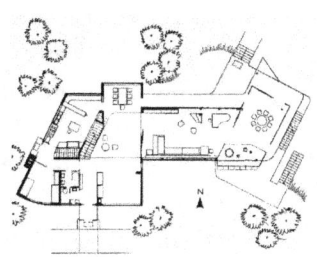

Hans Scharoun. Casa Schminke

de la arquitectura moderna por el entorno, una indiferencia o negación que se creyó en tanto un principio establecido.

Pero de ninguna manera esto ha sido así, y la arquitectura moderna, en sus muy disímiles experiencias, construyó también diferentes modos de articulación o de vinculación, tanto con el entorno o el contexto urbano como natural.

Dentro de esos diferentes posicionamientos entre arquitectura y entorno, el caso de las villas de Loos es algo particular.

Precisamente, la negación de la dimensión exterior de la obra, su falta de caracterización, y el volcamiento de todas las cualidades puesto en el mundo interior, en la interioridad

---

[44] En su texto de 1925, *Urbanismo*, Le Corbusier hace referencia a las siguientes palabras de Loos: "Loos me dijo un día, que un hombre culto no mira hacia afuera a través de la ventana, su ventana está allí solo para permitir que entre la luz, no para permitir mirar a través de ella". Le Corbusier. *Urbanismo*. Madrid. Planeta Agostini. 1992.

intimista y recluida de la obra, hicieron que la relación con el entorno se encontrara en gran parte clausurada. Es así como Loos plantea en esa falta de articulación con el medio una exaltación de la autonomía del objeto, la obra bajo la idea de una absoluta autonomía objetual. Esa autonomía del objeto se funda en la pureza formal, la regularidad, la expresión abstracta, la unidad y definición de la caja, la idea de una unidad cerrada en sí misma. Un objeto absoluto, esencial, separado de cualquier estímulo o incidencia exterior.

Esto plantea una significativa diferencia con otras propuestas de la arquitectura moderna y hasta del llamado Racionalismo. En otras experiencias, la autonomía formal, la pureza o abstracción no suponen una negación o falta de relación con el entorno. En algunos casos esa vinculación va a ser de carácter formal, en otras también de tipo conceptual. En la *Casa Schminke*, el movimiento formal y la falta de un criterio de unidad cerrada de la obra proponen distintas relaciones con el entorno circundante. En la *Ville Savoye*, a despecho de su forma supuestamente *absoluta y perfecta*, se presentan distintos modos de relación con el entorno, por medio de la idea del recorrido o de la constitución de un mirador sobre el medio circundante, una relación basada en el movimiento y en la contemplación. Pero además con una vinculación a nivel filosófico o trascendente, que proponía la relación entre la armonía formal y la armonía de la naturaleza, la integración del equilibrio de la obra con el equilibrio del entorno como parte de un equilibrio de la existencia.

Le Corbusier. Sobre el difícil conjunto

En alguno de los capítulos anteriores ya nos hemos referido a las diferencias existentes entre los conceptos de Vanguardia y de Modernidad. Vanguardia, un término que como veíamos ha sido utilizado de manera bastante indiscriminada para caracterizar formulaciones o experiencias vinculadas al cambio o a la innovación, pero que en realidad no estaban investidas de tal sentido vanguardista.

Uno de los destinatarios del término, en cuanto a su pertenencia a la Vanguardia, ha sido Le Corbusier.

Pero no cabe duda que para aquella acepción más precisa o rigurosa del concepto de Vanguardia, Le Corbusier –lo mismo que Mies, Oud, Gropius, Picasso o Dalí– no sería parte de la misma.

Como anticipamos, los movimientos de Vanguardia como el Dadaísmo, el Neoplasticismo o el Constructivismo, entre otros, tuvieron como objetivo la destrucción y sustitución del sistema político, social, económico-productivo y cultural del capitalismo que le daba sustento al arte y a la llamada institución del arte, lo mismo que al propio concepto de arte y su forma de producción. Todos ellos rechazaban su pertenencia a dicha institución y al seguimiento de los principios legitimados por ella.

De ninguna manera fue ese el caso de Le Corbusier.

Su concepción de Modernidad y de Modernismo no implicaba ningún ataque al sistema o a la institución artística; antes bien, sus concepciones y producciones fueron parte de una afirmación del sistema, lo mismo que la idea de la arquitectura como una disciplina perteneciente al arte. Volvemos a recordar su famosa frase "Arquitectura o Revolución". Tal concepción importaba ciertamente un cambio o transformación del sistema, en un sentido reformista propio de lo moderno, pero no su destrucción.

La construcción de esa, su modernidad, va a ser una construcción altamente compleja, ambivalente, dialéctica, asociada a las dualidades.

Todo el discurso tecnológico y funcionalista no ha sido más que una versión convencional, y convencionalizada, que esconde u opaca esas complejidades, ambivalencias y dualidades. La experiencia corbusierana no se agota en el Purismo, los Cinco Puntos, en los principios del Funcionalismo o del Racionalismo. Los recortes que efectúa dan cuenta de las dualidades como una forma de pensamiento, entre lo racional y lo analítico y la sensibilidad estética, con la obra entendida como experiencia e inclusividad. En una dialéctica constante se disponen orden y ruptura, estructura armónica y contingencia, simetría y asimetría, lo universal y lo local, innovación y tradición, idealismo y conveniencia.

Dentro de ese marco, las relaciones entre Modernidad y Tradición van a cumplir un papel fundamental.

Por un lado, la presencia de los principios del Clasicismo como criterio de ordenamiento superior y su integración con los del Modernismo dentro de un Montaje tanto conceptual como formal va a suponer un discurso estabilizador. La necesidad de recrear un consenso y un proceso de re-armonización y reconciliación entre la realidad y la existencia. Unificar, al decir de Baudelaire, lo eterno y lo relativo, lo invariable y lo contingente.

Pero por otra parte, esa relación va a revelarse como algo problemático. Los intentos de reconciliación y de armonización, el orden ideal, la pureza de la idea, la reconstrucción del equilibrio de la existencia, de la relación con la naturaleza, van a chocarse y confrontar contra la realidad y el pragmatismo. La relación entre Modernidad y Tradición va a ser una relación problemática, y precisamente por ser problemática es que va a ser indudablemente moderna. Lo Moderno en Le Corbusier no va a ser tan solo entonces el discurso tecnológico, lo funcional, la abstracción formal, sino esa condición problemática de todo aquello que acarrea lo Moderno.

En distintos momentos del siglo pasado, y con diferentes contenidos, se dieron los aportes historiográficos de Emil Kaufmann, Colin Rowe y Alan Colquhoun en donde ya se daba cuenta de la relación entre Le Corbusier y la tradición del Clasicismo. En el caso de Kaufmann con *De Ledoux a Le Corbusier. Origen y desarrollo de la arquitectura autóno-*

ma,⁴⁵ se llevaba el origen de la arquitectura moderna y de Le Corbusier en particular a las experiencias y postulaciones de la arquitectura iluminista del siglo XVIII, remitiendo a las influencias del pensamiento clasicista en el desarrollo posterior. El texto clásico de Colin Rowe, *Manierismo y Arquitectura Moderna y otros escritos*,⁴⁶ efectuaba un recorrido por distintos momentos de la tradición del Clasicismo y en su articulación con parte de la producción del siglo XX; entre los varios ensayos se destacaba el de Las Matemáticas de la Vivienda Ideal, con la comparación entre Palladio y Le Corbusier. Un trabajo que ya a mediados de los años cuarenta se involucraba con estos vínculos entre Clasicismo y Modernismo. Por último, el aporte a fines de los ochenta de Colquhoun, *Modernidad y Tradición Clásica*,⁴⁷ con nuevos abordajes sobre la citada problemática.

Más allá del aporte de carácter historiográfico y de una legitimación de lo Moderno que podía encontrarse en la historia –a diferencia de aquellas versiones que lo hacían en la técnica– lo que quedaba también como resultado era la posibilidad de entender un forma de concepción y de producción arquitectónica y proyectual.

Acerca de la tradición vinculada al Clasicismo Le Corbusier va a abrevar en tres o cuatro fuentes que van a incidir en todo su desarrollo: las de la filosofía platónica, las del Clasicismo del siglo XVIII y la tradición francesa, y las del idealismo hegeliano y las teorías de Henry Provensal.

El pensamiento platónico va a ser uno de los fundamentos del idealismo formal corbusierano, de su creencia en la

---

[45] Kaufmann, Emil. *De Ledoux a Le Corbusier. Origen y desarrollo de la arquitectura autónoma*. Barcelona. Gustavo Gili. 1986 (El original de 1936).

[46] Rowe, Colin. *Manierismo y Arquitectura Moderna y Otros Escritos*. Barcelona. Gustavo Gili. 1978 (El original de *Las Matemáticas de la Vivienda Ideal* de 1947).

[47] Colquhoun, Alan. *Modernidad y Tradición Clásica*. Obra citada.

primacía de la Idea como estadío de la perfección. Complementariamente va a inscribirse dentro de la tradición del Clasicismo Francés y sus ideas de un orden racional, riguroso y acabado. Junto con los aportes del idealismo de Hegel y luego Provensal acerca del valor de los principios de lo universal. En su armado complejo, estas procedencias van a integrarse con otras muy diferentes, como las de la técnica industrial, los aportes de la pintura y la sensualidad en la expresión, las componentes esotéricas o las referencias a lo artesanal y el valor de lo regionalista procedente de una figura como L'Eplatenier.[48]

La concepción proyectual de Le Corbusier va a tener uno de sus fundamentos principales en el pensamiento platónico y su concepto de perfección y de primacía de la Idea.

De la misma manera que Platón, Le Corbusier considera que la Idea existe en un plano abstracto, ideal, y de perfección absoluta. Si la idea es buena el resultado o el producto debe ser necesariamente bueno. El mundo empírico se diferencia del mundo ideal y ese empirismo o mundo de las cosas materiales no puede modificar o alterar la perfección de la Idea. Esto ocurre en el plano conceptual-filosófico pero también en lo que respecta a los criterios de la forma. En ese su pensamiento sobre la forma, que para Le Corbusier constituye un ideal, toda concreción material o realización en concreto de esa Idea formal implica un estado inferior o de menor perfección que el principio ideal de la misma.

La perfección de la forma, lo mismo que en Platón, tiene principios claros y precisos: pureza, regularidad, equilibrio, esencia, homogeneidad, unidad. Tales principios importan, en este caso, un concepto de armonía que es sinónimo de perfección y de belleza.

---

[48] Las relaciones con lo artesanal y la cultural de lo regional y los aportes de L'Eplatenier van a ser abordados puntualmente más adelante.

La perfección y armonía platónica corbusierana remiten tanto a una dimensión formal como existencial, en la cual la armonía de la forma representa la buscada armonía de la existencia. Las villas de la década del veinte expresaron este ideal, el de "La arquitectura como el juego sabio, correcto y magnífico de los volúmenes bajo la luz", la famosa definición de Le Corbusier que obviamente invoca a la perfección de los sólidos platónicos.

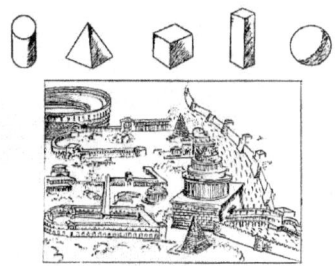

Le Corbusier. Roma. 1923

Los principios de armonía y de perfección van asociados a otro más, el de la belleza.

La existencia de la belleza es lo que hace que para Le Corbusier la arquitectura sea un arte, a diferencia de los Constructivistas Rusos o los Racionalistas Alemanes que la consideran una técnica. Según el propio Le Corbusier, para que haya arquitectura –y a diferencia de la construcción o de la labor del ingeniero– debe haber emoción, y la emoción es el producto de la contemplación y de la realización de esa belleza ideal, superior. Esto puede constatarse no solo en sus proyectos y obras para viviendas unifamiliares de las clases acomodadas de los años veinte, sino así mismo en sus proyectos para los prototipos de viviendas sociales. En las *Casas Monol*, la *Maison Citrohan*, las *Casas para Artistas* o la *Casa Mínima* –entre 1920 y 1926– el punto significativo no radica meramente en la aplicación de los procesos industriales a la arquitectura. Es la imagen unificada de las viviendas en serie, su equilibrada homogeneidad,

Le Corbusier. Maison Citrohan

Le Corbusier. Villa Stein

su ritmo armónico, lo que asegura, según Corbu, una impresión de orden y de calma, por ende de belleza.[49]

Siguiendo con el espíritu de la tradición platónica, los ideales de perfección, de armonía y de belleza se corresponden con los principios de la racionalidad del *logos*. Razón e Ideal resultan principios unificados, integrados, en la lógica de una racionalidad e idealismo que puede responder a todas las demandas y a construir un mundo. Derivado de la racionalidad, el Racionalismo engloba al resto de los principios mencionados –pureza, regularidad, equilibrio, esencia, homogeneidad, unidad– y estructura bajo la primacía del *logos* un orden de las cosas.

Racionalismo y armonía van integrados, como en *El Modulor*.[50] Su sistema de medidas no atiende simplemente a un criterio de ordenamiento funcional o ergonómico sino preponderantemente a una concepción armónica y trascendente del número, de la geometría y de la proporción. En *El Modulor* no se expone un problema de cantidad sino de proporción, y en Le Corbusier proporción es sinónimo de belleza. Más aún cuando en ese trabajo aparecen referencias a Platón, Pitágoras, Luca Pacioli, Leonardo o Pico della Mirandola. Lo mismo que en *Precisiones*,[51] en donde la geometría se encuentra animada por el espíritu de los clásicos, en cuanto el sistema armónico es representación de la felicidad y un medio contra la confusión.

Para Platón y Le Corbusier el número expresa una armonía del mundo y aquello que reunifica a los opuestos bajo el ideal de la Unidad y la Armonía. Esto resulta altamente significativo

---

[49] Le Corbusier et Pierre Jeanneret. *Oeuvre complete*. Alemania. Edition Girsberger. 1995.

[50] Le Corbusier. *El Modulor. Ensayo sobre una medida armónica a la escala humana aplicable universalmente a la arquitectura y a la mecánica.* Barcelona. Editorial Poseidón. 1980 (El original de 1948).

[51] Le Corbusier. *Precisiones. Respecto de un estado actual de la arquitectura y del urbanismo.* Barcelona. Editorial Poseidón. 1978.

ya que en la obra de Le Corbusier constantemente se da lugar a la expresión de los opuestos. Su lógica proyectual no opera dentro de una homogeneización reduccionista, de la uniformidad o la monotonía. Al contrario, se comprueba la presencia, tal como ya hemos dicho, de los opuestos, pero tales opuestos, las ambivalencias o dualidades, se hallan integradas y consensuadas bajo el ideal de armonía o de consenso entre lo diferente. Le Corbusier coincide con Leonardo, cuando dice que "La Naturaleza es orden y ley, unidad y diversidad ilimitada, finura, fuerza y armonía".[52] Esa idea de diversidad es la que va a estar expresada en la el Número de Oro o la Proporción Áurea, a la cual va a interpretar Leonardo como lo que permanece igual a sí mismo en la diversidad de su evolución.

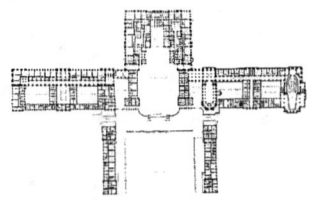

Blondel. L'Architecture Française

La otra referencia a la Tradición Clasicista en Le Corbusier va a ser la del Clasicismo Francés.

La tradición del Clasicismo en Francia va a seguir un extenso desarrollo en el pensamiento, la cultura y las artes, desde finales del siglo XVII y en el siglo XVIII, con autores como Perrault, De l'Orme, Blondel, Boullèe, Patte, De Neufforge, Percier, Fontaine y hasta Durand. Sus principios van a ser, nuevamente, los del formalismo, el racionalismo, la regularidad y el equilibrio, entendidos como un valor universal y normativo de carácter absoluto e intemporal. La idea de un orden a priori y esencial que se encuentra más allá de la historia o de las contingencias. Valores universales e ideales que se corresponden con la creencia acerca de una universalidad de la naturaleza humana.

En esa tradición, el Clasicismo Francés va a entender a la arquitectura como una disciplina autónoma, que dicta sus

---

[52] Le Corbusier. *El Modulor*. Obra citada.

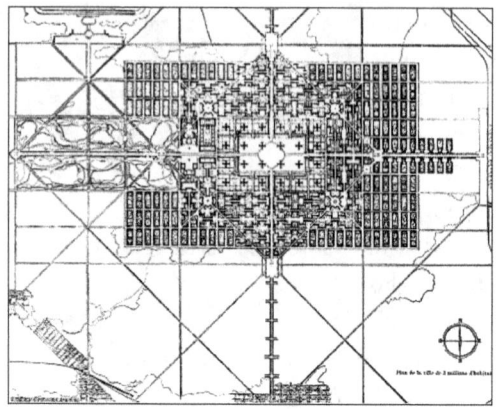
Le Corbusier. Ville Contemporaine

propias leyes, y que posee un carácter normativo que guía toda la creatividad y la producción.

El sentido normativo, de leyes universales, de existencia de una esencia y de un orden superior, va a ser tomado por Le Corbusier tanto en las pequeñas obras como en los grandes trabajos.

Queda claro que la relación de Le Corbusier con la Tradición Clasicista no pasa por un problema de lenguaje, no se trata de la adscripción a un Clasicismo de tipo figurativo o de una recuperación historicista. Se trata de la adopción de los criterios tradicionales en términos de una esencia, de un orden, de un Clasicismo no figurativo. La Tradición Clasicista como parte de un discurso estabilizador. Esto coincidía plenamente con el llamado al orden efectuado desde la pintura del Purismo en contra de los excesos de fragmentación y dispersión que parte del arte moderno –como hiciera el Cubismo– habían llevado adelante. Un discurso estabilizador de recuperación de un orden tanto desde la arquitectura como desde la pintura en contra de los procesos de disolución que la propia Modernidad provocaba.

A primera vista podría decirse que todos estos principios de lo universal, lo normativo, lo esencial, lo racional y el orden del Clasicismo Francés, van a ser retomados por Corbusier, mediante el concepto de la Composición. La regularidad, la axialidad, los grandes ejes ordenadores, la simetría, la tripartición, vuelven a ser los instrumentos o las operaciones para el control de la forma y las relaciones entre las partes y el todo. Criterios compositivos y normativos del Clasicismo que Le Corbusier conocía profundamente y que constituían una vez más una relación del Modernismo con la historia. En su obra, podían servir tanto para la organización de una fachada o una planta como también para estructurar el orden ideal de los grandes planes urbanísticos, las grandes trazas ordenadoras, como en la *Ville Contemporaine* o el *Plan Voisin*.

Como anticipamos en el Capítulo 3, en *Composición versus Proyecto*, Alan Colquhoun atribuía a Le Corbusier el uso de la composición academicista como un procedimiento propio de sus concepciones formales. La pureza formal, la simetría, los ritmos, los ejes compositivos, las grillas ortogonales y las proporciones armónicas eran parte de los recursos proyectuales en Le Corbusier, para algunos, el último de los neoclásicos.

Si bien Colquhoun establecía en aquel momento una diferencia entre la composición tradicional y aquella utilizada por el Modernismo –composición cerrada y abierta– en este caso ya hemos aclarado las dificultades de adoptar ese término a las concepciones y producciones modernas. Como hemos dicho, no solo se trata de un instrumento formal sin contenido por detrás sino de una concepción sobre el problema de la forma, lo cual es diferente.

A partir de las teorías del Formalismo va a ser el Montaje la categoría desde la cual se va a desenvolver el pensamiento estético y artístico y las obras modernas, lo que va a permitir que se desplieguen todos los procedimientos posibles en el arte y en la arquitectura.

De este modo, los elementos y concepciones provenientes de la Tradición Clasicista, las componentes platónicas o las del Clasicismo Francés, van a superponerse en las operaciones de Montaje con los otros recursos utilizados por Le Corbusier, siendo esto una constante en diferentes momentos de su carrera. Montajes que reúnen diversos elementos extraídos de distintos lugares o procedencias y que recrean, como se dijo, un nuevo criterio de totalidad. Pero los montajes en Le Corbusier son diferentes a los de las Vanguardias, los del Dadaísmo o los del Surrealismo. En estos, no hay ninguna pretensión ni intento de recrear una unidad armónica, de expresar una reconciliación de la existencia a través de la forma. Todo lo contrario, los montajes vanguardistas son el testimonio de su propuesta de ruptura radical con el sistema y de lo imposible de toda reconciliación. En contraposición, el tratamiento de la forma, sus concepciones formales y sus montajes van a ser en Le Corbusier la expresión de esa constante búsqueda afanosa —y en cierto modo estéril— de recuperación de una armonía. La presencia de las dualidades, las ambivalencias, lo opuesto o lo diferente, se va a concretar formalmente y proyectualmente por medio del Montaje, siempre bajo esa pretensión de establecer un consenso y una armonización entre los contrarios. En los montajes corbusieranos, las ambivalencias, lo diferente o las oposiciones quedan reunidos bajo el ideal de belleza que propone el autor. Lo superior de la Idea de belleza integra todas las diferencias o aportes.

Dentro de los diferentes aportes o procedencias que reúnen los montajes de Le Corbusier está el del encuentro de los elementos que aluden a la pureza y la perfección platónica y los de la racionalización mecanicista y la producción industrial. También nos hemos referido a eso, a la manera en que se asociaban la pureza, la perfección y la abstracción platónica con la pureza, perfección y abstracción de los objetos producidos en serie. La conjunción del objeto tipo y el ideal platonizado, la asociación entre el objeto único e ideal en su sentido platónico y el objeto producido en serie.

Esta relación podría exponer una fuerte contradicción entre lo espiritual de la belleza platónica y lo pragmático de la producción industrial, entre lo ideal del mundo de la forma y lo concreto de la materialización del objeto, entre los valores estéticos constantes e invariables y las nuevas técnicas de producción. En *Le Corbusier y la paradoja de la razón,*[53] Colquhoun se preguntaba acerca de esta contradicción entre una serie de valores existenciales intemporales y la concepción y los instrumentos del capitalismo para el dominio y la explotación de la realidad. Una tensión polémica en el seno del desarrollo de lo Moderno. También lo hacía Banham en los años sesenta al interrogarse si había una correspondencia entre la pureza y perfección de los volúmenes ideales y el orden de la naturaleza y del universo. El sentido tecnocrático de Banham le hacía creer que había una ambigüedad o una contradicción en la supuesta equivalencia entre las reglas de las formas primarias y las del universo.

Le Corbusier. Ville Savoye

Claramente para Corbu tal contradicción no existía.

Su visión tecnológica, maquinista, se hallaba subordinada a su espíritu idealista. El mecanismo en Corbu no es un mecanismo pragmático utilitarista sino un mecanismo idealista.

En el sentido humanista de origen clasicista, en el sentido humanista de Leonardo, Pacioli, Pico della Mirandola, Masilio Ficino, Alberti, la integración armónica entre un orden de la forma y un orden del mundo es indiscutiblemente posible. Lo mismo que la integración entre arte y técnica: la abstracción y el racionalismo de los medios técnicos, van unidos a la pureza abstracta y al racionalismo del pensamiento y del arte. En Le Corbusier no existe contradicción entre la razón de la técnica y la razón ideal de la belleza. Tanto la obra estética como la de la ciencia se fundan en valores y leyes invariables.

---

[53] Colquhoun, Alan. *Le Corbusier y la paradoja de la razón,* en *Modernidad y Tradición Clásica.* Obra citada.

Se verifica así una tensión propia de la condición moderna: la de lo conflictivo en los diferentes agentes intervinientes, las búsquedas de una reconciliación o consenso entre los mismos, y lo inefable o inatrapable de esas búsquedas. Lo que para una mirada convencional de lo Moderno vendría a ser incompatible –la belleza idealista, los modelos absolutos, los valores espirituales versus el pragmatismo, la abstracción anónima de la producción y lo instrumental positivista– el humanismo clasicista de Le Corbusier lo buscó reintegrar. Lo que resulta moderno no es solamente el uso de una nueva tecnología o la concepción de nuevos criterios formales, sino esa tensión aporística entre cierta realidad y la búsqueda de una nueva conciencia.

Como en el final de *Metrópolis*, los intentos de reconciliación y armonización de los contrarios puede ser entendido como parte de una visión conservadora, anti-vanguardista y de un discurso estabilizador. Más, lo que también resulta moderno, es la ambivalencia, la oscilación entre los opuestos, la figura del *Yin* y el *Yang*,[54] lo uno y lo otro al mismo tiempo. En todo caso, lo que va a revelar la obra moderna, en esa, su condición, va a ser la imposibilidad de concretar totalmente sus intenciones originales, revelarse como una lucha en pos de un fin que es desconocido.

La concordancia lineal que propuso Banham entre la componente mecanicista y técnica, por un lado, y el purismo formal de tipo platónico, por otro, se debió claramente a su visión tecnológica del problema proyectual en Le Corbusier.

Pero esta interpretación de los fundamentos del proyecto no da cuenta plenamente de su real complejidad.

La concepción proyectual en Le Corbusier obedece más a los principios dictados o derivados por o del Formalismo, a las problemáticas propias del campo de la estética y del arte, que a las visiones o concepciones promulgadas por la técnica.

---

[54] Entre todos los conocimientos reunidos por Le Corbusier, estuvo también el de ciertos aportes de las culturas orientales.

La famosa *máquina de habitar* no está guiada por las leyes de la técnica ni por un imperativo tecnológico, sino por la figura de la metáfora, que pertenece al campo del arte. Esa máquina no es la materialización concreta de las posibilidades técnicas modernas —como sí lo sería para el Racionalismo Alemán— sino una *representación* de la técnica; no es la concreción de la eficiencia y de la funcionalidad sino la *representación* de la eficiencia y la funcionalidad. La máquina de habitar es un modelo de obra de arte, dada por sus leyes internas propias en relación a las teorías del Formalismo y de la autonomía formal.

Llegados a este punto, podríamos volver a la figura de Le Corbusier del *zorro que se comporta como un erizo*. Todo el discurso sobre la técnica ha estado en Le Corbusier teñido de un sentido propagandístico, un discurso que simulaba la adopción de los relatos e imaginarios tecnológicos poniéndose en la cresta de la ola del momento, pero que en cierto modo funcionaba como una máscara detrás de la cual se ocultaban otras concepciones. Bajo esa máscara, o disfraz de un erizo, sus referencias a los objetos producto de la industrialización, a los medios de producción seriados, a los emergentes de la cultura técnica, al automóvil, el transatlántico, el avión, van a funcionar más como modelos estéticos, como representaciones simbólicas de un contenido en la máquina. Es la dimensión intangible de la figura simbólica lo que anida en las concepciones de Corbusier.

Un ejemplo de estas cuestiones y de la fundamentación formal de su pensamiento es la diferencia existente entre el proyecto de Auguste Perret para el *Edificio de la Calle Franklin* y cualquiera de las villas corbusieranas de los veinte.

Ambas obras recurren a la técnica del hormigón y los adelantos constructivos que la misma conlleva. Pero la concepción proyectual de Perret sigue siendo claramente tradicional, asociada a los principios academicistas y del orden clasicista, mientras que el ideario de Le Corbusier es totalmente diferente, producto de las nuevas teorías formales, de

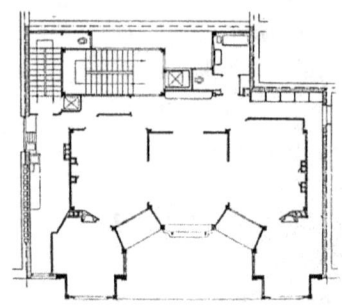 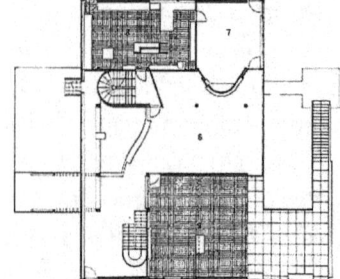

Auguste Perret. Edificio de la Calle Franklin   Le Corbusier. Villa Stein

los aportes vanguardistas y de un pensamiento filosófico diferente. Mientras en el primer caso la técnica está al servicio de una concepción tradicional, en el segundo son las nuevas concepciones las que manejan el recurso técnico. La técnica no constituye el fundamento para el cambio sino que es un instrumento que requiere de un imaginario y una concepción por detrás que es lo que mueve realmente a la transformación.

Como derivado de las cuestiones antedichas, las relaciones entre Modernidad y Tradición van a impactar en otras relaciones, las de Forma y Técnica.

Los adelantos técnicos y constructivos van a ejercer una notable influencia en los desarrollos del Modernismo, pero no van a ser los que determinen los criterios formales y espaciales o la concepción general del proyecto. Esa ha sido una versión impuesta y naturalizada del despliegue moderno, la de la técnica como el factor de cambio de la arquitectura moderna, pero la misma no es efectivamente real. Los cambios en el campo filosófico y del pensamiento vinculados a la estética, las teorías formales como las del Einfühlung, la Pura Visualidad o Sichbarkeit y el Formalismo, y todo el arco de las diversas experiencias y concepciones artísticas resultaron determinantes para la arquitectura y el proyecto.

De allí que puedan identificarse dialécticas, dualidades y tensiones entre las categorías de Forma y Técnica a partir de los cambios dentro de cada una de esas esferas y en sus modos de relación. Sus articulaciones ya conocidas para la arquitectura tradicional van a verse modificadas y abandonadas por los respectivos cambios. Las convenciones entre tradición constructiva, modos de producción material, concepción formal, expresión y recepción de la obra van a sustituirse por sistemas de producción y de concepción hasta el momento inéditos.

Las nuevas relaciones entre forma, técnica, espacio y expresión van a alterar los principios tradicionales tales como tectonicidad, estabilidad formal y estructural, macicidad, densidad, simetría, unidad, sustituyéndolos o sumando otros como atectonicidad, equilibrio inestable, transparencia, esbeltez, liviandad, fluidez, fragmentación, descomposición, tensión. Definitivamente, los cambios impulsados por la arquitectura moderna, en sus distintas acepciones, no van a estar dados por los adelantos técnicos sino por esas relaciones entre forma, espacio, técnica y expresión.

Una de las tensiones dadas por las nuevas relaciones entre Forma y Técnica va a ser la que se dé entre las ideas del objeto único o singular y las de la producción en serie. En los años treinta Benjamin había caracterizado algunas de las transformaciones dadas en la producción y la recepción artísticas a partir de los medios de producción industrial con la pérdida de la dimensión aurática del objeto artístico y la percepción distraída, en el famoso ensayo de *La obra de arte en la época de su reproducción técnica*.

Tales tensiones podrán constatarse en la obra moderna en general y en la de Le Corbusier en particular.

En Le Corbusier persiste la idea de la obra como un objeto único, singular, sobre todo en las villas de los años veinte con su carácter purista y platónico que exalta esa autonomía del objeto. Cada obra se postula como una obra única, de acuerdo a los dictados de sus propias leyes internas y según los principios del Formalismo para la autonomía formal. A diferencia de otras producciones modernas, en las que la expresión concreta es la de un objeto producido en serie, en Le Corbusier cada una de sus villas se presenta como un objeto singular, propio de cada situación, destinatario o momento. Pero lo que sí sucede, es que esa singularidad *representa* la idea de lo que podría ser seriado. Nuevamente el tema de la metáfora: el objeto único como metáfora de una posible reproducción.

Aparece entonces allí la idea del objeto prototípico, el objeto singular como producto del máximo nivel de perfección alcanzado, una pieza que justamente por su calidad podría revestir como pieza única pero que se supone pensada para su reproducción masiva. En el caso de Le Corbusier, no deja de ser una metáfora: el objeto único que podría ser el prototipo para su repetición, no deja de ser la *representación* o el *imaginario simbólico* de la idea de la reproducción en serie. Podríamos recordar aquella imagen de una sucesión de *Ville Savoye* distribuidas en la continuidad del verde como un objeto repetido que hiciera Corbusier como una de las propuestas para Buenos Aires en 1929 y publicadas en *Precisiones*. Pero en la concepción corbusierana es esta la cabal representación de su idealismo, del lugar que ocupan los valores universales de un ideal, heredados del Clasicismo y del platonismo, la Idea del valor de lo universal, y no la materialización concreta de un producto.

Otra de las tensiones dentro del seno de la arquitectura va a ser la de la autonomía artística frente a la función utilitaria. Algo que ya se había dado dentro del propio Formalismo: mientras Fiedler atendía a la existencia de cierta función por parte del arte y a su relación con el exterior, Riegl defendía a ultranza la dimensión exclusivamente autónoma del mismo. En el caso de la arquitectura tal tensión se va a acrecentar.

Por un lado, la misma cuenta con un ineludible propósito útil, un objetivo funcional en cuanto a proveer de un conjunto de respuestas a las necesidades de tipo utilitario: protección, comodidad, salubridad, cualidad habitativa. Pero por otro, y sobre todo en el caso de Le Corbusier, su pertenencia al campo del arte le otorgaba a la arquitectura una serie de características, principios y fundamentos propios de una disciplina artística. La consumación de un objeto de carácter innegablemente estético requería de los principios y fundamentos propios del problema de la forma y la expresión. Un objeto útil pero que no puede agotarse en su exclusiva condición de utilidad. Se ponen en juego así las tensiones entre la función útil del proyecto y los criterios que hacen a la autonomía artística, a los principios de la propia especificidad formal, lingüística y expresiva de la obra, y que jalonan aquellas relaciones entre forma, espacio, técnica y expresión. Tales tensiones no conocen una solución dada o una respuesta final; se mueven en un despliegue perpetuo de la problemática del proyecto.

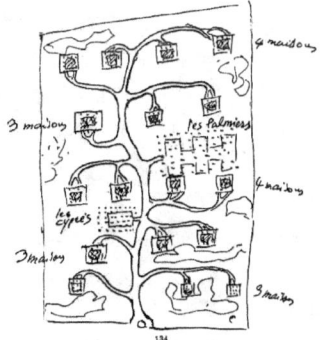

Le Corbusier. Réplicas de la Ville Savoye propuestas para Buenos Aires

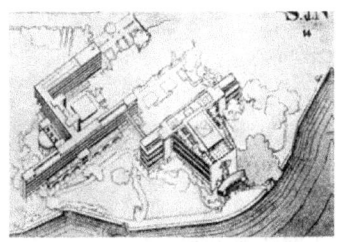

Le Corbusier. Palacio de las Naciones

Los criterios compositivos tomados del Clasicismo Francés o de la Tradición Clásica se pueden ver aplicados a los proyectos de las grandes obras tales como el *Palacio de las Naciones* en Ginebra, de 1927-28, el *Centrosoyus*, de 1928, y el *Palacio de los Soviets*, de 1931, ambos en Moscú, o el *Plan para la Ciudad Universitaria de Brasil*, en Río de Janeiro, de 1936.

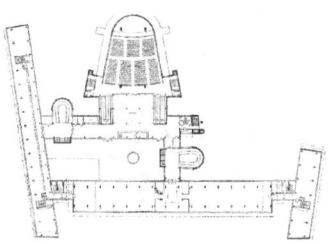

Le Corbusier. Centrosoyus

En cualquiera de ellos están presentes los criterios de la Composición: axialidad, simetría, equilibrio, regularidad, proporción armónica, unidad formal. Un conjunto de diferentes piezas organizadas y distribuidas de acuerdo a los principios de carácter claro, universal e intemporal propios del racionalismo de la tradición Clasicista. Por lo general, y

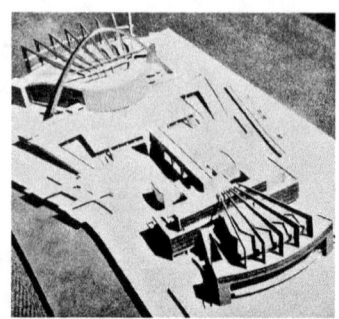

Le Corbusier. Palacio de los Soviets

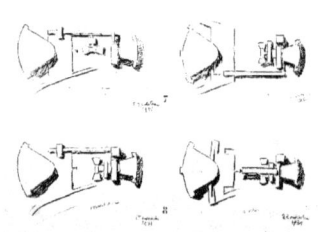

Le Corbusier. Palacio de los Soviets. Las distintas propuestas

Le Corbusier. Ciudad Universitaria de Brasil

en principio, se trataría de composiciones de tipo más abierto, con simetrías que organizan la parte pero no el todo, asimetrías controladas, o pequeños desplazamientos. Una organización formal y espacial más dinámica pero que conserva sin dudas los principios de un orden ideal, universal e intemporal. Las piezas de la Composición la constituyen volúmenes contundentes, regulares, de forma unitaria, ordenadas de acuerdo a diferentes ejes compositivos longitudinales y transversales. Lo que se transmitiría desde el pasado sería una idea de esencia.

Sin embargo, son organizaciones que ya no responden exactamente al concepto de Composición, sino, como hemos dicho, más bien al de Montaje. Un Montaje que incluye criterios compositivos pero junto con otros con un sentido más innovador, dando lugar a las superposiciones, asimetrías, equilibrios dinámicos, yuxtaposiciones, etc. Más que una Composición se trata entonces de un ensamblado de partes que obedece a los principios del Formalismo o de la Construcción de la forma. El contenido simbólico que tenía la Composición tradicional se ha perdido a manos de lo Moderno, así como su relación intrínseca entre forma y contenido. Un Montaje como lógica organizacional moderna, así como moderna es la conversión del concepto de Composición –desprovisto de su significado original– en un material para ser operado.

Le Corbusier. Palacio de los Soviets

La idea de ensamblado o de operación montajística se halla reforzada por el carácter intercambiable de las diferentes piezas en su posición o ubicación. Cada una de ellas puede encontrar distintas posiciones o ubicaciones dentro del conjunto a lo largo de un proceso combinatorio, hasta encontrar la distribución más adecuada.

Del mismo modo, las piezas han adquirido una componente de prototipo que puede ser utilizado en diferentes proyectos, apareciendo piezas de un proyecto anterior en uno posterior, como se observa entre las propuestas del *Palacio de los Soviets* y la *Ciudad Universitaria de Brasil*.

Este paso del concepto de Composición al de Montaje obedece a las nuevas concepciones de la Modernidad.

Los significados de una y otro son diferentes, y aunque están asociados al mismo concepto de autonomía formal, el Montaje ha abandonado el contenido original de armonía y ha venido a pensar a la forma como una *Construcción*, como un proceso de carácter abierto.

No obstante, en el caso de Le Corbusier se va a dar esa pretensión de recuperar una unidad y armonía perdidas, dejando planteada esa tensión o dualidad entre Modernidad y Tradición. Su intención de recuperación o de reunificación pudo estar atravesada de un componente restitutiva o estabilizadora, pero la propia idea del intento de recuperación en un escenario diferente se erige como algo moderno.

En estos casos mencionados de las grandes obras institucionales se ejemplifican las articulaciones entre Tradición y Modernidad.

Por el lado de la Tradición puede contarse esa presencia de los criterios compositivos clasicistas incluidos en la operación de Montaje. La idea de una esencia intemporal permanente a través de la historia que forma parte del diverso bagaje de Le Corbusier.

En cuanto a los emergentes de Modernidad, los mismos están dados por diferentes aspectos.

En primer lugar, y desde lo que hace a las cuestiones de la forma, lo ya mencionado acerca de la categoría de Montaje y las influencias del Formalismo, que implicaron una concepción proyectual totalmente distinta.

En segundo lugar, los aspectos técnicos y constructivos que introdujeron una renovación desde las ideas de la Técnica. Los cambios en las cuestiones formales y técnicas llevaron a las relaciones entre forma, técnica, espacio y expresión a un escenario muy diferente. El uso del hormigón adaptado a las grandes luces, las superposiciones formales y espaciales, las relaciones entre lleno y vacío, constituyen algunos de los aspectos del nuevo imaginario sobre forma-técnica-expresión.

Otro emergente de Modernidad va a ser el de los nuevos programas públicos de tipo político, social y cultural. Temas y programas vinculados a las nuevas formaciones políticas, a los condensadores sociales, o a instituciones que son parte del nuevo espíritu del tiempo y de los nuevos requisitos de la cultura moderna.

Junto con esto, el otro elemento moderno es el de la presencia del sujeto masivo y del ideal público. Estos nuevos temas y programas están vinculados al surgimiento del sujeto masivo y del imaginario de un nuevo sujeto moderno para el siglo XX, diferente al sujeto masivo que supo irrumpir en el XIX. Ideales de democratización, de progreso, y de bienestar que formaban parte de ese ideario o imaginario moderno en tanto la creencia en un ideal que la arquitectura ayudaría a cumplir.

En las villas de los años veinte los principios de la Tradición Clasicista y del platonismo vuelven a estar presentes, en este caso en una relación entre el orden formal y el orden de lo doméstico.

En la arquitectura doméstica la concepción proyectual resulta mucho más compleja que el enunciado de los cinco puntos y el uso de la técnica vinculado a *la máquina de habitar*, siendo que se ensamblan o integran un conjunto de diferentes elementos de distinta procedencia.

La tipología de la casa de patio tradicional, los valores universales e intemporales, las tipologías de vivienda en una integración entre imagen y tipo histórico, las diversas dualidades o ambivalencias y los juegos de opuestos, el espacio experiencial, la relación con el lugar o entre objeto y naturaleza, lo absoluto y lo particular, lo funcional y lo existencial, todo ello se halla reunido dentro de un montaje complejo.

Una primera definición se encuentra dada por la manera que asume el Montaje en la pequeña escala de la vivienda. Allí se superponen dos estructuras formales opuestas: la grilla ortogonal y los diferentes elementos que hacen a los cerramientos, equipamientos, circulaciones verticales, particiones, etc. La grilla ortogonal invoca el orden universal, lo intemporal, la esencia que se repite, lo abstracto, la existencia de un principio ordenador que pareciera regir la lógica proyectual. Opuestamente, los diferentes elementos de cerramiento, equipamiento y demás, obedecen a otra lógica, haciendo referencia a lo particular, lo contingente, lo concreto.

La grilla ortogonal alude a la repetición y la serialización, a lo racional, al orden ideal del Clasicismo y de lo industrial. La misma no resulta visible en su totalidad, no se expresa directamente, sino que existe como un orden latente de un espacio absoluto y uniforme. Es la esencia sobre la que discurren las cosas.

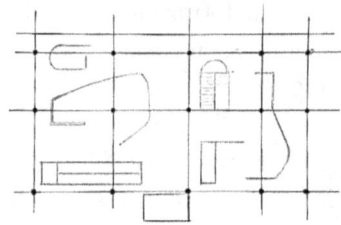

Le Corbusier. La superposición de las dos estructuras formales

En cuanto a los elementos de la segunda estructura formal, los cerramientos, el equipamiento, los núcleos verticales, los vacíos, representan lo concreto, lo particular, un juego libre que flexibiliza la geometría regular y cualifica las partes. En muchos casos, esta segunda estructura formal no coincide con la grilla, sigue su propio recorrido interior. Y la presencia de esto particular posee en cada caso, en cada proyecto, una definición única, por lo cual ninguna planta o ninguna resolución se repite de una obra a otra.

En la organización de la planta y de los espacios se evidencia un traspaso de las formas de la pintura a las de la arquitectura, algo ya observado por Marchán Fiz en *Contaminaciones Figurativas*.[55] Aquellos objetos de uso que integraban las naturalezas muertas del Purismo –botellas, instrumentos, jarras, vajilla– se trasladan a la arquitectura como objetos tipo, y constituyen ese conjunto de elementos de la segunda estructura formal que se disponen sobre la grilla. Los objetos de uso cotidiano o utilitario de la pintura se transforman en los elementos de servicio o de uso en la arquitectura: escaleras, rampas, cerramientos, equipamientos. Al objeto de uso en la pintura le corresponde formalmente el elemento utilitario o de servicio en la arquitectura. Esa relación entre pintura y arquitectura no es directa, sino que está dada por una correspondencia plástica de los signos entre la naturaleza muerta y la forma arquitectónica. Los espacios de servicio, de uso diario o utilitario, son el sucedáneo de los objetos de uso o de los enseres representados en la pintura.

Es esta la versión opuesta a la idea de la forma sigue a la función. La definición formal sigue sus propios criterios de acuerdo a los principios de la autonomía y el Formalismo, y las formas de los espacios de uso, de las necesidades funcionales, son una

---

[55] Marchán Fiz, Simón. *Contaminaciones Figurativas*. Obra citada.

transfiguración de las formas pictóricas dada por las preferencias estéticas.

En cada una de las obras la Tradición Clasicista está presente de manera particular para cada caso.

En la *Maison La Roche*, la *Ville Savoye*, la *Ville Stein*, la *Maison Cook*, la *Villa Meyer* o la *Casa Planex* encontramos los principios de axialidad, simetría, centralidad, frontalidad, tripartición, y el uso de las proporciones armónicas, adaptados a cada situación en particular. Todo ello junto con las dualidades, ambivalencias y contraposiciones consabidas. Y hemos mencionado en algún capítulo anterior el abordaje hecho por Colin Rowe en referencia a Le Corbusier y la Tradición Clasicista, que se profundiza en este caso con el tema de las viviendas del veinte y que se recogía en su artículo de 1947 Las *matemáticas de la vivienda ideal* en la comparación entre Corbu y Palladio.[56] En esa comparación, y a partir de la cita de Wren con que comienza el ensayo, Rowe dejaba en claro la legitimación dada por la historia al Movimiento Moderno.

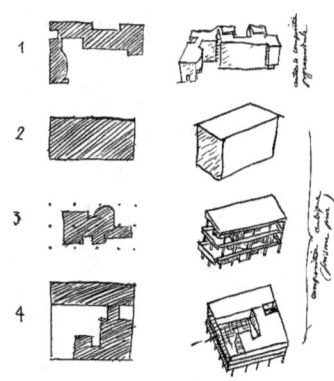

Le Corbusier. Las 4 composiciones

En cada una de esas obras domésticas se dan diferentes formas de montaje en función del concepto de forma ideal.

Un montaje con una superposición y yuxtaposición de formas abiertas, como en la *Maison La Roche*, montajes con una grilla de columnas dentro de la cual juegan las formas libres, como en la *Cook*, la *Meyer* o la *Stein*, o montajes con una distribución de formas contenidas en una figura regular cerrada, como en la *Savoye*. Opciones como las que se muestran en la figura adjunta y que Le Corbusier denominaba, no casualmente, como las 4 Composiciones.

---

[56] Rowe, Colin. *Las matemáticas de la vivienda ideal*, en Manierismo y arquitectura moderna y otros escritos. Obra citada.

La Villa Stein Monzie

Uno de los casos paradigmáticos es el de la *Villa Stein y Monzie*, de 1927.[57]

La pureza formal, la abstracción en el lenguaje, la reducción de los elementos llevados a una esencia expresiva, la plena autonomía del objeto visto como una pieza aislada, son la expresión del perfecto objeto ideal platónico.

Sin embargo, sumadas a esa esencialidad objetual se agregan toda una cantidad de otros aspectos de lo proyectual.

En primer lugar la superposición montajística de las dos estructuras formales, la grilla y los elementos "sueltos".

El montaje no resulta azaroso: la ubicación de cada uno de los elementos está ordenada de acuerdo a un trazado regulador dado por la sección áurea. De la misma manera que en las pinturas del Purismo, o en algunas del Cubismo, por debajo de la ubicación de cada elemento existe un trazado de líneas o de figuras geométricas basadas en el Número de Oro. El orden de la geometría y del número, derivado de la Tradición Clasicista, pitagórica y platónica, que representan un orden de la existencia armónica de las cosas, todavía en los intentos de Le Corbusier. En su *Obra Completa* puede leerse esta importancia, al decir

> "Las matemáticas proporcionan verdades reconfortantes, solo abandonando una obra cuando uno se halla seguro de haber llegado a la cosa exacta".[58]

La geometría y el número, que representan la perfección de la forma armónica, encerrada en un rectángulo áureo, destinada, como diría Rowe, a una armonía de la vida doméstica.

---

[57] La obra estaba destinada a dos familias amigas que se iban a vivir juntas, el matrimonio Stein y Gabrielle de Monzie con su hija. Michael Stein era coleccionista de arte y hermano de la conocida Gertrude Stein, y su mujer era artista plástica.

[58] Le Corbusier y Jeanneret, Pierre. *Oeuvre Complete*. Obra citada.

Las ambivalencias y dualidades complejizan la operación montajística. En la planta baja –destinada a los accesos y servicios– y en el segundo piso –lugar de los dormitorios– la forma y ubicación de los distintos locales obedecen más a una lógica de funcionamiento. En tanto, en la planta principal en el primer piso –verdadero *piano nóbile*– la lógica formal y espacial juega con las ideas de centro y periferia. Por una parte se señala la existencia de un centro, ocupado por el gran estar, pero por otra todos los elementos parecen lanzarse hacia la periferia, en una tensión entre centro y dispersión periférica. Se pone así una mirada crítica desde lo Moderno al tema de la tradición. Mientras en la Tradición Clasicista se remarca convencionalmente la importancia del centro como un criterio de orden y de jerarquía, en su adopción moderna la idea de centro está puesta en crisis. La misma no ha desaparecido, pero se halla diluida en esas tensiones entre centro y dispersión periférica.

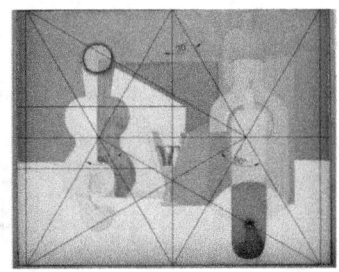

Le Corbusier.
Pintura purista y trazado regulador

La ruptura del centro es formal, pero mucho más preponderantemente es una ruptura conceptual. La lógica de la autonomía y del Montaje es parte de la ruptura de la unidad original, de la unidad entre forma y contenido, entre forma y existencia, entre lo profano y lo sagrado, unidad que se ha perdido definitivamente. Esa unidad como idea de Centro entendido como concepto jerárquico que hace al pensamiento y al orden de las cosas.

Este va a ser uno de los rasgos típicos en Le Corbusier: la promesa sobre la existencia de un orden que luego es negada, o mejor dicho ocultada.[59]

---

[59] Nos referimos a la intención de ocultar en virtud del pensamiento esotérico de Le Corbusier. De acuerdo al mismo, el centro, o la verdad de

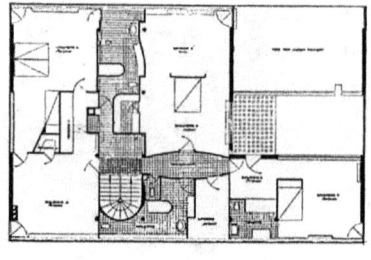
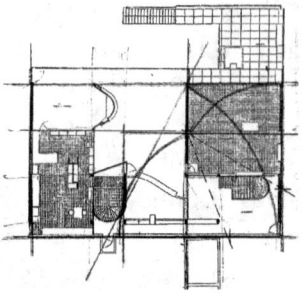

Le Corbusier. Villa Stein. 2° Piso y 1° Piso

Todo pareciera atravesado de su contrario: centro-periferia, simetría-asimetría, unidad-ruptura.

Las mismas leyes esenciales organizan la sintaxis de las dos fachadas principales al frente y contrafrente, de acuerdo a la proporción áurea, la frontalidad, la simetría, la axialidad, la centralidad y la tripartición.

El principio clásico de la frontalidad es conservado resaltando ambas fachadas hacia el acceso y el jardín posterior.

La fachada al frente es casi simétrica, con un eje compositivo marcado por el vano del nivel superior y el ventanal de la planta baja, y aludiendo al concepto de centralidad, y con algunos elementos o disposiciones que rompen con la simetría total incorporando un movimiento sutil que altera la estaticidad formal.

La del contrafrente juega con la dualidad, no es simétrica en la totalidad pero sí lo es la parte. Y la incorporación de la escalera, la terraza y el gran vano del patio le otorgan un equilibrio dinámico a la configuración.

En ambos casos se da lugar a una tensión o contraposición. En la fachada del frente entre la verticalidad del eje central y la horizontalidad de las bandas; en la del contrafrente entre el

---

las cosas, no se hallaría en la apariencia de las cosas sino que sería algo que se debe encontrar debajo de tal apariencia.

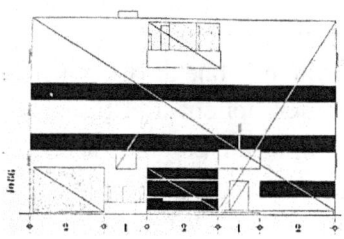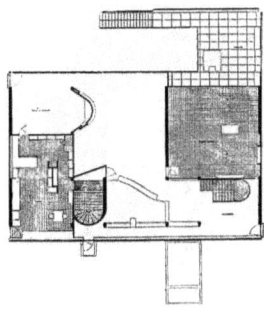

Le Corbusier. Villa Stein. Fachada frente, interior y patio terraza

gran vacío del patio a la izquierda y el plano aventanado a la derecha en una oposición asimétrica.

La dualidad se da también en la relación entre exterior e interior, en donde el exterior no representa lo que ocurre internamente, dando por tierra uno de los mitos o de los reduccionismos de ciertas interpretaciones del Modernismo. Ambos comparten los mismos principios de ordenamiento y coinciden en algunas de sus líneas estructurantes. Pero las ideas de centralidad y de simetría de la fachada al frente no reflejan la concepción interior, con su organización más libre y periférica

Otra ambivalencia es la que se da entre el mantenimiento y unidad de la caja y la descomposición de la misma en algunos planos. A nivel exterior se conserva la idea de caja y la unidad volumétrica, mientras que en el interior la continuidad que daba la estructura muraria se ha perdido a partir de una organización de planos y de vanos estratégicamente ubicados.

En las relaciones entre forma, espacio, materialidad y expresión el montaje de planos, columnas y cerramientos no tienen una disposición estática; dentro de la regularidad de la caja se mueven, rotan, cambian de posición. Sin embargo, todo ese dinamismo está sujeto a una ley matemática rigurosa, y se encuentra unificado por la homogeneidad de la expresión en el tratamiento material o de las terminaciones del interior. Una dualidad entre el movimiento o la particularidad de

Casa del Poeta Trágico

cada elemento y la reconstrucción de la unidad y la homogeneidad expresiva.

Dentro de este montaje de diferentes procedencias, se encuentra el trabajo con la tipología de la casa de patio tradicional.

Aunque un poco disimulada por el concepto de lo platónico se puede observar por parte de Le Corbusier una reformulación de la tipología de la casa de patio tomada de la arquitectura mediterránea o de *La Casa del Poeta Trágico*. Como ya hemos visto, el tema tipológico se encuentra en casi todos los procesos proyectuales de Le Corbusier, en esa dialéctica entre la idea tradicional de la tipología y la de un proto-tipo que alude a lo industrial. En la *Villa Stein* la reformulación está dada al sacar el patio de su ubicación convencional en planta baja y reubicarlo en el primer piso, jugando nuevamente con la ambivalencia, en este caso entre la idea de patio y la de terraza. Un espacio abierto semicubierto que adquiere una sofisticación espacial a partir de su doble altura, el balconeo del balcón-terraza del segundo piso, su prolongación en la terraza y la escalera de acceso al jardín y la definición de sus límites entre lo cerrado y lo abierto. Una complejidad espacial dada por el montaje y la superposición de distintos planos, vacíos y dobles alturas que rompen con la idea de los espacios estancos y que se repiten en otros proyectos y obras, como la *Maison La Roche* o la *Casa Shodan*.

Una operación que, por otro lado, no deja de ser extraña, si se quiere, en términos de las relaciones entre forma espacio y función. La convencionalidad en el uso marcaría que los locales que dan al patio deberían abrirse y expandir hacia el mismo. Pero en este caso la vinculación con el estar está ocluida por un gran plano ciego, quedando el patio-terraza casi como un ambiente interior y con una plena apertura hacia el jardín marcando la dirección de la visual.

Es esta otra de las operaciones proyectuales típicas de Corbusier, la intención de direccionar las visuales enmarcando ciertas perspectivas y planteando una forma de relación con el lugar, algo que puede verse en muchas otras obras, como la *Ville Savoye*, la *Maison La Roche* o la *Casa en el Lago Léman*, para su madre.

La idea del patio-terraza, su apertura hacia un sector del exterior enmarcando las visuales, y la pureza platónica del objeto se correspondían con la concepción del proyecto de proponer una villa suburbana, un pabellón de retiro alejado del fragor de la ciudad y en contacto con la naturaleza. Una villa hacia la cual retirarse para la contemplación y el cultivo de la mente y del cuerpo, similar al ideal palladiano de sus villas rurales.

Por último, el proyecto original, de acuerdo a los croquis de 1926, preveía otras alternativas. Una de ellas con una configuración en forma de L agregando un pabellón adicional y una organización espacial interior muy diferente. Y otra más llamativa, una organización claramente clasicista con un esquema cerrado de cuerpo central y dos laterales basado en la axialidad, la simetría, la centralidad y la tripartición de una manera casi esquemática y totalmente diferente a la propuesta definitiva. Algo que demuestra la lógica del proceso creativo y proyectual de Le Corbusier que comprueba que la obra no era el resultado de una idea absoluta y única desde un inicio –coincidente con la idea del genio– sino que la misma era parte de un proceso sucesivo y complejo a lo largo del cual el proyecto podía ir mutando o modificándose

Le Corbusier. Villa Stein. Patio terraza

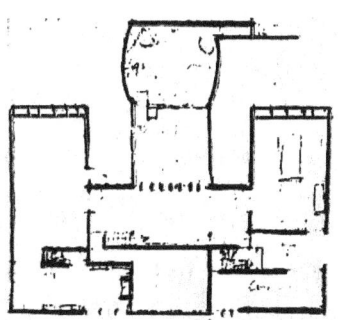

Le Corbusier.
Villa Stein. Propuesta original

con propuestas muy diferentes o también como pequeños cambios en relación a una idea de variación dentro de una entidad ya definida del objeto.

La Villa Meyer y la Maison Cook

Un modelo proyectual similar se pone en práctica en otras obras del momento, como en la *Villa Meyer* de 1925 y la *Maison Cook* de 1926.

La geometría regular, el trazado proporcional en base a la sección áurea, la axialidad y la centralidad, y las simetrías parciales son las operaciones formales que organizan el montaje, dentro de la forma reguladora y contenedora del volumen puro. En palabras del propio Le Corbusier:

> "La casa podría ser como el auto: una envolvente simple contiene un estado de libertad de los órganos libres infinitamente múltiples".[60]

De la misma manera que en sus pinturas, los trazados reguladores sirven como un principio de orden de "los órganos libres e infinitamente múltiples" del proyecto. En *Hacia una Arquitectura* Le Corbusier puntualiza la diferencia entre la idea del trazado en la Academia y el trazado regulador en lo moderno. Aquel ha quedado tan solo como un instrumento distributivo de acuerdo a la organización de unos ejes. Por el contrario, en los trazados reguladores se señalan los puntos de máxima tensión en la organización, y siempre han sido utilizados por la arquitectura de las grandes épocas. Es un sistema que permite obtener un elevado grado de precisión en las proporciones y el orden de las cosas. Fija los puntos en que debe centrarse la atención, asegura la armonía de las partes con el todo, equilibra los elementos de manera que cada uno se sitúa en función de

---

[60] Le Corbusier y Jeanneret, Pierre. *Oeuvre Complete*. Obra citada.

su importancia. El trazado es la razón que encausa el sentimiento. En *L'Esprit Nouveau* Le Corbusier dirá:

> "Hagamos de la geometría un culto del espíritu, corrector de las desviaciones de la sensibilidad excesiva".[61]

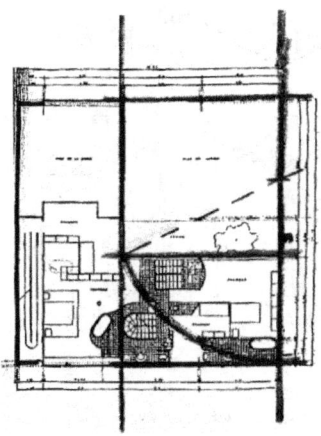

Le Corbusier. Villa Meyer. Trazados

Se deja en claro con esto dos puntos significativos.

Por un lado el carácter espiritual que tiene la geometría, su sentido de elevación trascendente; la geometría no constituye solamente un instrumento técnico.

Por el otro, la componente didáctica y a la vez reguladora y apodíctica que tienen las leyes al referirse a *las desviaciones de la sensibilidad excesiva*.

Debe prestarse atención a como Le Corbusier define a la arquitectura como una *machine a emouvoir*, una máquina de emocionar. Los puristas planteaban al acto de creación artística como el hecho humano más sublime, donde no tiene cabida el azar, aunque sí la intuición. Crear es combinar de manera simultánea el esfuerzo de la razón y la sensibilidad. La geometría requiere de la sensibilidad del artista para extraer de ella todo su potencial plástico.

Tanto en *Hacia una Arquitectura* como en sus escritos de *L'Esprit Nouveau* Le Corbusier propone la idea de la arquitectura como un arte capaz de poner a las personas –él decía en aquel momento al hombre– en un estado sensible superior por la percepción de la armonía y de las relaciones matemáticas entre las formas. En arquitectura esas sensaciones se provocan por medio del juego de los volúmenes y de la luz; los cambios

---

[61] Le Corbusier. *L'Esprit Nouveau*. Obra citada.

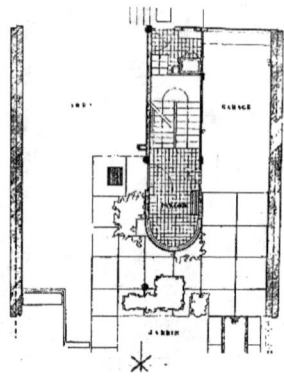

Le Corbusier.
Maison Cook. Planta Baja

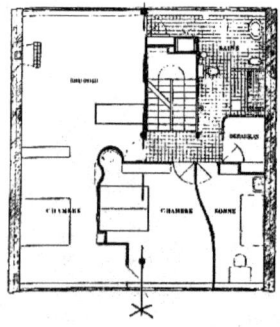

Le Corbusier.
Maison Cook. Primer piso

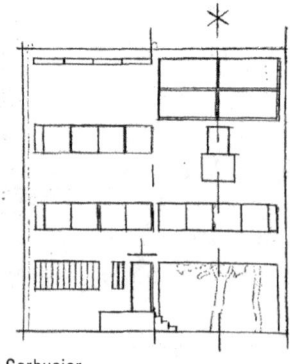

Le Corbusier.
Maison Cook. Fachada al jardín

de dimensiones, las superficies y huecos que refuerzan las sensaciones mediante la proporción y el orden, atributos que provienen de la reflexión. Nuevamente, en el caso de Le Corbusier, la arquitectura no tiene el propósito de representar la función sino el de provocar una emoción superior.

Según los principios de la geometría clásica, en la *Villa Meyer* los diferentes elementos y divisiones interiores se van organizando de acuerdo a las figuras del cuadrado y de la sección áurea.

En el caso de la *Maison Cook*, se invoca la idea de la centralidad y la axialidad con la ubicación del espacio de acceso en la planta baja y la escalera y la línea de columnas que dividen al medio la figura del cuadrado en todas las plantas.

Sin embargo, la idea de un orden no es totalmente absoluta ni cerrada, dentro de ese juego de ambivalencias y contraposiciones.

Por ejemplo en la *Maison Cook* esa idea de centralidad y axialidad se halla sugerida y no se concreta taxativamente. El núcleo de acceso y de la escalera no está exactamente en el centro sino desplazado hacia un costado, generando esa ambivalencia entre la existencia de una ley y su puesta en discusión. Lo mismo con la organización de las fachadas al frente y al jardín posterior, con sus simetrías parciales y su insinuación de un eje compositivo central que en realidad no está materializado por ningún elemento sino solo sugerido por el orden de la sintaxis.

Al observar con detenimiento todas sus obras, se evidencia la existencia de pequeñas distorsiones o desplazamientos. Le Corbusier y Ozenfant consideraban a la distorsión como un atributo esencial en el arte. Una distorsión o desplazamiento que debe efectuarse respetando la relación equilibrada entre las partes y las partes y el todo. En la obra de arte, la distorsión se produce como una contribución a la armonía de las cosas. La arquitectura de Le Corbusier –como en las columnas del templo griego– utiliza la distorsión como recurso para enriquecer la configuración de la obra.

Corrimientos de algunas columnas por fuera de la grilla, desplazamiento de un eje de simetría, las simetrías parciales que no se aplican a la totalidad, la curvatura de algunos elementos o cerramientos, figuras que *casi* son un cuadrado. Estas distorsiones y pequeños desplazamientos pueden obedecer a un requerimiento funcional o para hacer más eficiente el uso, o como parte de esa optimización en la perfección de la percepción o de la armonía de la obra.

Dentro de la complejidad del montaje, y como hemos visto, las losas, columnas y tabiques, los planos horizontales y verticales, no se comprenden solamente bajo una función constructiva o técnica sino como elementos abstractos que hacen a la configuración del conjunto, a las diversas articulaciones entre soporte y envoltura, a las relaciones entre forma, espacio, materialidad y expresión.

La Ville Savoye

Ubicada en un gran predio que originalmente cubría siete hectáreas con un predominio de la naturaleza, la *Ville Savoye* de 1929 sería el punto máximo del sueño bucólico y platónico del clasicismo corbusierano.

En la obra se vuelven a reiterar en un ensamblaje conceptual y formal los diferentes elementos y procedencias que

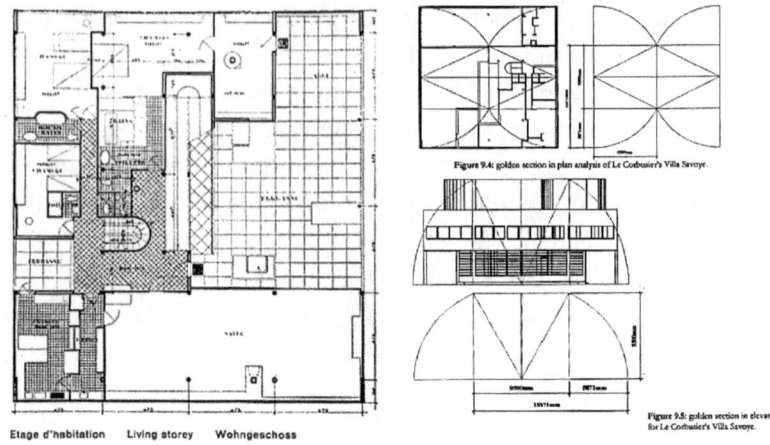

Le Corbusier. Ville Savoye.
Planta Principal

Le Corbusier.
Ville Savoye. Trazados Reguladores

hemos venido mencionando: los principios del clasicismo, la tipología de la casa de patio, la máquina de habitar y la de emocionar, el espacio fenomenológico, y las dualidades y ambivalencias entre opuestos.

En la configuración de la planta, y de una manera mucho más explícita que en los ejemplos anteriores, se dan los principios de la axialidad y la centralidad marcados por la rampa que cose los tres niveles y la forma en curva de la planta baja con el acceso en el eje.

Dentro del montaje efectuado cada uno de los espacios parece acomodarse de acuerdo a un criterio funcionalista en cuanto a los usos, el asoleamiento y la buena ventilación. Pero como ocurre en Le Corbusier el montaje o ensamblado de cada elemento está regido por el trazado regulador, tanto en la planta como en el alzado, en este caso basado en el rectángulo áureo y en el rectángulo raíz de cinco.

Así mismo se repite la operación montajística de superposición de las dos estructuras formales, la grilla ortogonal y la distribución de los tabiques de cerramiento. Pero en este proyecto el juego de esa segunda estructura es menos libre que en los casos ya vistos, quedando los elementos de cierre subsumidos o ubicados en coincidencia con los ejes de la grilla de columnas. Es otro ejemplo de montaje isotópico, en donde se superponen lo universal y esencial de la grilla ortogonal con lo particular del armado de cada espacio o elemento.

De la misma manera que en la planta, el mismo criterio de axialidad, centralidad y frontalidad se da en la fachada que constituiría el supuesto frente del edificio.

Todos estos principios canónicos y universales son puestos nuevamente en discusión.

La planta parece cuadrada pero no es cuadrada, siendo que a la vez también lo es. Más allá del juego de palabras, la figura resulta cuadrada dependiendo de cómo se la tome. Es un cuadrado si se considera la forma definida por la grilla de columnas, pero si se le agregan los dos pequeños voladizos del frente y del contrafrente, ya no lo es.

En la configuración de la planta principal en el primer piso, la idea de centralidad es puesta en tensión. Si en la *Villa Stein y Monzie* el concepto de centro se hallaba insinuado o sugerido, en esta otra obra está claramente afirmado por el protagonismo de la rampa, pero a la vez todos los espacios y elementos son arrojados en un movimiento centrífugo hacia los bordes, en una tensión entre centralidad y dispersión periférica. Además, a diferencia de los ejemplos clasicistas, el centro no está ocupado aquí por un espacio de permanencia, la sala principal, sino por la rampa, un espacio de circulación. Mientras en el canon del Clasicismo el movimiento es centrípeto en torno a un concepto de jerarquía formal y espacial, en Le Corbusier el movimiento es centrífugo, en una ambivalencia entre lo jerárquico y su interpelación.

La dialéctica entre centralidad y dispersión periférica se comprueba de igual modo en la concepción exterior y en su relación con el lugar.

En una descripción sobre la obra Le Corbusier argumenta:

"La casa no debe tener un frente. Situada sobre la suave curvatura del terreno debe abrirse a los cuatro horizontes".[62]

Le Corbusier.
Ville Savoye. Vista frontal y acceso

Por un lado se insinúa que la obra tiene cierta condición de frontalidad y de centralidad jerárquica a partir de la posición del acceso, la forma de la planta baja y el remate en el segundo piso. Sin embargo esa idea de un frente es discutida por la casi igualdad de las cuatro fachadas y por la imagen en scorzo y de invitación a un recorrido perimetral en torno a la obra, la voluntad de un recorrido perimetral que se postula como necesario ante la autonomía del objeto aislado en la naturaleza.

Otra dualidad se verifica en la relación entre interior y exterior. Si bien cada situación de los espacios interiores y del patio se relaciona con el exterior abriendo las visuales a los diferentes lados, la concepción formal no es la misma. En el interior la lógica formal es la de un acomodamiento por yuxtaposición de cada espacio y con diferentes criterios formales en cada una de las plantas, una lógica de lo particular o de lo contingente de cada situación. Mientras que en el exterior el criterio es el de lo absoluto, el de la apariencia de una homogeneidad y reducción a una esencia que en el interior no se verifica. Se repite con esto la lógica proyectual corbusierana: un juego abierto de elementos y situaciones interiores contenido en un volumen o un cuerpo único, armónico, homogéneo, cerrado en sí mismo en su perfección abstracta. Una ambivalencia

---

[62] Le Corbusier y Jeanneret, Pierre. *Oeuvre Complete*. Obra citada.

entre lo que la obra define interiormente y su apariencia externa, la tensión entre lo que la obra es y lo que parece.

Similares ambivalencias se dan en el caso de la estructura.

A simple vista se trata de una grilla regular de 16 módulos cuadrados de 4.75 metros de luz entre columnas. Pero en algunos lugares las columnas están corridas, se desplazan, por un tema de espacio de uso o de optimización funcional, rompiendo la modulación, mientras que en otros caen dentro de un local. De este modo la perfección ideal de la forma, la perfección del principio universal, es modificado por lo particular o lo puntual de una situación, en otra tensión entre lo absoluto universal y lo contingente particular.

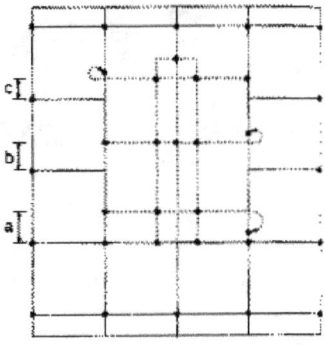

Le Corbusier.
Ville Savoye. Planta de estructura

En las articulaciones entre forma, espacio, materialidad y expresión se ensamblan la tradición tipológica y la moderna percepción fenomenológica del espacio.

Uno de los famosos cinco puntos del pensamiento de Corbu, convertidos en clichés, ha sido el de la terraza-jardín. Pero como en los casos anteriores el tema de la terraza-jardín en la arquitectura doméstica no puede separarse del problema de la tipología, entendiendo a la misma no solo como un prototipo vinculado a la idea de lo industrial sino como parte de una reformulación de la tradición tipológica del habitar doméstico. La conversión de la tipología de casa de patio en el tema terraza-jardín deviene de los estudios realizados por Le Corbusier de las tipologías de vivienda mediterránea, del norte de África y de Oriente.

Este trabajo con lo tipológico implica tres operaciones modernas.

En primer lugar un típico procedimiento moderno como es el del Extrañamiento.

Le Corbusier. Ville Savoye. Vista en escorzo   Le Corbusier. Ville Savoye. Patio

En el mismo, se extrae un tema o elemento de un determinado contexto para colocarlo en otro diferente. En ese pasaje, el paso no es literal, sino que debe producirse algún cambio o transformación, como por ejemplo en la escala, la materialidad, la proporción, etc. Ese pasaje de la tipología de la casa de patio al tema de la terraza-jardín puede ser leído como una operación de extrañamiento dentro del repertorio de recursos modernos.

En segundo lugar, el trabajo de resemantización que importa el extrañamiento.

El pasaje de un contexto a otro, la tipología de la casa de patio llevada a otra situación, implica un proceso de resemantización de la forma por el cual ésta adquiere nuevos contenidos o significados. En ese proceso, se conservan o perviven algunos contenidos originales en referencia a un sentido vivencial, de reunión o de la intimidad, de los protocolos del habitar, que conlleva la tipología, a la vez que se carga de nuevos significados asociados al modo de producción moderno, a la categoría de Montaje, el idealismo platónico y la abstracción expresiva, o a lo universal del Clasicismo, entre otras cosas.

En tercer lugar, la conversión de los temas o elementos de la tradición, en este caso de la tradición tipológica, en un material para ser operado, para trabajar con él. El extrañamiento y la resemantización son instancias justamente de esa conversión de un tema en un material para ser manipulado. El patio pierde su sentido antropológico de arraigo original, su impronta simbólica de lo arcaico, para convertirse en un espacio abierto suspendido en el aire, pleno del sol y la vitalidad higienista del sujeto moderno, figura que se mueve entre un ideal arquetípico y un nuevo sentido de la existencia moderna.

El montaje no es tan solo un procedimiento a nivel de la relación entre los elementos en la planta sino respecto de una vinculación espacial. El contrapunto entre la rampa y la escalera caracol como dos piezas escultóricas, las vinculaciones entre el interior y el patio-terraza al aire libre, el recorrido en vertical por la rampa en contraposición con el plano horizontal de la propuesta, dan cuenta del sentido experiencial del espacio en relación a como lo había planteado Bergson. La idea de espacio fenomenológico de Bergson se expresa en esta componente vivencial de la obra, reforzada por la continuidad y la homogeneidad expresiva del color y las formas puras del interior. La continuidad del blanco y la pureza homogénea de la expresión en el acabado sumergen a la persona en una experiencia vivencial. La noción de espacio adquiere un sentido metafísico que no solo funciona como una suerte de *mecanismo* dado por el montaje de las piezas sino en virtud de cierta concepción filosófica en cuanto a la idea del tiempo, de lo diacrónico y lo sincrónico, de la fuerza emotiva dada por la incidencia de la luz

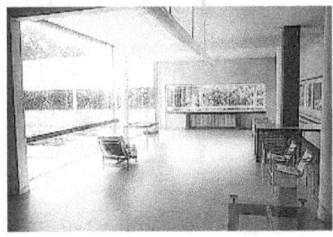

Le Corbusier. Ville Savoye. Interior

Le Corbusier.
Ville Savoye. También llamada
Las Horas Claras

en las superficies, por el sentido ascensional de la rampa y el vacío recorrible.

La espacialidad interior plantea una idea de lugar y de la interioridad doméstica diferente al de la tradición. En el concepto de interior burgués del siglo XIX y de principios del XX –con el Eclecticismo y aún con el Art Nouveau– se da lugar al *horror vacui*, a la saturación y acumulación, a un clima de intimidad abigarrada y de una colección exacerbada de objetos. En esta forma del interior moderno se promulga una nueva idea de lugar para el sujeto del siglo XX basada en el racionalismo, la higiene y la eficiencia, pero también en una componente metafísica y existencial asociada a un nuevo tipo de vida.

Los valores de esencia, perfección, armonía y pureza como algo universal e intemporal buscan expresarse en esa figura ideal de un sólido suspendido en el aire en medio de su entorno natural. Un objeto puro, flotando, con la planta baja libre que libera el suelo y se despega de la Naturaleza sin interferirla, sin modificarla.[63] Tal vez la representación más acabada del juego de los volúmenes bajo la luz. De hecho la obra también lleva el nombre de *Las Horas Claras*.

Una imagen que recurre a la idea del Arquetipo como una figura fundante y que alude a ambas acepciones del término. En su etimología, *arque* remite a la idea de principio. Pero el principio entendido tanto como sinónimo de origen, o de inicio, como también como sinónimo de norma, de regla. O sea, la idea de arquetipo como aquella que dicta los principios o las reglas originales, los principios o normas que se fundaron en un inicio de las cosas. Obviamente, la idea de arquetipo entraña un idealismo por los orígenes, y por los principios acuñados en los principios de la Historia, así, con mayúscula, como construcción mítica de un momento y de un conjunto de valores fundantes.

---

[63] A esta relación entre objeto y naturaleza volveremos más adelante siendo fundamental a las concepciones proyectuales en Le Corbusier.

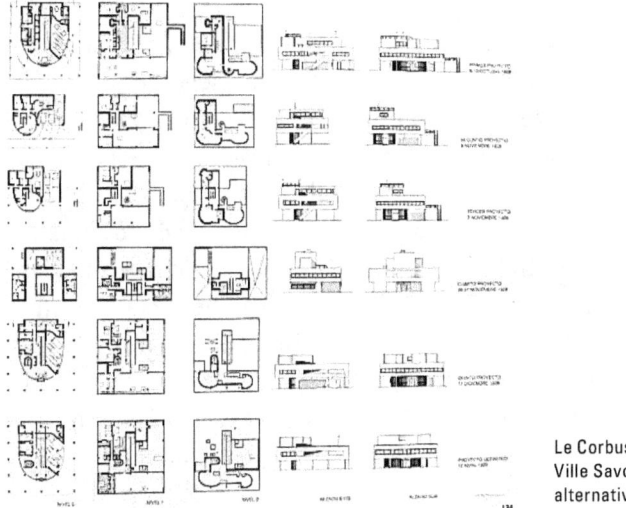

Le Corbusier.
Ville Savoye. Seis propuestas alternativas del proyecto

Finalmente, y como en el resto de los casos, la *Ville Savoye* es el producto de un proceso proyectual en el que se fueron probando diferentes soluciones o alternativas. Algunas de ellas muy similares a la propuesta final, otras radicalmente diferentes. El proyecto se postula así no como una idea absoluta en un a priori sino como parte también de una indagación sobre cada caso en particular. De este modo se ponen en tensión los criterios o principios generales y de carácter esencial frente a lo particular de cada situación.

Dentro de este despliegue llama la atención la diferencia entre algunas de las alternativas planteadas. En la final, lo mismo que en otras, se mantiene la idea de un cierto dinamismo formal, las tensiones entre centro y periferia, o una lógica de montaje más complejo en sus relaciones entre las partes y el todo. Sorprendentemente, en otra, como en la cuarta –según la figura adjunta– se ha abandonado todo dinamismo y complejidad a manos de una figura totalmente más propia de la ortodoxia clasicista, una figura de un equilibrio estático y cerrado.

En suma, y contrariando toda visión canónica de lo Moderno, casi podría decirse que Le Corbusier se comporta como el más sofisticado de los eclécticos. En su juego de dualidades y de montaje de oposiciones hay un trabajo de selección y de ensamblado de diferentes elementos, alusiones o procedencias, bajo esa idea del trabajo proyectual como manejo de un material. Nada de esas referencias o aportes es directo o literal, es por eso que se trata de alusiones, que se hallan diseminadas y deben ser inferidas para su reconstrucción. Selecciona elementos de la tradición clásica, del platonismo, de la cultura oriental o mediterránea, del maquinismo, de los objetos tipo, o de las experiencias en las artes plásticas. Todos esos motivos son transformados en su nuevo contexto y a la vez mantienen parte de su contenido original, todos esos motivos aluden a la diferencia o a la diversidad, pero siempre reunidas bajo un principio de armonía integradora.

La Maison La Roche Jeanneret

El ejemplo las dos viviendas apareadas de la *Maison La Roche Jeanneret* expone otro tipo de montaje entre las cuatro alternativas que postulaba Le Corbusier llamadas Las 4 Composiciones.

En este caso, lo mismo que en la *Maison Lipchitz Miestschaninoff*, la *Petit Maison D'Artistes a Boulogne* y la *Villa Church* –llamada también *Ville D'Avray*– se trata de un montaje abierto de piezas que no quedan contenidas dentro de una figura regular. Los distintos volúmenes se van superponiendo e interpenetrando, configurando un ensamblaje en donde se articulan los espacios llenos y vacíos.

La pureza y perfección del orden platónico no está representado en estos otros exponentes por la idea de un único volumen puro y exento, sino por la abstracción, la regularidad y la reducción de elementos en las distintas piezas y en el manejo del lenguaje.

A pesar de esta diferencia en la lógica formal el procedimiento de montaje no supone un ensamblado azaroso o casual de las distintas partes ni determinado por el orden funcional. La rigurosa geometría y el uso de la sección áurea estructura las relaciones entre las partes y entre las partes y el todo. Pero, comparando la *Maison La Roche Jeanneret* con la *Ville Savoye,* los principios de la Tradición Clasicista son menos explícitos, se encuentran sugeridos y hay que detectarlos, al desvirtuar toda idea de un centro jerárquico.

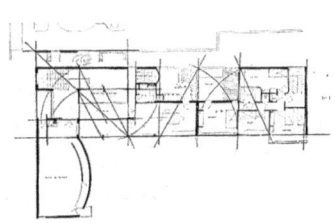

Le Corbusier.
Maison La Roche Jeanneret

En estos proyectos se ponen en evidencia tres niveles integrados entre sí.

Las diversas partes ensambladas en base a una organización geométrica rigurosa.

Le Corbusier.
Maison La Roche Jeanneret. Trazados

El acomodamiento de la rigurosidad geométrica del montaje al sitio de inserción o a las particularidades de un predio.

La unificación de esas partes diferentes bajo la homogeneización del lenguaje purista.

Es este otro ejemplo de las relaciones posibles entre los criterios de un orden universal y permanente y sus capacidades de adaptación o de acomodamiento a cada emplazamiento en particular. Lo absoluto del orden junto a lo particular de cada situación. Un lote relativamente angosto, con varias especies arbóreas que había que conservar y una normativa edilicia que respetar.

Volcada sobre uno de los laterales, la obra deja un espacio abierto lateral hacia el cual se abre con los distintos locales y hacia el que se ingresa desde el acceso en un extremo. Esta organización de un bloque lateral con un espacio abierto a su costado está tomada de una de las formas de implantación del Hotel Francés propio de la tradición local desde el siglo XVII. Un espacio que funciona como una especie de *Cour d'honneur,*

Le Corbusier.
Maison La Roche Jeanneret

espacio simbólico y procesional adaptado al escenario moderno. Ese espacio longitudinal se pone sobre un eje perspectívico que remata en el cuerpo simétrico del volumen curvo del fondo. La tradición del Clasicismo Francés aparece en esta adaptación tipológica, sin caer en un historicismo desde el lenguaje pero sí manteniendo una esencia conceptual que se mantiene a través de la historia.

A partir del montaje, los encastres y superposiciones, el movimiento de las piezas, aún en su regularidad, rompen con la uniformidad y la monotonía. Un ejemplo de cómo trabajar con la homogeneidad del lenguaje pero sin caer en la monotonía o la repetición seriada sin cualidad. Lo particular o lo diverso vuelven a utilizar el recurso de las simetrías parciales, en este caso ordenando la sintaxis en el volumen curvo, en el bloque extremo de la vivienda Jeanneret o en el acceso al sector de la Roche. Lo seriado, la idea de la reproducción técnica maquinista, se integra con el idealismo platónico y con la diversidad dentro de la unidad o la continuidad. Es esta una comprobación de 1923 de los postulados teóricos enunciados respecto de la alianza entre el purismo platónico y el imaginario de la máquina. Y resulta significativa desde lo proyectual esa relación de lo diverso o de lo particular dentro de la unidad o la continuidad.

Los encastres y articulaciones volumétricas tienen su correspondencia con el tratamiento de la espacialidad interior.

Le Corbusier.
Maison La Roche Jeanneret. Interior

Le Corbusier.
Maison La Roche Jeanneret. Terraza

Las dobles alturas, los balconeos de un sector sobre otro, el puente y la rampa, conforman los rasgos de una complejidad espacial en el interior. Se articulan así distintas situaciones definidas por el tratamiento de la caja o por su descomposición en planos. En la continuidad de una poética a través de las obras se combinan esa complejidad espacial y el tratamiento volumétrico interior con la homogeneidad del lenguaje purista y abstracto. La sofisticación del tratamiento formal no está reforzada por una diversidad en el uso del material sino que se halla unificada por el mismo. La descomposición en el plano se verifica tanto en los paños ciegos como en los vidriados que constituyen un plano en sí, ubicados en posiciones estratégicas que potencian la relación entre la incidencia de la luz y las superficies puristas y abstractas.

El problema del espacio experiencial y de las dualidades entre la norma y la diversidad quedan bien expuestas al describir la *Villa Savoye* en su *Obra Completa*, lo mismo que su deuda con los tipos de otras culturas y el sincretismo de su pensamiento proyectual:

"La arquitectura árabe nos da una enseñanza precisa. Se aprecia mientras nos movemos con los pies. Es mientras paseamos, mientras nos desplazamos, como vemos desarrollarse las disposiciones arquitectónicas (...) En esta casa se materializa una verdadera *promenade architecturale* que ofrece aspectos constantemente variados, inesperados, a veces asombrosos. Es interesante obtener tanta diversidad cuando uno admite, por ejemplo desde el punto de vista constructivo, un esquema de pilares y de vigas absolutamente riguroso".[64]

Esta interpretación del espacio moderno de tipo complejo es diferente y alternativa a esas otras concepciones del Proyecto Moderno que piensan el espacio en un sentido seriado, repetitivo, anónimo, sin cualidad. Lo mecánico o maquinista no renuncia aquí a la complejidad y a una calidad espacial.

Al igual que en la *Maison Cook* o la *Villa Stein Monzie*, en la *Maison La Roche* —si bien desde un tipo de montaje diferente— existe esa idea de continuidad o de fluidez espacial propia del Modernismo Racionalista. Una continuidad y fluidez que opera dentro de la lógica de los encastres, las superposiciones y las distintas situaciones de espacio. Esta idea de espacio moderno en términos de fluidez y continuidad es diferente también a otra concepción de la fluidez y la continuidad modernas, como puede ser la de Mies van der Rohe. En Mies, la fluidez y continuidad se entienden a partir de un espacio homogéneo y uniforme, un espacio menos articulado, universal, que no da cuenta de diferentes situaciones. Si bien en obras como el *Pabellón de Barcelona* o la *Casa Tugendhat* existe cierta articulación de distintos momentos junto a la fluidez espacial, la misma no propone una ruptura de la caja. Más aún en obras posteriores como el *Crown Hall* o la *Casa Farnsworth*.

Es así que esta concepción moderna se diferencia de otras concepciones espaciales, la de la serialización indiferenciada del mecanicismo arquitectónico, por un lado, y la de la homogeneización universal a lo Mies, por otro.

---

[64] Le Corbusier y Jeanneret, Pierre. *Oeuvre Complete. 1929-34.* Obra citada.

Forma, Materialidad, Expresión

En todos y cada uno de los ejemplos de vivienda que venimos tratando, las relaciones entre forma, materialidad y expresión resultan complejas en su concepción general y proyectual.

Le Corbusier.
Ville Savoye. Construcción

Tal como hemos anticipado la técnica ocupa un lugar ambivalente y complejo en Le Corbusier.

A lo largo de la historiografía se ha abundado extensamente en el papel de la técnica, en la máquina de habitar, en las referencias a los objetos técnicos, en las ideas de los objetos-tipo producidos en serie y en los avances de las nuevas técnicas y materiales de construcción. El propio Le Corbusier expresaba que sin el hormigón armado sus obras no hubieran sido posibles.

A partir de ello es que pueden hacerse algunas consideraciones.

Le Corbusier.
Maison La Roche Jeanneret. Construcción

La idea del objeto-tipo de producción seriada y de los medios técnicos industrializados, estaba asociada al concepto de la vivienda como objeto-tipo. Un tipo de vivienda y de habitar doméstico que estaba guiado por un Modelo Proyectual basado, ente otras cosas, en los adelantos técnicos y los procesos de abstracción artística y cultural. La vivienda-tipo no solo implicaba un tema técnico-formal sino también que estaba dirigida a un sujeto y a un modo de vida tipificados por el espíritu del tiempo. Se suponía, y determinaba, de acuerdo al canon del Proyecto Moderno, la irrupción de un nuevo modelo de existencia en un nuevo modelo arquitectónico propio de los nuevos tiempos.

Al mismo tiempo, y en el caso particular de Le Corbusier, hemos dicho que la perfección del objeto industrial se asociaba con la perfección ideal y de belleza del objeto platónico. Nada más claro hasta el momento ya que técnica y belleza estaban indisolublemente unidas. Así lo enunciaba Le Corbusier en *Hacia una Arquitectura* cuando exaltaba el papel de la técnica y del ingeniero pero aclarando que para que existiera la arquitectura debía existir la belleza y la emoción.

A todo esto no debe olvidarse que para Le Corbusier el rol de la técnica jugaba un papel más metafórico que concreto. Como buen sostenedor del pensamiento platónico, toda concreción o materialización de la Idea implicaba un estadío inferior a la perfección de la misma. Era así que su arquitectura no suponía entonces una real materialización de la perfección técnica y de la eficiencia sino una metáfora de la perfección y de la eficiencia, *una representación simbólica* de las mismas. El automóvil, el transatlántico o el avión como un ícono o un imaginario llevado a otro imaginario, el de la arquitectura.

Al respecto hemos citado también las diferencias entre un caso como el de Perret y el de Corbusier si volvemos al *Edificio de la Calle Franklin* y al ejemplo de las villas. En el discurso sobre la técnica es que se mueve así mismo el zorro disfrazado de erizo.

Es entonces que las relaciones entre Forma, Materialidad y Expresión o entre Arte y Técnica resultan mucho más complejas.

La supuesta primacía de los medios técnicos, la expresión de la técnica, lo mismo que la aclamada honestidad en el uso del material, todo ello han sido características indiscutibles del Modernismo y en este caso de la idea de *máquina* de habitar. No obstante, tales condiciones no se cumplen tan efectivamente.

En estas obras de la arquitectura doméstica, el hormigón armado resuelve el tema estructural, pero no confiere exactamente la expresión de las mismas. Todos los cerramientos y muros no están materializados en hormigón sino en mampostería tradicional revocada. La idea de la perfecta continuidad, de la homogeneidad expresiva que significaría la perfección e idealismo del objeto platónico no está lograda con el material en sí utilizado, no está lograda por medio de la plasticidad y la continuidad expresiva en el acabado del hormigón sino con el revoque.

Con lo cual se desmitifican así dos aseveraciones convencionales, la de la negación de la decoración por parte del Racionalismo y la de la honestidad del material.

En este caso, el uso del revoque viene a cumplir precisamente una función de tipo decorativa. Representar mediante la aplicación de un recurso formal-material un cierto significado, como el de la perfección y la pureza formal. Esa perfección y pureza no se logra por el propio acabado material de la forma sino por algo que resulta aplicado. La perfección y la pureza no está expresada por el verdadero material utilizado, sino que el revoque viene a *invocar la metáfora de la perfección y la pureza*.

El recurso a lo decorativo no supone un defecto, sino algo que hace a la complejidad de lo proyectual y de su relación con la tradición. Y cuando hablamos de decoración no nos referimos a una ornamentación, lo cual es diferente. Aludimos al concepto de decoro, propio de la Tradición del Clasicismo. Ya desde Alberti, en el siglo XV, la idea de *decoro* venía a cumplir una función de carácter ético y para reforzar o potenciar la dimensión expresiva y representativa de los valores a comunicar. A partir de la decoración, que no se entendía como algo accesorio o superfluo, es que se completaba la capacidad de representación de ciertos significados por parte de la obra.

Es entonces que la terminación en revoque viene a cumplir con ese papel: nuevamente, como en el concepto de la máquina de habitar, la obra no materializa una perfección técnica sino que el enlucido representa simbólicamente la idea de perfección y pureza.

En cuanto a la veracidad en el uso del material, ocurre lo mismo. No todo el material está expresado honestamente tal cual es sino que se lo oculta, como en el caso de la mampostería, bajo una condición de apariencia. Esta es también una condición de lo Moderno, las tensiones entre verdad y apariencia, o entre lo que la cosa es y lo que parece. Aquella componente ética promulgada por el Proyecto Moderno y sus interpretaciones canónicas surge también bajo la forma del mito; ya no se trata de la honestidad expresiva sino de la metáfora de la honestidad.

La relación con el lugar
Una de las formulaciones convencionales del Proyecto Moderno, de las interpretaciones sobre la Modernidad y de una parte de la historiografía, fue la de la negación por parte de la arquitectura moderna de sus relaciones con el lugar.

Esta afirmación supondría una única manera de vincularse con el lugar, que sería la de la asimilación o la reproducción de sus características por parte de la obra. Una exclusiva forma de relación dictada en cierto modo por la mímesis, siguiendo acaso los criterios del *loci*, asimilándose por la forma o la materialidad. Una asimilación con las características físicas o materiales del lugar que significaría así un valor de respeto acerca del mismo. O expresada también como una forma de continuidad histórica y cultural del contexto en que actúa la obra, siguiendo ciertas tradiciones formales, materiales, habitativas o simbólicas o en tanto asimilación y reelaboración de una identidad o historia local. Una relación con el lugar por medio de la asimilación que vendría asociada a la idea de una identidad.

Frente a esto, se dio por sentado en muchos casos que la autonomía Moderna del pensamiento y del objeto arquitectónico –tal como se expresara en los tres primeros capítulos– implicaban sin más una negación o indiferencia por el lugar. La autonomía objetual de la obra, su propia especificidad formal material y expresiva señalarían su capacidad de erigirse en su propia ontología sin requerir de un lugar o de un entorno. La forma extática del objeto autónomo, una condición de éxtasis como cualidad propia de la obra que gira sobre sí misma.

Le Corbusier. Villa Stein Monzie   Le Corbusier. Ville Savoye

Por supuesto que algunos alegarán que la arquitectura moderna supo relacionarse con un lugar a través de algunas cuestiones técnicas como el asoleamiento, de lo utilitario, o de apertura a ciertas vistas.
Pero ese no es el tema a tratar aquí.
Las relaciones con el lugar no se dan solamente a través de la asimilación o la continuidad con las características del mismo.
La oposición, la cualificación recíproca, el acomodamiento, la metáfora o la dimensión simbólica también pueden ser una forma de relación.
Las villas corbusieranas de los años veinte van a adoptar estas otras formas de relación, a partir de una dialéctica compleja entre la autonomía del objeto y el lugar, tanto físico como simbólico.
Ubicadas por lo general en una condición suburbana o de un tejido abierto, ya sea en un lote estrecho o en predios muy amplios, las obras siempre proponen una relación entre la autonomía, la abstracción y la pureza del objeto en contraposición a la naturaleza o al vacío circundante. Ese entorno natural o vacío es el que hace resaltar la condición objetual y de pureza de la obra, que de esa manera no se *contamina* con construcciones adyacentes o linderas. La relación entre vacío y autonomía del objeto resulta esencial y recíproca, ya que se verifica una cualificación de ida y vuelta. El vacío resalta las cualidades del objeto abstracto y perfecto, y el objeto cualifica al lugar creando un

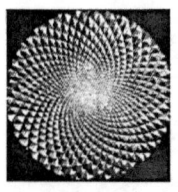 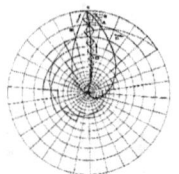 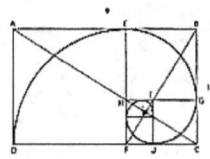 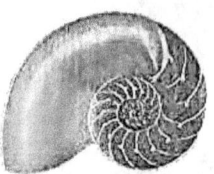

Naturaleza y orden geométrico

clima o un escenario antes inexistente. Una relación de fondo y figura, si se quiere, pero en la que ambos términos son activos ya que se interpenetran mutuamente. Las terrazas y patios, las plantas bajas libres, las dobles alturas interiores y exteriores, se articulan con los espacios exteriores y con la presencia de la naturaleza. Aún en su autonomía, la obra no implica una condición de indiferencia, de introspección o de autismo sino que construye una forma alternativa de relación con el lugar.

Y es aquí donde aparece un concepto fundamental al respecto. Ya no se trata de una *reproducción* de las características del lugar sino de una *construcción* de lugar por medio de la articulación entre obra y sitio, entre la preexistencia y la nueva intervención.

Otras formas de la relación con el lugar son las de la acción y la contemplación.

En la acción, el movimiento corporal y el desplazamiento, el uso del cuerpo, generan una relación con el lugar en las relaciones entre interior y exterior. La idea del espacio experiencial o fenomenológico, la idea de una percepción textural, construye un vínculo con el exterior o con las características del lugar por medio de los usos o los distintos modos de apropiación del espacio. En la acción que se describe en el uso y experimentación de la rampa en la *Ville Savoye* y el paso del interior al exterior, en la vivencia del jardín de planta baja y en la terraza-jardín en la *Villa Meyer*, en la *Maison Cook* y en la *Villa Stein Monzie*, se dan distintos modos de relación. En unos la relación es de cercanía, produciendo diferentes situaciones a pleno descubierto o en una condición de mayor cobijo o reparo bajo un semicubierto. En otros la relación está dada por la contemplación, desde un punto de vista en el cual la obra se convierte en un mirador sobre el lugar en tanto visión de lejanía.

El tema del uso de la matemática y de la geometría, de los trazados reguladores y la sección áurea, constituyen así mismo un modo de relación con el lugar, a nivel de lo simbólico o lo intangible.

Le Corbusier.
Ville Savoye. Trazados reguladores

A primera vista, el carácter geométrico, purista y abstracto de las obras propone una clara relación de oposición o de contraste con el lugar. Si pensamos por ejemplo en la *Ville Savoye*, lo mismo que en los otros casos, el carácter artificial del objeto se contrapone al entorno natural circundante, en una clara oposición entre artificio y naturaleza. Es esta una primera forma de vinculación a través de la oposición a nivel de lo apariencial, de lo que resulta estrictamente visible.

Pero existe un segundo nivel de relación dado por la geometría y la proporción. Siguiendo el ideario platónico, pitagórico, y de la Tradición Clasicista, la Naturaleza se hallaba estructurada de acuerdo a un orden geométrico y matemático. La geometría y el número ordenaban las cosas de la Naturaleza como leyes esenciales en su perfección. Esa misma perfección y orden de la Naturaleza de base matemática y geométrica era lo que se debía trasladar a las obras de arte y a la arquitectura para acceder a una perfección y un orden similar. El antiguo concepto de Mímesis por el cual las obras alcanzaban un estado de perfección y por ende de belleza al seguir las leyes esenciales de la Naturaleza y de lo divino.

En el ideario de Le Corbusier esta relación entre la obra y la Naturaleza sigue vigente. La obra es la expresión de un orden armónico de la existencia integrado al orden armónico de lo

Palladio. Villa Rotonda

Le Corbusier. Ville Savoye

natural. Las leyes esenciales de la Naturaleza rigen en la obra moderna como parte del consenso y de la reconciliación armónica de lo social.

De esta manera, en este segundo nivel de lectura que supera lo apariencial, la relación no es por oposición entre artificio y Naturaleza sino de consenso por compartir a nivel simbólico las mismas leyes esenciales. La sección áurea que se conocía era constitutiva de las proporciones naturales es también, como vimos, constitutiva del orden formal corbusierano.

En todas estas cuestiones vinculadas a las ideas con el lugar la *Ville Savoye* es un ejemplo significativo.

Se dan en ella las formas de la acción corporal y las de la contemplación. Sin dudas que la obra constituye un mirador sobre el gran espacio natural circundante. Ya Colin Rowe mencionó esa relación entre la *Ville Savoye* y la *Villa Rotonda* de Palladio, otro ejemplo de mirador en tanto forma de relación con el paisaje. Miradores que se posicionan sobre una elevación del terreno y ejercen esa relación dual entre el dominio y la integración. Ambas obras comparten la igualdad de sus cuatro caras, un piano nóbile como nivel privilegiado de la visión, y la idea de contemplación.

Más, lo contemplativo no se refiere tan solo a una mirada sosegada sobre el espacio natural o rural. Se refiere también a lo contemplativo hacia el interior de la persona, dirigido hacia un sentido introspectivo.

Refiriéndose a la *Ville Savoye* Le Corbusier describe:

"La situación: un enorme césped curvado como una cúpula rebajada... La casa es una caja suspendida en el aire... en medio de los prados que dominan el vergel... Es un plano puro...Y encuentra su lugar idóneo en el agreste paisaje de Poissy... Sus moradores lo han elegido porque esta campiña agreste con su vida campesina era hermosa, y ahora la contemplarán, intacta, desde lo alto de su jardín colgante o desde los cuatro costados de sus alargados ventanales. Su vida doméstica quedará inserta en un sueño bucólico".[65]

Lo contemplativo no puede separarse de ese sueño bucólico que anida en las villas corbusieranas.

De la misma manera que en el Mundo Clásico, en Roma, en el Humanismo de los siglos XV y XVI, la villa es pensada como un lugar de retiro para el espíritu y la contemplación. En la *Stein y Monzie*, en la *Church*, en la *Savoye*, un retiro para el cultivo del cuerpo y de la mente, alejado del intenso fragor de la ciudad. Colocada en un amplio espacio verde o entre los árboles, la villa representa el sueño virgiliano y el Orden Clásico de una analogía del Paraíso. Más allá del contraste entre artificio y Naturaleza, la perfección platónica y la armonía formal de la villa, en su relación con el medio natural, representan la visión idílica de un retiro en el cual la contemplación hacia el interior de la persona y la introspección, implican el crecimiento y el equilibrio espiritual; una representación lírica de *La Casa de Adán en el Paraíso*. Aunada a la Máquina de Habitar, la villa corbusierana es la expresión de una vida *líricamente eficiente*.

El Le Corbusier pintor o artista va a influir en el arquitecto. Su relación con el medio natural, y la contemplación, va a ser producto también de la pintura y su visión enmarcada, tal como postulaba Alberti, a través de una ventana, o de un marco. La visión general y panorámica desde una terraza se combina con la visión dirigida u orientada a través de un marco que

---

[65] Le Corbusier. *Precisiones. Sobre un estado presente de la arquitectura y el urbanismo*. Buenos Aires. Editorial Poseidón. 1978 (El original de 1930).

Le Corbusier. Villa Meyer. Boceto

Le Corbusier. Ville Savoye. Encuadre

Le Corbusier. Villa Stein Monzie. Acceso

intenciona el mirar, como ya lo anticipara en la ventana abierta hacia el lago y desde el jardín en la casa para su madre en el lago Léman.

La ventana corrida, como en la *Savoye*, no es meramente una decisión técnica. Su propósito es armar una panorámica, similar a la de sus bocetos o dioramas, heredera de la pintura de paisajes. Al mirar a través de la ventana, la relación con el lugar, se hace pictórica. En la *Villa Meyer* su propio boceto pone en evidencia como se enmarca pictóricamente las vistas hacia la *Folie de Saint James* en la que destaca, como en un cuadro, el Gran Rocher y la gruta con templo clásico que se erige al fondo. Mientras en la *Ville Savoye*, una ventana que enmarca el paisaje en la lejanía de la ribera del Sena constituye el remate de toda la procesión ascensional de la rampa.

Siguiendo los principios del Clasicismo la lógica de las villas reconoce todo un sentido procesional que tiene que ver con la presencia del objeto como una pieza autónoma y significativa, pero también con su relación con el lugar, sobre todo en el caso de la *Ville Savoye*.

Siempre se comienza desde un acceso ceremonioso, con un largo camino hacia la casa, que puede ser para el recorrido del automóvil como en la *Villa Stein Monzie* o *Savoye*, o creando ese *cour d'honneur* en *La Roche Jeanneret* y *Church*. Ya sea en una gran extensión de terreno o en un lote estrecho, siempre se ubica el volumen puro o una parte de él de manera frontal como remate de la perspectiva central.

Llegados a la entrada, un punto para apearse frente a una entrada honorífica, pasar por el vestíbulo, subir por la rampa o la escalera hasta el piano nóbile y luego toda la experiencia del espacio interior y de sus relaciones con el exterior. O sea, todo un sentido procesional de la arquitectura que implica la idea de un ritual, la llegada, el automóvil, la visión frontal, el apearse, el vestíbulo y la subida al piso principal; un ritual propio de la Tradición Clasicista que se emparenta con rituales similares en las villas palladianas, en la *Villa Giulia*, la *Villa Madama*, la *Villa Lante* o la *Villa Medici*.

En ese recorrido procesional se ponen en juego dos tipos de percepción, una visión general y una visión en particular. En la general se da una visión de lejanía, sintética, de todo el volumen, que refiere a la frontalidad, lo universal, lo monumental y a un espíritu de lo Clásico. Una suerte de canonización de la mirada construida en base a la perspectiva central, para luego desarmarla en la visión en particular. En este segundo momento, se trata de una visión en proximidad, la mirada analítica, particular, de cada situación, de cada detalle. Allí ya no se conoce por una idea de síntesis dada por el intelecto sino por medio de la aproximación experiencial, corporal, de lo fenomenológico.

Se contraponen de esta manera en la relación de la obra con el lugar la distancia y la proximidad, la frontalidad y la rotación, y la profundidad con la superficie.

En el caso de la *Ville Savoye*, por su condición singular, esta lógica adquiere un rango más complejo, o diverso. En primer lugar, podemos recordar que se han hecho varias comparaciones entre la misma y el Templo Griego: el carácter objetual, autónomo y armónico de ambas obras, su separación del nivel del suelo –por el basamento y la planta libre respectivamente–, el uso de la geometría y de los sistemas de proporciones como principio de belleza armónica, y la relación de equilibrio ideal entre objeto y Naturaleza.

Pero además, en la *Ville Savoye* se reproduce el recorrido procesional que acompañaba la inserción del templo. De la

Le Corbusier.
Ville Savoye. El recorrido procesional

misma manera que se entraba por los *Propileos* y se recorría todo el lateral del templo para luego girar y quedar de frente al mismo, en la *Savoye* el recorrido del automóvil debe pasar por todo el costado de la casa hasta su extremo en lo que sería el contrafrente para luego girar y entrar al estacionamiento bajo techo.

Esto revela otra de las dualidades o contradicciones respecto de la norma, o aquella promesa en la existencia de una norma para luego ponerla en crisis. Lo que sería el frente principal de la casa, donde está ubicado el acceso principal, no mira hacia el frente y la entrada del predio sino hacia su lado posterior. Lo que desde la entrada al sitio parece ser el frente principal en realidad no lo es, aparentando un sentido de frontalidad –si es que la fachada principal debiera dar al frente, como en el Clasicismo– que resulta engañoso, algo apariencial. Nuevamente la tensión moderna entre lo que es y lo que parece.

Una última mención al tema de la relación entre artificio y naturaleza en Corbusier y fundamentalmente para las villas del Purismo Racionalista.

A lo largo de toda su obra, desde la arquitectura a los proyectos urbanísticos, Le Corbusier muestra con claridad una concepción acerca del papel de la naturaleza.

Junto con las influencias del pensamiento platónico, del Clasicismo Francés y del pensamiento maquinista, el otro gran aporte a las ideas proyectuales y filosóficas de Le Corbusier fue el de su maestro L'Eplattenier. De él tomó su interés por los aspectos de lo regional, de las culturas locales y del Pintoresquismo. De manera superpuesta a su interés por los valores clásicos y por la máquina, siente una gran atracción por todo lo referido a la naturaleza, desde un punto de vista filosófico, existencial y paisajístico. Y la estética pintoresca, asociada a Uvedale Price y el paisajismo de los siglos XVIII y XIX se va a fusionar con su platonismo y la máquina de habitar.

En Le Corbusier existen tres comprensiones diferentes del medio físico. Una de orden cientificista, por la cual la naturaleza es portadora de leyes físicas similares a las del maquinismo; a su imagen se realiza la máquina industrial-arquitectónica. La segunda, de carácter platónico, por la cual la naturaleza posee los principios de un orden armónico del mundo y de la existencia, la que brinda "la respiración exacta", "el lugar de todas las proporciones". La tercera es de tipo plástico y puro visibilista, en donde el medio físico se ha convertido en paisaje, el paisaje como un fenómeno plástico para ser contemplado. Desde estos aportes es que edificará la relación entre artificio y naturaleza, entrecruzando cientificismo, platonismo y pintoresquismo.

En todas las obras, lo mismo que para el *Pabellón del Esprit Nouveau* en la Exposición de París de 1925, se comprueba esa contraposición entre lo artificial y lo natural. Pero la obra de arquitectura nunca interfiere en el desarrollo de la naturaleza. Como en el Templo Griego, la obra se separa del entorno natural diferenciándose pero sin alterar, romper o hacer tábula rasa con el entorno natural. La naturaleza debe crecer libre y sin dañarse. Recordamos la anécdota del *Pabellón del Esprit Nouveau* que en el momento de su construcción Le Corbusier se opuso a la extracción del árbol existente, acomodando el proyecto al mismo y dejándolo dentro del hueco previsto en el volumen construido. Una decisión proyectual que contemplaba el elegir la ubicación que generaba la pintoresca aparición del árbol en el interior del proyecto. La misma operación aparecerá

Le Corbusier. Pabellón del Esprit Nouveau

Le Corbusier. Terraza Jardín en la Rue de Sevres

veinte años después en la *Casa Curutchet*. Y de manera similar ocurrirá con la preservación de todas las especies arbóreas preexistentes en la *Maison Jaoul Jeanneret* o en la *Villa Church*. Son algunos ejemplos en los que para le Corbusier la naturaleza no debe seguir el orden de un diseño racionalizado intelectualmente o de manera cartesiana, como en el Jardín Francés, sino seguir la apariencia de su propio orden, como en el Jardín Inglés o Pintoresquista.

En cuanto a la vegetación que crecía en las terrazas-jardín, la misma debía desarrollarse de manera libre y natural, salvo si se piensa en lo intencionado del *Pabellón de Beisteguí*. En esos solariums y terrazas, las especies vegetales debían crecer sin la interferencia de la mano del hombre, siguiendo su propio orden, tal como se aprecia en algunas imágenes fotográficas de la época. Esta visión va a ir aumentando con el paso del tiempo. En un corto texto de 1945, reproducido en su *Obra Completa* y titulado *Reportage sur un toit-jardin*, Le Corbusier vuelve al tema de las terrazas-jardín y al modelo pintoresquista. El jardín "ha sido dejado a su destino" (…) "en vez de cultivar un jardín lo he dejado crecer".

Todo el desarrollo de la obra y el pensamiento de Le Corbusier, y en particular sus relaciones entre Modernidad y Tradición van a dejar abiertos una serie de interrogantes o de cuestiones que exceden los alcances de una mera praxis y se ubican desde lo teórico-proyectual.

Hemos dicho que ese desarrollo se puso en práctica un discurso estabilizador, de reconciliación o armonización entre las diferencias. Un balanceo constante entre Modernidad y Tradición, entre lo eterno y lo relativo, lo invariable y lo contingente, o entre la afirmación y la ruptura. Pero siempre desde un intento de reunificar o estabilizar el encuentro de lo diferente, de los opuestos.

Le Corbusier. Ville Savoye. Vista aérea

El procedimiento del Montaje es innegablemente moderno en tanto una condición de ruptura de las concepciones tradicionales, aun cuando dentro de él se pueda incluir a las mismas. Se rompe con la unidad plástica tradicional pero para celebrar otra noción de unidad. Al respecto, se ha aducido que el procedimiento puede ser rupturista pero el propósito, en esa búsqueda de una estabilización, resulta conservador. Una vez perdida definitivamente la Unidad original de la cultura tradicional, todo intento de recuperar un sentido de Unidad ha de resultar nostálgico o conservador.

No obstante, para no caer en los reduccionismos, deberíamos volver a aquellas concepciones de la Modernidad entendida como conflicto o como aporía. ¿Se cancela todo lo condensado en esa visión estabilizadora y hasta conservadora, o es que en realidad quedan abiertos una serie de interrogantes sin una respuesta cerrada?

¿Qué constituye el Ser Moderno una vez perdido para siempre el sentido de la Unidad y el reino de la heteronomía? Al desaparecer la autoridad emanada de la Unidad original ¿Cómo son las relaciones entre Autonomía y Heteronomía?

Toda relación se asume problemática. Las relaciones entre abstracción y realidad, entre Idea y Lugar, son precisamente modernas por ser problemáticas y plantear un dilema; modernas por dejar expuestas las ambigüedades, contradicciones y preguntas sobre el sentido ontológico, axiológico y teleológico de la arquitectura y del proyecto y de sus relaciones con la cultura. Como una disciplina cultural, y no solamente técnica, la arquitectura y el proyecto no pueden no dejar abiertos tales interrogantes.

¿Se trata de una condición de armonía con motivo de plantear esa necesidad de un equilibrio con el medio y con la realidad existencial por medio de la forma estética? ¿Es posible la reconstrucción de una armonía a partir de la ruptura y de los efectos de la técnica como dominio de la realidad y de la naturaleza? ¿Es posible ese intento de integración entre armonía platónica y medios técnicos a partir del objeto-tipo? ¿Son reconciliables los términos idea y realidad o resultan irreconciliables y se manifiestan como tal? ¿En qué medida el proyecto supone una intención para verificarse en una comprobación posterior a partir de la apertura de la obra a todas las variables y agentes actuantes? Es en este despliegue en que se verifica la real condición Moderna de las experiencias tratadas.

Mies van der Rohe y la tecnificación de la esencia

Han quedado suficientes registros y alegatos sobre la adscripción de Mies a los imperativos de la técnica como condición impulsora de los desarrollos de la Modernidad. Su afirmación acerca de no estar interesado en los problemas de forma sino solamente en las cuestiones de la construcción da testimonio de ello. Para Mies, según sus enunciados, la forma no era el objetivo de su arquitectura sino el resultado de la construcción. La celebración de la primacía de la dimensión técnica y de los procesos industriales asociados al proyecto y a la arquitectura.

La precisión técnica y la estandarización eran considerados como valores fundamentales dentro del proceso proyectual y de la ejecución, en una integración ideal entre ideación y materialización. Una precisión y estandarización que no solo se aplicaba a los elementos constitutivos en términos materiales sino muy significativamente a los principios formales y espaciales y a las relaciones entre forma, materialidad y expresión. La técnica no solo suponía la propia materialidad del elemento sino que hacía a la misma ontología del proyecto y de lo arquitectónico, a lo que la obra debía ser.

En principio este sería un planteo muy diferente, y hasta opuesto, al de Le Corbusier.

Mientras Le Corbusier consignaba el ideal platónico de la superioridad de la Idea, el valor de la Idea y de la Forma como un estado superior a cualquier concreción, Mies promulgaba una visión más vinculada a la concreción material y a los medios técnicos, en la cual la forma no tenía ninguna relevancia si no entrañaba su materialidad.

Una concepción platónica frente a otra, si se quiere, de tipo más aristotélica en cuanto a la necesidad de una materialización técnica de la cosa. Si la forma es un ideal o una imagen mental a priori –un cuadrado es un cuadrado independientemente de en qué este materializado– o si la forma tiene su expresión y su existencia en un material.

Este debate ya se había planteado en las teorías del Formalismo, con Fiedler, Riegl y luego Semper.

Para Riegl la forma poseía una entidad espiritual, separada de la materialidad, que anidaba en el interior del artista. En cambio para Fiedler, la forma resultaba inseparable de la materia:

> "La forma, como algo espiritual, no tiene una existencia independiente, sin conexión con la materia. Es la forma la que tiene su existencia en la materia y esta no es solo el simple medio de expresión de la forma, sino el material en que la forma alcanza su existencia".[66]

---

[66] Fiedler, Konrad. *Escritos sobre el arte*. Obra citada.

Lo mismo para Gottfried Semper, la forma y la expresión artística tenían una fuerte vinculación con el contexto técnico y material. La técnica y la materialidad no *determinaban* los criterios de la forma pero si los condicionaban, planteando una estrecha relación entre forma y materialidad.

Esta relación intrínseca entre forma y materialidad, su herencia del pensamiento de Semper, va a ser propia de Mies, siendo que la técnica vendría a potenciar y liberar las capacidades creativas.

Al mismo tiempo, al abordar sus obras, en los distintos momentos, se observa el trabajo con la honestidad en la expresión del material, el uso de materiales como el acero, el vidrio y la piedra, que muestran sus características físicas y texturales tal como son, que muestran unas proporciones y formas dadas por el requerimiento técnico o constructivo.

No obstante en Mies la técnica no constituye solamente un rasgo de pragmatismo, tiene también una capacidad expresiva; la técnica es expresión.

A partir de este punto es que puede incorporarse el concepto de *tecnicidad* acuñado por Simondon.[67]

Simondon definió, en los años sesenta, a la tecnicidad como la relación entra la forma y la materialidad. Un concepto naturalmente aplicable a toda experiencia o pensamiento proyectual, arquitectónico y artístico, y que va a exponer en Mies sus propias particularidades. El proyecto no se define así por su condición técnica, sino por la tecnicidad como un intermediario entre forma, materialidad y expresión. Expresión, porque la tecnicidad puede representar características de los elementos, que más que simples cualidades son potencialidades, es decir capacidades de producir un determinado efecto.

Resulta extraño entonces pensar la obra de Mies como un mero resultado de la técnica o de la construcción.

---

[67] Simondon, Gilbert. *El modo de existencia de los objetos técnicos.* Buenos Aires. Prometeo. 2007.

En ejemplos como los del *Pabellón de Barcelona*, la *Sala de Cristal* en la *Exposición del Werkbund del '27*, la *Casa Tugendhat*, los proyectos de *Casa con Patio*, los edificios del Tecnológico de Illinois, la *Casa Farnsworth* o la *Galería Nacional de Berlín*, las configuraciones formales, las tensiones entre Montaje y Composición, la concepción espacial, el tratamiento del material, y el rol de la técnica, abren una interpretación más compleja a su pensamiento y práctica proyectual.

Algunos de los convencionalismos legitimados sobre la arquitectura de Mies han sido los de la fluidez y continuidad espacial, la reducción de elementos, la descomposición elementarista como desestructuración del volumen, el esencialismo y claridad expresiva, la homogeneidad formal y espacial, y el racionalismo técnico y formal.

El problema aquí es la manera en que se verifican estas características a la vez que se agregan otros elementos o procedencias intervinientes.

En el caso de Mies los criterios que hacen a la configuración de la forma vuelven a recurrir al procedimiento del Montaje. Un Montaje que va a ir variando a lo largo del tiempo llevando cada vez más a una condición de síntesis y de reducción pero que en cierto modo siempre estuvo caracterizado por una idea de esencia. El famoso menos es más.

En su trabajo con el elementarismo, se descompone el volumen en sus elementos constitutivos, planos horizontales y verticales y líneas, los cuales quedan ensamblados en una tensión entre el mantenimiento de la caja y su descomposición.

En lo que hace a la forma, el procedimiento de Montaje ubica a la misma en una concepción absolutamente moderna en cuanto a esta descomposición elementarista y a la idea de ensamblado de partes. Una operación moderna que rompe con las nociones de la caja muraria, de la estaticidad o estabilidad de la forma, de la consolidación del volumen y del criterio de la unidad cerrada de la obra. En ese ensamblaje de elementos se define la idea de un espacio caracterizado por la fluidez, la continuidad, los encastres, y la permeabilidad entre interior y exterior.

Estas concepciones y operaciones se van a ir sintetizando cada vez más con el paso del tiempo, yendo hacia una mayor reducción y esencialización. Algo que probablemente haya estado asociado no a una supuesta *madurez* por parte del autor sino a las articulaciones entre la concepción proyectual y *zeitgeist* del momento. El escenario existente durante los años veinte y principios de los treinta, con las experiencias artísticas y de vanguardia, y con los imaginarios políticos, sociales, culturales y técnicos del momento y en donde se ubican obras como el *Pabellón de Barcelona* o la *Casa Tugendhat*, no es el mismo que el de los años cincuenta y sesenta, signado por el mundo de posguerra, el ideario industrialista y la utopía tecnológica, con ejemplos como el IIT o la *Galería Nacional de Berlín*.

Junto a esta concepción moderna de lo proyectual se integran los elementos provenientes de la Tradición Clasicista, si bien en una clave diferente a la que vimos en Le Corbusier.

En el ideario de Mies no existe ninguna concepción platónica ni de perfección de la Idea en abstracto; en su caso, la pureza formal resulta indivisible de su concepción olímpica y purista de la técnica, dentro de la noción de tecnicidad antes referida. Una simbiosis entre esencia formal y esencia técnica.

La presencia de la Tradición Clasicista va a ser heredera de la figura de Schinkel, traída desde mediados del siglo XIX, junto con la influencia que pudo tener su trabajo en el estudio de Behrens a principios del XX, una tradición que postulaba el rigor racionalista, el equilibrio formal y estructural, la claridad del lenguaje y la tectonicidad.

Un primer proyecto de Mies, el de la *Casa Kröller-Müller*, en Holanda, de 1912, es testimonio del evidente Clasicismo en la propuesta, con su criterio compositivo tradicional, su regularidad, estabilidad formal, y lenguaje.

En todas sus obras posteriores, la presencia de la tradición va a ser menos evidente o explícita, pero va a ser parte de una dia-

Mies. Proyecto para la Casa Kröller Müller

léctica entre Modernidad y Tradición a través de una presencia sutil, sugerida, u oculta dentro del mencionado procedimiento de montaje.

Así mismo, junto con los principios formales mencionados, las componentes clasicistas van a reflejarse en muchas de las obras de Mies en la imagen de distinción, de una sobria elegancia, y de una nobleza en la expresión y el tratamiento del espacio y del material. Una imagen de sobriedad y de distinción que hace a una *limpieza* de la forma y de la expresión, en donde las superposiciones y los ensamblados resultan en una pulcritud del montaje. El criterio de montaje y de superposiciones en Mies no opera con la idea de lo inacabado, la rusticidad o el alto grosor textural, sino con un montaje definido en la precisión, finura y acabado de la línea.

El Pabellón de Barcelona

El *Pabellón de Barcelona*, proyectado junto a Lilly Reich, para la exposición de 1929, ha sido legitimado por la historia como uno de los hitos arquitectónicos de la Modernidad y del Racionalismo. Esta consideración se basó, tal como anticipamos, en la presencia de aquellos puntos salientes consagrados por la historia canónica como modernos: la ruptura de la caja, el lenguaje de la abstracción, la fluidez espacial, la precisión técnica, la funcionalidad y la continuidad entre interior y exterior.

Mies. Pabellón de Barcelona. Interior

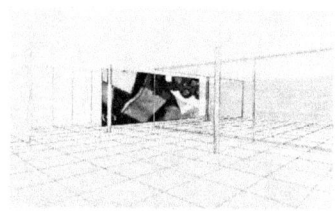

Mies. Casa Patio. Collage

Mies. Casa Resor. Collage

El pabellón estaba pensado como un espacio ceremonial, destinado al protocolo, dentro del marco de la inauguración institucional, y como representación de la nación alemana. En ese sentido es que resultaba pertinente recurrir a las formas de lo moderno como instrumento de representación simbólica de la modernidad de Alemania.

La estructura espacial y organizativa está basada en el montaje de una pequeña retícula ortogonal metálica y un conjunto de planos verticales y horizontales que se disponen dentro de la ortogonalidad. Pero esa trama ortogonal visualmente desaparece, no se lee o se percibe como una grilla ordenadora, sino como líneas aisladas de columnas dentro del esquema elementarista de la configuración. Otro caso de enunciación de un cierto criterio que podría ser ordenador —el de la grilla ortogonal— pero que luego en realidad desaparece y que no funciona de la misma manera que el visto en el caso de Le Corbusier. En Corbu, se trata de la dialéctica entre la regla y el gesto, entre el orden seriado y universal y la particularidad del elemento. En Mies no se da tal dialéctica orden-elemento ya que la grilla no organiza y es parte del montaje o mejor dicho del collage elaborado por Mies.

Contrariamente a la idea de impulsar una esencia de las cosas, de reducir los elementos constitutivos a lo esencial, el precepto del menos es más, es que Mies supo también operar con las formas del collage.

El uso del collage como técnica configurativa lo vincula con las prácticas del Dadaísmo, con quien Mies mantenía

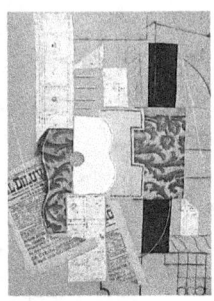

Mies. Museo para una pequeña ciudad. Collage   Pablo Picasso. Guitarra

unas claras relaciones, y es algo que aparece en algunos de sus proyectos y obras, tales como el *Museo para una pequeña ciudad*, los fotomontajes para el *Monumento a Bismark*, para la *Sala de Conciertos*, las *Casas Patio*, la *Casa Resor* y el *Pabellón de Barcelona* y la *Casa Tugendhat*.

En una de sus propuestas de *Casa Patio*, de 1934, aparece esta idea de un collage en el que se superpone una pintura de Georges Braque, *Fuente de fruta, partitura y jarra*, sobre un espacio altamente abstracto constituido de planos y columnas. En la idea para una *Sala de Conciertos*, de 1942, se arma un collage con unos planos abstractos verticales y horizontales dentro de un equilibrio inestable en contraste con la imagen superpuesta de una figura humana –clara contraposición entre la máxima abstracción y la máxima figuración– todo ello suspendido en el interior de una construcción industrial. De manera similar en las propuestas de la *Casa Resor* y el *Museo para una pequeña ciudad*. En la primera, con un plano abstracto en madera, otro constituido por la pintura *Bunte Mahlzeit* de Paul Klee, y la línea vertical de una columna, todo superpuesto sobre un paño vidriado que sería una carpintería que da al paisaje exterior de la casa. En la segunda, también con unos planos verticales, uno de ellos el *Guernica* de Picasso, dos esculturas de Maillol, y hacia el fondo el plano vidriado hacia un exterior.

En todos estos ejemplos la arquitectura aparece desmaterializada, o directamente inexistente, con una serie de objetos abstractos o figurativos suspendidos en el vacío. Son estos objetos en el vacío los que dan en el collage la impresión de espacio y la ilusión de perspectiva al colocarse unos detrás de otros. Las piezas expuestas, desprovistas de un marco construido, son las que definen por sí mismas la escala, la proporción de las cosas y las relaciones espaciales. Las esculturas y las pinturas ya no son parte de una representación del espacio, sino su propia construcción. Con esto, la técnica de representación, el collage o el montaje, pasa a ser el soporte conceptual del proyecto. En el mismo, la arquitectura ha sido en principio sustraída y son las piezas expuestas las que configuran el espacio al superponerse.

A partir de esto se abren dos consideraciones que desmentirían el desinterés de Mies por las cuestiones de forma.

Por una parte, el procedimiento formal del collage en Mies se asemeja conceptualmente al de los cubistas.

En los collages cubistas se ensamblaban o superponían piezas o fragmentos extraídos de la realidad: etiquetas, esterillas, partituras, fragmentos de algún material. La realidad ya no estaba representada por la obra de arte sino que estaba directamente incluida en la misma. Sin duda esto importaba un criterio de forma y de espacio nuevo y diferente, con una presencia de la variedad y la multiplicidad de estructuras formales reunidas en la obra. Piezas o fragmentos que definían una simultaneidad y una descomposición en la idea de espacio.

Lo mismo podría decirse de la obra de Mies. Las configuraciones espaciales de sus collages están hechas a partir de piezas ya existentes, de elementos tomados de la realidad –como en el Cubismo–: esculturas o pinturas conocidas, ya realizadas. O sea, la inclusión en un vacío y la construcción de un nuevo espacio a partir de la reunión collagística de objetos ya existentes. Lo que ha sido definido como bricolage.[68]

---

[68] El concepto de *bricolage* refiere a la construcción de una obra o de un

Por otra parte, la reunión de esas piezas suspendidas en un vacío refiere claramente a una concepción miesiana del espacio que se va a dar en su arquitectura hasta los años cincuenta. Así como los planos verticales, las pinturas y esculturas en sus collages se disponen y construyen un espacio en forma montajística, del mismo modo los elementos del repertorio formal de Mies –los cerramientos verticales, las columnas y losas– se disponen y construyen lo arquitectónico en el momento de su concepción y concreción real. Piezas de forma abstracta y pura, tabiques y columnas en suspenso, sin atarse a nada, pero con una fuerte expresión material y textural, con el mármol, el granito o el cromado, y que se asemejan a la fuerte componente expresiva, material y textural que tienen las pinturas y esculturas de sus collages. Una tensión entre la abstracción y homogeneidad del espacio y la densidad textural de los elementos.

De acuerdo con este desarrollo, el *Pabellón de Barcelona* de inserta en esta lógica de construcción de un collage en donde se ensamblan partes muy diferentes: la evocación del templo griego y de

Mies. Pabellón de Barcelona. Collage

Mies. Pabellón de Barcelona. Imagen original con la columnata preexistente

Mies. Pabellón de Barcelona. Exterior

Mies. Pabellón de Barcelona. Acceso

objeto a partir del ensamblaje de elementos, piezas o materiales ya existentes previamente. Se toman materiales que de distinta manera ya poseemos y se arma con ello un nuevo producto.

la Arquitectura Clásica, las piezas elementales conformadas por los planos verticales y horizontales, las columnas, la plataforma o podio, la escultura de Kolbe, el estanque, y los juegos de reflejos.

Como en el resto de la obra de Mies, las relaciones entre la Modernidad y la Tradición Clásica a través de la herencia de Schinkel va a ser en el Pabellón uno de los temas incluidos en el montaje, y de su lógica de lo proyectual.

En el momento de su construcción, existía por delante del predio destinado a la misma una hilera de ocho columnas clásicas que Mies decidió preservar e incorporar a la obra. Este elemento preexistente fue otra de las piezas que se sumaron al armado del collage como una componente totalmente contrastante. Así podría decirse, como en el caso de Quetglas,[69] que el Pabellón vendría a ser como la *cella* para el Templo Griego, el recinto sagrado que queda por detrás de la columnata.

Esta situación se dio como algo particular en esta obra, reforzando las alusiones e imaginarios simbólicos. Una superposición contrastante, extraña, casi surrealista en su anacronismo en tanto ensamblado de dos expresiones y de dos tiempos totalmente diferentes, pero en donde lo diferente tiene aquí algo de disruptivo, de irreal. La incorporación de una pieza previa, de otro autor, establece una dislocación temporal y espacial, en el origen y en las cualidades de las cosas, en un acoplamiento de diferencias.

Más, por fuera de esta condición singular, la presencia de la Tradición Clásica reconoce otros emergentes: la existencia de un podio o basamento y una escalinata de acceso, la idea de un centro, y la definición de una caja. Cada uno de estos temas va a estar presente o insinuado, para ser a la vez puesto en crisis o interpelado, como parte de una actitud que constituye uno de los rasgos de Modernidad.

---

[69] Quetglas, Josep. *El Horror Cristalizado. Imágenes del Pabellón de Alemania de Mies van der Rohe.* Barcelona. Ediciones Actar. 2001.

Como ocurre en casi todas sus obras, el Pabellón se levanta apoyado sobre un podio o plataforma, lo mismo que en el Templo Griego, generando esa separación entre el edificio y el arraigo al suelo. Una operación que ha perdido su significado sagrado original –de separación de la casa de los dioses del mundo terrenal– y que se ha convertido en un instrumento proyectual desacralizado, secularizado. Sin embargo, la idea tradicional de firmeza y contundencia material del podio o basamento se ha puesto en crisis, ya que al mismo se lo ha desmaterializado con el plano que constituye el estanque de agua. Como en el resto de la obra, el volumen del podio se ha descompuesto por medio del plano, en este caso el plano *virtual* del estanque. En cuanto a la escalinata de acceso, la misma pervive pero ya no define el acceso de manera frontal sino que se dispone de manera lateral, accediendo de forma tangencial y anti-monumental. La idea del templo remite a una concepción sobre el orden, la armonía y el equilibrio, pero en este caso tales cualidades han sido discontinuadas, desestabilizadas.

Al observar la configuración de la obra ¿podría decirse que existe la idea de un centro como concepto estructurador? En principio puede alegarse que no, ya que la dispersión espacial, el sistema de planos, el montaje de elementos diferentes, los desplazamientos y movimientos,

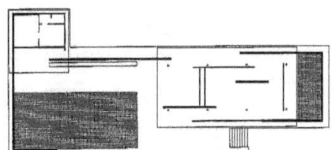
Mies. Pabellón de Barcelona. Planta

Mies. Pabellón de Barcelona

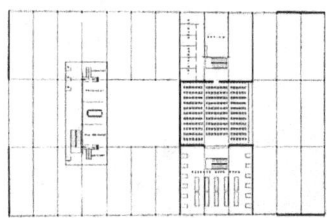
Mies. Biblioteca para el IIT

Mies. Pabellón de Barcelona. Patio y escultura

la organización casi laberíntica, niegan la existencia de la idea de centro como un concepto de ordenamiento jerárquico.

Más, en una segunda mirada, se revela la idea de un foco, o mejor dicho, la duplicación o el desdoblamiento de un centro. En medio de los diferentes espacios y de la condición de dispersión se reconstruye la idea de un sitio definido por la alfombra destinado a lo protocolar, la idea de un centro simbólico, insinuado. Un centro simbólico que se contrapone a un segundo foco, el volumen rectangular translúcido que se encuentra a un costado, un volumen blanco, iluminado como un foco de luz, duplicando, desdoblando o desplazándolo de una posición central la idea tradicional del centro. Como en otros casos la concepción moderna toma un tema de la tradición, como la idea de centro, y la pone en crisis, erosionando la sintaxis y el orden, proponiendo un principio para luego discutirlo. Una operación que Mies va a reiterar en otros ejemplos, como la *Casa Hubbe* o la *Biblioteca del Tecnológico de Illinois*, con sus respectivas duplicaciones de un centro.

Uno de los principios modernos asociados a la arquitectura de Mies por parte de la historia canónica fue el de la desestructuración de la caja.

La descomposición del volumen en diferentes planos verticales y horizontales y la ruptura de la caja muraria llevaron a esta idea de una articulación de espacios configurados a través de la ubicación y el desplazamiento de los planos, con una supuesta no materialización del encuentro por la arista entre ellos. Algo que originó por parte de algunos historiadores y críticos el establecer una semejanza con *De Stijl*, con las configuraciones del Neoplasticismo en las que se daba la articulación y continuidad de espacios definidos por planos que no se tocaban por la arista ni conforman una caja.

En realidad el criterio proyectual y configurativo de Mies va a ser el opuesto al del Neoplasticismo.

En toda su arquitectura se va a verificar la disposición de dos planos horizontales bien definidos –el basamento y la cubierta

Mies. Museo para una pequeña ciudad

plana– que dejan conformado un espacio bien demarcado por sus bordes, dejando a salvo la idea de una caja. En algunos casos el procedimiento puede ser más explícito, como en la *Casa Farnsworth* o la *Galería Nacional*, y en otros más sutil, como en el Pabellón. En el caso de Barcelona, los límites físicos se desdibujan en cierta manera por la disposición de los planos o por los cerramientos vidriados, pero entre ambos planos horizontales queda definido un espacio determinado, diferente al de la interpenetración y la fluencia hacia el exterior en *De Stijl*. Si miramos bien, en el *Pabellón de Barcelona* los planos se tocan, conforman arista, forman diedros o ángulos, y una cierta reconstrucción de una caja o de un volumen virtual pero bien definido, espacios prismáticos bien limitados unidos por sus caras. Todos los planos verticales quedan contenidos dentro de los dos planos horizontales, y cuando salen al exterior lo hacen conformando una caja.

No obstante las tensiones y dualidades modernas quedan abiertas.

Así como ocurre con la existencia y a la vez una desestabilización de la idea de centro, se propone una descomposición de la caja y una articulación más libre y fluida de

Mies. Pabellón de Barcelona

espacios, para luego reconstruirla virtualmente, recuperando cierta noción de Unidad formal. Diversidad del collage y reconstrucción de la Unidad como criterio proyectual.

La escultura de Georg Kolbe denominada *Amanecer* se ubica en el patio posterior colocada sobre el segundo estanque, siendo otra de las alusiones miesianas a la Tradición Clásica, pero también a sus juegos con el collage. De igual manera que en los montajes collagísticos para el *Museo para una pequeña ciudad*, con la figura humana superpuesta sobre un espacio abstracto y despojado, la escultura de Kolbe se monta en el collage del *Pabellón*, generando dos lecturas a priori distintas pero en realidad coincidentes.

Una de ellas remite a esa contraposición montajística entre lo figurativo y antropomórfico de la figura humana de la escultura y la abstracción y regularidad formal, espacial y expresiva del *Pabellón*. El manejo por parte del proyectista de dos lenguajes que se contraponen y a la vez se cualifican recíprocamente, entendiendo al proyecto como un juego de oposiciones. Una decisión a nivel proyectual que coincide con muchas de las experiencias artísticas de la época e invalida la afirmación de que en Mies todo sea construcción. ¿Cómo sostener tal definición cuando se expone ese contrapunto decididamente estético entre figuración y abstracción?

Más a despecho de esa contraposición, ambas formas, la de la escultura y la de la arquitectura, comparten un cierto ideal de belleza, el ideal de una belleza armónica, mesurada, en definitiva, Clásica. La pureza y la armonía venusina a la que alude la forma figurativa del cuerpo femenino se asocia a la pureza de la abstracción arquitectónica. Una pureza, una luz, una armonía, como la que podría significar el título de la obra, *Amanecer*. Pero además, la figura escultórica se recorta contra la perfección del veteado y del acabado del mármol, en la expresión de una nobleza en el uso del material propia de la arquitectura Clásica.

La contraposición entre una escultura figurativa, del cuerpo humano, y el entorno abstracto y despojado, es algo que puede verse también en una obra anterior de Mies, la *Sala del Cristal*, realizada para la Exposición del Werkbund en Stuttgart en 1927. Dentro de un espacio regular, organizado en base a un sistema de planos transparentes y translúcidos, en un espacio pleno de reflejos y de transparencias, el único elemento denso, matérico, sólido, casi mayestático, y a la vez encerrado e inaccesible, lo constituye la escultura colocada en su interior, que funciona, nuevamente, como una suerte de centro desplazado.

Mies. La Sala del Cristal

Modernidad y Clasicidad coinciden entonces en Mies, algo que se repetirá a lo largo de toda su obra.

En cuanto a los aspectos constructivos del Pabellón, los mismos también dan cuenta de una complejidad.

Mies utilizó una estructura metálica compuesta de ocho columnas cruciformes y vigas en voladizo sobre la que se apoya la losa de la cubierta. Los planos verticales de los tabiques de cerramiento son de vidrio espejado y traslúcido y de mármol travertino, verde y ónix.

La configuración general opera entre la expresión de firmeza y solidez y la del equilibrio inestable.

El basamento revestido de travertino presenta una imagen de solidez y firmeza, una base maciza sobre la que se asienta establemente el cuerpo del Pabellón. Pero en realidad no se trata de una base maciza sino una placa apoyada sobre una serie de bóvedas catalanas rellenas. Y la imagen de solidez se relativiza con el plano horizontal del estanque que descompone el volumen del basamento. Así es que se incorpora una componente de ambivalencia siendo que la macicidad se ha convertido en la *apariencia de macicidad*. Al verlo de frente, el basamento parece macizo; al estar parados sobre él, se desmaterializa su compacidad por el plano del espejo de agua.

Sobre el basamento de apariencia maciza se levanta el Pabellón, con su juego de planos y su imagen de equilibrio inestable y atectonicidad, dado por los voladizos y la esbeltez de las columnas. Se suma a esto otra dualidad o ambigüedad, ya que los planos verticales parecen ser parte de la estructura de apoyo siendo que son solo cerramiento, mientras que las columnas cromadas casi se desmaterializan por su esbeltez y falta de densidad matérica.

La imagen de fluidez y de un espacio virtual y experiencial se refuerza por el universo de reflejos y de luces y sombras en el interior. Al ingresar, la persona se introduce en un juego de espejos y de reflejos, de contraposición entre la profundidad, la articulación espacial, la densidad de los planos ciegos y los paños vidriados y espejados. Lo mismo en el exterior, con el espejo de agua del estanque que desdobla la imagen de lo construido o con los vidrios espejados que duplican las formas reflejadas. Reflejos y transparencias que disuelven lo constructivo. La mentada solidez y racionalidad constructiva y la sincera expresión de lo real se desvanece así en ese juego de reflejos y de duplicidades, o de desdoblamiento de la realidad: ¿Se trata de lo real o de lo reflejado?

> "Se ha dicho que sus cristales son misteriosos, porque una persona colocada frente a uno de estos muros se ve reflejada como en un espejo, y si se traslada detrás de aquel, entonces ve perfectamente el exterior".[70]

---

[70] Comentario de un periodista en 1929 durante la exposición, citado por Wolfgang Pfister. *Ludwig*. Frankfurt. Surhkamp Verlag. 1972.

Uno de los apotegmas de los discursos canónicos de la Modernidad ha sido el de la continuidad irrestricta entre interior y exterior. En el *Pabellón de Barcelona* esto se revela en parte como un mito.

La relación interior-exterior es más ambigua. Por medio de los vidrios espejados desde el exterior no se percibe con claridad el interior, y las visuales y la continuidad solo se abren desde el interior hacia afuera. Con lo cual la promulgada continuidad espacial no resulta irrestricta, llana o banal.

En esa relación entre interior y exterior, el exterior aparece como un paisaje distante, como un paisaje enmarcado, una representación sobre un vidrio, de manera similar a la que se mostraba en los collages: el mundo exterior queda incluido en el montaje como un plano más de la configuración.

Mies. Pabellón de Barcelona

Estos desarrollos podrían asimilarse a lo señalado por Colin Rowe y Robert Slutzky en *Transparencia: literal y fenomenal*.[71] Mies da lugar no tanto a lo literal de lo transparente sino a la transparencia fenomenal o aparente, siendo que también puede percibirse a través de las ilusiones y los simulacros. Su espacio articulado se ofrece al espectador en esa contraposición entre lo palpable y lo físico y las imágenes especulares

---

[71] Rowe, Colin y Slutzky, Robert. *Transparencia: literal y fenomenal*, en *Manierismo y arquitectura moderna y otros escritos*. Obra citada (El original del artículo de 1955, publicado por primera vez en *Perspecta* en 1963).

Mies. Casa Resor. Proyecto

o virtuales. El espacio se articula en virtud de los elementos materiales y táctiles y las reflexiones y duplicaciones.

Es a partir de todo lo antedicho que en Mies el tema de la construcción se convierte en un problema complejo y las problemáticas de la forma y de la expresión no pueden ser desdeñadas.

Lo expuesto en el *Pabellón de Barcelona* va a continuar en varias de sus obras hasta mediados del siglo XX, en ejemplos como la *Casa Tugendhat* de 1929, la *Vivienda* para la Exposición de la Construcción en Berlín, en 1931, la *Casa Hubbe* y la *Casa Lange*, ambas de 1935, obras proyectadas y construidas junto a Lilly Reich.

En Mies Van der Rohe, asociado a Lilly Reich, el material y lo constructivo funcionan como premisas para una configuración estética. La técnica no cumple con una intención pragmática y meramente racionalizadora de lo productivo sino que se halla imbuida de un fuerte sentido estético y expresivo.

Los medios técnicos, el uso del material, el conocimiento y la eficiencia constructiva, definen e impulsan una expresión y una dimensión artística de la técnica. La técnica, que en algún caso puede reducirse tan solo a un tema de constructividad, pero que en las obras de Mies no puede separarse de las dualidades y ambigüedades, de la elaboración espacial compleja, de las ambivalencias entre la idea tradicional de la centralidad espacial y su puesta en crisis, de los procedimientos del collage, de la esencia y de la superposición, o de una lógica de configuración asimétrica y periférica que es indiscutiblemente formal.

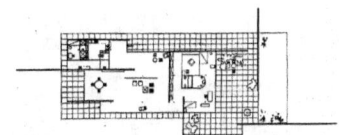

Mies. Vivienda para la Exposición de la Construcción
Mies. Casa Hubbe

Al respecto, llama la atención como la figura de Mies ha sido reducida por los discursos convencionales al tema de la técnica y de una idea de síntesis racionalizadora y sin contradicción, y la manera en que todavía se sigue reproduciendo esa fórmula en ciertos espacios de la enseñanza del proyecto. La tranquilidad que parece otorgar esa idea de síntesis y de la claridad de un orden racionalista, de reducir todo a una esencia sin contradicción. Se vuelve entonces necesario revisitar su figura, poniendo de manifiesto esas complejidades, dualidades y ambivalencias que hacen a un mayor espesor del conocimiento y de la práctica proyectual.

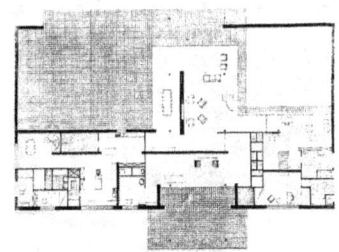

Mies. Casa Hubbe

La Casa Farnsworth

La *Casa Farnsworth*, proyectada en 1946 y construida en 1950, representa parte del cambio que va a implementar Mies a mediados de los cuarenta respecto de una concepción de la arquitectura y de los problemas de la forma, la materialidad y la expresión en relación a sus obras anteriores. Las ideas de un espacio articulado, de las tensiones entre la descomposición y la reconstrucción de la caja, de las tensiones entre plano y volumen, de las relaciones más ambiguas entre interior y exterior, o de la presencia de ciertas dualidades, que se veían en el *Pabellón de Barcelona* –lo mismo que en la *Casa Tugendhat*, la Vivienda en la Exposición de la construcción o la *Casa Hub-*

Los años 50 y la celebración de la técnica

be– van a derivar una concepción mucho más purista y esencialista. La reducción a un volumen unitario, despojado y diáfano que va a implicar una concepción del espacio y de las relaciones entre forma, materialidad y expresión diferentes. Aquello que Mies denominó no solo como "menos es más" sino ya como "casi nada". Y una relación también distinta entre Modernidad y Tradición.

La visión acerca de la técnica se va así mismo a radicalizar, y va a ser la manifestación cultural del hombre moderno. Siguiendo a Hegel, la arquitectura, como cualquier otra forma de producción, va a ser la expresión de una época.

"(La tecnología) es un verdadero movimiento histórico, uno de los grandes movimientos que configuran y representan su época. Solo puede compararse con el descubrimiento clásico del hombre como persona, con la voluntad de poder de los romanos y con el movimiento religioso de la Edad Media. La tecnología es mucho más que un método, es un mundo en sí misma. Como método es superior en casi todos sus aspectos. Pero solo donde se la deja sola, como en las gigantescas construcciones de la ingeniería, es donde la tecnología revela su auténtica naturaleza".[72]

Esta exaltación sobre el papel de la técnica, su presencia como una voluntad, como un mundo en sí mismo, va a ser

---

[72] Mies van der Rohe en un informe para el Instituto Tecnológico de Illinois, citado por Kenneth Frampton en *Historia Crítica de la Arquitectura Moderna*. Obra citada.

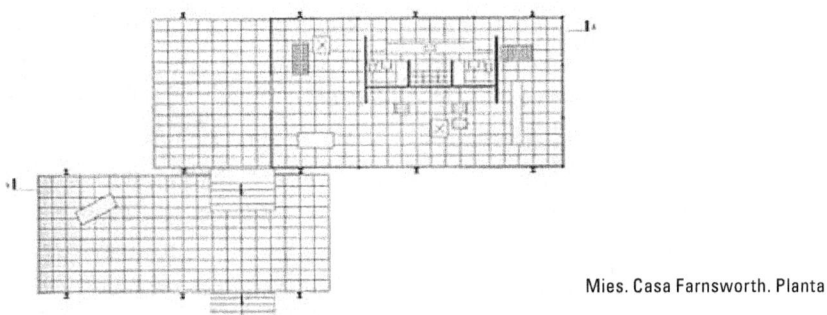

Mies. Casa Farnsworth. Planta

coincidente con el contexto de la época en los años cincuenta y su ponderación del universo tecnológico.

Los cincuenta van a ser los años de la gran celebración de la técnica y la tecnología, los de la fe depositada en un indiscutible progreso técnico-científico que abarcaría a toda la humanidad, junto a las ideas de desarrollo y de la producción industrial como base de la economía y de lo social. Son los años de los inicios de la cibernética, de los comienzos de la era espacial, de la ciencia-ficción, de los bienes industriales de consumo masivo, de los grandes proyectos utópicos –si pensamos en Yona Friedman, Buckminster Fuller o los Metabolistas– y de la incorporación de la tecnología industrial al espacio doméstico. Vana ser también los años de la conversión de la técnica en la utopía de la técnica y en su reiterada conversión en un mito. Pero el mito de la técnica en los años cincuenta va a ser diferente al de los veinte, ya que se ha configurado un escenario totalmente diferente. El mundo de posguerra, el fin de los imperios coloniales, el emergente de dos potencias hegemónicas y del llamado tercer mundo, el inédito desarrollo del capitalismo industrial, el poder de las corporaciones internacionales y la asunción de la Modernidad y del Modernismo como un hecho y su conversión en un nuevo Academicismo, van a entretejer sus lazos con el pensamiento y la producción proyectual y arquitectónica.

Desde un punto de vista Moderno, la *Casa Farnsworth* vuelve a recurrir al procedimiento de Montaje, pero de una manera diferente al de las obras anteriores. Si en el Pabellón de Barcelona o la *Casa Hubbe* se seguían las ideas del collage o de un ensamblado de diferencias, en la *Casa Farnsworth* se sustituirán por el Montaje Homotópico. Tal como hemos precisado en el Capítulo 3, un Montaje que opera en base a la reducción de todos los elementos componentes, a una esencialización, a la total homogeneidad, a una síntesis absoluta, casi reductiva, precisamente como el *casi nada* de Mies. En la homotopía todas las variables o deformaciones del sistema son constantes y uniformes.

En este caso, las operaciones con las que trabaja el Montaje son las de la regularidad, la ortogonalidad, la simetría, el equilibrio y la unidad formal, la abstracción, la modulación, la pureza, la esbeltez, la transparencia y la liviandad, que remiten a una concepción proyectual de síntesis, perfección, armonía y esencia. Si en los collages y montajes anteriores se recurría a la asimetría y al dinamismo de la forma, en este otro –como también en las obras posteriores– se trata de una forma estática. Estos principios van a convertirse en un repertorio para Mies, en donde todo está perfectamente ordenado y se consuma en un total despojamiento expresivo. La pretendida perfección formal lleva a la eliminación de todo lo contingente y remite a la existencia de una esencia, de un absoluto. Hay para esta lógica proyectual, la idea de que existe un absoluto, y el absoluto está asociado a la idea de perfección y esencia que serían, supuestamente, las componentes de un mundo objetivo y racionalizado.

Esto hubo de importar en Mies un cambio en las relaciones entre la forma y la tectónica. Ambos términos no están divorciados en el desarrollo de lo proyectual, manteniendo una relación intrínseca. La concepción formal y espacial a partir de una idea de síntesis y de lo diáfano coincide con una tectónica que se aleja de complejidad material y estructural y opera en la simplicidad. Y la implementación de una técnica considerada como objetiva se convierte en un lenguaje y una expresión. Técnica y expresión se como parte de un mismo ideal de objetividad.

Dentro del planteo homotópico el proyecto incorpora en el caso de la *Farnsworth* algunos pequeños o sutiles contrapuntos, tales como la dialéctica en la idea de la caja, la simetría-asimetría, o el Clasicismo y Suprematismo.

Kasimir Malevich. Niño con mochila

Nuevamente se pone de manifiesto la tensión entre el mantenimiento de la idea de caja y su interpelación. Si en los casos anteriores a partir de la complejidad y el dinamismo formal y espacial se pasaba a reconstruir la caja de manera formalmente virtual, en este caso la unidad de la caja es primariamente puesta a salvo para luego desmaterializarla materialmente por medio de la transparencia. Sigue tratándose de una caja, pero la misma ha perdido su densidad matérica, su peso, a manos de la liviandad y la transparencia.

A nivel de la totalidad, la obra es asimétrica, con esos dos planos rectangulares desplazados, el de la casa y el de la plataforma de acceso. Pero el cuerpo de la vivienda en sí es prácticamente simétrico en su organización.

Esto lleva a otra consideración acerca de la superposición entre Clasicismo y Suprematismo. El Clasicismo presente a través de la simetría –parcial–, del orden regular de la estructura, de la forma estática y del Orden como un Ideal. Superpuesto a las sutiles alusiones al Suprematismo de Malevich o de Leonidov, con su lógica de unas figuras o de unos planos regulares, abstractos, totalmente despojados, configurados bajo cierta idea de desplazamiento o movimiento. Hay en la *Casa Farnsworth* algo del Suprematismo de Malevich con esas formas absolutamente puras, suspendidas en el espacio, reducidas a su más mínima expresión, como en pinturas tales como *Triángulo Azul y Rectángulo Negro*, *Niño con Mochila* u *Ocho Rectángulos*, o

Mies. Casa Farnsworth. Interior

Mies. Casa Farnsworth. Estructura

como en el proyecto de Leonidov para la Unión de Cooperativas de Consumo.

Las componentes de Modernidad se hacen presentes entonces en la dimensión formal de la obra, en el uso del procedimiento de Montaje en su versión homotópica u objetivista. Pero también en un Montaje conceptual, que como hemos visto en otros casos anteriores reúne elementos del arte moderno o de la Vanguardia, elementos de la Tradición Clásica, el objetivismo y racionalización de la técnica industrial, y un ideal de belleza armónica y despojada.

Junto con estos antedichos se dan otros emergentes de Modernidad, tales como el uso de la técnica y lo programático.

La técnica constructiva va a apelar a la misma idea de esencialización, pureza y reducción de elementos que se dan en la forma con una estructura metálica de perfiles doble T, las losas del piso y la cubierta y la envolvente de vidrio. Una esencialización y pureza que llevaban a eliminar todos los apoyos intermedios, que así ya no serían parte de la configuración espacial ni una referencia a nivel formal, lo mismo que la desaparición de las vigas. La columna ya no se erige como parte del collage interno con los planos sino que se ha trasladado a los bordes del prisma dejando el interior con una luz libre de extremo a extremo. El interior quedaba así expresado como una única célula espacial ideal.

Este aspecto no deja de ser en cierto modo sorprendente o paradójico. Por una parte Mies lleva adelante esta celebración de la técnica como punto fundamental de su arquitectura, como diría Frampton, una *monumentalización* de la técnica, monumentalización que en este caso no estaría dada por la escala de la obra sino justamente por ese acto de celebración. Pero por otra, resulta paradójico que en ese acto de esencialización y reducción los elementos materiales, la presencia física de la técnica, prácticamente se desvanecen en lo diáfano del espacio y de la percepción.

Claude Nicolás Ledoux.
Casa de los Guardias Rurales

Lo programático, asociado a la imagen de la técnica, va a constituir otro rasgo de innovación, al romper con los conceptos convencionales del habitar doméstico, de la idea de casa, de la idea de intimidad o de lo público y lo privado. La imagen de la vivienda rompe con toda tradición respecto de la misma, con los imaginarios culturales del habitar doméstico, con la idea de vivienda arraigada en el tiempo. Esto podría decirse también en el caso de las villas corbusieranas, pero en las mismas se mantenía aún una imagen edilicia; Mies lo lleva a un punto radicalmente extremo a partir de la absoluta levedad y transparencia por la cual lo edilicio se ha transformado en absoluto objeto. Una operación que reconoce muy pocos antecedentes, pudiendo pensar en la *Maison du Verre* de Pierre Charreau en los años veinte o en la *Casa de los Guardias Rurales* de Ledoux en el siglo XVIII. Una serie de protocolos asociados al habitar doméstico están puestos en cuestión. La continuidad espacial interna, el modo de definir las compartimentaciones interiores sin un cierre total, y la plena transparencia de la envolvente alteran la idea de la privacidad y de la intimidad, volviéndolas virtuales, lo mismo que las visuales desde el exterior que penetran al interior y lo llevan a una condición casi de exhibición. El proyecto de Mies resultaba experimental y rupturista en este sentido, ya que se abolían una serie de principios y costumbres que habían caracterizado al espacio interior burgués desde mediados del siglo XIX en las relaciones de lo íntimo, lo privado y lo público.

Mies. Casa Farnsworth. Exterior

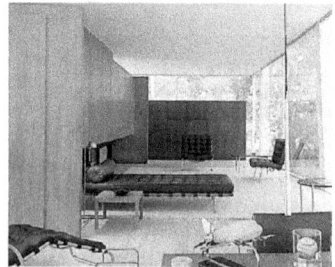

Mies.
Casa Farnsworth. Sector Dormitorio

Mies. Casa Farnsworth

Programa, técnica y expresión constituyen aquí una unidad que define fuertemente los ejes de lo proyectual sacándolos de una mera pragmática y ubicándolos en el nivel de la significación. Tal como diría el propio Mies:

"Es cierto que la arquitectura depende de los hechos, pero su verdadero campo de actividad se encuentra en el ámbito de la significación".

Una afirmación que desmiente la idea acerca de una preocupación tan solo por la construcción o por una mera pragmática técnica.

¿En qué medida la preocupación por la técnica en Mies no era en realidad la de un idealismo por la técnica y por la forma? Un idealismo técnico de carácter olímpico que coincidía con el espíritu de un idealismo tecnológico de los años cincuenta.

Por otra parte, esa supuesta supremacía de la técnica no parecía ser tan eficiente. Además de generar los temas comentados acerca del uso o lo programático, la obra presentaba problemas constructivos referidos a las filtraciones que se daban por la cubierta y a la condensación que se producía en todo el interior.

En el caso de la *Farnsworth*, la presencia de la Tradición Clásica no es tan directa o explícita desde lo formal sino que actúa a un nivel más conceptual, si bien hay un planteo de simetría en el cuerpo de la vivienda que remite a los procedimientos pasados.

Una primera alusión a la tradición es la idea de pureza formal y de perfección que remite a un Ideal de Belleza. Una figura prístina, acabada, ideal en su perfección formal y expresiva, despojada de cualquier contingencia que no puede evadirse de un principio de Belleza legitimado a lo largo del tiempo.

Mies. Casa Farnsworth. Interior

Un Ideal de Belleza que a su vez no puede separarse de la idea de un Orden absoluto, de un Ideal de Orden vinculado a la racionalidad, la síntesis, la esencia, lo fundamental, entendidos como principios idealistas. Así, la forma y la técnica son elevadas a una condición de idealismo supremo. Y si la técnica, en palabras de Mies, es ese mundo en sí mismo, superior a todo, es que su lógica proyectual se inscribe en el universo de lo idealizado.

Mies. Casa Farnsworth. Interior

La *Casa Farnsworth* como un objeto perfecto, ideal, separado del suelo, como un nuevo Templo Griego. La casa-templo para, en este caso, la mujer moderna. Un templo a la vida moderna, a la técnica, a la tecnificación de lo doméstico, a la eficiencia y al absoluto.

Mies. Casa Farnsworth

En su invocación a lo Clásico, el Ideal de Orden va a ser independiente del destino, del uso o del lugar de la obra. Trasciende lo que sería la contingencia de su destino o de su función, ya que se ubica en el nivel de un orden superior que rige todas las cosas.

En las relaciones entre forma, materialidad y expresión la perfección formal y expresiva coincide con la perfección técnica, la perfección del acabado y la nobleza del material. Una materialidad y una expresión perfectas, limpias, puras, que elimina cualquier tipo de mezcla acorde con el concepto de un montaje homotópico. Una forma y una técnica que en su perfección e idealismo, se han vuelto olímpicas.

Dentro de la lógica del montaje se establece un contrapunto entre la continuidad y diafanidad del espacio y el bloque colocado de manera casi simétrica y de carácter ciego y compacto que alberga los servicios. Un núcleo significativo que no solo supone una resolución funcional sino que cumple un papel a nivel simbólico. Alude a la componente tradicional de marcar la centralidad y la axialidad en lo que sería una composición, y a la vez remarcando las tensiones entre centro– compacto– y periferia –diáfana.

Las condiciones de esbeltez, de liviandad y de transparencia eliminan el peso de la materia y la densidad corporal. Se da entonces esa paradoja antes comentada por la cual la técnica –y su supuesta primacía– pasa a expresar un ideal de lo incorpóreo, perdiendo casi su presencia.

A priori se podría decir que se corresponde con cierto ideal platónico respecto del ideal de Belleza y de perfección formal, expresada en esa forma ideal incorpórea, casi sin materia. Pero en realidad se cumple el principio de la tecnicidad de Simondon al existir esa integración plena entre el idealismo formal y el idealismo técnico-material, ambos coinciden en su concepción y se requieren mutuamente.

En cuanto a la vinculación con el lugar, en un ámbito dominado por la naturaleza, la vegetación y el río, la obra propone una clara oposición entre artificio y naturaleza, planteando una forma de relación por medio del contraste. La abstracción, la artificialidad, el objetivismo técnico, se contraponen a las formas de la naturaleza circundante.

Elevada un metro y medio sobre el nivel del terreno, no solo por la anegación producto de los desbordes del río, la obra parece suspendida, separada claramente del nivel del suelo, de la misma manera que el Templo Griego.

En la separación entre objeto y naturaleza, entre el mundo artificial y el mundo natural, hay una interpenetración visual, un ida y vuelta entre exterior e interior. Una relación con el lugar por la cual el exterior y el interior se conectan. Pero se trata de un vínculo dado por la contemplación; no existe allí una experiencia táctil, una densidad corpórea en la relación con la naturaleza. Desde el interior, el paisaje natural aparece como una pintura enmarcada por los ventanales. A diferencia de otros casos, en donde la idea de una imagen exterior enmarcaba una porción puntual del entorno, en este caso se trata de una naturaleza convertida en paisaje de una manera más panorámica. Lo que en los collages anteriores aparecía como una porción de naturaleza enmarcada, aquí la continuidad irrestricta del cerramiento vidriado ha llevado el recurso a su máxima expresión.

Luego de este primer modo de relación entre artificio y naturaleza, puede que se abra una segunda forma de vinculación. Sin llegar a los postulados corbusieranos de un orden geométrico y matemático compartido entre ambos términos, no obstante también sería posible encontrar cierta asociación. Las características de la naturaleza circundante no son las de una condición salvaje, agreste, indómita, sino más bien las de una naturaleza bucólica, armónica. Así entonces, la armonía y el equilibrio formal del objeto coinciden o se corresponden simbólicamente con la armonía y el equilibrio bucólico de la naturaleza en su entorno.

El Crown Hall

El *Crown Hall*, de 1952, destinado a la Escuela de Arquitectura del Instituto Tecnológico de Illinois, en Chicago, continúa con los planteos proyectuales de la *Farnsworth*, llevados ahora del espacio doméstico a la escala y complejidad del edificio institucional.

Los principios deterministas de la homotopía son llevados ahora prácticamente a un grado cero, con las características

Mies. Crown Hall. Exterior

de una total homogeneización de las relaciones entre forma, materialidad y expresión.

Para los años cincuenta y el credo de Mies esto podría ser la representación de la Modernidad absoluta.

El montaje homotópico, la esencia formal y expresiva, la reducción de elementos a un grado mínimo, la funcionalidad, la continuidad del espacio interior, el dominio de la técnica, y la fluidez entre interior y exterior.

En este montaje homotópico ya no hay lugar para el contrapunto –como podría haber en la *Casa Farnsworth*– y todos los elementos se homogeinizan en una única y mínima imagen, todo resulta identitario. La reducción de todos los elementos expresivos y materiales lleva a creer en la existencia de una esencia en la arquitectura. Una esencia que actúa en base a la posesión de una serie de muy pocos principios y elementos y de reglas combinatorias también limitadas, y que como esencia supone la existencia de un valor superior por encima de las demás cosas. Siendo una esencia, la misma tiene un carácter universal y meta-histórico, que lleva a eliminar cualquier particularidad –del contexto, del lugar, del momento histórico– , algo que caracterizó, justamente, a los principios doctrinarios del Estilo Internacional.

La creencia en una esencia puede llevarnos a otro momento de la historia, el de los principios formulados por Laugier a mediados del siglo XVIII. Si bien no figura entre los comentarios de Mies, y desconocemos la existencia de trabajos al respecto, la figura del abate francés vuelve a hacerse presente. Recordamos que Laugier había postulado la idea de que la arquitectura podía reducirse a unos preceptos y a tres elementos mínimos, en su exaltación del imaginario Clásico: la columna, el entablamento y el frontis. Una idea de esencia y de reducción de los elementos de la cual, para algunos autores, como Rykwert o

Frampton, descendían los principios del Funcionalismo. Eliminando todo lo considerado como contingente se suponía la existencia de una Verdad en la arquitectura. Un planteo que también nos vuelve a remitir al debate imaginario entre Protopirio y Didascalo. A mediados de los años cincuenta, el *Crown Hall* sería la representación concreta, llevada a un pensamiento moderno y a una obra en sí, de la posibilidad de reducir todo a un mínimo, tal como lo preconizaba Protopirio en la discusión imaginada por Piranesi. El mismo planteo de la obra del Maestro Verdussen, *La Casa de las Ventanas y de las Puertas,* salido de la ironía de Borges y Bioy Casares. No casualmente la ironía literaria echaba una mirada a la Modernidad homogeneizada propia del *Crown Hall* y de sus derivados internacionalistas. El relato de Borges y Bioy metaforiza satíricamente la arquitectura del *Crown Hall* y del *menos es más.*

Abate Laugier. La cabaña primitiva

El ideal de un espacio único, universal y homogéneo se ha materializado. Una continuidad y homogeneidad que no se halla interrumpida por ningún elemento intermedio, por ninguna particularidad. Un volumen diáfano, unitario y despejado que idealiza la presencia de la caja cristalizada de 67 × 37 metros, con el núcleo vertical y de servicios en el centro, también de una mínima expresión. Y con la consabida relación de continuidad entre interior y exterior, relación dada exclusivamente por lo visual.

Para algunos, el *Crown Hall* va a ser un ejemplo de la idea del contenedor y de la democratización del espacio, en un doble sentido. La democratización que supondría la existencia de un espacio homogéneo, pretendidamente igualitario, sin jerarquía, y que en su flexibilidad podría ser ocupado de muy diferentes maneras según fuesen los requisitos. El ideal de la funcionalidad entendida como flexibilidad, como eficiencia en el uso e intercambiabilidad.

Pero así mismo, se trata de un criterio de funcionalidad totalmente mecanicista, operativista. Las formas de los usos, su sentido cultural, psicológico, antropológico, son eliminadas; la complejidad conceptual y existencial del uso es sustituida por un criterio de función mecanicista y homogeneizador. Lo racional del proyecto llevado a una racionalización de todos sus parámetros –formales, técnicos, espaciales y de uso– abriendo así una serie de interrogantes. ¿El concepto de un espacio homogéneo y flexible, lleva a su conversión en una homogeneización y uniformidad del espacio y del lugar? ¿Existe una relación entre la racionalización del espacio y la racionalización de las conductas? ¿Un espacio convertido en matriz topológica y en un grado cero de cualidades particulares, permite efectivamente una apropiación profunda del mismo?

La escala institucional del *Crown Hall* representa entonces esa monumentalización de la técnica, esa consagración de los medios tecnológicos que constituyen un mundo en sí mismo, con la identificación entre racionalización formal y racionalización técnica. Y en su reducción de todos los elementos, de todas las variables, en la suposición del menos es más, lleva adelante esa tecnificación de la esencia. Lo que en la *Casa Farnsworth* importaba aquella identificación a escala de lo doméstico y en su alteración de la imagen de la vivienda y de sus imaginarios, en el IIT alcanza la imagen institucional abriendo toda una producción hacia la arquitectura corporativa.

La idea acerca de la existencia de una esencia, la alianza entre forma, técnica, expresión y esencia, puede servir para cualquier destino o propósito, se encuentra más allá de la particularidad de los usos, puede estar al servicio de la arquitectura doméstica a la corporativa.

Como en el resto de sus obras, la relación con la Tradición Clásica vuelve a estar presente, pero aquí los principios de tal tradición son puestos de manera menos dilemática y más explícita.

Mies. Crown Hall. Interior

La tradición schinkeleana persiste, con las operaciones de simetría, axialidad, centralidad y tripartición, pero ahora, reducidas a una esencia, se han vuelto totalmente explícitas y elementales, como así lo delata la configuración de la planta, y en la comparación hecha por Rowe con el *Altes Museum*. Más, como dice Rowe, el criterio de un orden jerárquico como el del Clasicismo también se desvanece por el imperio de la homogeneidad. El centro del *Crown Hall* señalado por el eje compositivo y el núcleo vertical y de servicio no se verifica en ninguna cualidad espacial en particular, ninguna espacialidad que marque la verticalidad y jerarquía del centro, todo se encuentra debajo de la misma cubierta lisa y contínua. A diferencia del *Pabellón de Barcelona* en donde el centro estaba interpelado por medio de su duplicación, o de la *Farnsworth*, en la que estaba puntualizado por el volumen de madera, aquí el centro es mencionado para luego convertirlo en algo virtual.

Mies. Crown Hall. Exterior

Mies. Crown Hall. Montaje estructura

En estas relaciones entre Tradición y Modernidad, los principios tradicionales de la simetría, la axialidad, la centralidad, la frontalidad, la regularidad y la tripartición han perdido obviamente sus contenidos originales y se han transformado en un instrumento para la representación de la racionalización técnica y formal, para la representación de la supuesta eficiencia

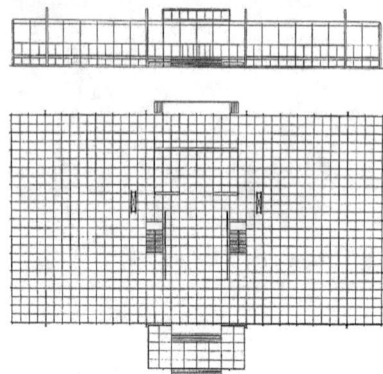

Mies. Crown Hall. Planta y Vista

técnica y funcional, pero también para llamar la atención sobre la idea de una esencia meta-histórica.

En su comparación con el *Altes Museum* y como parte de una continuidad dada por el sentido de una esencia a través de la historia, la obra prosigue con los principios de la tipología, en este caso de la planta central. Sin duda que no se trata de una tipología funcional sino de una tipología formal. Desde la tradición de la Antigüedad hasta este caso, el desarrollo del estudio sobre la continuidad en lo tipológico ha llegado a su máximo nivel de esencialización y de reducción, convirtiéndose, casi, en un espacio liso. Ninguna acentuación, ninguna particularidad, altera el planteo tipológico-formal que se ha convertido en un esquema. Claramente la forma no sigue a la función, sino que la misma se adapta universalmente y para cualquier uso a un esquema formal dado. Como en el resto de otras propuestas, se comprueba la tensión entre la idea del centro y la dispersión periférica, con un centro cada vez más desmaterializado o esquemáticamente insinuado.

La pregunta es entonces que articulación se da entre forma y función y cuál es la cualidad alcanzada.

Por sobre cualquier criterio funcional se alza el idealismo formal que determina una impronta a partir de un concepto

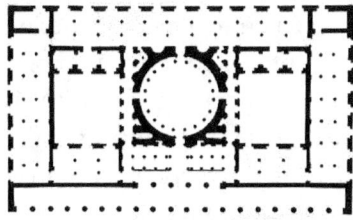

Karl F. Schinkel. Altes Museum Berlín

de forma a priori, útil para cualquier función. Pero así mismo es cierto que la función llevada a un valor ideal de flexibilidad como un mandato impone la existencia de un espacio y de una forma totalmente homogéneos e indiferenciados, que permita cualquier tipo de adaptación y de distribución. La función se ha transformado en funcionalidad, resaltando la flexibilidad y la adaptabilidad como valores supremos, pero que no necesariamente implican una calidad habitativa y de modos de apropiación afectivos, psicológicos, fenomenológicos o existenciales.

A raíz de este postulado de un valor dado a la eficiencia técnica y funcional, llaman la atención, desde un punto de vista proyectual, algunas de las decisiones. El edificio cuenta con dos niveles, una planta baja, que alberga a la Escuela de Arquitectura, y un subsuelo semi enterrado en donde se ubica el Departamento de Diseño Industrial. Claramente, en términos de la funcionalidad, no pareciera muy racional mandar todo un sector de los usos a un subsuelo, sobre todo estando instalado en un campus con grandes espacios abiertos. ¿Qué decisión o qué requerimientos primaron para tal resolución? ¿Cómo no establecer para la mitad de la escuela criterios de usos y de habitabilidad de mayor calidad, con otra relación con el medio exterior?

Mies. Crown Hall. Interior

Mies. Crown Hall. Exterior

La relación con el lugar también plantea sus interrogantes.

La misma, está dada exclusivamente por la contemplación, por la sola vinculación a través de la visual. Ningún espacio de transición entre interior y exterior, ningún elemento intermedio, un corte abrupto entre el afuera y el adentro. Más allá de lo puramente visual, no existe ninguna relación táctil, experimental, con el medio exterior, ninguna expansión ni posibilidad de apropiación. Este ejemplo constituye uno de los paradigmas del precepto de la absoluta continuidad entre interior y exterior de la Modernidad ortodoxa. Interior y exterior se suponen en un fluir y en una continuidad ininterrumpida. Pero esto solo se da a nivel de la contemplación, de una continuidad exclusivamente visual. Como en sus collages, el exterior aparece como un telón de fondo recortado por el marco de los vanos. El lugar transformado en un paisaje de lo visual.

La relación con el lugar está dada claramente también por la contraposición entre lo artificial del objeto y el medio natural del campus. Pero esa forma de vinculación por la oposición en este caso se ha cristalizado, ha perdido el encanto de toda poética. El idealismo a priori, la pureza conceptual, termina atentando contra la calidad arquitectónica, perdiendo lo que sería un verdadero sentido de eficiencia. Nuevamente, el idealismo de una forma de la Modernidad construye mitos, como los de la funcionalidad, la eficiencia y la racionalidad. Como en la formulación de Goya, *el sueño de la razón engendra sus propios monstruos*.

En esa su componente meta-histórica el *Crown Hall*, lo mismo que la *Galería Nacional de Berlín*, o el *Brown Pavillion* de

Texas, se han constituido en un ejemplo para la arquitectura profesionalista y para la enseñanza en muchas escuelas y facultades de arquitectura, básicamente en cuanto a la reproducción de una fórmula. En parte, porque las concepciones de Mies se convirtieron en un repertorio. Llevadas a ese plano de una esencia y de una total homogeneización, cuando sirven para ser aplicadas a cualquier contexto o destino, las formulaciones proyectuales pierden su componente crítica o propositiva en términos creativos o de innovación y se transforman en un repertorio, en un sistema que puede ser reproducido acríticamente. Se convierten así en mera forma, algo ciertamente paradójico para una concepción que solo se interesaba en problemas de construcción. En esa conversión en un repertorio, la lógica proyectual poseedora de los criterios de un orden estable y claro, de la reducción a una esencia, de la racionalización del pensamiento y de la acción, otorga una tranquilidad y una certeza que terminan siendo reduccionistas.

Mies. Galería Nacional de Berlín

Giuseppe Terragni y el Ordo Humanista

La producción de Terragni va a desenvolverse entre mediados de las décadas del veinte y del cuarenta en el contexto de la Italia fascista y de su compleja relación entre Modernidad, Tradición y Política.

Terragni pertenecía al Grupo 7 que encarnaba las teorías del Racionalismo, grupo integrado por Sebastiano Larco, Guido Frette, Carlo Rava, Adalberto Libera, Gino Pollini, Luigi Figini y el propio Terragni.

La realidad cultural y política italiana se tensaba en esas décadas entre la herencia del Futurismo, las búsquedas de renovación del Modernismo Racionalista y los grupos más

Marcello Piacentini. Universidad de Roma

conservadores, todo ello dentro de una relación compleja con el poder político y estatal del fascismo mussoliniano y sus necesidades de representación simbólica.

En esas tensiones, algunos casos habían buscado una cierta integración o mediación, con personajes como Piacentini y el *stile littorio*, con una arquitectura vinculada a un Clasicismo despojado, con sus características de monumentalidad, tectonicidad, compacidad, equilibrio estático, orden y jerarquía, como en el edificio del Rectorado para la Universidad de Roma. Una arquitectura que se reprodujo en muchos países durante los años treinta, incluso Argentina,[73] principalmente bajo gobiernos conservadores o de las derechas.

Los propios adherentes a los principios del Racionalismo como el Grupo 7 planteaban una relación con la herencia de la Tradición Clasicista, tal como lo expresaban en algunos de sus enunciados:

> "Nuestro pasado y nuestro presente no son incompatibles. No dejamos dejar a un lado nuestra herencia tradicional. Es la tradición la que se transforma a sí misma y asume nuevos aspectos reconocibles solo para unos pocos".[74]

Se pretendía lograr una síntesis más innovadora y acabada entre los principios del Clasicismo y el Racionalismo como representación de los valores nacionalistas.

---

[73] En el caso de Argentina, y durante la década del treinta y de los gobiernos conservadores y reaccionarios, podemos mencionar casos como los de la Sede Central de YPF y la Sede del Banco Provincia, en la Capital Federal, los Tribunales de la Provincia de Tucumán, o el Museo Castagnino en Rosario.

[74] Nota del Grupo 7 en la revista *Rassegna Italiana*. Diciembre de 1926.

Esa síntesis o integración tuvo en Terragni una interpretación mucho más elaborada y sofisticada que los planteos retóricos, monumentales y solemnes de ese Clasicismo despojado, pasando no por el mantenimiento de una tradición apariencial y retórica, por la determinación de un orden ya largamente fosilizado, sino por una elaboración más profunda y cultural de la Tradición Clasicista.

La presencia de la tradición en Terragni se va a remontar más específicamente a la del orden formal del Humanismo del '400 y del '500, junto con ciertos contenidos culturales del mismo. Un *ordo humanista* característico de la cultura italiana, de un pasado de nobleza y dignidad, propio de una identidad que se encuentra legitimada por el aval que otorgaría la historia, como en aquella pintura ya señalada de Luigi Filocamo, *Giovanni Muzio dialoga con Vitruvio*. El poder político del estado fascista va a recurrir al legado de la civilización romana para instalar su propia legitimidad avalada por la nobleza del pasado. Y en el caso de Terragni tal alusión va a constituir una mayor elaboración que la mera grandilocuencia de la monumentalidad o de una fosilización producto de la solemnidad.

La Casa del Fascio
Construida entre 1932 y 1936 en Como, en una primera aproximación la obra expresa los lineamientos del código del Racionalismo, tanto en su definición exterior como en el interior del edificio: geometría regular, ortogonalidad, lenguaje abstracto, reducción de los elementos expresivos, un orden estructural y material claro, con una estructura de hormigón, paneles de ladrillo de vidrio y luz cenital.

La Modernidad no solo se expresa a nivel formal sino también se trata de una Modernidad que alude a lo político en cuanto al sistema de representación simbólica de la obra. En este caso el Modernismo formal se planteaba como una representación de lo que se quería ver como una Modernización de la nación italiana. El Racionalismo como medio de

Giuseppe Terragni.
Casa del Fascio. Frente

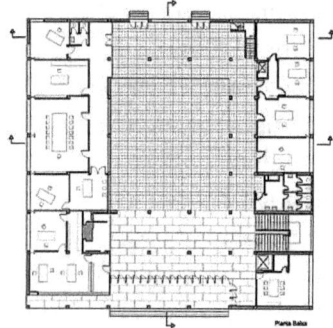

Giuseppe Terragni.
Casa del Fascio. Planta Baja

representación del proceso de Modernización industrial, técnica, productiva y social que supuestamente venía a encarnar el fascismo como motor modernizador y de la idea de Italia como una potencia.

Algo que no resulta novedoso, ya que el Modernismo Racionalista podía comportarse como un código figurativo que podía representar diferentes significados: las democracias liberales, el poder económico de la burguesía, la innovación técnica, una burguesía como sustrato social progresista, las ideas de izquierda, y aún los estados totalitarios. El Racionalismo carecía de una ideología *per se* –de hecho la forma no tiene ideología– pudiendo representar significados diametralmente opuestos. Despojado en algunos casos de un carácter progresista y reformista, en el Racionalismo se complejizan las articulaciones entre forma y significado, pudiendo adoptar diferentes contenidos ideológicos, y complejizando también las relaciones entre avance económico e industrial, componente social y a la vez una ideología política conservadora o hasta reaccionaria.

En el contexto italiano, los emergentes de Modernidad se van a integrar a la mencionada presencia de la Tradición Clasicista y del Orden Humanista.

En primer término, la obra recurre a una figura perfectamente cúbica de planta cuadrada de 33 metros de lado y con un alzado igual a la mitad del cuadrado, de 16.50 metros de altura. Las fachadas se organizan mediante un trazado de proporciones geométricas basadas en el cuadrado y en el rectángulo raíz de dos. Racionalismo y Clasicismo comparten en este caso no solo los mismos procedimientos asociados al orden y a la armonía de la geometría y del número, si bien, como ya hemos expresado, despojados tales procedimientos de sus contenidos sagrados originales. Pero estas operaciones no remiten tan solo a una cuestión operativa o instrumental como herramienta proyectual, ya que aquí se vinculan a toda una tradición propia de la cultura italiana.

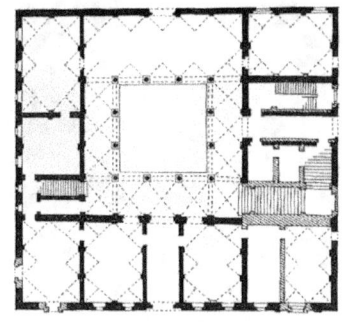

Michelozzo. Palacio Medici

En segundo lugar, la estructura formal está dada por la tipología del *palazzo* italiano, con un patio con una galería perimetral de columnas de sección cuadrada y rodeado de los diferentes locales que siguen una compartimentación tradicional. Un típico *palazzo* humanista ubicado en la piazza de la ciudad, como los palacios *Ruccelai, Strozzi, Gondi, Medici Riccardi* o *Farnese*. Como rasgo de adaptación moderna, el patio con galería o *cortile* del Humanismo que se abría al aire libre, en los primeros bocetos de la *Casa del Fascio* también era descubierto, siendo techado posteriormente durante el proceso proyectual con una cubierta plana con iluminación cenital, a los fines de albergar las asambleas políticas. En una alegoría con el *palazzo* humanista, la *Casa del Fascio* alberga la imagen de Mussolini, el *Duce* –o conductor– como una suerte de alusión a la figura del *Dux*, el hombre fuerte y conductor en la política y la cultura del Humanismo, habitante del palacio.

Siguiendo la misma tradición el edificio se levanta sobre un basamento muy bajo o *piano rialzato*, estando todo revestido en mármol botticino dentro del rigor abstracto del lenguaje.

En su interior se disponían fotomontajes y bajo relieves con imágenes del *Duce* y las simbologías y alegorías fascistas. Una especie de sucedáneo de la manera en que en muchas obras del Racionalismo se incluían murales figurativos, paneles

Giuseppe Terragni. Casa del Fascio. Interior

Giuseppe Terragni. Casa del Fascio Exterior

Giuseppe Terragni. Casa del Fascio. Inserción urbana

decorados, esculturas o imágenes artísticas que se contraponían en algunos casos con la abstracción y pureza del lenguaje arquitectónico. En este caso, la inclusión de dichos elementos formaba parte del discurso ideológico-político y de adoctrinamiento que acompañaba a la abstracción del discurso formal de la arquitectura.

La obra se destinaba a las reuniones políticas del partido y a las asambleas masivas, pero también funcionaba como una especie de santuario en honor a los héroes de la revolución fascista. La arquitectura moderna se erigía de este modo también en un templo, un templo moderno consagrado a la política, a una nueva forma de la religión, a la política de masas, lo mismo que a un nuevo mito, el de la revolución.

En cuanto a la relación con el lugar dada por el contexto urbano, la *Casa del Fascio* también expresaba su relación con la Tradición Humanista del '400 y sus articulaciones entre objeto y ciudad.

Como en los casos de la *Piazza della Annunziata* en Florencia, la *Piazza de Ascoli* o la *Piazza de Pienza*, entre tantas otras, la nueva intervención de Terragni se suma al entorno urbano a nivel del fragmento. En la tradición urbanística del Humanismo, con Brunelleschi, Alberti, Rosellino, cada nueva intervención a lo largo del tiempo se iba sumando al conjunto urbano ya existente a la manera de un palimpsesto. Se iban superponiendo así diferentes *layers* o sustratos temporales en la conformación de la ciudad. En el *ordo humanista*, la nueva intervención –el *Hospital de los Inocentes*, el *Palacio Senatorial*, el *Palacio Picolomini*– operaba a nivel del fragmento, proponiendo una cualificación del entorno urbano y una relación entre tejido y monumento. Ubicada en la *Plaza de Como*, la *Casa del Fascio* venía a cumplir un papel similar. Una intervención más, superpuesta a los distintos sustratos históricos que se van acumulando y conformando la ciudad como un palimpsesto, y proponiéndose como un elemento cualificador de ese fragmento urbano en términos materiales y simbólicos. Una forma de intervención urbana que aludía a la idea de continuidad, no solo a la continuidad en la superposición de los diferentes sustratos o piezas arquitectónicas a lo largo de la historia sino así mismo como una forma de continuidad en el modo tradicional de concebir y construir la ciudad.

El Danteum

El *Danteum* proyectado por Terragni –y no construido– era una obra erigida a la memoria del Dante y a los fines de albergar todas las ediciones de su obra, reunir todo el material escrito, gráfico y documental para su estudio, y promover su figura y trabajo tanto en Italia como en el exterior. Pero además implicaba un propósito político en cuanto a representar el sueño imperial de Dante materializado en un templo dedicado a la grandeza de Italia. El fascismo se proponía rescatar los sueños y la obra del poeta como parte de una alegoría política acerca de la resurrección del Imperio Romano y su identificación con el estado fascista.

Terragni se propuso así construir un símbolo –él se refería al *Danteum* como un templo– y claramente la arquitectura y el Modernismo de Terragni tuvieron siempre una impronta simbólica muy significativa.

En el caso del *Danteum*, su organización formal, espacial, expresiva y material representaba la obra de la *Divina Comedia* con sus tres reinos de ultratumba: el Infierno, el Purgatorio y el Paraíso. Y planteaba una estructura y un recorrido en forma de

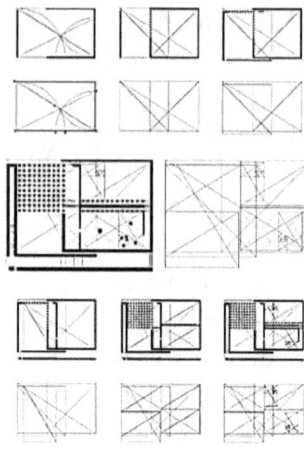

Giuseppe Terragni. Danteum. Trazados

laberinto similar al recorrido y a la experiencia que describe el poeta en su obra.

Consecuente con su relación con la Tradición Clásica, y de la misma manera que en otros de los ejemplos recorridos, la organización formal del *Danteum* se basa en el uso de la geometría y de los trazados reguladores a partir del cuadrado y de la sección áurea. Dos cuadrados superpuestos marcan algunas de las líneas del trazado, y un rectángulo áureo —cuyo lado mayor es igual al lado menor de la *Basílica de Majencio*— encierra el cuerpo del edificio, definiendo además algunas de las particiones y ubicaciones interiores en cada uno de los espacios. El propósito de dotar a la entera estructura del monumento de lo que se consideraba el valor absoluto de la belleza geométrica.

Ya desde el acceso se plantea la lógica laberíntica de la obra, entrando por un corredor muy estrecho entre uno de los muros que limita el patio y la pared pantalla que corre a lo largo del frente. Esa pantalla está construida con cien bloques de mármol en coincidencia con los cien cantos de la *Divina Comedia*, con la inscripción de versos correspondientes a cada canto esculpidos en cada uno de tales bloques. Al entrar por este acceso, en su condición misteriosa y no directa, se da cumplimiento a una de las sentencias de Dante en el *Canto I* cuando alega no saber cómo es que ha entrado en el inicio de su viaje.

Luego del ingreso se llega al patio descubierto y a la sala de las cien columnas de mármol que también representan los cien cantos de la *Comedia*. Una especie de sala hipóstila que representa simbólicamente el bosque en el que se halla Dante como preludio de lo que se encuentra más allá, el Infierno. Todo el recorrido espacial y perceptivo va a tener ese sentido de descenso y de ascenso al Infierno y hacia el Paraíso, coincidente con la estructura literaria del Poema.

Desde la sala hipóstila se desciende por una pequeña escalera al Infierno. La atmósfera del Infierno resulta fuertemente sugestiva en un sentido espiritual y metafísico, en un lugar poco iluminado y con un peso que se carga sobre la psiquis y el físico de quien ingresa en él. En su interior se levantan siete columnas que se encuentran en el centro de los cuadrados inscriptos en cada uno de los rectángulos áureos que definen este espacio de lo infernal, y describen en esa ubicación la espiral de segundo grado que se encierra en la figura áurea. Cada una de las siete columnas soporta una losa independiente, en la que la relación entre la sección y la carga representa a la idea del pecado y su castigo. La curva que describe las columnas está inspirada en uno de los cantos donde los pecadores suben por la montaña portando una roca sobre sus hombros.

Giuseppe Terragni. Danteum. Acceso

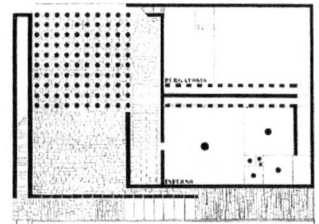

Giuseppe Terragni. Danteum. Planta

Un estrecho paso comunica la sala del Infierno con la del Purgatorio, invocando a la grieta que en el Poema de Dante comunica el fondo del Infierno con la base de la montaña del Purgatorio.

Esta otra sala presenta también una estructura en base a la sección áurea con los rectángulos y los siete cuadrados que forman aberturas en la cubierta quedando a cielo abierto, como representación de los grados de elevación de las almas.

Llegados al final del recorrido, se accede a una antecámara que comunica con el Paraíso propiamente dicho y con el Imperio.

Dentro de la misma proporción geométrica el Paraíso cuenta con treinta y tres columnas en igual cantidad al número de

 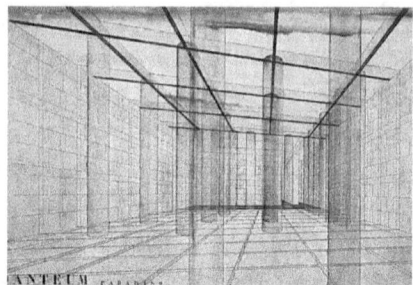

Giuseppe Terragni. Danteum. Infierno   Giuseppe Terragni. Danteum. Paraíso

cantos del Poema. Las columnas son de vidrio y soportan una cubierta también transparente que se abre al cielo como significado de la intangibilidad del alma y de su definitiva depuración.

En cuanto al Imperio, se trata de un estrecho corredor dividido al medio por grandes columnas macizas. El estrecho espacio corre paralelo a la *Via dell' Imperio* y a la fachada del frente, comunicando simbólicamente en el exterior la *Piazza* y el *Palazzo Venezia,* sede de las oficinas de Mussolini, con el *Coliseo,* en el otro extremo. Un símbolo manifiesto del Imperio Romano y Universal predicado por Dante. El único y último medio para salvar a la Humanidad y a la Iglesia de la corrupción y el desorden.

La obra describe de este modo toda una progresión, a la manera de un peregrinaje, en sentido ascensional, desde las profundidades y densidad agobiante del Infierno hasta la elevación y purificación etérea del Paraíso.

Desde ese espacio sacro y elevado se desciende por una angosta escalera que lleva nuevamente hacia la calle.

Estas búsquedas de Terragni van a convivir o a coexistir con los otros planteos que también operaron con el pasado, como los ya mencionados ejemplos de Piacentini, Mazzoni, Libera, Guerrini, Lapadula y Romano, y con obras disímiles como el *Palacio de la Civilidad Italiana* y el *Palacio de los Congresos* para la EUR del 42, la *Estafeta de Correos* de Agrigento, la sede del *Rectorado de la Universidad de Roma*, o la sede del *Instituto Nacional de Seguros* en Brescia. En todos ellos se hace presente, de manera más explícita o indirecta esa celebración de la *Romanidad* con su fuerte carga simbólica, dejando planteado un interrogante acerca de lo que constituye el ser moderno, o mejor dicho, de *aquello que podría constituirlo.*

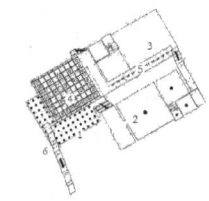

Giuseppe Terragni.
Danteum. Estructura espacial

Hasta aquí hemos dado cuenta de un amplio y diverso recorrido en las relaciones entre Modernidad y Tradición Clásica que atravesaron al proyecto y a la arquitectura en diferentes momentos del siglo XX. Una diversidad que remarca lo diferente de las experiencias y propuestas del Modernismo, rehuyendo las homogeneizaciones o las clasificaciones cerradas en términos estilísticos o temporales. Lo mismo que las aseveraciones reduccionistas y propagandísticas de la consabida historiografía canónica.

Guerrini Lapadula y Romano.
Palacio de la Civilidad Italiana

Tales articulaciones entre Modernidad y Tradición nos exponen las diferencias que se han venido desgranando.

En Le Corbusier la presencia de la Tradición va a tener un profundo sentido existencial y filosófico asociado a su adscripción al Clasicismo como un Ideal de orden superior que no solo es formal sino que justamente es vital o filosófico. Un Ideal de orden coincidente con el de la Naturaleza y el de una cultura ancestral que la Modernidad debía tomar para reordenar los conflictos y disoluciones que, como dijimos, la propia Modernidad había desencadenado. Ideal de orden que propone el regreso a un estado de armonía y de equilibrio –social, personal, con la Naturaleza– y que se integraba con aquel Ideal de forma pura y absoluta propia del platonismo. El uso del número y de la geometría, la armonía formal como representación de una armonía superior y de un orden de las cosas. Desprovisto de sus contenidos sagrados originales, rota la integración entre Forma y Significado de las culturas tradicionales, el proyecto de Le Corbusier, encarnando a un nuevo demiurgo, va a ser ese intento afanoso por volver a religar lo disuelto.

Un contenido existencial o metafísico que no vamos a encontrar, por ejemplo en Loos, Mies o Terragni.

En Adolf Loos la recuperación o la permanencia de la Tradición va a tener un carácter más instrumental. El uso de los principios de ordenamiento formal –axialidad, simetría, regularidad, proporción– va a marcar la ponderación que Loos hace de los grandes momentos del pasado, como una forma de igualar su propio momento histórico. Y como manera de plantear una esencialización de la forma y de la expresión asociada a una componente ética de la honestidad y la virtud por el desapego a lo superfluo que debería caracterizar al hombre moderno. No hay en Loos un sentido trascendente sino la ética de un estar aquí y ahora y de callar, como Wittgenstein, cuando no hay nada para decir.

Como hemos visto en Mies, la presencia de una pureza en la forma y la expresión, su menos es más, su casi nada, hubo de ir en busca de una esencia, pero diferente a la corbusierana, desprovista de un sentido trascendente de recuperación de un Orden y más próxima a la idea de una esencia como optimización de todas las variables. Tal optimización no hubo de obedecer meramente a un criterio dictado por el más llano pragmatismo sino que se trataría de una poética de la optimización, la poetización de la técnica, su esencialización, tomada del pasado Clasicista y puesta en términos de la utopía tecnológica de mediados del siglo XX.

En cuanto a Terragni, la presencia de la Tradición de la Antigüedad va a ser una constante en las diferentes experiencias de la arquitectura italiana, desde las más conservadoras hasta las del Modernismo Racionalista, teniendo en Terragni uno de los intérpretes más elaborados. Tal presencia de la Tradición no invoca un ideal de orden existencial o trascendente sino el imperativo de apelar a la existencia de una identidad nacional y cultural propia de Italia, el entroncarse de la Modernidad en una ascendencia o un origen que avalara con su nobleza y dignidad a su propia producción, y como un recurso para emular la gesta del fascismo con la gloria del imperio.

Así, el uso de ciertos procedimientos formales propios de la Tradición Clásica va a tener diferentes connotaciones o modos, desde constituirse en un exclusivo instrumento secularizado y desacralizado hasta ser un principio para la reintegración armónica. Del mismo modo los contenidos o significados van a ser diferentes, desde aquella recuperación de un Orden Ideal de tipo metafísico hasta ser el medio de confirmación de una identidad nacional o de las alegorías acerca del estado.

La cuestión tipológica asociada a la Tradición va a tener también su despliegue.

Como hemos visto, en Le Corbusier la tipología va estar vinculada a esa idea de la forma ideal platónica y a su relación con lo prototípico industrial, algo absolutamente ausente en Terragni. En el italiano, el trabajo con la tipología va a ser también una lógica de invocación de la cultura local, como en el caso de la *Casa del Fascio* y del palazzo humanista del '400 y el '500. En las elaboraciones tipológicas de Terragni no existe ninguna componente asociada al mecanicismo, el maquinismo o el objeto industrial, tan solo tradición arquitectónica, urbana y cultural como forma de un arraigo de lo Moderno en una identidad.

En todos estos despliegues es que se presentan algunos interrogantes acerca de aquello que *podría ser moderno*, ya no entonces como una aseveración sino más bien como una pregunta, o un potencial.

Las relaciones entre Modernidad y Tradición ya no señalan tanto una forma de fundamentación de la propia producción sino que habilitan esa serie de interrogantes que problematizan lo que es el proyecto y los modos de abordarlo desde la crítica, en referencia a aquella alusión al trabajo del analista, mencionada en un capítulo anterior.

Interrogantes tales como:

¿Cómo es que se da la necesidad de plantearse un origen para el desarrollo de lo proyectual o de la arquitectura en un momento dado? ¿Qué relaciones son las que se dan entre Modernidad y Origen? ¿Qué verificaciones existen entre Origen y despliegue? ¿Cuándo la necesidad de plantearse un origen oculta la existencia más real de una genealogía?

Al ver una obra como la sede del *Instituto Nacional de Seguros* en Brescia, de Piacentini, ¿puede hablarse de un imaginario proyectual totalmente cristalizado o fosilizado como algo ya anacrónico? ¿Cabe hacer un juicio de valor? ¿La presencia de lo anacrónico es uno de los tantos recursos de lo proyectual o hasta de la creatividad o funciona como un instrumento de homogeneización y adormilamiento de la conciencia crítica? ¿Qué diferencias existen entre lo anacrónico y lo anacronista, esto último como una forma de abordaje crítico o desestabilizador?

¿De qué manera lo anacrónico o lo regresivo puede ser parte también de lo Moderno? ¿Qué tensiones se plantean entre Modernidad, innovación, regresión? ¿Cómo se verifica la existencia de componentes conservadoras como parte también de lo Moderno? ¿Una Modernidad lingüística o formal pero con contenidos ideológicos conservadores? ¿Una Modernidad con impulsos socio-políticos innovadores que recurren a elementos tradicionales como parte de un material proyectual a ser utilizado como cualquier otro? ¿En su dimensión conflictiva o aporística, es el oxímoron constitutivo de lo Moderno?

4.3. MODERNIDAD. REGIONALISMO

Uno de los tantos debates que va a instalar el fenómeno de las diversas Modernidades actuantes a lo largo del siglo XX va a ser el de sus relaciones con las formaciones culturales autóctonas o con las cuestiones propias de lo regional en sus expresiones particulares.

Una primera observación que surge al respecto es la manera en que estas presencias de lo regional o de lo autóctono se presentan como una alternativa dentro de aquello que puede ser considerado como Moderno.

Frente a las formulaciones propias de un tronco canónico que entendían exclusivamente a lo Moderno bajo los criterios de una aplicación universal y homogénea, de un *zeitgeist* que debía cumplirse como un credo, bajo la idea de que para ser moderno había que ser internacional, se abrieron otras alternativas que ampliaron el panorama de pensamiento y de acción, y a la vez funcionaron como un vector crítico de tales formulaciones.

Suponiendo que el ser moderno implicara exclusivamente el valor de la innovación o de lo nuevo y de los principios del racionalismo y la racionalización –formal, técnica, expresiva, social, cultural–, el relato canónico señaló a estas relaciones o presencias de lo regional *acusándolas* de irracionales, regresivas, nostálgicas, pintorescas, subjetivas, gestuales, en suma, anti-modernas. Aquello que no se ajustaba a los cánones del racionalismo formal y técnico, del código figurativo de la abstracción, de la depuración expresiva, de las referencias maquinistas, o de nuevos criterios habitativos como parte de una renovación socio-cultural, resultaban sindicadas como formulaciones regresivas u opuestas al *verdadero* espíritu de lo Moderno. Ya planteaba Adorno, aún dentro de la complejidad de su pensamiento, la inconveniencia de incorporar materiales que no fueran propios al *zeitgeist*.

Nada de eso tenía fundamento, y tan solo expresaba la adhesión a un marco ideologizado y reduccionista de lo considerado como Moderno. Suponer que obras como *Ronchamp* eran producto de la irracionalidad o de la *gestualidad artística* de un genio como Le Corbusier, considerar que ciertas obras vinculadas a las culturas regionales eran propias de un romanticismo nostálgico, u organizar la producción del siglo XX en la oposición entre Racionalismo y Organicismo, va a importar una real falta de comprensión de la complejidad que atraviesa lo Moderno, o solamente expresar la intención de determinar una síntesis pedagógica que suprima las complejidades y contradicciones.

Una primera reflexión apuntaría a discernir términos como Modernidad y Regionalismo, lo Vernáculo, o una categoría como Modernidad Regionalista o Modernidad Vernácula. Sin ser una cuestión meramente de denominación, la diferencia no es menor.

Pensar en una acepción como Modernidad y Regionalismo supone la existencia de dos términos que constituyen cosas diferentes, y en todo caso con la posibilidad del encuentro entre ambas. Cada una con su propia identidad y recorrido pero con las posibilidades de generar cierto espacio de reunión. Esto significaría que lo Moderno habría de tener su definición y cualidades propias, una entidad dada a priori, que luego se encuentra con la otra componente de la relación. O sea, una relación entre dos cosas diferentes que en algún momento se encuentran.

De manera alternativa, pensar en una Modernidad Regionalista abriría el campo de interpretación acerca de todo aquello que podría implicar lo Moderno. Allí la Modernidad no tendría una definición previa para encontrarse con lo otro, sino que sería una forma de Modernidad particular en sí misma, con otra entidad, componentes y sistemas de valoración. Una Modernidad Regionalista que importaría su construcción desde las particularidades de un determinado lugar. No como una Modernidad *adaptada*, ya que eso supondría el acomodamiento de principios previos a una condición en particular.[75]

Se abre con esto otro debate acerca de una ontología de lo Moderno.

¿Existencia o no de ciertos principios fundantes y esenciales que harían a un ser Moderno? ¿Existencia de principios o de una entidad previa que se adapta a un escenario puntual o local? ¿Una Modernidad que no se *adapta* ni adopta sino que se *construye* como una entidad propia diferente o alternativa? ¿Tensiones entre lo universal y lo particular?

Estas diferencias o ambivalencias dependerán también, sin duda, del lugar o de la posición desde la que se configure la concepción de las cosas. No será lo mismo una intervención en un sitio o una cultura a la cual no pertenece el autor, como en algunos trabajos de Le Corbusier, que la concepción de pertenencia a su propio lugar y cultura que puede tener el autor, como en Alvar y Aino Aalto.

Por otra parte, en algunas experiencias del siglo XX, cabría diferenciar lo regional de lo vernáculo, aunque puedan poseer rasgos que se solapen. Proponemos a lo vernáculo como aquellas formas de carácter nativo y natural, que no son producto de una autoría individual sino de una construcción colectiva y popular que se caracteriza por su arraigo y su permanencia a lo largo del tiempo, formas repetidas por la experiencia. En

---

[75] Precisamente a fines de los años '70 y en los '80 del siglo pasado se habló en el contexto latinoamericano, con voces como las de Marina Waisman o Cristian Fernández Cox, de la existencia de una Modernidad adaptada como constituyente de las culturas locales o regionales.

cuanto a lo regional lo apuntamos aquí como una forma de producción cultural propia de una determinada región, la cual puede ser de carácter vernáculo o popular como también de una cultura institucional o de elite. Una ubicación circunscripta a un área determinada y con sus propias características, y por lo cual lo Regional —en ese su sentido de ubicación geo-cultural preciso— vendría a oponerse a las formas de lo universal.

En nuestro caso, tanto lo vernáculo como lo regional podrá ser tomado como un material de proyecto.

En ese sentido, en casos como los que se analizarán, tanto uno como otro no funcionarían meramente como un estilo o como un repertorio, una realidad con la cual mimetizarse, sino como piezas, elementos o signos que son re-semantizados. Pero justamente allí radica también otra diferenciación. Lo vernáculo no es producto de una intelectualización sino e esa praxis endo-cultual arraigada por la costumbre y las formas de lo nativo, mientras que lo regional si puede ser un producto o una formación intelectual. Cuando Le Corbusier, Alvar Aalto, Aino Marsio o Elissa Mäkiniemi operen con lo vernacular, aquello que es natural para una cultura, aquello que no está intelectualizado, será atravesado de un proceso de intelectualización y de re-semantización propio de lo Moderno.

Las formas de lo Moderno que se van a involucrar con las componentes propias de lo regional o de lo vernáculo van a abrir un conjunto de problemáticas o de ejes que hacen al pensamiento y a la práctica de lo proyectual y de la arquitectura. La configuración de nuevos códigos formales y lingüísticos, la ampliación de los recursos técnicos y constructivos, la conversión de ciertos modos del pragmatismo en una expresión o en un imaginario estético, la apelación a otros referentes culturales o a otros imaginarios, la revalorización de tradiciones locales como parte de la construcción de una identidad, o el sentido ambiental, de pertenencia y pertinencia y de relación con un paisaje, pueden ser algunas de las problemáticas propiamente modernas en cuanto a los despliegues del proyecto. Lejos de lo irracional, de lo meramente gestual-intuitivo, o de lo pintoresco, van a constituir un cuerpo de ideas y de prácticas también pasibles de ser sistematizado y transmisible.

Unas otras formas de la Modernidad van a indagar y a trabajar en nuevas concepciones formales y lingüísticas, no dejando de lado los aportes de la estética de la abstracción o de las Vanguardias en sus diferentes versiones, pero sí articulando tales aportes con otros elementos o materiales expresivos provenientes de lo local o lo regional.

La estética de la abstracción ya no va a estar limitada tan solo a la lógica de una reducción de los elementos expresivos o de una depuración del lenguaje como expresión de una construcción de la forma basada en el racionalismo, basada en esa idea de la forma como proceso constructivo dominado por lo racional-abstracto. Los procesos de la abstracción estética van a servir para conformar la base de la sintaxis o del ordenamiento de un lenguaje que además incorpora otros elementos o materiales. Dentro del manejo de un lenguaje, la idea de la forma como una *construcción* y el orden o los principios de la abstracción formal siguen presentes, en cuanto a la articulación de partes o de volúmenes, en cuanto a la distribución de elementos, en cuanto a la falta de una ornamentación como algo aplicado, en cuanto a los modos de relación de llenos y de vacíos o entre cerramiento y estructura. Pero esto se integra con la inclusión de otros criterios de proporción, de otras cualidades expresivas —densidad matérica, rusticidad, diversidad—, de un alejamiento de la metáfora maquinista como único imaginario estético, o del trabajo con otros materiales que implican otro tipo de expresión o de imagen arquitectónica.

El trabajo con el registro de lo local o lo regional va a sumar el aporte de otros materiales y otras técnicas de construcción, procedentes de las tecnologías autóctonas o de las tradiciones constructivas de un lugar.

Esto va a señalar algunas cuestiones de índole técnica y otras de carácter simbólico en el uso del material.

Por un lado se va a pensar en el aprovechamiento de los recursos físicos, materiales y humanos existentes, a los fines de lograr una eficiencia, una optimización y una racionalidad en el uso de los recursos; eficiencia, optimización y racionalidad que fueron unos de los principios directores del pensamiento moderno más convencional. Si estas propuestas inclusivas de lo regional o de lo autóctono apuntaban a un mayor aprovechamiento, optimización, eficiencia y racionalidad en el uso de los recursos, eran entonces indiscutiblemente modernas.

Al mismo tiempo, puede decirse que en las lógicas de lo autóctono y aún de lo vernáculo también es dable que exista un criterio de racionalidad en sus concepciones y prácticas. Una racionalidad que precisamente obedece a las condiciones de disponibilidad y de producción que se tiene en un medio dado. Nada determina que una cultura dominada por los medios industriales sea necesariamente más racional u óptima que una comunidad asociada a sus propias formas de producción local.

Por otra parte, la asunción del trabajo con otros materiales y técnicas procedentes de lo local va a implicar una dimensión de lo simbólico o de construcción de otros significados o contenidos en el proyecto.

Plantear una alternativa a los medios de producción industrial y a las técnicas propias de la estandarización conlleva contenidos o significados tanto estéticos como ideológicos.

El uso de materiales y técnicas autóctonas puede ser una propuesta de rescate y valorización de lo local o de lo propio de una comunidad frente a los impulsos de homogeneización e indiferenciación llevados adelante por ciertos sistemas de legitimación que actúan desde el interés de también ciertos actores. La arquitectura y el proyecto no son tan solo instrumentos para lograr una resolución técnica o de una necesidad funcional práctica sino que son medios para dar cuenta de la construcción de una identidad o de un posicionamiento en el mundo. Las relaciones entre forma, materialidad y expresión actúan precisamente en la elaboración de la identidad, no como algo fijo, cerrado y determinado por una esencia a priori sino justamente como una construcción amplia, abierta, compleja y hasta atravesada de tensiones.

La concepción y manipulación de técnicas y materiales supone también una adhesión estética que no es meramente un formalismo vacío sino que no está separada de tales posicionamientos ideológicos. Más aún, implican también ciertas operaciones de índole intelectual propias de lo Moderno, como por ejemplo la intelectualización de lo autóctono o su conversión en una expresión. Algunas experiencias de la Modernidad llevaron a una *intelectualización* de lo autóctono o de lo vernáculo, extrayéndolo de su contexto original y operando con ello desde otras elaboraciones. Esto no necesariamente ha significado un desmedro o una manipulación de lo producido por una cultura sino que es parte de los movimientos de lo cultural. Así mismo, en ese proceso de intelectualización de lo autóctono, el mismo implica procesos de resemantización y de generación de nuevos significados. De igual manera, aquello que en su origen dentro de una cultura vernácula o local tenía solamente una función práctica –como técnica constructiva– puede pasar a convertirse en una dimensión expresiva: lo pragmático autóctono convertido en expresión y en discurso.

El proceso de intelectualización de un referente, de una práctica, de un material, conlleva a que éstos abandonen su condición de algo naturalizado por la tradición, la costumbre o lo consuetudinario y se conviertan en un concepto, en una acción intencionada dentro de lo proyectual.

Se reelaboran así principios en cuanto a la concepción, la ejecución y la recepción de la obra.

La misma ya no prioriza, casi con exclusividad, una forma de percepción visual –siendo que lo visual se constituyó en lo preponderante en los principios del arte y de la arquitectura moderna– sino que se abre a una percepción de lo táctil, de la comprensión por medio de una experiencia textural y de una densidad corporal. La tactilidad, el peso del cuerpo de las cosas, la diferencia entre distintos materiales utilizados, hacen que la percepción y la dimensión fenomenológica sean distintas a la de las concepciones abstractas y puristas del espacio y del lenguaje.

Otra consecuencia del involucramiento con lo vernáculo, lo regional o lo popular es el trabajo con lo artesanal.

Frente a la homogeneización y repetición de lo industrial, frente a la distancia con cierta entidad de la cosa que proponen los medios de reproducción técnica,[76] lo artesanal establece obviamente otra relación entre la ideación, la ejecución y la recepción de la obra.

Lo artesanal puede implicar otro tipo de involucramiento con la forma y el material, la relación personal del artesano con su obra, el carácter singular y hasta aurático de la misma, pensada y ejecutada como algo particular para una situación o un escenario dado. Esto no necesariamente supuso para las experiencias del siglo XX un regreso al concepto tradicional de *téchne* en donde la ideación y la ejecución material de la obra estaban unidas y eran parte de ese trabajo del artífice, y sin que existiera la separación entre artesano y artista. La división social del trabajo, desde los inicios de la Modernidad en el siglo XV, determinó esa separación entre el trabajo intelectual y la ejecución material de la obra. Con lo cual en ejemplos como los de Le Corbusier, Alvar y Aino Aalto, o Reima y Raili Pietilä de lo que se trató fue de una concepción de lo artesanal de la obra, sin volver al concepto de *téchne*, sin participar manual o físicamente de su ejecución, si bien utilizando materiales, mano de obra y criterios artesanales en su ideación y concreción.

---

[76] Ya en los años treinta Benjamin planteó este tema de la distancia que establecen los medios de reproducción técnica en la realización y en la percepción de la obra, tomando como ejemplo las diferencias entre el teatro y el cine o el caso de la arquitectura. En *La obra de arte en la época de su reproducción técnica*. Obra citada.

Todas estas componentes de lo local o lo regional, la construcción de una identidad, la preocupación por lo particular, las tensiones entre los valores universales y los particulares de una comunidad o región, el trabajo con el material y la idea de lo artesanal, la configuración de nuevos códigos figurativos o estéticos, van así mismo a replantear las concepciones acerca de las ideas de lugar y las relaciones de la obra con el entorno físico y el contexto cultural.

Como ya hemos visto, esto no significa que otras nociones sobre el proyecto y el Modernismo no hayan planteado una relación o una idea sobre el lugar, como en las villas corbusieranas del veinte, en Mies, Terragni o el Expresionismo. Pero aquí lo que se expone son otras maneras de vinculación con un lugar –ya sea físico o de carácter intangible– y otras articulaciones entre los aspectos formales, materiales, expresivos y habitativos y la inserción de la obra. La forma, la materialidad y la expresión arman otro tipo de tejido con el lugar y con los modos de apropiación prácticos, culturales y existenciales. La distancia y hasta la oposición con el lugar que podía haber en otras lógicas de lo Moderno, en esa forma de relación dada por el contraste y por la confrontación entre naturaleza y artificio, aquí se pierden a manos de una integración y de otra concepción del paisaje. Al decir de Eduardo Maestripieri, ya no se tratará de obras *en* el paisaje sino de obras *con* el paisaje y *como* paisaje.[77]

Desde cierta crítica ideológica elaborada a partir de una determinada concepción de lo Moderno se acusó a la presencia de lo regional, lo autóctono o lo popular como una reacción anti-moderna, nostálgica, romántica y/o conservadora. El impulso modernizador de ese signo entendía la inclusión de lo regional

---

[77] En algunos de sus escritos Eduardo Maestripieri ha diferenciado estas distintas formas de relación con el lugar, aquellas que presentan una condición más objetual autónoma y aquellas que se dan como una integración, a partir de las obras concebidas en el paisaje, con el paisaje y como paisaje.

como actitud romántica de negación del cambio y de lo nuevo, como la necesidad nostálgica de volver a un pasado idealizado. Como si en lo regional o autóctono anidara una componente de tradición que se resistiera al nuevo *zeitgeist*, a lo virtuoso del cambio o de la innovación.

La idea de regionalismo va a abrirse a distintas interpretaciones y formas de acción, con contenidos no solo diversos sino también contrapuestos.

Las ideologías de extrema derecha y de un nacionalismo totalitario –como el caso del nazismo– vindicaron los valores de lo regional como característicos de una esencia nacional, de una pureza de la identidad, en los términos de determinar una condición integrista y de absoluto que eliminaba las diferencias. La ideología asociada a los discursos de lo regional como pureza de la sangre, como pertenencia a la tierra, propios de una esencia que no se puede discutir. Un posicionamiento no solo conservador sino también reaccionario ante todo intento de cambio o de acción modernizadora. Lo regional desprovisto de toda componente crítica o contestataria, y erigido como defensa de valores tradicionales que deben ser inamovibles, con una visión folklórica cristalizada y anti-urbana de la cultura.

Otra visión sobre el regionalismo va a ser aquella que exprese esa condición crítica o de interpelación de ciertos valores o principios naturalizados o institucionalizados. En esa su componente crítica, el regionalismo actuaría en contra de los procesos de homogeneización o de pasteurización cultural, en contra de los intentos de un internacionalismo de imponer criterios universales y neutralizantes de lo particular. Lo propio de cada formación regional, lo particular de cada cultura local, son medios que incorporan otras concepciones, otras prácticas, otras resoluciones, y otras sensibilidades.

En el caso de la arquitectura, las versiones canónicas del Racionalismo, la abstracción o el imaginario tecno-industrial, se vieron interpeladas por, pero también entrecruzadas con, los aportes de lo regional. En esos casos no se trata de un pintoresquismo romántico sino de la manera en que lo regional opera con criterios tipológicos modernos, con mezclas de tecnologías y materiales, o con una relación de acomodamiento con el lugar.

Estas presencias de lo regional no tienen entonces por qué poseer una componente regresiva o anti-moderna, sino que constituyen formas de una Modernidad alternativa, diferente. Cabe distinguir entonces allí lo que hace a las relaciones entre forma y significado. Distinguir aquellas propuestas que sí pueden tener un contenido regresivo o conservador y aquellas otras que funcionan, desde lo regional, como una alternativa igual de moderna o también como un instrumento crítico de ciertos convencionalismos proyectuales o de ciertas miradas canónicas de lo que implica ser moderno.

Así mismo, las ideas sobre lo regional o lo artesanal han sido parte de un debate histórico dentro de las Modernidades del siglo XX, desde los planteos de William Morris hasta las mismas concepciones de la Bauhaus. Debates acerca de qué manera la presencia de lo local o lo regional alimentan o cualifican una producción, como abren la comprensión hacia otras áreas o problemáticas, incorporando otras categorías proyectuales y de análisis sobre lo Moderno, poniendo en juego dialécticas entre lo artesanal y lo industrial, lo abstracto y lo figurativo, el lugar de la materialidad, las ideas acerca de lo que resulta eficiente, o criterios alternativos de concebir las relaciones entre forma, materialidad, expresión y lugar.

Por lo cual, para dar lugar a un abordaje crítico y no caer en las oposiciones reduccionistas, se requiere no caer en las confrontaciones simplificadoras de lo universal frente a lo regional o lo local, sino proceder a una disección o un desmenuzamiento en cada uno de los casos, para comprender como actúan las tensiones internas en cada obra y en su articulación con un contexto.

Le Corbusier. La estetización de lo vernáculo

Las relaciones entre forma, técnica y expresión son algo inseparable de las problemáticas del proyecto en general, y van a atravesar toda la carrera de Le Corbusier en particular, con idas y vueltas, permanencias y desplazamientos.

Ya hemos referido que el tema de los objetos-tipo, de la tecnología moderna, especialmente en sus obras de los años veinte asociadas al idealismo y purismo platónico, estaba imbuido de su plasmación en una imagen, de la conversión de la técnica en una imagen de la técnica por medio de un procedimiento icónico. De ahí la idea del arquitecto como un artista o como un sujeto creativo para hacer de la técnica un arte, una expresión.

Para Le Corbusier, tanto en su producción del purismo platónico como en sus obras posteriores, la técnica no priorizó los aspectos constructivos o de resolución material en sí,[78] poco tuvo de necesidad empírica o de imperativo práctico, como herencia del positivismo de Comte, ya que constituyó más una metáfora poética y una identidad ontológica entre arte y ciencia. La arquitectura no requería de un sistema de signos adheridos o de un ornamento para significar, según los criterios del lenguaje tradicional, si bien ya hemos visto cómo podía recurrir a cierta noción de decoración o de algo aplicado para expresar cierto contenido. Con lo cual, puede decirse en términos generales que la capacidad expresiva y de comunicación en las distintas formas del Modernismo estaba dada por las propias disposiciones de formas y de materiales. La misma disposición de la forma, del trabajo con lo volumétrico, la manipulación del material, es lo que construye la expresión y el lenguaje de la obra.

---

[78] Son conocidas las innumerables falencias constructivas en sus obras, como los problemas de filtraciones y de aislación. De hecho visitaba poco las obras, dejando la dirección de las mismas a su socio y primo, Jeanneret.

En el Volumen 6 de su *Obra Completa*, y refiriéndose a la *Casa Sarabhai* en Ahmedabad, ya en 1955, Le Corbusier anunciaba:

> "Otra investigación fue seguida: retomar contacto con los materiales dignos y fundamentales de la arquitectura: el ladrillo amigo del hombre; el hormigón en bruto también amigo; los revoques blancos amigos del hombre; la presencia de colores intensos provocadores de alegría (...)"[79]

Algo que planteaba, en cierto modo, un alejamiento de sus visiones anteriores y de la supuesta primacía de las técnicas industriales y de la maquinolatría. Al respecto, muchos trabajos críticos propusieron establecer un corte o cambio en Le Corbusier a partir de la Segunda Guerra o luego de los años '30, utilizando el término *regionalismo* para caracterizar una segunda etapa en su labor profesional. Pero debemos también detenernos y profundizar en algunas de estas cuestiones, por ejemplo, sobre la idea de regionalismo, y sobre las relaciones entre forma, técnica y expresión. En principio porque puede detectarse una innegable continuidad de ciertos aspectos entre las obras de los años '40 y '50 y las de los años '20, y porque estos aspectos en Le Corbusier ya se venían dando desde antes de la guerra, con sus búsquedas en las artes plásticas y en la arquitectura del *Pabellón Suizo*, del *Edificio de la Porte Molitor* y del *Edificio Clarté*, y más aún en la *Villa para Mme. de Mandrot*, la *Casa Errázuriz* y la *Villa Le Sextant*. O con continuidades entre la *Villa De Mandrot* y casos como las *Viviendas Monol*, el *Prototipo Loucheur* o la casa para su madre en el Lago Le Lac. Pero además porque como venimos insistiendo, tales divisiones temporales siempre resultan reduccionistas y

---

[79] Le Corbusier y Jeanneret, Pierre. *Oeuvre Complete*. Volumen 6. Obra citada

Le Corbusier. La danseuse et le petit felin

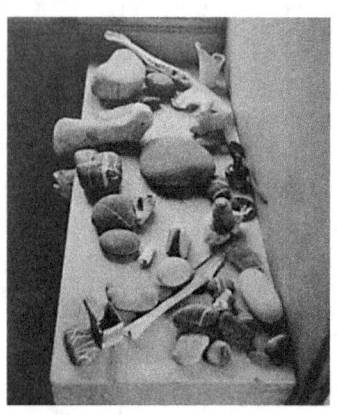
Le Corbusier.
Nature morte a la bohemienne

no dan cuenta de los entrecruzamientos e indagaciones dentro de una visión compleja de lo proyectual.

Al respecto, una de las componentes alternas al purismo y al maquinismo que se van a dar en Le Corbusier se puede comprobar en sus pinturas ya desde finales de los años veinte y aún antes también. Las formas orgánicas, la deformación de los objetos puristas, el cuerpo femenino, y una dimensión erótica se exponen en obras como *Femme au guéridon et au fer a cheval, Composition avec la lune, La danseuse et le petit felin, Nature morte a la bohemienne,* o en el mural ejecutado para el *Pabellón Suizo.* Una componente erótica que invocaba a lo erótico como fuerza creativa, como impulso vital necesario para la creación y el dar forma. Pero que en algunos casos también podía aludir a la sexualidad, como en sus dibujos de desnudos femeninos y de prácticas sexuales tomados de los burdeles o del *music hall* ya desde 1917.

Vinculado a una poética expresada en las imágenes pictóricas se suma otro fenómeno para la cultura artística y proyectual de Le Corbusier como son los llamados *objetos a reacción poética.*

A lo largo de toda su vida Le Corbusier fue un pertinaz coleccionista de toda clase de objetos, desde aquellos que tenían algún valor artístico hasta los de índole más banal. Entre ellos pueden contarse los que recolectaba en la playa o durante sus paseos, los objetos a reacción poética: piedras, conchas marinas, guijarros, huesos, trozos de madera, caracoles. Se trataba de objetos que por su forma, su textura, su color, su cualidad material, llamaban su atención y funcionaban como disparadores de su creatividad. El desnudo femenino, las formas orgánicas, los objetos encontrados, son cargados por el autor de un sentido de sensualidad y de erotismo que es llevado a sus creaciones y amplía su campo creativo y de recursos plásticos.

El *Modernismo Vernáculo* de Le Corbusier no estuvo imbuido de un espíritu conservador ni reaccionario, tampoco de una componente romántica en el sentido decimonónico, sino que fue parte de lo complejo de su lógica de construir Modernidad. Y cabe señalar un aspecto fundamental, propio de toda su obra: la idea de concebir a la arquitectura como un arte. A partir de comprender a la arquitectura como una disciplina artística, las componentes vernáculas se convierten en su estetización. De la misma manera que la máquina de habitar era una metáfora de la eficiencia técnica, una estetización de la máquina, lo regional pasa a ser una estética de lo regional, la conformación de una figura icónica que expresa un significado alternativo de lo moderno.

Le Corbusier.
Objetos a reacción poética

Le Corbusier.
Pareja de mujeres en posición erótica

Es por eso que su acepción de lo regional estaba alejada de toda dimensión folklórica o de un falso romanticismo regionalista.

De la misma manera que había ocurrido con los objetos industriales, las componentes de lo regional fueron tomadas como formas-tipo, los procedimientos constructivos vernáculos o autóctonos como elementos para la construcción de una imagen simbólica, tan rigurosa y tan racional como en la implementada en sus otras poéticas. Lo autóctono, lo particular de una cultura, lo popular, también podían detentar un criterio o valor de racionalidad.

Esa construcción de Modernidad no va a estar exenta de contradicciones y ambivalencias.

En una parte del Volumen 2 de su *Obra Completa* Le Corbusier afirma:

> "(...) la construcción en acero y hormigón armado, opone a los métodos seculares de construir unas soluciones nuevas cuyo efecto es no dejar en pie ninguna de las tradiciones de estructura, de explotación del plan y de la expresión arquitectónica del pasado (...) Es evidente que jamás se tendrá la idea de hacer intervenir de nuevo la mampostería de piedra o de ladrillo pesada y voluminosa".

Pero en otra parte de la misma obra alega en un sentido muy diferente:

> "La rusticidad de los materiales no es de ninguna manera una traba para la manifestación de un plan claro y una estética moderna".

Atentos a esta idea de la Modernidad como construcción, a la complejidad de su mirada, a las ambivalencias y dualidades, a la dimensión estética de sus concepciones, a los procesos de metaforización de la realidad, es que la comprensión

---

[80] Le Corbusier y Jeanneret, Pierre. *Oeuvre Complete*. Volumen 2. Obra citada.

[81] Le Corbusier y Jeanneret, Pierre. *Oeuvre Complete*. Volumen 2. Obra citada.

Le Corbusier.
Villa De Mandrot. Exterior

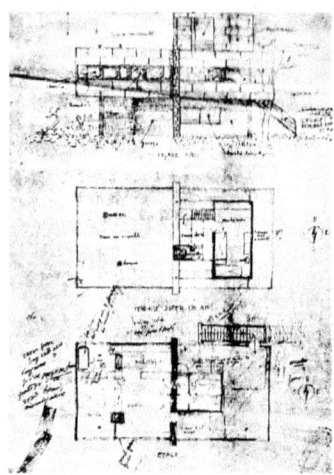

Le Corbusier.
Villa De Mandrot. Primer Proyecto

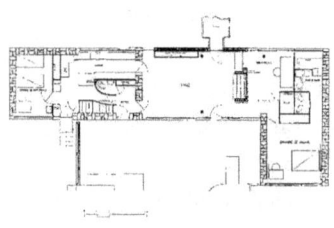

Le Corbusier.
Villa De Mandrot. Proyecto definitivo

estatua de Lipschitz, una estela cuya palmeta final se despliega en el cielo por encima de las montañas".[82]

Se enuncia aquí, si bien de una manera muy sencilla, parte del cambio que atraviesa Le Corbusier en términos expresivos, técnico-materiales y paisajísticos, con el proyecto de una casa de vacaciones para Hélene de Mandrot en Le Pradet, cerca de Tolón, confeccionado entre 1929 y 1931.[83]

Como siempre en sus emprendimientos, la propuesta va cambiando a lo largo del proceso proyectual. Sus primeros planteos se orientaban al modelo de una casa prefabricada, con estructura metálica, modulación industrial, paneles metálicos con montaje en seco, y una lógica formal casi esquemática, con la presencia de un muro central de piedra; una propuesta muy similar al prototipo de la *Casa Loucheur*. Una suerte de prototipo *low-tech*. Pero la definición final es totalmente distinta en las articulaciones entre lo moderno y lo autóctono.

En lo referente a la forma, no apela a una lógica de montaje sino más bien a

---

[82] Le Corbusier y Jeanneret, Pierre. *Oeuvre Complete*. Volumen 2. Obra citada.

[83] Hélene de Mandrot era una defensora de las ideas modernas en la arquitectura, habiendo sido su castillo en La Sarraz, Suiza, la sede para la primera reunión del CIAM en 1928.

un trabajo con la tipología. Un esquema en tira en el que se disponen los distintos espacios y usos –de carácter mínimo– de acuerdo a un orden funcional y de relación con el exterior, parecido al de las de las viviendas proyectadas para la Weissenhof. La tipología de tira con un acomodamiento de los distintos espacios y usos prosigue, desde esa componente tipológica, la indagación acerca de la idea del tipo que va recorriendo diferentes alternativas a través de los años, desde la *Maison Citrohan*, pasando por los proyectos de una *villa al borde del mar*, de 1916, y de una *villa en Auteuil*, de 1922, la casa para su madre en el Lago Léman de 1925 o las propuestas para la Weissenhof de 1927. Una indagación tipológica que como en estos otros ejemplos, y a diferencia de otros casos ya vistos, en la *Villa para Mme. De Mandrot* prescinde de los principios vinculados a la Tradición Clasicista, las tensiones entre centro y periferia, o la axialidad. Del mismo modo hay una pérdida de la expresión del idealismo formal platónico y de la imagen apolínea y armónicamente equilibrada del objeto. Aquí las relaciones entre forma, materialidad y expresión han cambiado, y la idea de la forma-tipo está unida a la expresión de la densidad matérica.

Sin embargo, junto con esta indagación tipológica la concepción formal se complejiza.

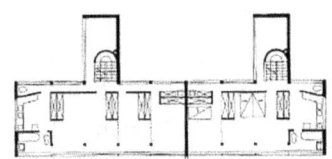
Le Corbusier.
Viviendas para la Weissenhof

Hans Arp. Collage

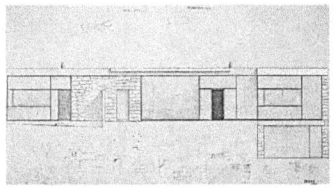
Le Corbusier.
Villa De Mandrot. Croquis de la fachada

La definición en la planta se asemeja a una configuración de figuras abstractas, dada por la L del cuerpo principal de la vivienda y el cuadrado separado perteneciente a las habitaciones de huéspedes. Esa configuración se ordena en base a una grilla ortogonal de cuadrados.

A esto se suma la contraposición o el dualismo entre el frente hacia el sur y el del lado norte. Hacia el sur se da una configuración de los volúmenes con el patio terraza de carácter más abierto, mientras que hacia el norte se cierra con el plano recto de la fachada y la escalerilla que pega contra el muro de manera perpendicular marcando un eje y una idea de frontalidad un tanto ambiguos.

La definición de la envolvente también obedece al lenguaje de la abstracción, con un juego de planos regulares que se van intercalando como una composición abstracta, algunos vidriados y otros ciegos, algunos lisos y otros rugosos. Una definición en el lenguaje y la forma que recurre al procedimiento del Collage. Como en algunos ejemplos de la pintura moderna, un collage que sigue un orden regular y yuxtapone lo abstracto y lo rústico, lo purista y lo primitivo, lo artesanal y lo industrial. El collage que, de acuerdo a Rosalind Krauss,[84] arma una serie de contraposiciones y de relaciones dialécticas entre distintos signos rompiendo la relación convencional entre los elementos, la idea de una continuidad uniforme, pero no atentando contra la idea de Unidad sino proponiendo otro criterio de unidad que no reniega de su vocación estética, diferenciándose en esto, por ejemplo, de los collages dadaístas. Este collage crea un sistema de relaciones espaciales y visuales entre las distintas partes –espacios abiertos y volúmenes, planos rústicos y suaves– los cuales se convierten en signos extraídos de otro contexto y que son incluidos dentro de una nueva configuración: la mampostería rústica de piedra tomada de

---

[84] Krauss, Rosalind. *La originalidad de las vanguardias y otros escritos*. Obra citada.

la arquitectura vernácula, el plano liso tomado de la estética abstracta y purista, la escalera suelta y esbelta.

La técnica constructiva, y su capacidad de expresión y su metáfora han cambiado. La estructura puntual de los pilotis y la diferenciación entre estructura y cerramiento han sido sustituidas por los gruesos muros estructurales y divisorios de mampostería de piedra del lugar, combinados con tres columnas metálicas aisladas, una pervivencia de los primeros bosquejos en los que se utilizaba el modelo prefabricado y de estructura metálica.

El planteo técnico-constructivo diferente podría atribuirse a que la ejecución se le encargaba a un contratista local, un tal Aimonetti. Pero esto no pasa de una cuestión secundaria, siendo que se trataba más de un cambio de paradigma más abarcativo que de una mera solución constructiva.

Efectivamente, se trató de una decisión de reunir lo moderno y lo regional, lo industrial y la rusticidad, el lenguaje abstracto y cierta descomposición de la caja en volúmenes y planos y la densidad matérica y textural. La abstracción en el lenguaje sigue estando presente en términos de la sintaxis en que se organizan las partes, pero ya no se trata de una abstracción purista, finamente acabada, sino de la integración entre abstracción y rusticidad. Una versión diferente del código expresivo del Modernismo carente de toda componente folklórica o de un falso historicismo pintoresquista. Se combinan los volúmenes rústicos en piedra que definen cajas, con planos de carpinterías o de cerramientos metálicos o de pavés recedidos para remarcar la ruptura de la continuidad del muro.

La cuestión ontológica de la forma está desprendida de una componente idealista y se involucra de una manera más aristotélica con la materialidad dentro del concepto de tecnicidad de Simondon. Una densidad matérica y peso corporal que constituye otro paradigma estético al invocar –si bien no como una traslación directa– aquellos objetos encontrados en la playa dueños de otra expresión y sensibilidad textural. El idealismo de lo visual ha sido sustituido por la poética de lo táctil. Y si es cierto que no evoca un pintoresquismo folklórico es porque expone una tensión entre lo nuevo y la condición de arraigo, entre la innovación y algo de la permanencia o de la continuidad en el tiempo; si se quiere, una nueva forma de ser y estar dentro de una continuidad no reproductiva.

En estas operaciones de lo tipológico, el collage y la materialidad se pone de manifiesto el juego de dualismos que caracteriza siempre la obra de Corbusier. El dualismo entre opuestos, entre lo moderno y lo vernáculo, la configuración abierta y la frontalidad, lo rústico y lo liso, lo textural y lo abstracto, la innovación y la continuidad, lo industrial y lo artesanal.

La lógica de construir una relación con el lugar ya no va a ser por el criterio clásico según el cual el orden geométrico armónico de la obra se asimila al orden geométrico armónico de la naturaleza; la relación dada por un orden ideal.

La forma de construir una relación con el lugar va a ser a través de los encuadres y visuales sobre el paisaje abierto, de la expresión, del tratamiento de la materialidad, y de la tradición cultural en aquellas articulaciones entre objeto y paisaje.

Como en la mayoría de sus obras, y que hemos mencionado anteriormente, Le Corbusier propone una relación dada por el encuadre de las visuales y por el sentido procesional. En su disposición abierta, el patio-terraza y los volúmenes del lado sur generan un encuadre del entorno entre el volumen del dormitorio de la propietaria y el de los huéspedes. Contrapuestamente, el ascenso por la escalera de la fachada opuesta, al norte, marca el sentido procesional y de visuales totalmente abiertas hacia los costados mientras se va subiendo, pero con la vista obturada hacia el frente por el plano de la fachada norte.

La expresión y la materialidad, la tecnicidad de la obra, es parte de ese juego a dos puntas que establece Le Corbusier: la dimensión estética del objeto a reacción poética y la conformación de un paisaje por medio del mismo.

El lugar-paisaje no se construye tan solo como espacio físico sino bajo una dimensión cultural. El uso de materiales autóctonos, de una tradición constructiva vinculada a un contratista del medio, y de una simpleza tipológico-formal aluden al escenario de ruralidad de su inserción. Una dimensión cultural signada por el peso del arraigo, de la pertenencia y de la pertinencia respecto de un lugar. El arraigo en cuanto a la continuidad y a la permanencia –integrada a la innovación– de ciertos valores o de ciertas características asentadas a través del tiempo y en donde la nueva intervención no irrumpe alterando parte de esa continuidad. Una intervención no disruptiva ya que se muestra como algo perteneciente y pertinente a dicho entorno físico y simbólico.

Es esta una relación menos ideal e intangible, a diferencia de lo apolíneo de los otros ejemplos, y más física. Quien habita la villa, ya no se retira a un sucedáneo del Paraíso, al ideal de un sueño virgiliano, en una forma suspendida coincidente con una contemplación suspendida, sino que participa en una relación más táctil, con un fuerte sentido de arraigo sobre ese sólido basamento apoyado firmemente en el suelo.

Superpuestamente a esto, la obra conserva la idea de constituirse en un mirador, con la terraza abriéndose al paisaje circundante. También como en otros casos anteriores, plantea diferentes situaciones, diferentes tipos de visuales, con el

Le Corbusier. Villa De Mandrot. Exterior

Le Corbusier. Villa De Mandrot. Exterior

Le Corbusier. Villa De Mandrot. Interior

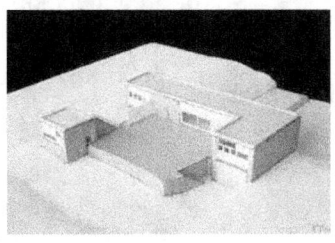
Le Corbusier. Villa De Mandrot. Maqueta

acceso, la escalera de ingreso, la terraza, generando una idea particular de la *promenade architectural*.

Pero este paisaje ha cambiado. Ya no es el de la naturaleza y el tejido del suburbio sino el de la ruralidad, un paisaje mucho más amplio, más abierto, con las montañas como fondo. Un paisaje que por su escala o dimensión se acerca a la idea de lo sublime.[85]

En su forma de relación y de construcción con el lugar, la *Villa de Mme. de Mandrot* recupera la idea del *genius loci*, por la cual la nueva intervención se adapta respetando las condiciones o características preexistentes del mismo, en este caso por medio de su disposición, morfología y materialidad.

Una propuesta diametralmente opuesta, por ejemplo, a la de la *Farnsworth* de Mies, en cuanto a su concepción, a la ontología del objeto, a su tecnicidad y a la concepción del lugar y a la forma de relación con el mismo. Sin embargo, una obra indiscutiblemente moderna en función de todo lo antedicho.

En los casos analizados de sus villas de los años veinte, en términos formales y de la expresión de la obra, la pureza, la armonía y el perfecto equilibrio se correspondían con una imagen apolínea de la arquitectura. Una concepción de la obra en donde todas sus partes se hallaban perfectamente equilibradas y proporcionadas, coincidentes con el perfecto equilibrio y proporción del cuerpo de carácter apolíneo que el pensamiento Clásico consideraba como ideal de belleza. La imagen apolínea de la *Ville Savoye*.

En estas otras obras, el ideal apolíneo ha dejado su lugar a otra concepción y expresión, menos diáfana y pura, y más propia de esa presencia de lo corporal ya no idealizado, sino más próximo a la expresividad de sus pinturas de finales del

---

[85] Nos referimos al concepto de lo sublime acuñado por Edmund Burke, en *Indagación filosófico sobre del origen de nuestras ideas acerca de lo sublime y de lo bello*. Madrid. La balsa de la medusa. 1992 (El original de 1757).

del medio físico o de la naturaleza para Le Corbusier se bifurca en dos direcciones diferentes pero tal vez complementarias. Por una parte, aquella interpretación de la naturaleza como portadora de las leyes armónicas y universales a las que nos hemos referido. Por la otra, la concepción plástica y puro visibilista del medio físico por la cual el mismo se convierte en un paisaje.

Esa concepción paisajística y de una dimensión plástica es la que va a estar presente en este otro tipo de obras en la carrera de Corbusier en cuanto a las articulaciones entre arquitectura, medio físico, contexto y estética.

La obra como objeto a reacción plástica en la integración entre arquitectura y lugar y en las relaciones entre forma, materialidad y expresión.

La Villa para Madame de Mandrot

"Esta construcción, ejecutada por contratistas locales, está formada por losas de hormigón armado, sostenidas por muros de mampostería a la vista de piedra local. Pese al uso de la mampostería corriente, las tesis planteadas habitualmente en nuestras casas vuelven a encontrarse aquí. Esto quiere decir que se hace una distinción muy clara entre los muros de carga, considerados como apoyos que sostienen las losas, y las paredes acristaladas que rellenan los paños dejados vacíos.

La composición está ordenada según el paisaje. La casa ocupa un pequeño promontorio que domina la llanura situada a espaldas de Tolón, una llanura delimitada por la magnífica silueta de las montañas. Se ha querido conservar la sensación de sorpresa que ofrece el espectáculo inesperado de este inmenso despliegue paisajista, y para ello se han cerrado las habitaciones por el lado de las vistas y se les ha practicado simplemente una puerta que al abrirse desemboca en una escalinata desde donde el espectáculo es como una explosión. Al bajar por la pequeña escalera que conduce al terreno se ve surgir una gran

veinte y principios del treinta, alejadas así mismo de sus otras pinturas puristas.

Como en otros ejemplos que veremos a continuación, más que referirse a una arquitectura y a una cultura de tipo regionalista en la *Villa de Mandrot* lo que se incorpora en la presencia de lo vernáculo. Los elementos de la arquitectura de la costa mediterránea o de la región de Provenza propios de una arquitectura popular, anónima, asentada a través de los tiempos como una práctica de la que se dispone y se va repitiendo, por los constructores del lugar. A esa arquitectura de la Provenza, de lo vernáculo, no se alude por parte de Le Corbusier como una cuestión estilística, mimética, o de proyectar *a la manera de*. Es algo que se ha convertido en un material de proyecto y como parte de una operación moderna de manipulación y re-significación de ese material.

La Casa Errázuriz en Chile y la Villa Le Sextant en Les Mathes
La *Casa Errázuriz* fue proyectada en 1930 para el diplomático chileno Matías Errázuriz Ortúzar y su esposa en Zapallar, Chile. Ubicada sobre la costa, se insertaba en un terreno de 12.000 m² con una fuerte pendiente y vistas al mar, y nunca fue construida.

La primera versión tenía un planteo más maquinista y purista, con dos volúmenes prismáticos y una gran carpintería corrida, pero la misma fue abandonada para el proyecto final, también con el argumento de la lejanía y la dificultad de acceder a ciertos recursos.

A este proyecto pertenece el comentario ya citado de Le Corbusier en el Volumen 2 de la *Obra Completa*, al decir que la rusticidad de los materiales no era un obstáculo para tener un planteo claro y una estética moderna.

La presencia moderna está dada en el tratamiento tipológico de la forma, con el ensamblado de dos volúmenes puros y una espacialidad interior con la rampa, un entrepiso en balconeo y una espacialidad en doble altura. Con una materialidad que

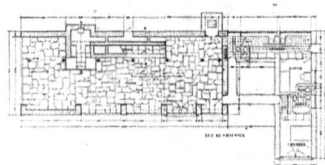
Le Corbusier. Casa Errázuriz. Planta

Le Corbusier. Casa Errázuriz. Croquis Interior

Le Corbusier. Casa Errázuriz. Croquis Interior

recurre a la piedra, estructura y carpinterías de madera y cubiertas inclinadas, elementos propios de la tradición local, como era el caso de la larga tradición constructiva chilena en el uso de la madera. Una concepción espacial y formal moderna pero materializada con otros criterios técnicos, materiales y expresivos.

Lo moderno y lo vernáculo se integran en las relaciones entre forma, espacio y materialidad según esta otra versión de la tecnicidad corbusierana.

Más, volvemos a llamar la atención sobre el punto. La presencia de lo regional no tiene nada de folklórico ni de regresivo. Se trata de una integración plenamente moderna en esa operación de manipular un material técnico y de proyecto, de operar *modernamente* con un material devenido de la tradición o de una cultura local; moderna en ese aprovechamiento de los recursos de un lugar. Los elementos de lo regional se convierten en objetos poéticos y pierden su contenido o su sentido popular o vernáculo original. Y esa es precisamente otra operación moderna, la pérdida del contenido original y como lo que constituía una condición vernácula o autóctona pasa a ser una disponibilidad proyectual moderna. Las formas vernáculas pertenecían a un mundo de la cultura popular, destinadas a ciertos modos del habitar, con un vínculo de comunidad entre un sistema de producción material y sus destinatarios, sin una idea de proyecto como actividad intelectual separada de la ejecución, con una relación intrínseca entre medio natural y cultura. Ahora se convierten

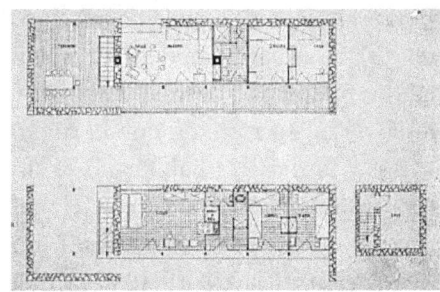 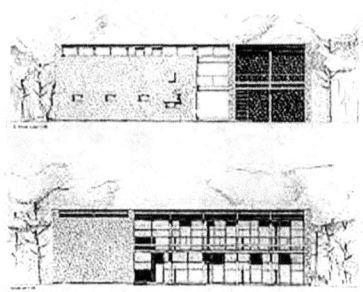

Le Corbusier. Villa Le Sextant. Plantas   Le Corbusier. Villa Le Sextant. Fachadas

en un material de proyecto, con una lógica habitativa y material destinada a la alta burguesía o a una elite y para una casa de vacaciones. Lo vernáculo o lo regional convertido en una operación intelectual.

Una situación similar puede encontrarse en la *Villa Le Sextant*, o casa en Les Mathes, para Madame Peyron, de 1935.

La definición formal prosigue con el trabajo con la tipología, con un bloque regular en tira en el que se disponen según un criterio de ordenamiento funcional los distintos locales, en planta baja y planta alta, con sendas galerías semicubiertas en ambos niveles. En la planta baja acceso y galería semicubierta, cocina y dormitorios de huéspedes, y en la planta alta terraza y galería semicubiertas, estar comedor y dormitorios.

Toda la disposición sigue un claro criterio formal de regularidad y modulación, con un módulo casi constante que organiza la estructura y la división de locales, utilizando además una geometría basada en el cuadrado, el rectángulo raíz de dos y la proporción áurea.

En referencia a la funcionalidad y a la supuesta racionalidad de los usos, dadas por los cánones funcionalistas, llaman la atención algunos detalles: la cocina se ubica en planta baja mientras que el comedor y estar en la planta alta; para ir del estar a los dormitorios hay que salir a la galería, careciendo de una mínima circulación interior.

Le Corbusier. Villa Le Sextant. Exterior

Le Corbusier. Villa Le Sextant

Pero esto no tendría nada de anti-funcional ya que se correspondería y resultaría pertinente con el destino de casa de veraneo y con su relación con el lugar. Los usos y formas del habitar no se sujetan a un modelo teórico de funcionalismo sino que se corresponden con un propósito y un enclave particular.

Al igual que en los ejemplos anteriores la materialidad está resuelta con una mampostería en piedra y madera del lugar y cubierta inclinada a dos aguas. Esto se debió al aprovechamiento de los recursos de materiales y mano de obra del lugar, pero también a los requerimientos de la propietaria. La misma no quería una construcción industrial en términos técnicos y estéticos, sino una vivienda con mayor durabilidad, menor mantenimiento y en armonía con el entorno natural. Una construcción sólida, compacta, que resista las lluvias, las altas temperaturas del verano y la acción del salitre. Una vivienda tipo, pero adecuada a las condiciones y recursos del lugar en particular.

Lo general y lo local, lo moderno y lo autóctono vuelven a integrarse.

Más allá de una primera impresión apariencial de un Le Corbusier regionalista, un abordaje más detenido revela ciertos puntos.

Del análisis de la obra se observa la continuidad de algunos aspectos que también caracterizaban a las obras puristas. La idea de la caja y la desmaterialización de la misma en algunos planos y grandes paños vidriados; la regularidad geométrica; una sintaxis en el lenguaje basada en la abstracción y la distribución de distintos planos en los que se configura el volumen; la idea de una terraza semicubierta –similar a la *Villa Stein*

Monzie– o cierto diálogo entre lo ciego y la esbeltez. En una especie de contraste con los gruesos muros de piedra se disponen los cerramientos y carpinterías de madera, que siguen un diseño de regularidad geométrica –para algunos similares al del Neoplasticismo– y pintados de colores marrón, azul, rojo y blanco. Un contraste entre dos sistemas que Le Corbusier dejaba en evidencia en un esquema hecho para la Universidad de Princeton.

Todo esto, como decimos, en una integración entre la idea del tipo, la abstracción, y la densidad y rusticidad matérica y expresiva.

Una rusticidad que volvía a plantear una relación con el lugar con una presencia natural fuerte, el bosque y la duna, proponiendo una vista hacia la foresta y otra hacia el mar. Todo surge en una misma concepción unitaria entre los materiales y su situación. En palabras de Le Corbusier:

> "Mampostería de piedra del país, carpintería de madera del país, cubierta de chapa ondulada de asbesto cemento. La casa está asentada sobre la arena del bosque, no hay jardín artificial".[86]

En la *Villa Le Sextant,* lo mismo que en la *Casa Errázuriz* y en la *Villa de Mandrot,* el Montaje cobra otra acepción.

A partir de un trabajo de carácter más tipológico, el Montaje se diferencia de las obras puristas del '20 y tiene un sentido más conceptual, ensamblando lo industrial con lo rústico o artesanal, la regularidad geométrica con las cubiertas inclinadas, la densidad matérica de la piedra con la esbeltez de lo metálico, la indagación tipológica moderna con los sistemas constructivos tradicionales llevados adelante por un contratista local.

---

[86] Le Corbusier y Jeanneret, Pierre. *Oeuvre Complete*. Volumen 3. Obra citada.

Le Corbusier. Villa Shodhan. Exterior

La Villa Shodhan

La *Villa Shodhan*, en Ahmedabad, es parte de la producción desarrollada por Le Corbusier en la India en los años cincuenta, y de su encuentro con las particularidades de esa cultura local tan significativa.[87]

En el proyecto se integran muchos de los desarrollos efectuados anteriormente en el tema de la vivienda en obras como la *Villa Meyer*, la *Villa Stein Monzie*, la *Ville Savoye* o la *Casa Curutchet*, experiencias previas entrelazadas ahora con el contexto y el entorno particular de la India. Aspectos tales como el montaje, la reelaboración de la casa de patio, o el espacio experiencial en las relaciones interior-exterior.

La lógica formal del proyecto retoma el procedimiento de Montaje, abandonado o menos presente en los ejemplos que acabamos de analizar, más vinculados a la indagación tipológica.

Como en las villas de los años veinte en el Montaje se superponen dos lógicas formales, la grilla ortogonal y los elementos de cerramiento y los espacios que albergan los distintos usos. Las operaciones de dicho Montaje son la regularidad, la asimetría, el equilibrio dinámico y la diversidad; diversidad de situaciones en planta y en altura. Y del mismo modo se plantea la dualidad entre el orden y su alteración. El orden dado por la regularidad de la caja, al cual se lo transgrede a

---

[87] La *Villa Shodhan* es muy similar a otro proyecto encarado por Le Corbusier en ese mismo momento y muy poco conocido, el de la Villa para el alcalde Chimanbhai.

partir del movimiento y la complejidad formal y espacial que se termina definiendo. Otras operaciones o recursos formales también se mantienen como parte de un repertorio propio, como es el caso del uso del número de oro y de las proporciones armónicas en la organización de la planta.

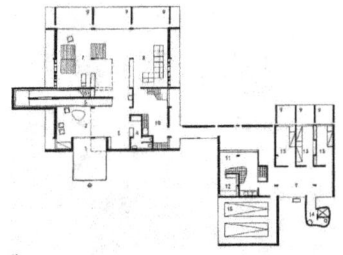

Le Corbusier. Villa Shodhan. Planta baja

Esta pervivencia a través del tiempo de algunas constantes, el montaje de la grilla y la parte, la regularidad de la caja, o las proporciones armónicas, son algunos de los aspectos que señalan lo universal e intemporal del proyecto en Le Corbusier, en conjunción con las adaptaciones a cada situación o contexto cultural en particular. Y esa va a ser una de las características del proyecto en Corbusier, la dualidad entre la propuesta de una regla o principio universal y lo particular.

Le Corbusier. Villa Shodhan. Montajes

Dentro de la regularidad formal de la caja se revela la mencionada complejidad, la descomposición en los planos y la preponderancia del corte, a través de la continuidad espacial, las dobles alturas, las superposiciones, el trabajo con los medio-niveles y la articulación entre espacios.

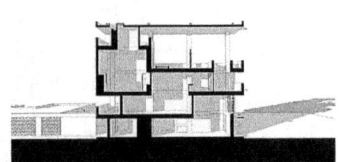

Le Corbusier. Villa Shodhan. Corte

A esto se suman el manejo de la opacidad, la transparencia y el solapamiento y las operaciones de expansión y compresión, de apertura y de cierre.

Es una obra en la que la operación de montaje va vinculada indefectiblemente al corte en función de la complejidad del planteo formal y espacial, del entrecruzamiento de espacios y de dobles alturas y de incorporación de la diagonal. Una com-

Le Corbusier. Villa Shodhan. Exterior   Le Corbusier. Villa Shodhan. Exterior

plejidad que llevó a realizar varios cambios a lo largo del proceso proyectual a los fines de reducir algunas superficies y costos.

Todas estas operaciones y manipulaciones se hallan intensificadas en las relaciones entre forma, materialidad y expresión, ya que el uso de cierto material, como el hormigón a la vista, potencia, por ejemplo, las cualidades de la opacidad o la densidad matérica.

Dentro de esas relaciones entre forma, materialidad y expresión se ponen de relieve algunos aspectos del modelo proyectual:

- Los elementos del repertorio tales como pilotis, caja, terraza jardín o regularidad pasan del purismo platónico al Brutalismo y la densidad matérica.
- En el trabajo con la caja se verifican una serie de oposiciones: plano-linealidad de la columna, peso-esbeltez, cerrado-abierto, luz-sombra.
- La regularidad formal y la abstracción en la sintaxis no recurren a la perfección en el acabado sino a la rusticidad y a un acabado imperfecto, como forma de construir un lenguaje.
- Las características o componentes del Brutalismo pasan de la arquitectura institucional o la gran escala –*Chandigarh* o *La Tourette*– a la escala doméstica.
- A partir de esto es que la lógica formal, los principios del lenguaje o las relaciones entre forma, materialidad y ex-

presión resultan independientes del destino o del tema de la obra, siendo entonces que la forma queda por encima del uso.
- La concepción de la Técnica plantea otro tipo de discurso y de imagen: el de la rusticidad, lo arcaico o lo primitivo. De allí que lo Moderno ya no está asociado a una imagen olímpica, de progreso *per se* o de innovación ingenieril, sino a las tensiones o articulaciones complejas entre Modernidad y Tradición, Universal y Local, Técnica e Historia o Técnica y Cultura.

Le Corbusier. Villa Shodhan. Interior

Dentro de este despliegue se verifican ciertas continuidades y variaciones sobre las mismas como parte de un arco productivo y de pensamiento más general. Por un lado se invierte el orden espacial-jerárquico que encontramos en otros ejemplos anteriores –como la *Ville Savoye*– en donde las áreas de servicios se disponían en la planta baja llevando los sectores principales al primer piso de manera similar a un piano nóbile. En la *Shodhan* la parte de servicios se ha colocado en un volumen aparte, separado. Por otro se juega con el concepto de terraza-jardín o jardín suspendido. Como sabemos, esto constituía una reformulación de la típica casa de patio, de la tipología que Corbusier había estudiado en sus viajes sobre la *Cartuja de Ema*, la casa turca, las viviendas mediterráneas o la de los Balcanes. A diferencia de la *Ville Savoye*, en donde el patio se ha convertido en una terraza en el nivel intermedio y al aire libre, la *Villa Shodhan* retoma los planteos de la *Villa Stein*, *Meyer* o del *Inmueble Villa*, en donde el jardín en altura es un espacio más cerrado, semicubierto, como otra célula habitativa. Otra variación es en el *brise-soleil*.

El mismo ya no es un elemento de poca profundidad, a nivel de la fachada, una pieza más bien angosta o de cerramiento, como en la *Casa Curutchet*, sino que conforma un espacio más profundo en sí mismo, un espacio por delante de los locales o de la terraza-jardín. Estos cambios no son parte de una variación dentro de la lógica autónoma proyectual del autor, sino de la incidencia del lugar en el proyecto.

La inserción de la obra en el contexto geográfico y cultural de la India va redefinir las ideas de lo vernáculo, lo regional, en una cultura ya totalmente diferente a la europea y hasta la occidental, reelaborando las articulaciones entre lo universal y lo local, o las características del hábitat doméstico vinculadas a los principios de la cultura hindú en el habitar.

El tratamiento de la caja, su permeabilidad y aperturas al exterior, los filtros, las características del espacio interior alternando los espacios cerrados y semicubiertos, o la organización de los usos, convierten a la obra en un dispositivo de relación con el lugar y de regulación ambiental propio de su ubicación.

Los espacios abiertos, las terrazas, galerías y semicubiertos, o la penetración del exterior al interior, constituyen un sistema de control climático acorde a las condiciones del clima local como así también a ciertos modos de habitar de la idiosincrasia de la India. Los conceptos con una connotación universal de terraza-jardín, planta libre, rampa y *promenade architectural* o de continuidad espacial son adaptados al contexto de la obra, siendo entonces que las características locales condicionan los principios generales. El tema de la galería o *veranda* es uno de los típicos de la arquitectura de la India, desde la construcción popular hasta la institucional, de acuerdo a sus formas de usos y sus costumbres, siendo por ejemplo el lugar donde se duerme en las noches de verano, lo mismo que la disposición de plataformas internas y externas conectadas por escaleras. En otro orden, la perforación o el hueco que se deja sobre la cubierta del jardín suspendido remite a las tradiciones hindúes, tal como lo refiere Mircea Elíade, una pieza importante de la casa india.

"El orificio superior de una torre india lleva, entre otros, el nombre de Brahmadandhara. Este término designa la abertura que se encuentra en la extremidad del cráneo y que desempeña un papel capital en las técnicas yoguicotántricas; por allí también se escapa el alma en el momento de la muerte".[88]

Una conexión en la casa, como un segundo cuerpo, entre el plano terrestre y el plano celeste.

Y una conexión entre el cielo y la tierra presente en varias de las obras de Le Corbusier, en *La Tourette*, en la *Capilla de Firminy*, en *Ronchamp*, pero también en la *Villa Meyer* o en el *Pabellón del Esprit Nouveau*, y que había tomado de sus estudios de la *Villa Adriana* y del *Panteón*.

En las obras de Madame de Mandrot, Errázuriz o de Madame Peyron había una componente en cierto modo mimética o de asimilación con la arquitectura autóctona; el uso de la piedra y la madera, la tradición constructiva, configuraban una cualidad ambiental y paisajística, que incluía a las arquitecturas autóctonas, vernáculas o de construcción anónima, sin arquitecto, en un sentido conceptual pero también de carácter apariencial.

Por el contrario, en la *Villa Shodhan*, debido a su definición formal y su expresión, existe una relación de oposición o de contraste entre objeto y lugar. El objeto arquitectónico se revela como una presencia fuerte, singular, en el medio físico. La regularidad, la abstracción, el tratamiento de la caja, no presentan ninguna componente mimética o de asimilación con el entorno circundante ni con la arquitectura autóctona. La relación con el lugar, lo regional, se presenta de una manera más indirecta, conceptual, no apariencial, más asociada a las características ambientales y a una interpretación de ciertas pautas culturales en las relaciones entre espacio y sociedad.

---

[88] Elíade, Mircea. *Lo sagrado y lo profano*. Barcelona. Labor. 1967 (El original de 1957).

Le Corbusier. Ronchamp. Implantación

La Capilla de Ronchamp

Proyectada y construida entre 1950 y 1955, la *Capilla de Notre Dame-du-Haut* se ubica en la cima de la colina de Bourlémont, rodeada de un vasto paisaje natural verde y ondulante. Un lugar con una fuerte sedimentación de distintos sustratos históricos que se fueron acumulando o superponiendo a través del tiempo y desde orígenes muy remotos. Allí se ubicó un templo pagano y posteriormente en el siglo IV d.C. se erigió un santuario dedicado a la Virgen María, convirtiéndose a lo largo del tiempo en un lugar de peregrinación y devoción, rodeado de un profundo sentido místico y de leyendas sobre milagros. Anteriormente era además considerado como un enclave estratégico en la época del Imperio Romano, con la instalación de un asentamiento defensivo. Probablemente el nombre de *Ronchamp* provenga del latín *Romanorum Campus: Roman Champ*. Un sitio cargado de una atmósfera cósmica a la cual Le Corbusier era especialmente sensible.

Una primera observación alude a la interpretación que se ha hecho tanto desde la historiografía canónica como desde las miradas más convencionales del proyecto, atribuyéndole características de *irracionalidad*, producto de lo *gestual* o de lo meramente *emocional*, la obra *expresionista* de Le Corbusier, un rapto de *intuición* o de *genialidad artística* imposible de explicar o de organizar lógicamente, una *excepción* en su producción asociada a lo racional. Como si la emoción no fuera una forma de conocimiento, o como si la obra no pudiera poseer otra forma de racionalidad, una lógica alternativa y no sea entendida como el derivado de la exclusiva sensibilidad artística.

En pos de una desmitificación de tales aseveraciones, es que pueden exponerse una serie de aspectos que hacen posible una comprensión crítica del fenómeno y que fundamentan una lógica proyectual coherente, sistematizable y transmisible. Y que se organizan en las relaciones entre Modernidad, Regionalismo, lugar, cultura, proyecto.

El caso de *Ronchamp* es el de una relación intrínseca, una integración, del proyecto con el lugar, tanto físico como simbólico, y en cuanto a las articulaciones entre forma, espacio, materialidad, programa y expresión.

Le Corbusier.
Ronchamp. Croquis preliminares

Según Canon Ledeur –el representante de la Comisión de Arte Sacro que acompañaba a Le Corbusier en su primera visita al lugar– el impacto que tuvo el mismo sobre el autor fue determinante, quedando plasmado en sus croquis iniciales.[89] Las características de la topografía, las formas ondulantes, los recorridos, las ruinas de la antigua capilla existentes en el sitio, las vistas hacia las distintas direcciones, llamadas por Le Corbusier *los cuatro horizontes*, fueron los primeros disparadores y fundamentos del proyecto. El propio Le Corbusier hubo de definirlo tiempo más tarde:

> "¿Ronchamp? Contacto con el lugar, situación en un lugar, elocuencia de un lugar, una palabra fijada en un lugar" (...) "Sobre la colina, había dibujado los cuatro horizontes (...) el eco, el eco visual en el reino de la forma".[90]

Los primeros esbozos para el proyecto provinieron de esa trascripción gráfica de sus impresiones iniciales sobre el lugar, de su diálogo con el paisaje, una pregunta, una indagación, acerca de cómo crear un organismo adecuado.

---

[89] Así lo expresaba Canon Ledeur en una entrevista otorgada a Daniele Pauly en 1974.
[90] Le Corbusier. *Texts and Sketches for Ronchamp*. Versión en inglés. Fundación Le Corbusier. París.

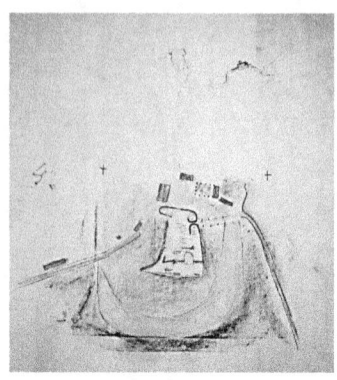

Le Corbusier. Ronchamp. Forma, Lugar

El proceso conceptual no actuó en abstracto ni estuvo determinado por una forma ideal a priori, sino que estuvo dado por una experiencia visual y sensorial con el lugar, con una asociación entre forma y paisaje, estableciendo un contacto intencionado y meditado con el sitio y los cuatro horizontes.

A partir de estos primeros planteos y asociaciones entre lugar y forma, los criterios que hacen a la definición formal van integrando diferentes procedencias y cualidades.

En primer lugar se interpelan dos principios básicos sobre el problema de la morfología —utilizados por el mismo Le Corbusier— como son la forma como un ideal de perfección platónica a priori, y el tema de la tipología. Obviamente la lógica de la forma desconoce los criterios del Purismo Racionalista y de la regularidad geométrica como principios ideales; no quedan vestigios de una concepción apolínea. Del mismo modo se renuncia al trabajo con la tipología, una indagación que se daba tanto en la escala de la vivienda como en la de la institución, si recordamos el experimentalismo con el tipo de claustro en *La Tourette*, el tipo pabellonal del *Pabellón Suizo* o la caja contenedora en el *Museo de Ahmedabad*, en el *Museo Nacional de Tokio* o en el proyecto para el *Palacio del Congreso* en Estrasburgo.

Por una parte, aquí se da lugar al trabajo con las formas orgánicas y la complejidad formal en consonancia, haciéndose eco, de las formas naturales del sitio, de una música o un clima del lugar. Aquello que Le Corbusier denominó como formas acústicas, formas curvas o envolventes que suponen un sentido acústico entre la forma y el sonido que emana simbólicamente de un lugar; la generación de una relación acústica con el lugar.

"Este tipo de escultura encaja en lo que llamo la plástica acústica, es decir, las formas que emiten y que escuchan".[91]

Le Corbusier.
Ronchamp. El espacio indecible

Esta componente acústica de la forma que escucha al lugar ya había sido enunciada unos años antes por Le Corbusier, en 1946, al referirse al concepto del *espacio indecible*.[92] Un término que volvía a la idea del *genius loci* y por el cual el espacio indecible era aquel que expresaba el acuerdo entre la arquitectura y el paisaje particular de un sitio. Como con Alexander Pope, al enunciar "escuchemos al genio del lugar". El espacio indecible será una vibración que emana del lugar a la arquitectura y de ésta vuelta al lugar de manera recíproca, una resonancia o acoplamiento.

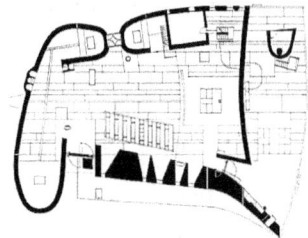

Le Corbusier. Ronchamp. Planta

El espacio indecible, su traducción a una forma, operan en la arquitectura, la pintura y la escultura, como una capacidad para poner en relación creación humana y naturaleza, atendiendo, visualizando y escuchando los procesos biológicos como procesos estéticos.

"La obra –arquitectura, escultura o pintura– actúa con su entorno: ondas, gritos, o clamores (el Partenón en el Acrópolis) destellan como rayos radiantes (...) tanto en las inmediaciones

---

[91] Le Corbusier. Fundación Le Corbusier. París.
[92] Le Corbusier. *El Espacio Indecible*, en *Architecture d'Aujourd'hui*. Número Especial. 1946. En realidad ya había comenzado a hablar de formas acústicas en su propuesta para el Plan de Argel de 1931 y en alusión a su relación con el sitio.

como más lejos estos temblores dominan o acarician el sitio (...) El entorno ejerce su influencia en el lugar de una obra de arte, la marca del deseo humano; impone su profundidad o sus proyecciones sobre él, su densidad de bordes duros o borrosos, su violencia o su gentileza. Un fenómeno de concordancias emerge, tan preciso como la matemática, una verdadera manifestación de acústica en formas plásticas".[93]

Por otra parte, la idea del espacio indecible y de las formas acústicas remite a la componente escultórica que tiene el proyecto. Una condición de lo escultural asociada a lo manual o un criterio de modelado de la forma.

Esto también había sido enunciado por Le Corbusier en términos teóricos en cuanto a su idea de una unión o de una integración entre arquitectura, escultura y pintura, pero también en términos concretos o de una práctica en relación a sus trabajos como escultor y artista plástico.

"En verdad, la clave de mi creación artística es mi obra pictórica, comenzada en 1918 y continuada regularmente cada día (...) El fondo de mi búsqueda y de mi producción intelectual tienen su secreto en la práctica ininterrumpida de la pintura. Es ahí donde hace falta encontrar la fuente de mi libertad de espíritu, de la independencia, de la lealtad y la integridad de mi obra".[94]

La arquitectura como una síntesis de todas las artes y el arquitecto no como un técnico sino como un artista.

El arquitecto es constructor, pero construye a partir de formas plásticas. En el CIAM de 1949 en Bérgamo declaraba:

---

[93] Le Corbusier. *El Espacio Indecible*. Obra citada.
[94] Le Corbusier, citado por Jean Petit, en *Suite de Dessins*. Panoramas Forces Vives. Ginebra.1968.

"Es absolutamente esencial que el arquitecto sea un infalible artista plástico (...) Y esta conciencia de las artes plásticas debe emerger en cada línea, en cada volumen y en cada superficie de su obra".[95]

"El interior del cuerpo mismo del evento plástico todo no es más que unidad; escultura-pintura-arquitectura".[96]

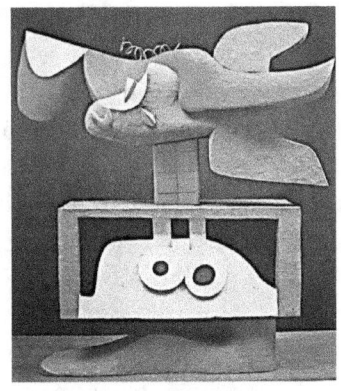

Le Corbusier. Escultura Policromada

Así, la presencia de la obra construida debe generar una emoción, lo cual es esencial para todo fenómeno poético. Una poética que deriva principalmente de la combinación de arquitectura, escultura y pintura, inextricablemente unidas por la armonía, la disciplina y la intensidad.

La integración de las distintas artes no era en absoluto algo nuevo en Le Corbusier, pero aquí adquiere otros contenidos y expresiones, diferente a las de los años veinte.

Le Corbusier.
Portrait de femme a la cathédrale de Sens

Presenta la obra de la capilla como la expondría un escultor, hablando de la relación entre forma y materialidad, de la transferencia del lirismo a los materiales, de cómo flexionarlos y curvarlos. Modelar

---

[95] Declaración en la sesión plenaria del CIAM VII en la ciudad de Bérgamo en 1949. El tema central de ese CIAM fue precisamente la arquitectura como arte. Fundación Le Corbusier. París.

[96] Le Corbusier. *Unité*, en *L'Architecture d'Aujourd'hui*. Boulogne-Sur-Seine. 1948.

el material para obtener formas tal como la haría un escultor. En *Ronchamp* se han explotado al máximo las capacidades que pudiera ofrecer el material; más no solo las capacidades estrictamente técnicas sino sus capacidades expresivas, con sus muros cóncavos, sus superficies sesgadas y la cubierta de doble curvatura. Le Corbusier describió a la capilla como "una obra plástica, una escultura acústica".

Todo este despliegue no resulta intuitivo ni es el producto de una mera emoción desprovista de todo pensamiento.

Sobre su primera visita al lugar, Le Corbusier se refirió al hecho de tener una especie de revelación, en el sentido de aquello que el lugar le revelaba de acuerdo a la idea del espacio indecible, un acto en cierto modo espontáneo. Sin embargo, tal como venimos sosteniendo, esto no supone el imperativo de la sola intuición, del trabajo proyectual como una revelación que solo el genio puede captar, o un proceso gobernado por la irracionalidad. De alguna manera, esa componente de revelación o de vínculo establecido con el lugar, se conecta con la memoria del sujeto, con lo formalizado como un pensamiento, con sus experiencias y lógicas que conforman un pensum o cuerpo de ideas con el que se cuenta, reconociendo distintos fundamentos y procedencias que se van acumulando para conformar un espesor teórico riguroso y organizado.

En el caso de *Ronchamp* es posible rastrear un proceso que había comenzado a fines de los años treinta con la pintura, con obras como Portrait de Femme a la cathédrale de Sens, y posteriormente a mediados de los cuarenta y en los cincuenta con la escultura y la talla en madera, con las mismas formas acústicas, como en *Opus I* y con esculturas tales como *Mujer Danzante, Tótem* y *El niño está ahí*.

Por otro lado, esto es algo que se remonta a los antecedentes de su *Viaje a Oriente*, de 1911, cuando se ve impresionado por la manera en que la arquitectura de la Acrópolis se encentra indivisamente unida al lugar, por como los templos poseen una *razón paisajística*. O por las formas de la arquitectura autóctona mediterránea o de cercano Oriente. Cuarenta años más tarde, esas formas vuelven a emerger para un nuevo contexto y destino.

Al mismo tiempo, se conecta con aquella aproximación ya mencionada a los *objetos de reacción poética*. Las formas curvas, la idea de osatura, de lo vertebral, la densidad matérica, lo textural de las superficies de la capilla, coinciden con los huesos, raíces, guijarros, piedras y conchas marinas que recogía y coleccionaba, de las que emana un espíritu poético y se disparan ciertas asociaciones con las que trabaja la obra de arte o la actividad artística. La lógica formal de la planta, la disposición de sus líneas, y su materialidad densa, se corresponden con la cubierta en forma de caparazón. Así lo exponía Le Corbusier en relación a aquellos objetos encontrados –a la manera de los *Object Trouvé* de los surrealistas– y que constituían los objetos a reacción poética:

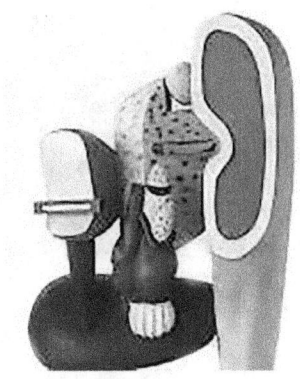

Le Corbusier. Opus I

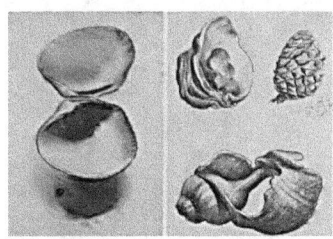

Le Corbusier. Objetos a Reacción Poética

"Un caparazón de cangrejo, cogido en Long Island, cerca de Nueva York, está sobre la mesa de dibujo. Se convertirá en el techo de la capilla".[97]

Lo expuesto hasta aquí no se reduce tan solo a una interpretación posible, está expresado y documentado por el propio Le Corbusier. Por ejemplo, en una carta enviada a Joseph Savina, ebanista y escultor con quien Corbu comparte algunos trabajos:

---

[97] Le Corbusier. *Textos y dibujos para Ronchamp*. Ginebra. Coopi. 1989 (el original de 1965).

Le Corbusier. Ronchamp. Vista sureste

Le Corbusier. Ronchamp. Vista norte

Le Corbusier Ronchamp. Fachada sur

"Estoy seguro que usted está sobre un rastro heroico de la escultura que conduce a la gran arquitectura".[98]

Estas articulaciones o integraciones entre arquitectura, escultura y pintura no significan que existiese un traslado directo de un campo a otro, una replicación lineal de formas de la escultura a la arquitectura. De lo que se trata es de una concepción plástica del proceso creativo, de imaginarios compartidos que vinculaban la especificidad y la autonomía —relativa si se quiere en este caso— de cada una de las disciplinas.

Tal concepción plástica, la índole del proceso creativo detallado hasta aquí, no desdeña la rigurosidad de la geometría y del número. Como planteara el propio autor

"Notre Dame du Haut es fruto de los números (…) Modulor por todas partes (…) Es un auténtico placer aquí jugar con los recursos del Modulor".[99]

La concepción y el tratamiento formal en *Ronchamp* aluden así mismo al imaginario de lo artesanal.

Más allá de la sofisticación en la resolución técnico-constructiva, el planteo formal remite al trabajo del artesano, del

---

[98] Le Corbusier. *Carta a Joseph Savina*. Fundación Le Corbusier. París.
[99] Le Corbusier. *Textos y dibujos para Ronchamp*. Obra citada.

escultor y su modelado de la forma. La misma ya no alude ni simboliza a los procedimientos industriales ni a una confección producto de la máquina, sino a la forma que surge del modelado manual, del trazo de carbonilla sobre el papel, en una integración entre el espíritu y la mano. Una presencia de lo artesanal que no actúa tanto en el hecho constructivo en sí, sino como una metáfora, una alusión respecto de una forma que surge de lo manual.

El desarrollo formal de la obra, y a través de todo su proceso proyectual, incorpora el trabajo con la diversidad o la heterogeneidad, pero siempre dentro de un sentido de totalidad o de recreación de una unidad expresiva. La definición de cada parte, de cada elemento –cada una de las fachadas, la cubierta, las torres, los accesos–, las formas de los aventanamientos, los diferentes modos de ensamble y de apoyo de la cubierta en los distintos sectores, dan cuenta de esa presencia de la diversidad como cualidad del proyecto, corriéndose de toda idea de repetición o de una homogeneidad seriada.

En esa diversidad se revela el proyecto como una *mezcla*, en donde los temas incluidos pueden ser tomados de culturas pasadas, de la región, de la memoria arcaica del lugar, o de la memoria y del propio pasado del autor, de la escultura, de lo registrado en sus viajes, integrando un ancho registro como parte del proceso creativo-proyectual.

Lo mismo que en la arquitectura doméstica de *Errázuriz, Le Sextant* o de *Mandrot, Ronchamp* propone una relación entre forma, materialidad y expresión mucho más densa que en su producción platónica y apolínea de los veinte, con un mayor compromiso o presencia con la componente material o física de la forma.

Pero aquí la presencia y la densidad matérica de la obra ha pasado de la escala doméstica a la de la institución, a la del programa sacro, con lo cual esa relación entre forma-material-expresión y las componentes de lo regional o de lo vernáculo adquieren otro carácter que ya no es el de la vivienda y

Le Corbusier. Ronchamp. Vista noroeste

Le Corbusier. Ronchamp. Fachada este

la domesticidad en lo inmediato de su complejidad y de su entorno. Se verifica así un trabajo con la relación forma-material-artesanal que implica llevar esa condición artesanal a otra escala y otra complejidad. Lo artesanal ya no está vinculado a un objeto relativamente pequeño, de una escala con posibilidades de una apropiación más inmediata, sino que se trata de una monumentalización de lo artesanal, llevar lo artesanal a un nivel del símbolo a escala de la región.

Lo mismo sucede con lo regional o vernáculo, que abandona esa idea más aprehensible de la relación entre la escala de la vivienda, su entorno y lo autóctono –como expresión de una cultura de la región– para trasladarse a la escala territorial de la institución y del monumento.

De acuerdo a lo contado por Le Corbusier, la decisión de la materialidad se tomó allí en la soledad de la colina, junto a las ruinas de la antigua capilla, en consonancia con el *espacio indecible* del lugar, según los recursos con que se podía contar, el día de su primera visita al sitio.[100]

De manera similar a la escultura, la decisión del material es inherente a la forma y al lirismo que impregna al proyecto.

Una estructura de hormigón con costillas verticales y elementos horizontales que la arriostran se levanta en la fachada sur, la de la llegada, sobre la cual apoya parte de la cubierta. El resto de los muros, al este, norte y oeste, están rellenos con las piedras tomadas de las ruinas de la antigua capilla medieval.

---

[100] Según consta en las notas del propio autor sobre la creación de Ronchamp. Fundación Le Corbusier. París.

La cubierta de hormigón en forma de caparazón se ajusta a la conformación general del edificio, y está constituida de dos membranas o cáscaras paralelas de hormigón de 6 centímetros de espesor concebidas como el ala de un avión, separadas una de otra por un vacío de 2.26 metros.

"El techo se ha colocado sobre muros exageradamente espesos pero utilitarios. En ellos van embutidos postes de hormigón armado. El caparazón se apoyará, en determinados puntos, sobre la cima de estos postes, pero sin tocar el muro; un rayo de luz horizontal, de diez centímetros de espesor, resultará sorprendente...".[101]

Le Corbusier.
Ronchamp. El dramatismo de la densidad

Claramente la componente artesanal de la obra se halla reforzada por la cualidad formal y material, nuevamente como parte de esa recuperación de la obra aurática de Benjamin. Su singularidad y cualidad la hacen una obra única, ajena a toda pretensión de una *reproducción técnica*. La densidad matérica, el peso corporal de la obra, remiten a la presencia del cuerpo en el trabajo del artesano, a la integración entre intelecto, espíritu y manualidad.

Forma, materialidad y expresión se encuentran aunadas a los fines de exaltar lo expresivo de la obra.

El objeto ha perdido toda condición de pertenecer a una concepción universal y abstracta, dada por su forma de elaboración y de recepción como un producto seriado, y se presenta como algo singular y propio de ese lugar.

---

[101] Le Corbusier. *Textos y dibujos para Ronchamp*. Obra citada.

La idea de la técnica, que se manifiesta en la capilla, no es la de una solución pragmática, el discurso de la técnica como un instrumento de racionalización de la realidad y de la existencia, una solución ya dada y verificada que se repite o reproduce. En lugar de esto, es que se vuelve a imprimir un discurso diferente sobre la misma, y que apunta en dos direcciones. Por una parte la técnica entendida como experimentación, indagando con las posibilidades del material, con la experimentación constructiva junto con la experimentación formal, proponiendo nuevas soluciones a la vez que una lectura experimental y propositiva sobre el pasado y la tradición de lo constructivo. Por la otra, y asociada a esta dimensión experimental, una concepción poética de la técnica, que se hace cargo de lo ya mencionado: la relación con la escultura, los vínculos con el lugar, los aspectos simbólicos de la obra, el objeto plástico o a reacción poética, todo lo cual encarna en una materialidad y emite justamente un discurso sobre la técnica y sobre una visión del mundo. El uso del hormigón no se encuentra sujeto a los criterios de la estandarización, la forma seriada o la homogeneización expresiva, sino que se aprovechan sus capacidades expresivas, poéticas y de lo singular. El trabajo con la rusticidad, la densidad matérica, y el uso de los materiales existentes en las ruinas de la antigua capilla, es parte del experimentalismo constructivo y de la imaginación técnica puestos en el proyecto.

Experimentalismo y poética se conjugan en la definición de la cubierta en forma de caparazón, en su tectónica y en su expresión. Sostenida todo a lo largo sobre el muro sur pero con un apoyo puntual sobre la fachada este, deja un gran voladizo sobre el atrio al aire libre y acentúa el efecto dramático. El dramatismo –como el de la cúpula de San Pedro– de esa gran masa suspendida en el aire, atentando contra la gravedad, elevando lo pesado, y cuya tectonicidad se refuerza con la raja perimetral superior que la separa de los muros. El efecto dramático de ese cuerpo en elevación, como suspendido, es uno de los recursos proyectuales utilizados, recurriendo a los medios técnicos y a una imagen que es moderna.

En las relaciones entre forma, materialidad y expresión se promulga una estética que también puede ser moderna, otra versión posible de lo Moderno, que puede incluir también lo vernáculo, lo arcaico, lo anacronista, no bajo una forma folklórica o pintoresquista –lo mismo que en las viviendas de los treinta– sino utilizado de una manera crítica sobre los que algunos determinaban como lo que debía ser válido y legitimado.

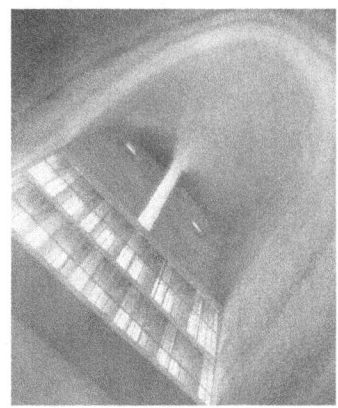

Le Corbusier. Ronchamp. Interior

La dimensión escultural de la obra sin duda alcanza a su definición interior, al espacio de la capilla y a sus relaciones con la forma y la materialidad, sumando además la acción de la iluminación.

En una obra muy diferente a las del Purismo platónico, la consigna de Le Corbusier de los volúmenes bajo la luz sigue estando presente.

"(...) La luz para mí es la base fundamental de la arquitectura. Yo compongo con la luz",[102] decía Le Corbusier en 1930 en *Precisiones*, reeditándose aquí bajo otra expresión. Dentro de la capilla la luz juega con las formas y los materiales y animan al espacio para crear una percepción visual y táctil en los diferentes momentos del día o del año. La luz se convierte, como en el caso del Barroco, en un material de proyecto, un material por excelencia que crea en el interior fuertes contrastes, superficies en semi-penumbra y otras brillantemente iluminadas. Como en la técnica del claroscuro barroco, la forma y el espacio no se definen solo por su materialidad sino también

---

[102] Le Corbusier. *Precisiones*. Obra citada.

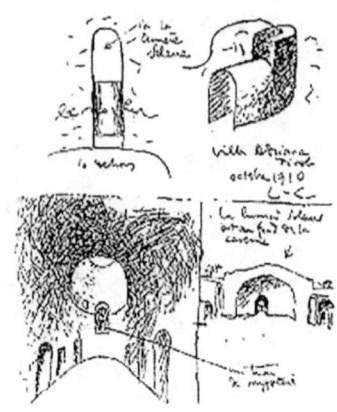

Le Corbusier. Croquis de la Villa Adriana

por el modo de incidencia de la luz. Las operaciones formales de compresión y expansión espacial se potencian por el efecto de la luz. Un fuerte sentido corporal se manifiesta tanto por la densidad matérica como por la luz que hace que el cuerpo del visitante sienta la presión de los muros sobre sí mismo.

En el caso particular de la arquitectura religiosa la luz ha cobrado siempre un protagonismo fundamental tanto en lo perceptivo como en lo simbólico. En el interior de *Ronchamp* se diversifican las fuentes de luz, con diferentes efectos, desde la composición con los vanos efectuados en el muro profundo que da al sur, los vitrales de colores, y la raja superior que separa la cubierta de los muros. O con la iluminación superior en las torres, inspirada en la *Villa Adriana*, en Tívoli, y de la que realizó numerosos croquis de viaje. Así, el visitante es transportado al mundo de lo espiritual mediante una estética de la emoción y de lo inefable, dentro de una máquina de emocionar. Engendrando una atmósfera de meditación y espiritualidad dentro de un edificio sacro.

> "La emoción proviene de lo que uno ve –esto es decir volúmenes–, de lo que los cuerpos sienten a través de la impresión que causa la presión de los muros sobre ellos mismos, y luego por lo que la luz ofrece en términos de una densidad o en términos de una suavidad dependiendo de los lugares a los que se dirija".[103]

La lógica formal de la capilla se separa de la forma tradicional del templo dada por las tipologías utilizadas a lo largo de la

---

[103] Reportaje a Le Corbusier en *L'Architecture d'Aujourd'hui*. N° 96. Número dedicado a la arquitectura religiosa. Junio-julio de 1961.

historia. A diferencia con el *Convento de la Tourette*, en donde Le Corbusier efectúa toda una reelaboración de la tipología del claustro, manteniendo el criterio tipológico pero poniéndolo también en discusión, en *Ronchamp* la forma adquiere otra definición totalmente diferente a lo dictado por la tipología. Se podría percibir cierto criterio de longitudinalidad en su conformación, con

Le Corbusier. Ronchamp. Interior

el remate en el altar, pero el mismo se encuentra muy desdibujado. Se rompe de esta manera la relación tradicional entre forma y contenido simbólico religioso que tenían ancestralmente, por ejemplo, los tipos de planta longitudinal y de planta central. Pero a partir de un criterio diferente, en *Ronchamp* se conservan los significados trascendentes o sagrados por medio del tratamiento de la forma, el espacio, la materialidad y la luz, proponiendo un nuevo dispositivo arquitectónico que exprese los contenidos espirituales y religiosos.

Es así que en *Ronchamp* el proyecto atenta contra la idea de tipología en dos direcciones.

Por un lado rompiendo las relaciones tradicionales entre forma y contenido –sagrado o trascendente en este caso– que tenían las tipologías más institucionalizadas de la arquitectura religiosa.

Por el otro, estableciendo un criterio proyectual en relación a la propia especificidad disciplinar. La separación del uso de la tipología hace que el proyecto abandone lo tipológico como una forma de pensamiento dentro de la arquitectura. En muchos casos de la arquitectura religiosa, a través de la historia, aún dentro del siglo XX, la arquitectura propuso una experimentación con la tipología como parte de una indagación dentro de la propia especificidad arquitectónica, como una manera de experimentar o de comprobar cuáles eran las posibilidades o los límites del sistema o de la manipulación del material de

Le Corbusier. Ronchamp. Interior

proyecto. En *Ronchamp* esa búsqueda acerca de las posibilidades de la tipología como concepción proyectual no se dan.

Tal como se ha evidenciado hasta aquí, la intervención propuesta por Le Corbusier en todo sentido es indivisible de la idea de lugar, tanto de lugar físico como simbólico.

Desde una primera impresión, la obra establece un vínculo dado por la idea de fijación, de cómo el edificio se presenta bien asentado, arraigado al sitio físico y a su entorno. Siguiendo las nociones del *espacio indecible*, la forma y la materialidad de la obra, su configuración externa, entran en consonancia con el *genio* del lugar, con el entorno inmediato y con las visuales de lejanía. Formas curvas, las ondulaciones de la topografía, coinciden con las formas arquitectónicas con una asimilación o una alusión de la forma con el lugar. Tal asimilación no remite solo a lo físico, sino a un sentido espiritual del lugar, a una atmósfera signada por esa captación inefable dictada por el genio que preside el *loci*. Una acústica del lugar captada por la acústica de la forma. El trabajo proyectual consiste en la traducción en términos arquitectónicos de ese espíritu inefable pero que a partir de ciertos recursos o procedimientos específicos se vuelve algo concreto.

Más allá de lo físico, el medio se revela como lugar de lo simbólico, el espacio, desde esa dimensión simbólica, se vuelve lugar. Emplazada donde se encontraba un antiguo templo solar, anterior al Cristianismo, y sobre la ruinas de la vieja capilla, el nuevo templo se halla enraizado en un sitio sagrado desde lo arcaico o lo primitivo.

Tomada la idea de la *Acrópolis*, el conjunto de la capilla y las demás dependencias, se levanta como un monumento en la cima de la colina que domina el paisaje, como un nuevo hito arcaico, como una suerte de oxímoron que hace a lo nuevo de lo arcaico, erigiéndose en un lugar de lo sagrado.

Le Corbusier. Ronchamp. El espacio indecible   Le Corbusier. Ronchamp y el espacio simbólico

En esa su dimensión simbólica, la obra capta también otra dimensión cultural como es la del peregrinaje. Un templo de peregrinación que evoca a la antigua capilla consagrada a la Virgen María y a la cual llegaban los viajeros. Se construye lugar físico y simbólico a partir del recorrido procesional que asciende por el costado de la colina hasta llegar a su cima y ser recibido por el acceso a la capilla en la fachada sur, o dando la vuelta hacia el este encontrándonos con el espacio de congregación al aire libre y el atrio con el altar, el púlpito y el coro bajo el semicubierto del caparazón.

Un lugar de lo espiritual y de lo fenomenológico, a ser experimentado por la percepción visual y táctil.

Lo regional en *Ronchamp* vuelve a aludir a la tradición mediterránea, a las construcciones populares, a su arquitectura blanca, textural y de densidad matérica. Una visión de lo vernáculo que puede reunir distintas procedencias que se integran: la arquitectura mediterránea, la de cercano oriente captada en sus viajes, sus definiciones de treinta años antes respecto de la luz y la promenade, la escultura de la formas acústicas y del *loci*, y hasta el uso de los trazados reguladores, como el que estructura la composición de los vanos en la profundidad de la pared sur.

Le Corbusier.
Ronchamp. Trazados reguladores

En aquellas viviendas de los años treinta, en la *Casa Shodhan*, en la *Capilla de Ronchamp*, también en la *Maison Jaoul* o en la *Casa Sarabhai*, una Modernidad con sentido regional amplía las concepciones de lo Moderno. Son abandonadas las nociones universalistas y generalizadoras en favor de una Modernidad adaptada o construida desde un lugar más particular. En algunos casos entrecruzando principios más universales con otros de tipo regional o autóctono, como en el caso de Le Corbusier. O también siendo necesario distinguir aquellas propuestas que parten de cierto núcleo teórico más universal para *adaptarse* a una situación local, de aquellas que se construyen desde las particularidades de una cierta formación geo-culturalmente situada, como podría ser el caso de Alvar y Aino Aalto.

En el caso particular de Le Corbusier se va a dar esa tensión entre lo universal y lo local.

Por un lado las ideas relativas a una belleza y a un criterio de forma universal de herencia hegeliana y clasicista, a valores propios de un espíritu universal y respecto de lo considerado como civilización. Pero por el otro, el valor de lo local o de lo regional, que le venía dado por las enseñanzas de su maestro L'Eplattenier. Para L'Eplattenier la naturaleza podía asociarse a aquella estructura geométrica de tipo ordenador –la relación entre forma artística, geometría y naturaleza– pero no como un criterio en abstracto sino que se hallaba revelado por las condiciones concretas y específicas de un lugar y de una cultura en particular. Un pensamiento más vinculado a las características de lo particular que a un significado universal. Esta tensión va a ser una constante en Le Corbusier, en esa confrontación-integración en la búsqueda de reconstituir una nueva Unidad. Tipos locales, lógicas de la cultura particular, que se podían convertir en tipos y lógicas universales: la casa turca, la casa mediterránea, el claustro.

Una Modernidad comprometida con el imaginario de lo artesanal, imaginario en términos de una figuración o de una *representación* de las componentes artesanales como rescate de un modo distinto de producción y de recepción de la obra y de ciertos valores que hacen a una identidad. Y lo artesanal también como una forma de recuperación de una calidad formal y material que los productos industrializados y en serie no poseerían como valor en sí mismo, pero también como valor representativo de una comunidad o de un entorno cultural.

Le Corbusier. Ronchamp. Exterior

Una Modernidad que no solo propone como expresión los criterios de levedad, transparencia, homogeneidad, uniformidad, esbeltez o elevación, sino que la densidad matérica, el peso de lo corporal, también puede ser una forma de lo Moderno. El idealismo por la regularidad –propio del Racionalismo– ya no recurre exclusivamente a una imagen de pureza y de una perfección en el acabado, también puede operar en la rusticidad o en la compacidad imperfecta de la masa.

Una Modernidad más vinculada al pensamiento aristotélico en cuanto a la importancia dada a la materialidad de las cosas, a su concreción técnica. Sin embargo, una concreción con un discurso sobre la técnica diferente, distinto al que podía tener un personaje como Mies Van der Rohe o Hannes Meyer. Un discurso sobre la técnica no desde una concepción olímpica o como impulsora del progreso irreversible, sino en el cual tienen lugar la complejidad, las mezclas de procedencias, la heterogeneidad material-expresiva, las tradiciones, los anacronismos, y las adaptaciones a un contexto moderno de prácticas anteriores.

Una Modernidad que trabaja con las resemantizaciones y las reelaboraciones de los significados. Lo regional puede involucrarse con las problemáticas de la identidad, de las culturas locales, de las tradiciones vernáculas o autóctonas, pero no implica necesariamente un sentido regresivo o de una celebración de lo conservador o de lo nacionalista en función de un chauvinismo o de un supuesto valor de pureza signado por el imperativo de un *regreso a la tierra*. Y así mismo, como ya hemos mencionado, lo vernáculo puede ser convertido en un ícono, en una imagen, como parte de una operación de resemantización o de extrañamiento claramente moderna. Un material de proyecto.

Con esto se abre un debate o un escenario conflictivo respecto de lo regional y lo artesanal. En qué medida estas componentes implican una formulación genuina y densa para la conformación de una cultura moderna y en qué medida lo regional y lo artesanal han podido convertirse por acción de lo Moderno en una *imagen*, en una *representación* de una cualidad, en un material pasible de ser manipulado y hasta en un producto dentro de las industrias culturales. Tales debates se nos presentan como una aporía, como un juego sin fin, en donde una y otra posibilidad no pueden reducirse a un enunciado general sino que dependen de cada situación y cada contexto en particular, de cada marco cultural y teórico, de cada lógica y posicionamiento disciplinar.

Estas cuestiones hasta aquí desarrolladas van a complementarse con aquellas otras provenientes del pensamiento esotérico, las cuales van a ser también una característica, si se quiere menos conocida, de Le Corbusier.

Aino Marsio, Elissa Mäkiniemi y Alvar Aalto. Cultura y Naturaleza

Con Aino Marsio, Elissa Mäkiniemi y Alvar Aalto volvemos a dejar de lado las dicotomías reduccionistas entre racional-funcional e irracional-orgánico o entre Racionalismo y Orga-

procedencias e imaginarios. La suya no es una concepción y una arquitectura de síntesis, de reducción a una esencia, sino de condensación de muchos aportes, de sincretismos, de acumulaciones y superposiciones.

La concepción sobre una Modernidad construida regional o localmente va a ser compleja en los Aalto, en cuanto a la variedad de elementos que se reúnen en esa concepción.

Su visión sobre la naturaleza, lo disparador de lo biológico o de los elementos naturales –la topografía, la vegetación o la geografía–, las referencias a las culturas locales o autóctonas, los aportes de otras culturas –como la de la Grecia Clásica o la del burgo medieval y del Humanismo–, la tradición nórdica, son todas componentes de ese armado. Lo regional no se concibe entonces bajo la idea de una esencia o de una pureza identitaria sino como *una construcción*, un fenómeno que se arma de diferentes piezas y aportes, basado en las mezclas y los sincretismos.

En el caso del estudio Aalto, la naturaleza no es la del imaginario Clásico, la naturaleza ideal y armónica, expresión de la racionalidad de lo divino, orden y equilibrio ideal, ni tampoco la de la amenaza, lo misterioso o lo desconocido que ese mismo imaginario también acuñó.[105] Tampoco se trata de la naturaleza romántica del jardín inglés o del Pintoresquismo, con su variedad amena y complaciente. La naturaleza en este caso tiene las componentes de lo vital biológico junto a lo trascendente divino, junto a lo mítico, junto al arraigo fecundo al lugar; o sea, la naturaleza del entorno real junto a la naturaleza del imaginario cultural.

A diferencia de otros casos, la naturaleza en el caso particular del estudio, lo mismo que para la cultura finlandesa, no es

---

[105] Cabe recordar que en la tradición Clásica y en la del Clasicismo de los siglos XV y XVI la naturaleza no estaba atravesada solamente de esa interpretación de armonía, orden y equilibrio sino que también podía aludir a los contenidos de la amenaza, lo misterioso, lo terrible, el horror, lo infernal o la decadencia.

aquella que la Modernidad o el proyecto pueden organizar y ordenar, como en el jardín francés, el jardín inglés, el medieval, el humanista o el árabe. La naturaleza en la obra no aparece como un fragmento o una porción de aquello natural incorporado a la intervención, sino que se muestra como algo no manipulado, no intervenido, o también como una referencia metafórica para el proyecto.

Croquis de la topografía

Aino Marsio y Alvar Aalto. Biblioteca de Viipuri

En esa primera acepción, la naturaleza es el lugar en donde se asienta la obra y le confiere un entorno, sin ser intervenido; el jardín, el patio, que puede tener la obra, es la misma naturaleza en su estado anterior. Por lo general no se produce una artificialización de lo natural sino que la obra entre en relación con un entorno natural que se mantiene. En obras como el *Ayuntamiento de Säynätsalo*, la *Iglesia de Imatra*, el *Sanatorio de Paimio*, la *Villa Mairea* o la *Villa Aalto*, alrededor de los edificios no hay jardines o una naturaleza artificializada sino la propia naturaleza. En la continuidad de la vegetación, la obra se construye en un claro, no existe discontinuidad entre el bosque y el jardín o el espacio abierto de la obra ya que ésta es parte intrínseca de aquel. Algo compartido con otros estudios, como el de Reima y Raili Pietilä.

En su segunda acepción, la naturaleza puede cumplir un rol metafórico funcionando como un disparador, un estímulo, una invocación o una referencia simbólica para el proyecto. Se ha hablado extensamente sobre la manera en que la topografía, el perfil de los lagos, o la sección del tronco del árbol son aludidos o invocados por las formas de la arquitectura o de los objetos de diseño industrial o del mobiliario en Alvar y Aino Aalto. Se podría citar el caso de la *Biblioteca de Viipuri*, y su referencia al perfil topográfico de una montaña cuyos croquis hechos por el autor se hallaban incluidos en los bosquejos iniciales del proyecto. El propio Aalto alude:

> "De algún tipo de paisaje de una montaña fantástica con acantilados iluminados por la luz del sol en diferentes posiciones gradualmente arribé al concepto para el edificio de la biblioteca".[106]

Contrariando los principios de una esencia o de una pureza sobre el valor o las características de lo regional, el proyecto es algo cultural que se alimenta de diferentes aportes.

A partir de su formación y de sus viajes, Alvar y Aino Aalto van a incorporar las contribuciones de la cultura de la Grecia Clásica, de su arquitectura, el interés por las ruinas, por las culturas mediterráneas, y por las del medioevo y el Humanismo del '400 y el '500. Este interés se condensa en ciertas formas y programas arquitectónicos y urbanísticos, tales como el teatro griego, el ágora, y las plazas comunales de los burgos medievales y humanistas. Estos temas arquitectónicos y urbanos se convierten para Aalto en *tropos*, que son traducidos de manera indirecta a sus proyectos, no como figuras tipológicas predeterminadas sino como un material que aporta elementos en diferentes circunstancias, y ciertamente en un contexto totalmente distinto. Se trata así de la extrapolación o del pasaje de un material de un contexto cultural e histórico –la Grecia Clásica o la Ciudad Medieval– a otro contexto cultural e histórico muy diferente, el de la Finlandia del siglo XX. En ese pasaje o traducción, el tema o figura sufre acomodamientos o modificaciones, en algunos casos con una mayor pervivencia del original y en otros quedando subsumido o disuelto dentro de una conformación más compleja.

---

[106] Aalto, Alvar. *The Trout and the Mountain Stream. Sketches*, en Revista Domus. Milán. 1947.

El otro aporte que va a reunir el estudio es el de la cultura autóctona y popular finesa, no solo en su relación con el medio natural sino a partir de algunas tipologías arquitectónicas y habitativas y en el uso de los materiales del lugar y de las tradiciones constructivas. La organización formal de las granjas, como la *Granja Niemelä*, los pequeños asentamientos rurales, o las viviendas construidas según la tradición vernácula de Finlandia, como las casas en la región de Karelia, aportan un material proyectual vinculado a la organización del conjunto, a la relación con el espacio abierto, y al uso de la madera.

Alvar Aalto. Croquis del teatro de Delfos

Arquitectura rural vernácula finlandesa

En un artículo escrito en 1941 en la publicación *Uusi Suomi*,[107] Aalto describe la importancia de la arquitectura vernácula, como la del tipo de vivienda en la región de Karelia, resaltando la potencialidad de su crecimiento orgánico y la capacidad expresiva y la nobleza de la técnica de la madera. La vivienda entendida como un organismo vivo, acomodado a la naturaleza y a las circunstancias del lugar de sus habitantes.

> (...) Podemos concluir que el sistema de construcción interno resulta de un acomodamiento metódico a las circunstancias. La casa de Karelia es, en cierto modo, un edificio que empieza con una única modesta célula o con una imperfecta construcción embrionaria, cobijo para los hombres y los animales que, crece año tras año. La casa de Karelia expandida

---

[107] Artículo publicado por Aalto en 1941 y traducido al inglés en *Sketches* por el Instituto Tecnológico de Massachusetts. MIT Press. Cambridge. Massachusetts. 1978.

puede ser comparada con la formación biológica de la célula. La posibilidad de un edificio mayor y más completo está siempre presente (...) En las refinadas formaciones de la arquitectura de Karelia encontramos una refrescante cercanía a la naturaleza, una manera de luchas por la existencia que ha tenido éxito en crear exactamente las formas flexibles y orgánicamente vivas necesarias tanto para la lucha como para la existencia (...) Aquí tenemos verdaderamente un proyecto de edificación, que en el mejor sentido de la palabra, se adapta a la naturaleza de Finlandia".[108]

Dentro de esta construcción de lo regional, la Modernidad propone también una mirada sobre el pasado o la tradición, tal como expresa Aalto en otro de sus escritos, este de 1922, *Temas del pasado*:

"Cuando visitamos una iglesia medieval, observamos una casa de campo antigua, o contemplamos un edificio vernáculo de hace cien años, hallamos que hay algo que nos quiere alcanzar –un estado de ánimo especial. Puede en parte tener su origen en el tratamiento artesano de su envoltura, en la artística pureza de los materiales, en las líneas simples que armonizan con el paisaje, y también, parcialmente, en el que ofrecen la pátina del material y la refinada y raída textura de sus cien años".[109]

En estas citas se expresa la diversidad de confluencias que hacen al proyecto aaltiano, la mención a lo orgánico y al crecimiento biológico asociada a la arquitectura, el interés por lo artesanal, como así también por la ruina y la idea del paso del tiempo sobre las cosas. Significativamente, se evidencia ese

---

[108] Aalto, Alvar. Obra citada.
[109] Aalto, Alvar. *Temas del pasado*, publicado en la revista *Arkkitehti* en 1922. Reeditado en *Sketches*. Obra citada.

sincretismo que propone entre lo Clásico y lo escandinavo a través de la ruina, de la manera en que las ruinas y el paso del tiempo vinculan ambas culturas.

Así mismo, tanto el teatro griego o la plaza italiana poseen la misma capacidad y humildad primaria de la arquitectura vernácula finlandesa, en su crecimiento armonioso con el lugar donde cada una se asienta. En las tres formulaciones, la de la Antigua Grecia, la plaza medieval y lo autóctono finlandés coexiste una unidad con la pertinencia de lo particular en la forma, los usos y el medio existente.

La manera de mediar y construir en estas cosas está guiada por un conocimiento tanto popular como erudito sobre la cultura local y la europea fuera de Finlandia. En los años veinte Aalto trabaja como crítico de arte y participa del debate cultural junto a su primera mujer Aino, fundan posteriormente un cine-club, y mantienen vínculos con Moholy-Nagy, Fernand Léger, los constructivistas rusos y el resto de la Vanguardia. Es erudita su aproximación y estudio de las culturas clásicas y medievales mediterráneas, pero conoce lo popular por fuera de lo académico desde su origen e infancia en un pueblo rural en contacto con la cultura campesina. De esa cultura popular y rural proviene su conocimiento y el interés por la investigación respecto de los materiales y de las tecnologías tradicionales de trabajo, y su vínculo con la cultura de los trabajadores, artesanos y usuarios.

Sumados a estos aportes, se encuentran otros más, como son los de la tradición del Romanticismo Nórdico y del Clasicismo en su versión escandinava.

Un primer sustrato que constituyó la formación proyectual y cultural del estudio Aalto fue la del Romanticismo Nórdico, con autores tales como Gallén-Kallela, Sonk y el estudio de Geselius, Lindgren y Saarinen, y con obras como la *Casa-estudio* de Gallen-Kallela, la *Catedral de Tampere*, el *Museo Nacional de Finlandia*, y numerosas villas de veraneo. Una arquitectura vinculada al Pintoresquismo de finales del XIX

Lars Sonk. Catedral de Tampere

Erik Gunnar Asplund.
Biblioteca de Estocolmo

y principios del XX, con sus características de complejidad formal y el trabajo con las superposiciones, la irregularidad, la heterogeneidad, lo artesanal, y el uso de materiales locales, la piedra y la madera; características tomadas por Aalto en su propia obra.

El otro aporte citado, el del Clasicismo en su versión escandinava, va a estar representado por la figura de Asplund y la gran influencia que tuvo en las primeras obras de Aalto, como en la *Casa de la Milicia Civil* en Seinäjoki o el *Club Obrero* en Jyväskylä.

Bajo la idea del sincretismo, lo regional reúne en el estudio de los Aalto todos estos diferentes aportes, desde la cultura popular o vernácula hasta lo sofisticado del Romanticismo y el Clasicismo Nórdico, desde la cultura clásica mediterránea a las Vanguardias del '20, desde la Tradición a la Modernidad. Es entonces que se conjuga lo regional inscripto en el mundo finés junto a la arquitectura internacional, capaz de asimilar y reelaborar en términos modernos todo aquello que resulta de interés. Ambas formas no son contradictorias, y expresan las características de esa Modernidad Regional, culturalmente ubicada y a la vez mestiza.

Si en las primeras obras de los años veinte la mirada en lo local está más puesta en los emergentes nórdicos del Clasicismo, como en los mencionados ejemplos del *Club Obrero* y de la *Casa de la Milicia Civil*, en obras posteriores como en la *Biblioteca de Viipuri* y el *Sanatorio de Paimio* se verifica una lógica proyectual propia del Racionalismo y del Constructivismo Ruso, con el montaje de piezas, los desplazamientos y

nicismo promulgadas por Giedion como forma de explicar el desarrollo de la Modernidad. A lo largo de toda su obra la producción del estudio va a desmentir esa dicotomía poniendo de manifiesto lo complejo y diverso de la producción del siglo XX.

Una primera cuestión es la desmitificar a la imagen de estas figuras entendida como la de un genio, que actúa aisladamente y cuyas obras son producto de la intuición, de una genial inspiración o de su gran sensibilidad producto de su contacto con las musas. Una mirada mítica sobre el llamado Organicismo, como si el mismo resolviera de manera libre e inspirada los distintos problemas que se planteasen.

Por el contrario, el pensamiento y la obra de los Aalto van a configurar un cuerpo de ideas, de principios y de procedimientos, el trabajo con las referencias históricas no literales, la articulación entre lo disciplinar y lo popular, o las mezclas y sincretismos culturales, que permite establecer ciertas continuidades entre una obra y otra o comprender como se reúnen diferentes procedencias o concepciones en cada caso: elementos del Expresionismo, del Clasicismo, de la cultura mediterránea, de lo popular vernáculo o de la tradición nórdica.

Su concepción no está asociada a llevar el proyecto a un plano abstracto e ideal, a una idealización aplicable universalmente.

La definición de la forma no depende de los dictados de un tipo convertido en un ideal a priori, no se mueve en el campo de lo proyectual a partir de la determinación de una tipología como fundamento del saber disciplinar.

A lo largo del tiempo y en diferentes momentos van a darse un gran número de testimonios acerca de cómo la arquitectura es parte de la vida en el mundo, y que no puede sujetarse a un decálogo, a una serie de puntos, o a una ley capaz de determinar todos los elementos puestos en juego.[104] Con una arquitectura de la inclusión, su producción se contamina de diferentes

---

[104] Al respecto, es sorprendente como todavía hoy algunos siguen refiriéndose a Le Corbusier a partir de los famosos cinco puntos.

superposiciones, y el uso de un lenguaje abstracto más homogéneo o unitario.

Estas experiencias van a tener sus pervivencias en la obra posterior, a partir de mediados de la década del treinta, si bien con nuevas formulaciones e integradas a otros criterios o principios.

La Villa Mairea

La *Villa Mairea* fue diseñada por Aino y Alvar Aalto para un matrimonio de industriales fineses de la madera y el papel, y toma su nombre del de la mujer de dicho matrimonio, Maire Gullichsen, artista y coleccionista de arte.

El encargo solicitaba que se tratara de una casa experimental, moderna, pero propia de la cultura finlandesa.

La primera propuesta de los Aalto fue una cabaña rústica inspirada en la arquitectura vernacular y popular de las granjas o las construcciones rurales, la cual fue rechazada por la clienta por ajustarse a los criterios locales pero no como una reelaboración moderna.[110]

El proyecto definitivo se organizó a partir del montaje de dos piezas yuxtapuestas en forma de L en torno a un jardín y la pileta para el cuerpo principal de la casa, y una prolongación destinada a una sauna y unida por medio de una galería.

La lógica formal se diferencia de las propuestas racionalistas de un único volumen puro y homogéneo, operando con la complejidad de la forma y el tratamiento volumétrico. Dicha organización plantea una superposición de los volúmenes con distintas formas y alturas, y una ensamblado de masas y de vacíos correspondientes a diferentes terrazas en planta alta y espacios semicubiertos en planta baja. Una lógica que

---

[110] La historia cuenta que la futura propietaria expresó: "Bien, pedimos que hiciera algo finlandés pero en el espíritu de hoy", en Pearson, Paul David. *Alvar Aalto and the International Style*. The Mitchell Publishing Company. New York. 1978.

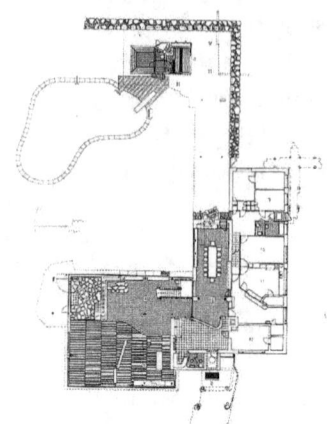

Aino Marsio y Alvar Aalto.
Villa Mairea. Planta Baja

Aino Marsio y Alvar Aalto.
Villa Mairea. Exterior

se maneja con parte de los criterios formales del Racionalismo pero desde una mayor complejidad, desdeñando los principios de tipo mecanicista y de una síntesis homogeneizante.

Este rechazo por un Racionalismo simplificador y mecanicista Aalto lo expresaba en una conferencia en Oslo en 1938:

"En oposición a la visión que considera a las formas establecidas y uniformadoras como el único camino para abordar la armonía arquitectónica y las técnicas de control del edificio, yo he tratado de enfatizar una naturaleza interna de la arquitectura como una fluctuación y un desarrollo sugestivo de la vida orgánica natural".[111]

Entender no solo la arquitectura sino aquello que se considera racional como algo vital, en movimiento, fluctuante, que no se sujeta a una racionalización y a un criterio de determinación a priori.

Las formas abiertas y variadas de la naturaleza son vistas como símbolos de la vitalidad humana, y contrastan con la fría brutalidad de la mecanización. *De hecho, el término aalto en finlandés significa ola.*

Aalto se pronunció muchas veces al respecto, aduciendo que las formas curvas, las líneas impredecibles, corren en direcciones desconocidas para la matemática.

---

[111] Aalto, Alvar. Conferencia en Oslo en 1938, editada en *Sketches*. Obra citada.

Pero en realidad pareciera que el trabajo con lo diverso, lo fluctuante, lo heterogéneo, que Aino y Alvar Aalto toman de la naturaleza, no supone un movimiento arbitrario o azaroso ni el rechazo por la presencia de cierto rigor geométrico. El montaje en la planta está estructurado a partir de cuatro cuadrados –figura utilizada en otros proyectos– que se yuxtaponen y superponen para definir los dos bloques, y todo el conjunto del cuerpo principal de la casa también se inscribe junto con una parte del jardín en un cuadrado. Una geometría compleja que utiliza las yuxtaposiciones, las superposiciones, las sustracciones, el cuadrado, la ortogonal, la oblicua, y la curva. Un uso de la geometría que los autores luego se preocupan por ocultar o escamotear.

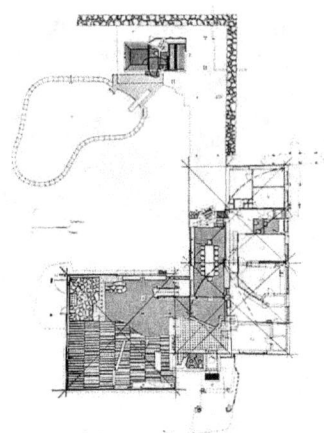

Aino Marsio y Alvar Aalto.
Villa Mairea. Trazados

La presencia de lo regional o de la cultura del lugar adquiere en el caso de Aino y Alvar Aalto un sentido tanto concreto o material como simbólico o conceptual.

Desde la concreción material lo regional se ve reflejado en el uso y la disposición de materiales y técnicas características del lugar y de la tradición constructiva finlandesa, tales como la madera, la piedra, el ratán, o las cubiertas verdes. Una concreción material más vinculada a la arquitectura popular rural o vernácula que a la arquitectura oficial o de los sustratos más acomodados.

Lo regional vernáculo se corporiza en el trabajo artesanal en sí y en la imagen de lo artesanal que tiene la obra. El tipo de materiales y su organización constructiva no remite a las técnicas industriales o a la estandarización, a una imagen mecanicista, sino al trabajo manual del artesano. Los solados de piedra, las barandas y pérgolas de madera, el cielorraso de tablillas, algunas de las columnas, la manera de vincular

Aino Marsio y Alvar Aalto. Villa Mairea. Lo artesanal   Aino Marsio y Alvar Aalto. Villa Mairea. Jardín

o ensamblar elementos, son una expresión intencionada de lo artesanal. Un sentido artesanal que opera doblemente. Por un lado como contraposición al mundo mecanizado y por el otro como reafirmación de una identidad local. Lo artesanal que también se mostraba como una imagen en la fabricación de muebles, que si bien podían estar producidos industrialmente, su diseño y materialidad invocaban la idea de algo artesanal, como el *Sillón Paimio* o la *Silla Artek*.

El trabajo artesanal y con los materiales naturales como discurso y posicionamiento fueron parte de toda una experiencia en los Aalto, con su propia casa en Munkkiniemi, el *Pabellón de Finlandia* en la Exposición de París de 1936, el *Pabellón de Finlandia* en la Exposición de Nueva York en 1939, o el *Ayuntamiento de Säynätsalo*, entre muchos otros casos. Tal aproximación no provenía de un saber de tipo académico sino más bien de su involucramiento con los materiales y las tecnologías tradicionales desde el hacer, desde su relación con los operarios y artesanos, desde una investigación de tipo experimental acerca de las relaciones entre forma y técnica.

Como en otros casos ya vistos, la presencia concreta y de la imagen de lo artesanal remite al tema de la obra aurática. Una obra como la *Villa Mairea* encarna el concepto de una obra singular, única, pensada para un lugar y unos destinatarios en particular, sin ninguna vocación de ser reproducida serialmente. La entidad formal y material del objeto es única, y su relación con el lugar le otorgan justamente ese aura de trascendencia señalado por Benjamin. A favor de esto, es que puede decirse que no todas las obras de la Modernidad han abandonado esa condición aurática a manos de la consabida reproductibilidad técnica.

La vivienda rural vernácula

No obstante, el sentido artesanal del proyecto no hace que se abandonen totalmente las componentes industriales. Junto con los materiales de origen natural aparecen también algunos de procedencia industrial, como en el caso de sectores de la vivienda con estructura metálica o en el uso de la madera laminada.

Es entonces que el trabajo con lo artesanal profundiza los vínculos con una cultura local y un sentido de lo regional entendidos como una forma de producción material y simbólica de una comunidad, de operarios, artesanos, arquitectos y usuarios integrados en una convivencia y espíritu en común.

Más allá de esto regional expresado por las características materiales o por la misma apariencia de la obra, la presencia de lo local se abre al campo de lo simbólico o de lo conceptual, extendiendo y proliferando las interpretaciones respecto de esta Modernidad regionalmente constituida.

Una primera observación corresponde a la lógica formal de una construcción edificada en torno de un espacio abierto central, ya sea un patio o un jardín. Y aquí se verifican los sincretismos o lo polisémico de las referencias, ya que ese tipo de organización puede aludir tanto a la de las residencias aristocráticas o de la vivienda burguesa escandinava como al de las granjas autóctonas.

En el primer caso se trataría de la utilización de un tipo más bien conceptual, una forma asentada en la práctica ar-

Ruysdael. La Vieja abadía

quitectónica, un material de trabajo implementado tradicionalmente, y con ejemplos como el de la *Casa Snellman*, de Gunnar Asplund.

En el segundo, se trataría más de una referencia directa al de la arquitectura rural y vernácula, dado el emplazamiento y las características del lugar de la *Villa Mairea*, su entorno de bosques y de espacio abierto. En la Finlandia meridional, el bosque tiene una extensión continua. Los edificios se levantan en un claro del mismo, lo que ocurre tanto en la *Villa Mairea* como en una granja o asentamiento rural.

Ese espacio abierto central, en el caso de la arquitectura rural, tiene una capacidad de organización para con las piezas que se reúnen en torno a él, como así también un espíritu convocante en lo habitativo: el vacío, que deja de serlo y se transforma en un lugar abierto para lo vivencial, el espacio convertido en lugar antropológico, en lugar de reunión y de identificación, el espacio convertido en lugar simbólico y trascendente.

En la *Villa Mairea*, ese lugar abierto central no posee las características de un jardín en los términos de una naturaleza artificializada. Aparece como una prosecución de la naturaleza del bosque. A diferencia del jardín francés, inglés, árabe, medieval o renacentista, la naturaleza no está operada ni diseñada, es un claro más en la continuidad del bosque y explicita su relación con el habitar humano como una manera vital de concebir la existencia.

Una segunda cuestión de lo regional en el plano simbólico o conceptual extiende precisamente esta relación con la naturaleza.

En el caso de la *Villa Mairea*, la naturaleza no supone un sentido de lo sublime, la naturaleza expresada en sus fuerzas desatadas, en la gran dimensión o en la vastedad de una soledad sobrecogedora –como podría ser por ejemplo en las pinturas de Friedrich– o lo sublime de una naturaleza amenazante, tenebrosa o decadente –como en algunas obra de Ruysdael o de Stubbs–. Tampoco se trata de la naturaleza armoniosa y equilibrada del pensamiento Clásico, del ideal bucólico o edénico, en la concepción clasicista de le Corbusier. Ni se trata del imaginario de dominio y de control racionalizado propio del pensamiento racionalista positivista.

Aino Marsio y Alvar Aalto. Villa Mairea. Acceso

En este caso, se trata más bien de una naturaleza asociada al cobijo, el resguardo, y a la variedad o la diversidad.

Esa diversidad y multiplicidad de la naturaleza está expresada simbólicamente en el manejo formal, del lenguaje y de la materialidad de la obra, en las mentadas relaciones de la tecnicidad. La presencia de lo diverso contraponiendo líneas rectas, curvas y oblicuas, articulando distintos espacios y desniveles, contraponiendo la continuidad material y expresiva del cielorraso con el cambio en los distintos solados, con las formas talladas o modeladas de la chimenea y de la marquesina de acceso. La diversidad y variedad de la arquitectura como metáfora de la variedad y diversidad de la naturaleza del bosque. La concepción del espacio del bosque como una lectura posible de la villa. Recorriendo su interior no se trata del típico contenedor funcionalista ni de la reiterada noción de la continuidad espacial abstracta del Racionalismo, sino un sentido mucho más propio del recorrer a través de un bosque en el cual las situaciones y formas se van formando y reformando a través del desplazamiento. Una componente fenomenológica del espacio, en el sentido experiencial y de percepción en el recorrido que ya hemos detallado,

Aino y Alvar Aalto. Villa Mairea. Interior

que podría darse en otros autores o ejemplos del Modernismo, como Le Corbusier, pero que en este caso cobra una condición muy diferente por la diversidad de materiales, texturas y expresiones que se conjugan. Una arquitectura que trabaja con la particularidad de cada situación, con la obra como un tejido de diferentes momentos, pero dentro de un sentido de continuidad o de totalidad. En la villa esta componente se verifica en esas diferentes situaciones, en el tratamiento del perímetro y la conformación exterior, en los diferentes modos de aventanamiento, en la superposición de los espacios interiores –sala de estar, jardín de invierno, hall de acceso, comedor, biblioteca–, y con la contraposición de distintos materiales. La variedad y diversidad de la arquitectura que sigue a la variedad y diversidad del paisaje, construyéndolo a la vez con su inserción en él.

Los vínculos simbólicos o metafóricos con la naturaleza se entrecruzan con las referencias o relaciones con el arte.

Las ideas de diversidad y de multiplicidad tomadas del mundo natural se cruzan también con algunas de las concepciones, principios y procedimientos del arte moderno, como sus nociones de espacio, el montaje o el collage.

El propio Aalto lo señalaba:

> "El concepto formal asociado con la arquitectura de este edificio especial incluye una conexión deliberada con la pintura moderna, que le otorga a la construcción y al hogar una más profunda y una mayor substancia humana".[112]

La configuración espacial tanto interior como exterior de la *Villa Mairea* rompe, como lo hace parte de la pintura moderna, con el concepto del espacio perspectívico y de la caja, de la frontalidad y la centralidad, propias de lo canonizado por el arte tradicional, proponiéndose como una descomposición

---

[112] Aalto, Alvar. *Villa Mairea*, en *Alvar Aalto Museum. Jyväskylä*, citado por Weston, Richard. *Villa Mairea*. Londres. Phaidon Press. 1992.

y una multiplicidad de situaciones. En ese sentido se asemeja más a las superposiciones espaciales y formales del arte moderno, o de aquella parte de la pintura humanista de los siglos XV y XVI que superponía o yuxtaponía en un mismo campo pictórico diferentes espacios o momentos. A la vez, se diferencia de aquella pintura moderna que postulaba un espacio abstracto, estableciendo una serie de relaciones concretas entre las formas, su substancia material, y la corporeidad espacial, algo que Aalto denominaba como "el manejo pictórico de la forma".

Una obra que se condice con el procedimiento del collage, superponiendo diferencias: planos abstractos, mampostería de ladrillo a la vista encalado, columnas metálicas, postes de madera, escaleras metálicas y de piedra, carpinterías, cielorrasos y decks de madera, cubiertas verdes, barandas de madera y metálicas, revestimiento de cerámica azul. En algunos casos hasta como recortes que se sobreponen como figuras, en el caso del revestimiento cerámico azul, o como la inclusión de piezas muy particulares, con la chimenea de carácter escultórico del estar.

Aino Marsio y Alvar Aalto. Villa Mairea. Exteriores

Un procedimiento de collage similar al de la pintura, que al igual que la misma, propone una ruptura con el criterio de unidad cerrada de la forma, pero que a la vez se postula también como un objeto estético sin romper con la idea de arte. Es así que en la Villa Mairea la existencia de lo diverso o lo heterogéneo no implica una crítica disolvente en términos de una negación del sistema, sino que aparece como la recreación de una armonía, de recuperación de un equilibrio vital de la existencia, de un reencuentro con la naturaleza y en donde lo moderno o la innovación se integran con lo autóctono y lo tradicional, justamente no como una contraposición que deja a la vista el conflicto de ese encuentro sino bajo esa forma integradora de lo diferente.

Siguiendo el requerimiento de la destinataria y el destinatario de tener una casa que conjugara lo local y lo moderno, los autores dieron lugar a tal relación integrando los elementos del Modernismo junto con los de la cultura local o autóctona.

El manejo formal a partir de los criterios del montaje define un tratamiento de lo volumétrico y a la sintaxis que estructura el lenguaje. Un lenguaje que no recurre a la abstracción expresiva de la homogeneidad en la terminación, pero que sigue los criterios de la abstracción estética en la definición de la sintaxis como lógica de organización de los elementos. Una sintaxis propia de los principios de la abstracción como recurso de construcción de la forma y del lenguaje. Modernismo arquitectónico caracterizado además por la configuración espacial, por la imagen náutica de algunos elementos metálicos –barandillas, escaleras caracol, ménsulas, vigas y columnas–, por el criterio del collage, por la organización de los usos, y por una relectura o reelaboración de la vivienda burguesa.

Una vivienda moderna que se asentara en una cultura del lugar y de las tradiciones finesas.

De allí que uno de los disparadores haya sido la lógica de la granja vernácula o la *Tupa*,[113] con el espacio abierto como organizador del conjunto de piezas, con una arquitectura pensada no como un único bloque –como podría ser el caso de

---

[113] En finlandés, *tupa* significa casa de campo.

las arquitecturas agrícolas y populares en Italia o Francia– sino como un sistema aditivo al cual se le van sumando diferentes partes y usos, pero todos integrados bajo una expresión de totalidad.

La vivienda rural como lugar de la integración vital, del cobijo, y de realización de la existencia. O en palabras de Aalto: "La vivienda es un área que debería ofrecer un espacio de protección para las comidas, el dormir, trabajar y jugar".[114]

Aino Marsio y Alvar Aalto.
Villa Mairea. Exterior

Un espacio de protección. Fijación en el lugar. Presencia de la tradición. Retorno a una existencia vital en integración con un entorno corriéndose del exceso de mecanización.

Aino Marsio y Alvar Aalto.
Villa Mairea. Estar

Son cuestiones que podrían asimilarse al pensamiento de Heidegger y su concepto del *Dasein*, del ser y estar en un lugar. El ser no se define como una entidad aislada o autónoma en su existencia sino en relación al estar o pertenecer a un lugar, dentro de un sentido de arraigo o de comunidad entre el espíritu del sujeto y el espíritu del lugar. En Heidegger el lugar es concebido como continuidad, arraigo, permanencia, estabilidad, o conservación de una esencia. Una dimensión trascendente o metafísica para constituir un vínculo más profundo del sujeto individual y de la comunidad respecto de un lugar de pertenencia. Una interpretación en cierto modo conservadora, de defensa de valores tradicionales, ya que exponía la reacción anti-moderna

Aino Marsio y Alvar Aalto.
Villa Mairea. Arquitectura y Naturaleza

---

[114] Aalto, Alvar, en *Sketches*. Obra citada.

que anidaba en Heidegger, quien entendía a los procesos de Modernización técnica y social como factores disolventes de lo trascendente y de una supuesta esencia la identidad.

Si bien en la obra de Aino y Alvar Aalto se recrean estas relaciones con la tradición, el vínculo con el lugar, la construcción de una identidad local, son cuestiones que no implican un posicionamiento contrario a lo Moderno ni la determinación de la identidad o de lo local como una esencia. De hecho hubieron de construir a lo largo de toda su trayectoria –posteriormente Alvar Aalto con su segunda mujer, Elissa Mäkiniemi– una concepción de lo propio o de lo local entendida como una cultura de mezclas, de los mencionados sincretismos y préstamos entre las distintas formaciones culturales, tanto tradicionales como modernas.

El Ayuntamiento de Säynätsalo

El *Ayuntamiento de Säynätsalo*, obra de 1950-52, constituye el centro cívico de una pequeña población de Finlandia y es un ejemplo del ideal de arquitectura pública y de espacio comunal de alta calidad.

Un antecedente de Säynätsalo fue el proyecto –no construido– para el centro cívico de la ciudad de Avesta, en Suecia, de 1944, en donde se anticipan varios de los temas abordados posteriormente: el patio central, la lógica de collage, la articulación entre los distintos espacios públicos, la geometría compleja. Otro antecedente, menos definido, es el del bosquejo para una *Casa de la Cultura* de 1940, en donde de todos modos ya se dejaba la impronta de un lugar elevado y una torre como hito significativo.

Como en el resto de la obra de Aalto, en el ayuntamiento se constata la relación entre Tradición y Modernidad que caracteriza al proyecto. Entre los aspectos propios de la Tradición pueden mencionarse la presencia de la tipología de claustro, la tradición nórdica autóctona, la alusión a la tradición Clasicista, el trabajo con la densidad matérica y lo artesanal. Y entre aquellos que hacen a una concepción Moderna pueden citarse la reelaboración que se hace del tema de la tipología, la lógica de montaje y de construcción de la forma, la definición del lenguaje y las relaciones entre lenguaje y materialidad, y la forma de tomar precisamente la tradición y la historia como un material de proyecto.

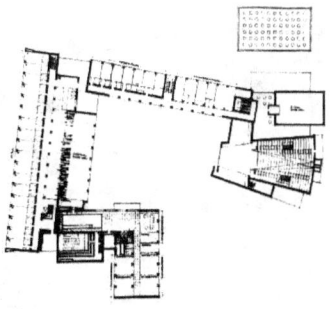

Alvar Aalto.
Ayuntamiento de Avesta. Proyecto

La organización formal general de la obra adopta la tipología del claustro, con el conjunto de volúmenes de distintas alturas en torno al espacio verde central al aire libre. Pero de una manera similar a la de Le Corbusier en *La Tourette*, la Modernidad en Aalto reelabora el problema tipológico corriéndose de las soluciones ortodoxas o de repetición de una forma totalmente neutra o sin cualidad.

En este caso la tipología del claustro no implica la existencia de una figura a priori, de una forma estereotipada dentro de la cual hay que distribuir los distintos sectores o usos. La tipología

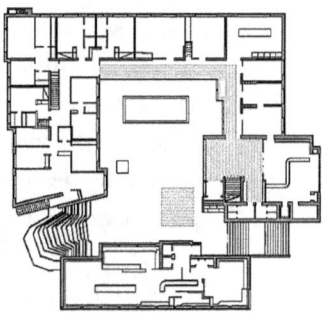

Alvar Aalto. Ayuntamiento de Säynätsalo
Planta a nivel del patio

como modelo proyectual sufre una serie de reelaboraciones y de modificaciones, rompiendo con el concepto convencional de la obra cerrada, incorporando cambios y diferencias de nivel, variaciones en las partes o en las unidades formales, variaciones en los criterios de acceso y de circulación vertical, el trabajo con la diferencia y con lo particular de cada caso o de cada situación. Implica romper con el esquema de una uniformidad formal incorporando diferentes volúmenes, alturas y modos de aventanamiento. Sobre la figura base de un cuadrado mayor que engloba a la totalidad y una serie de cuadrados menores, se implementan una serie de sustracciones,

Alvar Aalto.
Ayuntamiento de Säynätsalo

Miguel Ángel.
Campidoglio

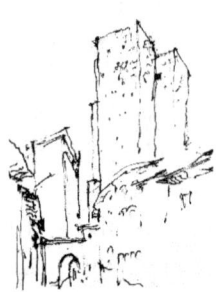
Alvar Aalto.
Croquis de San Geminiano

adiciones y superposiciones en la organización formal y espacial del conjunto.

Esta innovación en lo tipológico es una operación moderna, que a su vez es parte de otra operación moderna como lo es incorporar la idea de tipología al concepto de Montaje. La forma tipológica queda así como parte de una operación de Montaje en la cual se ensamblan un conjunto de formas pero también de decisiones proyectuales en cuanto a la materialidad, la expresión, y la relación con el lugar, lo mismo que al ensamblado o montaje de diferentes tiempos históricos.

La idea del centro cívico en torno a un espacio abierto, con su torre, es tomada por Aalto de los palacios y plazas comunales medievales y del Humanismo italiano del '400 y del '500, en ejemplos como los del *Campidoglio*, la *Piazza de Pienza*, la *Piazza del Campo* en Siena o el *Centro Comunal* de Ascoli, entre otros.

Esta referencia a la cultura mediterránea del medioevo y del Clasicismo constituye otra operación moderna, la del ya citado *extrañamiento*. Sacada de su contexto original, la idea de la plaza y el centro comunal medievales en Italia, es trasladada y recolocada en un contexto geográfico, climático, político, social, histórico y cultural totalmente diferente en la Finlandia de mediados del siglo XX. El extrañamiento hace que en ese traspaso la condición originaria se modifique, instalada en un medio totalmente distinto, resemantizándose y construyendo nuevos significados, en el medio de un bosque y de la nieve, en un tejido urbano muy diferente al de la ciudad medieval, y en una comunidad socialdemócrata y agraria como la finlandesa.

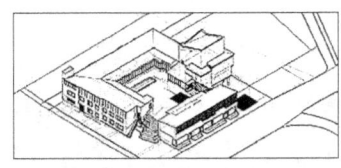

Alvar Aalto.
Ayuntamiento de Säynätsalo. Axonometría

El proyecto tiene un claro mensaje simbólico, que es el de dotar a esa población de un edificio significativo que represente la voluntad de la comunidad y de lo civil, en una referencia al poder civil y comunitario de las ciudades-estado italianas y su expresión en el palacio comunal. La elevación del nivel del patio aprovechando la pendiente del terreno, la escalinata en cascada que alude a la *cordonata* y al sentido ascendente del *Campidoglio*, y la torre de la cámara del consejo, son claras referencias a la cultura comunal italiana, la torre del *Palacio Comunal de Siena* o las torres de San Geminiano.[115] De hecho, cuenta la anécdota que cuando los miembros del consejo municipal preguntaron si una pequeña población como la suya necesitaba de una cámara del consejo de diecisiete metros de altura, Aalto respondió:

> "¡Caballeros! El palacio comunal más bello y más famoso del mundo, el de Siena, posee una cámara del consejo de dieciséis metros de altura. Yo propongo que construyamos una de diecisiete metros".[116]

Una manera de resaltar el espíritu patriótico de los habitantes en parangón al sentido republicano de ciudades como Siena o San Geminiano.

---

[115] Aalto visitó San Geminiano en dos oportunidades, en 1948 y 1951, dibujando pueblos y a la arquitectura vernácula mediterránea.

[116] Weston, Richard. *Alvar Aalto*. Londres. Phaidon Press. 1995.

Siena. Plaza del Campo

Alvar Aalto.
Ayuntamiento de Säynätsalo. Patio

Alvar Aalto. Ayuntamiento de Säynätsalo

Alvar Aalto.
Ayuntamiento de Säynätsalo. Exterior

Junto a este traslado de una cultura a otra, se produce otra operación proyectual, otra traducción: el espacio público de la plaza comunal, propio de la escala urbana o del fragmento de ciudad, se lleva ahora a la escala de la arquitectura; en cierto modo el espacio de la plaza se ha convertido en el espacio del patio del claustro. El espacio de lo comunitario tanto a nivel físico como simbólico, con la torre como su hito significativo. Representados en el patio están la biblioteca y el conocimiento, la naturaleza y su vínculo con la cultura, las oficinas y la cámara del consejo con la política, todo ello reunido en armonía.

No obstante, en esa traducción de una cultura a otra, en el proceso de resemantización de la forma, la escalinata no solo cumple con el rol de marcar cierta monumentalidad y jerarquía de la intervención sino de convertirse en un elemento paisajístico en relación al entorno circundante. La escalinata curvilínea en tierra y madera se abre como una apertura a la naturaleza exterior, cubierta de césped como una cascada verde, dejando entrar el entorno exterior al interior del patio, poniéndose como un elemento paisajístico ganado por la naturaleza, y marcando un acceso en diagonal en la configuración espacial del dispositivo. Como parte de las operaciones modernas, la intervención rompe con la idea de frontalidad y de un eje compositivo monumental del

Clasicismo, incorporando la visión en diagonal. La referencia simbólica a la idea de monumento y su adecuación al medio local se entrecruzan.

Las referencias a la tradición y a la historia son variadas y se mezclan generando los sincretismos culturales que ya hemos mencionado en Aalto y en otras formas de lo Moderno.

En el caso de Säynätsalo conviven las alusiones a la tradición Clásica, Medieval y Humanista, en la cuestión tipológica, de la plaza y el palacio comunal, junto con las de la tradición nórdica y la arquitectura vernácula, en el tratamiento del material, lo artesanal y el sentido ambiental de la arquitectura.

En el caso de la historia, la misma no supone una referencia literal ni una manifestación de lo apariencial en el lenguaje, reproduciendo estilemas de manera directa. La historia de la arquitectura o de la ciudad, la historia cultural, se dan como una alusión, como una invocación mediada, tamizada por los recursos y concepciones modernas.

Del mismo modo, la historia no está tomada a la manera de un orden superior, de una referencia a una imagen ideal, como podría ser en el caso de Mies, la historia como un orden intemporal que se mantiene en tanto una esencia. Aquí la historia está comprendida –en las dos acepciones del término comprensión– como un material, un material para construir una nueva configuración.

Los vínculos con la tradición encuentran otro canal con los criterios técnico-constructivos, la materialidad y su expresión, a partir del uso de los materiales tradicionales a los que echa mano Aalto: el ladrillo a la vista, la madera, el cobre, los elementos metálicos, el hormigón y la piedra.

La mampostería de ladrillo a la vista se conjuga con un fuerte tratamiento volumétrico, volúmenes contundentes que sobresalen, se superponen, se receden, dentro de la práctica del Montaje. Con un lenguaje moderno se enfatiza la horizontalidad, se hace un contrapunto entre la horizontal y la vertical, se construye un ritmo con las relaciones entre llenos y vacíos, se incluye cierta atectonicidad, elevando el peso de la masa y alivianando la planta baja con superficies vidriadas continuas. Un lenguaje que apela a la diversidad, combinando distintas formas y elementos, ninguna fachada es igual a otra. El ritmo seriado o el elemento estándar no significan la idea de un lenguaje dirigido por la homogeneidad reductiva o la monotonía repetitiva. No obstante, los principios de diversidad o de multiplicidad como criterios proyectuales no importan una fragmentación de la forma o una total descomposición de la unidad. En lo que hace a su apariencia exterior, la densidad matérica y el tratamiento del material reconstruyen una idea de unidad, la idea de la diversidad dentro de una unidad. El principio de unidad de la forma queda salvaguardado.

Así mismo, ante la celebración canónica de la liviandad, la levedad y la transparencia literal como emblemas del Modernismo, en Säynätsalo se demuestra que la densidad matérica, el peso de la masa, la expresión rústica y ancestral del ladrillo también pueden ser una versión de lo Moderno.

Como en toda la obra de Aalto, lo artesanal vuelve a estar presente en el tratamiento de la forma y del material.

En el tratamiento de la forma, ya que la organización y definición de la misma no aluden al imaginario de la máquina, de la repetición seriada o de una morfología como resultado de los medios industriales de producción. Se expone más bien como producto de un trabajo manual, del artesano que trabaja con la forma y la materia a la vez, otorgando su singularidad o particularidad a la pieza.

En su dimensión material, por la expresión constructiva, la de la sutil imperfección de la mano, *la imperfección como cualidad*. La mampostería de ladrillo –vista de cerca– está levantada sin que cada ladrillo este colocado a plomo siguiendo una misma línea, sino de manera un tanto despareja, a los fines de evitar una imagen de perfección industrial y obtener otra expresión con la acción de la luz rasante. Lo mismo, por la concepción y el tratamiento de algunos elementos, como las carpinterías de madera, las estructuras para que se trepe la vegetación, los solados de ladrillo, el diseño de los picaportes, los cielorrasos, los artefactos de iluminación, o la resolución de las cabriadas de la sala del consejo o del mobiliario, también en madera. Con el trabajo de artesanos como Viljo Hirvonen en los artefactos de iluminación y de Otto Korhonene en la carpintería de madera.

Alvar Aalto.
Ayuntamiento de Säynätsalo. Exterior

En el ejemplo del *Ayuntamiento de Säynätsalo* se constata como el trabajo artesanal puede pasar de la escala de la vivienda a la escala del edificio público o institucional.

A nivel de la vivienda, como hemos visto en la *Villa Mairea*, o como puede ser en su casa-estudio o su casa de fin de semana en Muuratsalo, el trabajo artesanal podría asimilarse de manera más

Alvar Aalto.
Ayuntamiento de Säynätsalo. Cabriadas

particular con la escala y las proporciones de lo doméstico, con el tamaño de los elementos. Lo artesanal no solo en la escala física de las cosas sino en la escala simbólica de la vivienda, lo mismo que lo artesanal en conjunción con un clima de intimidad y de cercanía visual, táctil y anímica de las personas con las cosas.

En el Ayuntamiento, lo artesanal ha pasado a esa otra escala de lo institucional. Un registro que requiere de otra manipulación con las proporciones y la materialidad de los elementos y de su relación con el espacio. Se da así una relación que debe ser estudiada entre el tamaño de los espacios, el tamaño de los elementos, su cantidad y la calidad y lo particular en el diseño de cada uno de ellos. La escala de lo institucional o

Alvar Aalto.
Ayuntamiento de Säynätsalo. Exterior

Alvar Aalto.
Ayuntamiento de Säynätsalo. Patio

Alvar Aalto. Ayuntamiento de Säynätsalo.
La vida pública

del edificio público no supone necesariamente un producto surgido del imaginario y de los modos de producción industriales exclusivamente, muchas veces dirigido más por el mercado que por las factibilidades reales de su ejecución. Una visión que no implica, tampoco necesariamente, una mirada romántica o anacrónica del proyecto.

Algunos han querido ver al Ayuntamiento como una obra vinculada al Pintoresquismo debido a su relación con la naturaleza y al tratamiento formal que denominan como *más libre*. O una obra asociada a la idea del *talante*, un concepto que ha servido para explicar la primacía de lo *subjetivo* en el proyecto, aquello propio del genio creador y sensible de tipo personal.

En nuestro caso no acordamos con esto. Lo señalado como subjetivo está basado en fundamentos teóricos ciertos y meditados: una lógica de la forma y de sus principios, el rigor constructivo, el trabajo con la historia o la tradición, el entendimiento de la cultura y del lugar como sincretismos, las operaciones proyectuales como el extrañamiento y la resemantización, la diversidad y la multiplicidad como operaciones también proyectuales.

Forma, espacio, materialidad, se integran en una componente fenomenológica y experiencial con el lugar.

Una arquitectura en la que la escala de lo institucional no interrumpe ni rompe con el paisaje y las condiciones ambientales. Una prolongación de la naturaleza de los bosques nórdicos en el espacio de lo institucional y de éste incorporándose al ambiente dentro de una sinergia recíproca.

El lugar no solo es el del ámbito físico, los bosques y la naturaleza, sino también el lugar como construcción simbólico-cultural expresada en la institución. Una intervención que construye lugar no como una expresión de pureza sobre lo propio sino como un sincretismo de aportes: los bosques nórdicos, la cultura mediterránea, el imaginario comunal medieval, la cultura autóctona o vernácula. El lugar es el de las mediaciones y los préstamos interculturales.

El *Ayuntamiento de Säynätsalo* conforma un dispositivo paisajístico junto con la topografía, el clima, las distintas estaciones del año, sus articulaciones entre artificio y naturaleza. Es a escala de lo institucional y del fragmento urbano que se compromete con lo ambiental. Una conceptualización de lo ambiental que no solo implica el consenso con el medio natural sino a las relaciones entre naturaleza y cultura, entre el medio natural y las necesidades de intervención humana. Aquella referencia tipológica del claustro no se determina como la imposición de una figura en abstracto sino como un tejido de partes, de relación con el entorno, de calidad ambiental. Lo tipológico no se reduce a una resolución dada, ni el uso público a un enunciado, sino a un modo de apropiación con mucho más espesor.

La naturaleza para Aalto no será aquella imagen ideal del Clasicismo Romántico bajo un sentimiento de nostalgia ni la del Pintoresquismo que lleva a los juegos de deleite un tanto indiferentes de la realidad. Para él, la naturaleza es la complejidad de la relación entre la vida, la muerte y lo divino, o sea, un lugar de trascendencia. Algo que, nos repetimos, no supone una reacción anti-moderna, regresiva o conservadora, sino la posibilidad de construir un ámbito que potencie profunda y críticamente las cualidades de la existencia.

Alvar Aalto y Elissa Mäkiniemi.
Casa en Muuratsalo

La Casa de Vacaciones en Muuratsalo

En 1952 Aalto adquiere unas tierras en la isla de Muuratsalo, en el Lago Päijane, una isla entonces deshabitada y a la que solo podía accederse desde el lago con una embarcación. Allí construye en 1953 una casa de vacaciones junto con su segunda esposa, Elissa Mäkiniemi, una arquitecta que trabajaba con él en el estudio, luego del fallecimiento de Aino en 1949.

La obra se posiciona en la cima de una elevación con vistas al lago, y se compone de un conjunto constituido de la vivienda propiamente dicha y de unas construcciones menores destinadas al acceso, un pabellón de huéspedes y otros para estudio, sauna y depósitos. El conjunto, como es propio de lo Moderno, no es una Composición sino un Montaje en el que se van ubicando las distintas piezas y en una clara contraposición entre el cuerpo principal y el resto de las construcciones.

El volumen de la vivienda se organiza formalmente en base a un cuadrado dividido a su vez en un módulo de nueve cuadrados menores, con el sector cubierto de la vivienda en forma de L y volcando sobre un amplio patio también cuadrado formado por cuatro de los nueve módulos. Una geometría más regular y cerrada en sí misma que contrasta con la geometría más compleja de los cuerpos secundarios, aparentemente dispuestos de manera azarosa.

Al igual que en otros ejemplos, Aalto y Mäkiniemi siguen el concepto de tipología como uno de los fundamentos del proyecto. La tipología en L va a ser una de las investigaciones recurrentes en la vivienda del Modernismo, con Hilberseimer, Meyer o Le Corbusier. Pero en este caso no se trata tan solo de una investigación tipológica desde la estricta autonomía disciplinar

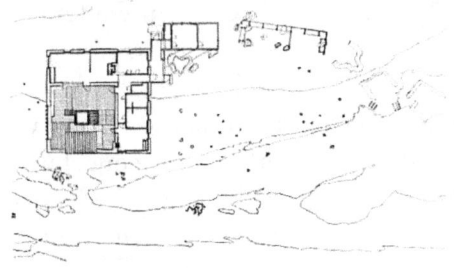
Alvar Aalto y Elissa Mäkiniemi.
Casa en Muuratsalo. Planta de conjunto

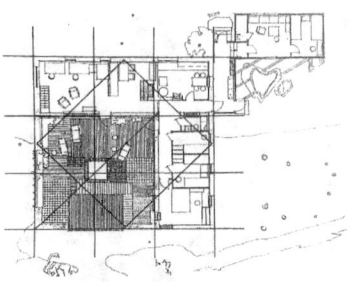
Alvar Aalto y Elissa Mäkiniemi.
Casa en Muuratsalo. Geometría

o desde una elaboración técnica. En Muuratsalo, la indagación tipológica se vuelve a conectar con la problemática histórica, con la articulación de lo moderno con la historia, a partir en este caso de una traducción y reelaboración de la típica casa de patio mediterránea, la casa griega o la casa pompeyana; con las sagas y con una poética de la cultura mítica vernácula finlandesa, y con una dimensión cultural, metafísica o trascendente de la arquitectura.

> "Cada casa, cada producto digno del arte de construir, aspira a ser una prueba de que queremos edificar el paraíso terrenal para los hombres".[117]

La casa, el espacio de lo doméstico, ha profundizado su relación con los dioses y con el mito. El recinto sagrado que congrega a lo familiar y protege la continuidad de la estirpe a partir de los dioses del lugar, de los *dioses lares*. "Nuestros antepasados serán siempre nuestros maestros", había señalado Aalto ya en la década del veinte.[118]

---

[117] Aalto, Alvar. *El paraíso según los arquitectos*. Conferencia pronunciada por Aalto en 1957 en la ciudad de Malmö, citada por Huberman, Alicia. *Alvar Aalto*. New York. MoMA. 1972.

[118] Aalto, Alvar. *Temas del pasado*. Obra citada.

Alvar Aalto y Elissa Mäkiniemi.
Casa en Muuratsalo. Patio y recinto sagrado

El patio adquiere así un contenido de lugar de lo trascendente, con la presencia del fogón —el fuego sagrado— en su centro y constituyéndose en un *axis mundi*, un eje vertical que conecta en ese sitio al cielo con la tierra. El patio, cerrado en sus cuatro lados por la L de la vivienda y por el diedro de las dos paredes exentas, abre una ventana cuadrada a nivel superior que enmarca un recorte del cielo. La visión desde el patio que no solo se extiende hacia el paisaje en horizontal sino en una proyección hacia la bóveda celeste. Es lugar de reunión, un espacio cualificado psicológica y antropológicamente, que evoca las prácticas y los ritos ancestrales. La referencia a un pasado mítico en la cultura finlandesa vernacular se halla en el *Kalevala*, el poema épico finlandés que narra la vida antigua en la casa escandinava primitiva, con su sala central y el fuego que se ubica en su centro. Un tipo en común a muchos y diferentes espacios domésticos ancestrales, como el megarón micénico o el hall en la vivienda sajona. En Muuratsalo ese espacio ritual interior se ha trasladado al ámbito exterior del patio como lugar de congregación al aire libre, lo cual propone una tensión entre lo público y lo privado y una fluida relación entre naturaleza y arquitectura.

Desde el punto de vista de la técnica, la obra recurre a la construcción tradicional en mampostería de ladrillo, madera y cubiertas inclinadas de tejas o piezas cerámicas. Una técnica tradicional, sencilla, de baja elaboración, desde lo estrictamente material.

Sin embargo, desde lo conceptual o lo simbólico revela otro tipo de complejidad.

El trabajo con la materialidad se encuentra mucho más vinculado con una dimensión estética que técnica.

Ha sido muy difundida la experimentación hecha con el ladrillo, a partir de configurar una especie de collage con los distintos paños con diferentes trabas. Los paños se van yuxtaponiendo o superponiendo, con diferentes plomos, en las dos caras de la vivienda que dan al patio, configurando un collage a la manera de un tejido o de un tapiz que recubre la superficie. Sus tamaños y proporciones son variados, pero se encuentran a escala de lo doméstico, del tamaño de la vivienda. Y no proponen una suerte de síntesis expresiva con el uso diferente del material sino precisamente una acumulación o saturación de diferentes paños o recortes. Una especie de piel pero rugosa, densa, que puede leerse como una composición abstracta de planos regulares, una superficie pictórica con la rugosidad y la expresividad del ladrillo. Nuevamente el lenguaje de la abstracción no recurre a un acabado pulcro y perfecto sino que se conjugan el lenguaje abstracto con la densidad y rugosidad matérica.

Alvar Aalto y Elissa Mäkiniemi.
Casa en Muuratsalo. Exterior

Esta experimentación con el material constituye una cuestión estética, un recubrimiento epidérmico, ya que no se involucra con un experimentalismo constructivo-estructural, como podrían ser las experiencias de otros autores posteriores como Jorge Scrimaglio, Eladio Dieste o Solano Benítez y Gloria Cabral. La mampostería está utilizada de manera tradicional, por apilamiento y a la compresión, con lo cual no implica una innovación de carácter técnico ni en las relaciones entre forma, espacio y materialidad, si pensamos en ejemplos como la *Iglesia del Cristo Obrero*, de Dieste o el Teletón de Benítez y Cabral.

Al mismo tiempo, la concepción y la expresión de la técnica se involucran con la relación con el lugar.

La técnica no tiene un valor absoluto o en sí misma sino que se integra a la naturaleza existente acercando la materia de las cosas, su entidad física profunda, a la conciencia, acercando al hombre a su centro. En su dimensión estética, la técnica construye una expresión de consonancia con el medio natural pero también con la naturaleza como una entidad, compartiendo un espíritu en común. No se trata de una relación de mímesis, de disolverse en la naturaleza, ya que la obra se manifiesta como construcción artificial. Pero sí hay un espíritu en común, de acomodamiento, un consenso, en donde el material expresa un paso del tiempo, un cambio similar al del cambio en lo biológico, un sentido existencial de lo vital de la naturaleza; también de su envejecimiento y de su decadencia.

Desde esa perspectiva, la obra puede verse como una ruina, vestigios de una construcción pasada, con las paredes exentas que encierran al patio como restos de algo anterior. Al respecto, en varias ocasiones Aalto demostró su interés y sensibilidad por las ruinas, con sus registros en los croquis de viajes de las ruinas de la arquitectura griega, del *Teatro de Delfos* o del *Templo de Zeus* en Olimpia.

El lugar, el de los *dioses lares*, el de la conjunción entre naturaleza y artificio. El proyecto entreteje distintos vínculos con la naturaleza en una condición de lejanía y en una de proximidad.

Contraviniendo a una primera concepción más elemental de relación con el paisaje, el patio no se abre en su totalidad como una plataforma abierta hacia las visuales, sino que se cierra en parte dentro de esas pantallas y abre dos vanos a diferentes alturas que enmarcan el paisaje, haciendo uno de ellos de acceso. Un gran vano que encuadra y recorta el paisaje. En esa su visión, la naturaleza adquiere esa interpretación sublime de la teoría de Burke. Una naturaleza a gran escala, con las visuales al lago y a los bosques, que conmueve por su inmensidad o su vastedad. En esa, su condición sublime, el sujeto *contempla* a la naturaleza como un espectáculo, en una tensión entre la visión de lejanía por fuera de ella y su inmersión psíquica o anímica en la misma. Una mirada hacia afuera, desde el patio que es así mismo una mirada hacia adentro, una introspección.

Complementariamente con la visión de lejanía el entorno de la naturaleza más próxima se percibe a partir de la experiencia táctil y aún olfativa, en un contacto directo de proximidad.

"En oposición al automóvil, el edificio tiene una relación fija con la naturaleza, se hace inseparable de una porción específica de tierra y está afectado por específicas condiciones naturales que se derivan del carácter distintivo del sitio. Puedo afirmar, y si es necesario probarlo teóricamente, que no hay dos emplazamientos en este mundo que sean iguales".[119]

Alvar Aalto y Elissa Mäkiniemi. Casa en Muuratsalo. Arquitectura y Naturaleza

En otro de los sincretismos culturales, el ideal finlandés sobre el paisaje de una naturaleza no contaminada se entrecruza con el imaginario clásico de la cultura grecolatina, con sus construcciones en la cima o en la ladera de una colina y asomándose al mar. Otros arquetipos afloran en el proyecto, como el de los santuarios griegos. En Muuratsalo, se llega a la

---

[119] Alvar Aalto, citado en Schildt, Göran. *Alvar Aalto. The mature years.* New York. Rizzoli. 1991.

Alvar Aalto y Elissa Mäkiniemi.
Casa en Muuratsalo. Vista desde el lago

casa ascendiendo desde el embarcadero en un recorrido de carácter aúlico o procesional, con el viaje a través del lago y el ascenso por los senderos zigzagueantes hasta la cima.

Unas últimas reflexiones respecto de estas otras formas de lo Moderno y de la problemática de lo Regional.

Las componentes de lo Regional proponen otras lógicas de Modernidad ya que no se remiten a una componente pintoresca, folklórica o de reproducción inocente de lo vernáculo o de lo autóctono, sino que conciben u operan con eso regional de una manera moderna, innovadora, crítica, intencionada.

Como en el caso de le Corbusier, lo regional o autóctono puede convertirse, como parte de una operación moderna, en imagen. Una estetización que no significa un acto banal sino que es parte de un proceso de intelectualización y de reelaboración de ciertas formas y de sus imaginarios. Lo Moderno no solo se concibe en tanto innovación técnica, en los modos de habitar, o en la configuración de un nuevo lenguaje, sino que también puede manifestarse en la conversión de lo que inicialmente es un objeto en una imagen que abre otros significados. Una de las componentes más significativas de lo Moderno a través de la historia ha sido el tomar un tema de un determinado contexto y convertirlo en un material de trabajo, mediante las traducciones, los extrañamientos, o las resemantizaciones. Lo Moderno no como una creación *ex novo* –algo si se quiere al cabo imposible– sino como una perpetua reelaboración en las tensiones entre innovación y permanencia.

En todos los casos, la problemática de lo Regional remite a una dimensión cultural del proyecto y de la arquitectura.

En los casos que hemos visto, como así en otros por fuera de este análisis, las cuestiones de lo cultural o de las identidades asociadas a ello, nunca refieren a un concepto de esencia o de pureza. Antes bien, exponen las cualidades de sincretismo, de cruces y de mestizajes que poseen todas las culturas.

El proyecto, en esa dimensión cultural, tiene la capacidad de ser un lugar de superposición y de agregaciones de distintas culturas, ensamblando por medios arquitectónicos, diferentes procedencias. Pueden, en ese montaje cultural, ensamblarse elementos de la ruralidad autóctona, de la cultura mediterránea, de oriente, de la pintura o de las artes, de diferentes tecnologías o rituales habitativos, de la razón y del mito. Como así también habilitar un montaje de diferentes temporalidades, de distintos momentos históricos, de la Antigüedad Clásica, del Medioevo, del Clasicismo, de las culturas primitivas, o de un pasado reciente.

Alvar Aalto y Elissa Mäkiniemi. Casa en Muuratsalo. Acceso

Alvar Aalto y Elissa Mäkiniemi. Casa en Muuratsalo. Vista lateral hacia el bosque

Pareciera entonces que lo Regional no se vindica en la salvaguarda o el mantenimiento de algo exclusivamente local respecto de un entorno dado sino que aparece como una *construcción* con los aportes del *genius loci* más el bagaje diverso que trae lo proyectual como una cultura en sí misma. Lo cultural del lugar más lo cultural del proyectista y del conocimiento proyectual.

Alvar Aalto y Elissa Mäkiniemi. Casa en Muuratsalo. El bosque interior

Es de este modo en que se va configurando una mirada sobre la arquitectura y el proyecto. Lo proyectual se nutre desde lo externo o desde lo heterónomo de componentes actuantes en un determinado medio cultural entendido como una construcción móvil, mestiza, que puede adquirir los visos del crisol o del mosaico. Complementariamente, el proyecto también construye una cultura desde su propia especificidad, un conocimiento que no es exclusivamente técnico sino poseedor de un espesor o de un corpus que a su vez vuelve a construir cultura.

En tanto que lo Moderno no se reduce a la innovación técnica y científica, ni a la Modernización societal como proceso de racionalización de la existencia y de construcción e interpretación de la realidad, como paradigmas de los discursos canónicos, una Modernidad que construye desde lo Regional se abre a otras figuras, tales como las del mito o los arquetipos, sin ser por ello menos moderna.

La Modernidad ha consagrado también sus mitos, el de la técnica, el del progreso, el de la innovación y la novedad, hasta el de la democracia asociada a la identificación entre sistema republicano y capitalismo.

No obstante la problemática de lo Regional ha hecho que lo Moderno se involucre con mitos de carácter más ancestral, asociados a los rituales del habitar, a la presencia de lo trascendente, a un espíritu del lugar, al papel de la naturaleza. Figuras que no son anti-modernas, sino que actúan de manera anacronista fecundando ciertas búsquedas inherentes a una forma de Modernidad.

De igual modo con los arquetipos, figuras que son tomadas o rescatadas de ciertos momentos de la historia local, y reubicadas en otro contexto temporal diferente al original, como el de algunas formas de las culturas rurales, la tupa finlandesa. O arquetipos que se comparten con otras culturas, como la casa de patio, o la tipología del claustro.

Arque, principio: principio como inicio u origen y principio como norma o postulado. Una Modernidad que también puede remontarse y operar con aquellos principios o postulados originarios vueltos a ser revisitados y resignificados.

4.4. MODERNIDAD Y ESOTERISMO

En el amplio despliegue de la Modernidad occidental van a verificarse algunas experiencias que se involucraron con lo esotérico o el conocimiento iniciático. Una versión de lo Moderno –frente al discurso dominante de los relatos canónicos– ciertamente poco desarrollada o al menos muy poco difundida.[120]

---

[120] Al respecto, pueden citarse los trabajos de Cirlot, Victoria. *Del mito del Grial al surrealismo*. Buenos Aires. Siruela. 2015; Fagiolo, Marcello. *La Catedral de Cristal. La arquitectura del expresionismo y la "tradición" esotérica*, en Argan, Giulio Carlo et al. *El pasado en el presente. El revival en las artes plásticas, la arquitectura, el cine y el teatro*. Barcelona. Gustavo Gili. 1977; Ghyka, Matila. *El número de oro*. Buenos Aires. Editorial Poseidón. 1968; Gómez Avilés, Iván. *Esoterismo y Arte Moderno*. Madrid. Ediciones Asimétricas, y *Geometría y esoterismo. El edificio del Goetheanum*. Buenos Aires. Diseño Editorial. 2015; González Madrid, María José. *Surrealismo y saberes mágicos en la obra de Remedios Varo*. Tesis Doctoral. Universitat de Barcelona. 2013; Milá, Ernesto. *El misterio Gaudí. Sus claves esotéricas y simbólicas ¿Francmasón, rosacruz, alquimista?* Barcelona. Ediciones Martínez Roca. 1994; Moore, Richard. *Le Corbusier. Imágenes y Símbolos*. 1977; Ramírez, Juan Antonio. *La metáfora de la colmena. De Gaudí a Le Corbusier*. Madrid. Ediciones Siruela. 1998; Rykwert, Joseph. *El lado oscuro de la Bauhaus*, en *Bauhaus*. Madrid. Alberto Corazón Editor. 1971; Samuel, Flora. *Le Corbusier. Arquitecto y feminista*. Cambridge. Academy Press. 2004; y Schumacher, Thomas. *The Danteum*. Princeton Architectural Press. 1993.

Desde mediados del siglo XIX y hasta las primeras décadas del XX se desarrolló en Europa un extenso interés y difusión por el ocultismo, el esoterismo, el conocimiento iniciático y las culturas orientales, desde Egipto hasta la India. Proliferaron las sociedades secretas, las sectas, los cenáculos, y una ingente cantidad de publicaciones de todo tipo, desde las formaciones más serias y rigurosas hasta las inundadas de charlatanería. Un interés que se desplegó, en parte, como una alternativa y a la vez como una crítica a los imperativos del racionalismo intelectual, del Positivismo, del maquinismo y la maquinolatría, de la racionalidad respecto de fines como único camino para la interpretación y construcción de la realidad. Esoterismo, Ocultismo, Rosacrucismo, Masonería, Orfismo, Teosofía, Antroposofía; mesmerismo, espiritismo, alquimia, se constituyeron como formas de conocimiento alternativo y distinto al establecido, con sus claras diferencias entre sí. Sociedades gnósticas, como el Orfismo, que abrevaban en los cultos mistéricos de la Antigua Grecia y de Dionisio, con su conjunto de principios y prácticas religiosas, e infinidad de personajes, filósofos y escritores. Joseph Péladan, ocultista, escritor, autor teatral, y fundador de la orden Cabalística de la Rosa-Cruz, con sus Salones Rosa-Cruz dedicados a los dioses caldeos. Edouard Shuré, abogado, escritor, esoterista, estudioso de los misterios antiguos y autor de una obra muy conocida por el ambiente cultural y artístico de la época, *Los Grandes Iniciados*. Rudolf Steiner, fundador de la moderna Antroposofía, o Madame Blavatsky, fundadora de la Sociedad Teosófica. Con sus claras diferencias entre sí —el trabajo no se propone una profundización puntual en sus desarrollos— estos movimientos dirigieron sus intereses, prédicas y acciones al conocimiento de los secretos del universo, a una interpretación de la evolución humana, al estudio de las religiones y de los mitos, y a dar forma a las componentes espirituales y sagradas de la existencia y de la sociedad, en un momento puntual del despliegue de la cultura moderna.

Tales despliegues no quedaron circunscriptos a un grupo de iniciados o de seguidores de estos temas, sino que tuvieron una gran influencia en el ambiente cultural de la época y en el pensamiento y las prácticas de artistas y arquitectos tales como Mondrian, Kandinsky, Klee, Kupka, Duchamp, Varo, Malevich, Itten, Carrington, Jarry, Debussy, Apollinaire, Satie, Scriabin, Taut, Olbrich, Klimt, Scharoun, Gaudí y Le Corbusier, por citar algunos de ellos. Algunas de estas experiencias son más conocidas, como las de la Olbrich y la *Colonia de Darmstadt*, el *Goetheanum* y la *Colonia de Dornach* de Steiner, el *Arbeitrast für Kunst* –la *Asociación para el Arte*– y la *Cadena de Cristal* del Expresionismo, o los inicios de la Bauhaus, con Itten y Kandinsky; otras han tenido menor difusión, como el caso de Le Corbusier.

Ya nos hemos referido a las relaciones entre Modernidad y Tradición en diferentes ámbitos y con diferentes sentidos.

Pero en este caso la tradición va a tener una presencia distinta, más profunda en lo trascendente, exponiendo valores y arquetipos de un fuerte sentido espiritual pero que también impactarán en lo psicológico y en la interpretación del arte y de la arquitectura. Una tradición que conserva la memoria de un alma antigua, pensamientos que quedaron ocultos ante el ímpetu racionalizador de lo Moderno. Una alternativa a la razón funcionalista y al cientificismo positivista del decálogo del discurso canónico, postulado por autores como Russell Hitchcock y Philip Johnson y su reducción de la arquitectura a la primacía de la razón instrumental:

> "Una red geométrica de líneas imaginarias en planta y alzado compone las diversas partes y armonizan los diversos elementos en un todo único (...) La buena arquitectura moderna expresa en su proyecto aquel orden estructural característico, y la similitud ente las partes a través de una ordenada estética que enfatiza la regularidad

subyacente. La mala arquitectura moderna contradice tal regularidad".[121]

La intención de evadir esa parte del progreso tecnológico que se entendía estaba produciendo una negativa alteración y hasta una destrucción de lo humano, se proponía entonces recuperar ciertos valores asociados al sentido trascendente y a una dimensión humanista.

En algunos de estos ejemplos, en los expresionistas o en Le Corbusier, la figura del arquitecto se asemeja a la del Demiurgo, el supremo creador y organizador del mundo. Para los integrantes del Expresionismo, Taut, Berg, Scharoun, el arquitecto debía penetrar en el alma del pueblo y constituir una gran comunidad en la que la arquitectura surgiese y se construyera como una obra colectiva. Algo que resultaba propio de la tradición de los masones y del sentido comunitario de la cultura medieval, que estaba presente en los comienzos de la Bauhaus. No casualmente el grabado de Feininger para la escuela representaba la imagen de la catedral, símbolo de la obra colectiva, y cargada de significados esotéricos. En el caso de Le Corbusier, su figura se ha identificado en muchas oportunidades con la del Demiurgo, considerándose poseedor de un saber y con la capacidad para organizar la vida y el destino de las personas. Acorde con el contexto cultural de la época, en las diversas experiencias y formulaciones, convivieron o coexistieron aportes del cristianismo primitivo y progresista, de los neoplatónicos, antroposóficos, teosóficos, de los Masones y los Rosacruces.

A la distancia y a primera vista, puede entendérselo como un movimiento conservador, tradicionalista, opuesto a los impulsos y los valores de modernización, como un regreso al pasado que se niega al cambio y al progreso. Sin embargo,

---

[121] Russell Hitchcock, Henry y Johnson, Philip. *The International Style*. New York. Norton Ed. 1932.

debe entendérselo también en ese contexto de época y en cierto modo como una acción contrafáctica.

Argan ha hecho hincapié, y los diversos episodios o emergentes de la historia dan cuenta de ello, en la manera en que la sociedad de fines del XIX y del XX perdió el sentido trascendente de las cosas, de la existencia, de la creación, de la producción. Debido a las concepciones de la burguesía, a la razón instrumental, al pragmatismo económico, a la lógica utilitarista aplicada a todos los ámbitos, a las concepciones y objetivos del Capitalismo, a la completa racionalización del trabajo, de la producción, del ocio y de la existencia, la sociedad y la cultura hubieron de perder el sentido trascendente, de comunidad y hasta humano. Una reacción contra el individualismo burgués y contra el pragmatismo utilitarista.

Con lo cual, la cuestión aquí, no se trata de sindicar estas búsquedas como anti-modernas, conservadoras o tradicionalistas reaccionarias, sino de pensarlo en términos de algunas interrogaciones. ¿Con qué fundamentos debía aceptarse la idea de una Modernidad basada en el utilitarismo y el pragmatismo? ¿Qué sistemas de legitimación y que discursos hegemónicos implantaban y naturalizaban esa idea de Modernidad? ¿Cómo comprender de una manera profundamente crítica los procesos de reconversión histórica desde el siglo XV y pasando por el XVIII que habían desembocado en esta forma de construir la realidad y su interpretación? Si uno de los postulados de la Modernidad era el ideal de progreso ¿Por qué la recuperación de un sentido trascendente y basado en otra filosofía no podía potenciar tal idea de progreso? ¿Qué factores o que cuestiones inhabilitaban la existencia de otra concepción de Modernidad?

En el caso de los expresionistas, se trataba de crear un nuevo espíritu social y comunitario, una nueva conciencia que anidara en el pueblo, una nueva unidad social, basada en otro tipo de Socialismo, no el conocido por la política y el poder sino como el de un interés superior que uniera a las personas por encima de los estados o de las diferencias. Un ideal que estuvo, por ejemplo, entre los objetivos y fundamentos en la creación de la Bauhaus.

Un ideal de transformación sin dudas, también utópico, aunque no por ello menos valedero.

En todo caso, y más allá de su utopismo o irrealización, no deja de ser un instrumento crítico y de denuncia de las condiciones imperantes, como así también el de la provisión de un campo de reflexión desde donde volver a pensar el proyecto, la arquitectura y sus formas de compromiso y de inserción en una sociedad como destinataria.

Las componentes esotéricas y místicas en las concepciones y producciones modernas tuvieron diferentes manifestaciones y se expresaron en distintos campos, en las artes plásticas, en el cine, en la literatura y en la arquitectura.

Paul Klee propuso una integración de los aspectos espirituales del ser humano y de la naturaleza, expresados en las formas y el color, en una reunión panpsíquica entre el reino vegetal, el mineral, el animal, el espacio cósmico y el universo estelar. Reunión de misticismo y lógica, lo físico y lo metafísico, lo visible y lo no visible. Para Klee, la creación en el arte era similar a la creación del universo, y anclaba sus premisas teóricas a un sistema cósmico unitario –parangonable al concepto de *panpsiquis* de Pitágoras como un alma del mundo–. El arte como una involucración con lo trascendente y lo espiritual de acuerdo a un tronco profundo, primordial. Era en la naturaleza en la que se encontraban tales secretos de la creación de los cuales el artista era un mediador, capturando de la misma sus imágenes primordiales, descubriendo, por ejemplo, una analogía del diseño universal en lo minúsculo de una hoja. Según Klee, "el arte no reproduce lo visible, más bien, hace visible" lo que serían los arquetipos del ser. Para ello se podía recurrir a la geometría como expresión de lo arquetípico, que como diría Jung conforma el inconsciente colectivo, lo más profundo del yo y del nosotros. Sus pinturas se expresan mediante alegorías, símbolos y analogías, símbolos cósmicos: El Caos, la Creación, el Movimiento, la Oposición, lo Celeste, el Sol y la Luna, la Estrella, los Ángeles, la Flecha, el Huevo Cósmico.

Remedios Varo reunió en su pintura al Surrealismo con la magia y el ocultismo. En obras como *La cama liberadora de las amebas gigantes*, *La Llamada*, *La Armonía*, *Creación con rayos astrales*, *El Alquimista*, se recrean mundos inquietantes, extrañados, a priori propios del imaginario surrealista. Pero están cargados a la vez de lo mágico, de las ciencias ocultas, del conocimiento esotérico o del viaje alquímico. Figuras o personajes híbridos, escenarios astrales, que expresan la existencia de un mundo que no puede explicarse por las lógicas de la racionalidad sino por un conocimiento latente y al cual hay que acceder iniciáticamente.

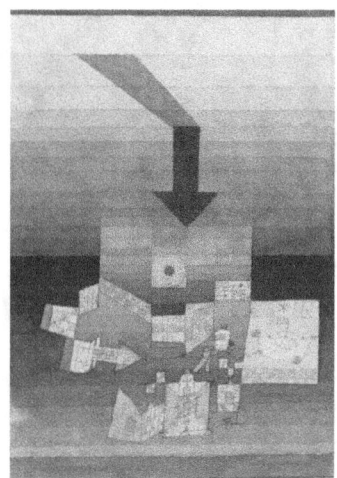

Paul Klee. Impacto

La pintura de Mondrian, derivada de las teorías de la Pura Visualidad, atentó contra el concepto de representación en el arte a partir de la total abstracción geométrica, con su conocido repertorio limitado a la regularidad del cuadrado y del rectángulo, las líneas verticales y horizontales, y los tres colores primarios y los llamados no colores, blanco y negro. Una construcción pictórica basada en los principios de la matemática, la música, y los trazados reguladores con el Número de Oro. Sin embargo, más allá de esa racionalidad y abstracción absolutas, Mondrian se involucró con otros

Remedios Varo. El Alquimista

Karl Boese y Paul Wegener. El Golem

Fritz Lang. Metrópolis

principios, los de la Teosofía y la Antroposofía, a partir del interés por ciertos valores considerados como armónicos y eternos. Consideraba que el Neoplasticismo sería el arte del futuro de todos los verdaderos teósofos y antropósofos, tal como lo decía en una carta enviada a Steiner en 1921. Tales vínculos no pueden negarse ya que fue miembro de la Sociedad Teosófica desde 1909. En su obra, los planos, las líneas y los colores expresaban mediante la abstracción la construcción de un equilibrio cósmico, elementos convertidos en símbolos, y dotados de significados bien definidos. La vertical, lo masculino, la horizontal, lo femenino, la ortogonal, el encuentro de ambos, como símbolo de la generación de la vida; el amarillo el movimiento del rayo, lo masculino, que fertiliza al azul, a la horizontal; el azul como el horizonte y lo femenino, la tierra, lo yacente; y el rojo como el acoplamiento o la unificación de ambos.

El cine también incorporó concepciones y elementos del conocimiento iniciático o esotérico, en películas como El Golem y Metrópolis.

El Golem, película alemana de 1920, narra la historia de un autómata de arcilla animado por los misterios de La Kabalah hecho por el rabino de Praga en el siglo XVI con el objetivo de proteger a los integrantes de la comunidad judía de las persecuciones. Una historia con elementos provenientes de lo esotérico y de la magia, que rememora la leyenda o el mito del Golem, una criatura con figura humana creada con el barro a la cual se le insufla el aliento de vida, símbolo esotérico de la creación divina. En realidad el mito recorre toda la Edad Media como parte de la cultura judaica, y se remonta al origen del hombre y de la humanidad, que como Adán, habría sido creado a partir del barro e insuflándole luego la chispa divina que le daría la vida. Siguiendo el culto de los misterios y del conocimiento esotérico, quien estuviera versado en ellos, tendría el poder de otorgarle vida a la materia inerte.

En cuanto a *Metropolis*, a la que ya nos hemos referido en un capítulo anterior, la película también incluye una serie de elementos provenientes del esoterismo y del ocultismo. Las reuniones de los obreros en las catacumbas de su mundo sumergido remiten a la idea de la caverna y sus varios significados sagrados tanto en la tradición cristiana como en los cultos herméticos en Occidente y en Oriente. La cruz invertida, símbolo de la magia negra y del ocultismo para desatar las fuerzas del mal. La figura de la autómata, que sustituye a María, la maestra, invoca también a un ser que aparece en distintas tradiciones y mitos, asociado, como el Golem o la muñeca Olimpia de la literatura de Hoffmann, al poder esotérico de darle vida a lo inanimado. Así mismo, la figura del pentalfa –que corona como remate al rascacielos principal de Metropolis, símbolo pitagórico y hebreo que simboliza, entre otras cosas, la salud, lo divino y el crecimiento armónico, pero que invertido remite a los poderes de la magia negra– y de la estrella, de extensa tradición en los cultos herméticos y mágicos, desde los egipcios y Pitágoras, pasando por los Neoplatónicos y Neopitagóricos y llegando hasta la actualidad.[122]

---

[122] Entre la extensísima bibliografía al respecto puede consultarse AA.VV. *El Rival de Prometeo. Vidas de autómatas ilustres*. Madrid. Editorial Impedimenta. 2009; Baldock, John. *El simbolismo Cristiano*. Madrid. EDAF. 1992; Ghyka, Matila. *El Número de Oro*. Obra citada; Guenón, René. *Símbolos fundamentales de la ciencia sagrada*. Buenos Aires. Eudeba. 1988; Scholem, Gershom. *La cábala y su simbolismo*. México. Siglo XXI. 1995.

Modernidad y tradición esotérica en Arquitectura

El Expresionismo y sus contenidos esotéricos

Tal como lo documenta Marcello Fagiolo, en la primera exposición de arquitectos expresionistas en 1919 aparece el símbolo de la cruz gamada inscripta en un triángulo y una estrella de siete puntas. Cada una de esas figuras encierra un significado vinculado a los cultos herméticos. La esvástica,[123] símbolo de la casa-santuario de Dios y de la hermandad universal; el triángulo, primera figura de la perfección divina en la tradición masónica; la estrella de siete puntas, representación de los cinco planetas más el sol y la luna en el universo ptolomeico; y los cuatro lados de la esvástica más los tres del triángulo que sumados dan nuevamente siete.

Gran parte de la arquitectura y de la cultura expresionista estuvo imbuida de significados esotéricos que implicaban una mirada diferente de lo que debía o podía ser la Modernidad. Como dijimos, una Modernidad que rescatara valores espirituales, trascendentes, frente al impulso utilitarista y pragmático de otras concepciones de lo Moderno.

La relación del Expresionismo con la tradición no estuvo volcada al trabajo con la problemática estilística de tipo historicista, sino con una idea de la historia y de la tradición como vehículos de ciertos valores trascendentes, arquetípicos. Valores que permanecían ocultos y que podían ser expresados a través de símbolos.

Esto suponía la existencia de un propósito de cambiar la vida y la sociedad por medio de la arquitectura y sus contenidos trascendentes. Si se mira bien, un propósito de cambio y de incidencia en la sociedad que no era diferente, en ese cometido, al

---

[123] Recordamos que la esvástica, símbolo esotérico, y desde su procedencia de las culturas de Oriente, presentaba un movimiento de giro hacia la izquierda, lo que fue posteriormente invertido, hacia la derecha, por el nazismo.

de las vertientes tecnológicas, cientificistas y racionalistas. Tanto uno como otro pretendía hacer de la arquitectura un instrumento de cambio, implicar un alto grado de utopismo, o construir sus propios mitos, tanto el del progreso universal y la fe en la técnica como el de los valores espirituales. De hecho, el valor depositado en la técnica y el Racionalismo no dejaban de ser también un acto de fe.

Anuncio de la Exposición de Arquitectos Desconocidos

En el caso de la arquitectura la representación de los significados trascendentes o espirituales se van a dar no por la reproducción estilística de formas o lenguajes históricos sino por la configuración de nuevas expresiones formales y de nuevas relaciones entre forma y contenido, con formas que invocan ciertos arquetipos.

El arquetipo se postula como una figura que remita a principios originarios y que, como el símbolo, condensa diferentes significados y diferentes niveles de interpretación. Llevado a la arquitectura, el arquetipo se materializa en una forma-espacio que encierra esa carga simbólica más allá de la escala, el destino, los usos o la materialidad en sí de la obra.

Una de las referencias simbólicas va a ser la que encierra la cúpula, convertida justamente en una forma-arquetipo.

A lo largo de la historia y desde las culturas arcaicas la cúpula va a albergar un profundo significado simbólico y aún mágico, representación del cielo y de lo divino, un círculo que guarda secretos ocultos.

En varios proyectos del Expresionismo entre 1900 y 1920 la presencia de la cúpula tiene un significado cósmico, como los proyectos para el *Palacio de las Sociedades Científicas del Ocultismo* en París, de Alois Bastl, el de la *Casa de la Amistad* en Estambul, de Bruno Taut, o los de las cúpulas de Hablik, todos ellos sin construirse. Pero en otros sí construidos se repite el tema de la cúpula cósmica, como en la *Casa*

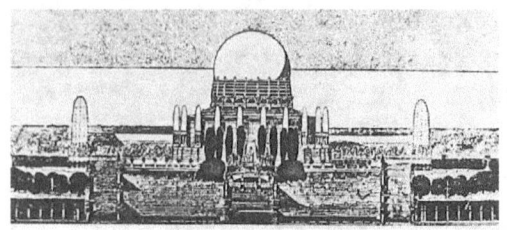

Alois Bastl. Proyecto para el Palacio de las Sociedades
Científicas del Ocultismo

Joseph Olbrich.
Casa de la Secesión

de la Secesión en Viena, de Olbrich, o como en el primer *Goetheanum*, de Steiner.

En la *Casa de la Secesión*, el edificio está coronado por una cúpula dorada arborescente, que representa el vínculo con lo celeste y el árbol hermético. El símbolo del árbol cósmico y el árbol alquímico, que encontramos en la cultura de la India, en la *Kabalah* y también en el Árbol de Cristo, árbol del bien y del mal.

Entre 1913 y 1920 Rudolf Steiner, guía de la filosofía antroposófica, construye el primer *Goetheanum* en Dornach, Suiza, en una unión de templo y teatro.

La configuración formal, con un esquema geométrico basado en la estrella de cinco puntas y la numerología, muestra la superposición de dos círculos y dos cúpulas, una mayor y otra menor, entendidas como una representación del diálogo entre las órbitas celestes del sistema solar y del encuentro del macrocosmos y el microcosmos, propio de la filosofía ptolomeica, pitagórica y platónica, símbolo de la unión de lo físico y lo espiritual, de la fraternidad y la paz. El círculo mayor que representa a la tierra, y el círculo menor que representa al cielo. El *Goetheanum* como manifestación de un lugar sagrado en el que se encuentran lo terrestre y lo celeste.

Toda una serie de elementos presentes en el proyecto aluden a los contenidos esotéricos y de las arquitecturas sagradas. Según los estudios, la medida de la sala principal es de 40.000

codos reales –21 metros–, la misma que la del *Templo de Salomón*. En la base de las columnas aparece el principio de la metamorfosis, mientras que los capiteles representan las diferentes fases de la evolución planetaria. En las ventanas de la Sala Principal se hace mención a la evolución espiritual del ser humano, a las siete épocas culturales post-atlánticas, de acuerdo a la interpretación antroposófica del mundo. Toda la obra está cargada del simbolismo numérico: el contenido sagrado de los números 3, 5, 7 y 12. El edificio se divide en 3 partes, siguiendo la división antroposófica del cuerpo humano en cuerpo físico, etéreo y astral. Según Steiner, el cuerpo etéreo tiene 5 flujos, y la estrella de cinco puntas o pentagrama está presente en la geometría del proyecto, siendo que además se vincula matemáticamente con la Sección Áurea. El número 7 se asocia en la Antroposofía con el tiempo y la evolución. Todos los procesos naturales se dividen en 7 etapas, lo mismo que la evolución de la persona y las 7 épocas culturales en que se organiza la vida en el planeta a través de la historia; de allí que 14 sean las columnas de la Sala Principal, 7 de cada lado. En cuanto al 12, es el número de las columnas del altar o escenario, es el número que rige la concepción espacial de las cosas, el espacio del universo se divide en 12 signos del zodíaco, y la piedra fundacional en que se basa la proporción de la obra es un dodecaedro.[124]

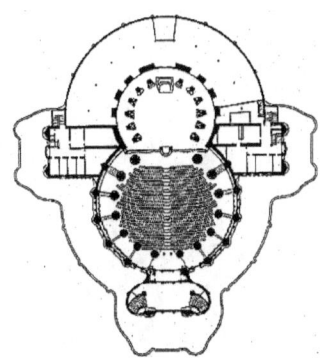

Rudolf Steiner.
Primer Goetheanum. Planta

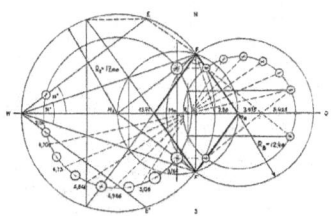

Rudolf Steiner.
Primer Goetheanum. Geometría

---

[124] Los trabajos a nivel internacional sobre el esoterismo y el *Goetheanum* son incontables, imposibles de enumerar. Una buena compilación y análisis de la obra, tanto del primer como del segundo *Goetheanum*, se

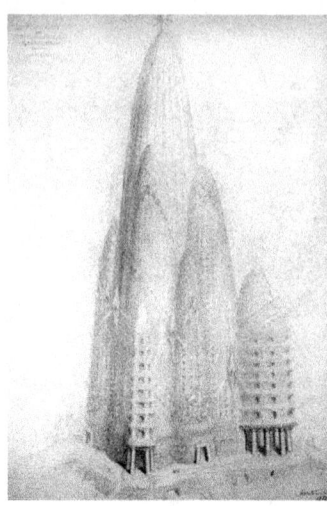

Antoni Gaudí.
Proyecto para un Hotel Americano

Otra forma-arquetipo va a ser la de la montaña sagrada.

La montaña sagrada es otro de los símbolos que representan un centro espiritual, que por su sentido de elevación señala en ese sitio una conexión entre la tierra y el mundo celeste. En su simbología se cruzan la tradición occidental con su mirada sobre la cultura oriental, la India y la cosmovisión de las *Upáníshad*. En algunos casos la existencia real de una montaña en el lugar, o próxima a él, se constituye en el espacio sagrado al cual refieren las tradiciones o los relatos al haberse verificado allí ciertas presencias o fenómenos cósmicos, como en el caso del macizo de Montserrat, en Barcelona.

Tal presencia de un poder trascendental o de un lugar sagrado ha sido representado en la arquitectura por grandes construcciones, tanto en occidente como en oriente, en los templos hindúes –como en *Templo de Brihadeshvara*–, los santuarios de cercano oriente –la cúpula del *Cementerio de El Cairo*–, o mismo en la catedral gótica.

Convertida en un arquetipo, la imagen de la montaña ha sido tomada también por algunas de las arquitecturas modernas, si pensamos en Gaudí o en Bruno Taut.

En el proyecto de Gaudí para un *Hotel Americano*, de 1908, en los Estados Unidos, resulta ineludible la referencia a la montaña, en una propuesta que indudablemente ignoraba la imagen y el imaginario que para la época podía tener el tema del rascacielos o del edificio en altura como símbolo

encuentra en el ya citado libro de Iván Gómez Avilés, *Geometría y esoterismo. El edificio del Goetheanum*.

de una nueva cultura técnica y social, si pensamos, por ejemplo, en la Escuela de Chicago.

El remate de la *Casa Milá* invoca simbólicamente el perfil de la montaña sagrada de Montserrat, de indiscutible referencia para la cultura y la identidad de la ciudad. En realidad, todo el edificio puede ser considerado como una representación de la montaña, debido a su definición formal, la densidad matérica y la compacidad, y las ondulaciones y socavamientos en la masa muraria. Algunas teorías aseguran que todo el bloque del edificio de vivienda iba a funcionar como el pedestal de una gran imagen de la Virgen de Montserrat que se levantaría por encima de la cubierta, así como la misma habita en la montaña. Al mismo tiempo, y en función del sentido abierto y polisémico del símbolo, también puede leerse como una representación de la piedra en bruto, de la piedra sin devastar, símbolo de la tradición masónica que invoca el trabajo iniciático. Junto a esta concepción general, en la *Casa Milá* se suceden los símbolos de los cultos herméticos, la cruz de seis direcciones en el espacio o la lemniscata, entre otros. La lemniscata, con su doble curvatura en forma de ocho, es símbolo de la purificación, y no casualmente se encuentra en las formas de los remates de los conductos de ventilación que sobresalen en la terraza.

Antoni Gaudí. Casa Milá

Antoni Gaudí. Casa Milá. La lemniscata

Antoni Gaudí. Parque Güell. La salamandra

Con probados vínculos con la masonería, en todas las obras de Gaudí se exponen una gran cantidad de símbolos herméticos o del culto esotérico: la montaña sagrada, la lem-

Bruno Taut. Pabellón del Vidrio. Interior

niscata, la cruz de seis direcciones, el dragón, la salamandra, el atanor, el laberinto, el toro astrológico, los doce signos del zodíaco, en la *Casa Milá*, en el *Parque Güell*, en la *Sagrada Familia*, en el *Palacio Güell*, en la *Torre Bellesguard*, en la *Casa Batlló*...

En cuanto a Bruno Taut, ya nos hemos referido anteriormente al *Pabellón del Vidrio* para la Exposición del Werkbund en 1914. No obstante, aquellas características mencionadas respecto de la obra no pueden separarse de sus contenidos esotéricos.

La tipología de planta central, la cúpula, la materialidad en vidrio, combinan los aspectos modernos, su reformulación de la tradición, con los significados del conocimiento hermético. La cúpula ojival es una vez más una representación de la montaña sagrada, que en este caso a través del vidrio brilla iluminada por la luz divina. Vidrio, luz y brillo que no son tan solo la expresión de la innovación técnica, del adelanto técnico-material de la industria, sino la del contenido espiritual de la forma, el espacio y el material. En su interior, con las escaleras, la cascada y los cerramientos verticales y horizontales en ladrillo de vidrio, todo es también luz y color, el interior de la caverna iluminada por la luz espiritual. La figura del círculo remite así mismo a la geometría sagrada, el círculo como símbolo de lo divino o lo celeste en las distintas tradiciones esotéricas. Círculo que a la vez estaba facetado en 14 lados, número sagrado para la numerología hermética.

Resulta notable como, en la ya mencionada polisemia de las obras, se superponen o entrecruzan los diferentes significados. El *Pabellón del Vidrio* como expresión de las nuevas tecnologías e imaginarios modernos, la representación del poder de la industria y de la técnica. Sin embargo, esta celebración de la técnica no implica un canto al racionalismo pragmático sino hacia un sentido de la técnica puesto al servicio de un sentido trascendente de la vida y de la sociedad.

En el *Pabellón del Vidrio* la comprensión de la obra no se fundamenta en los criterios dados por la razón sino por los del conocimiento trascendente, tal como lo señalaran los principios esotéricos, en casos como los del Neoplatonismo. El conocimiento a través de la razón funciona como una forma inferior, menos elaborada, a la de los saberes que se constituyen a través del espíritu. Taut rechaza la mera construcción racionalizada del intelecto para apuntar al mensaje de la luz y el color como forma de representación de un mensaje. Los arquetipos que pueden guiar la existencia surgen así de las profundidades.

Por último, podemos mencionar la forma-arquetipo de la torre escalonada y sus referencias a la *Torre de Babel*, que aparecerá en varios ejemplos expresionistas y será abordada cuando nos refiramos al caso de Le Corbusier.

El lado oscuro de la Bauhaus

Hemos tomado prestado este título del artículo de Joseph Rykwert para referirnos a ese lado menos conocido de la Bauhaus y al que el mismo trabajo de Rykwert se refería.[125]

Es ampliamente conocida la versión de la Bauhaus más convencional, en cuanto a sus criterios de racionalidad aplicados al diseño, a la importancia de la industria, a las articulaciones entre industria artesanía y diseño, a la voluntad de llevar a una unidad de todas las artes, o en lo referente a la constitución de un método de trabajo, y en todo caso a las tensiones que podrían darse entre la idea de plantear efectivamente un método, por un lado, junto a la vocación de trabajar a partir de un sistema, por otro.

---

[125] Rykwert, Joseph. *El lado oscuro de la Bauhaus*. Obra citada.

Menos conocidos, menos divulgados, son los vínculos y los fundamentos que tuvo en sus primeros años con las componentes místicas o esotéricas, tanto por parte de algunos de sus miembros –Kandinsky, Itten, Klee, el mismo Gropius– como de la enseñanza allí impartida. Esto ocurrió durante sus primeros años, hasta 1923, cuando Gropius proclamó una nueva consigna, "Arte y Tecnología: una nueva unidad", y la escuela cambió definitivamente de rumbo.

Sin estar plenamente vinculado con los cultos esotéricos, no obstante Gropius expresaba en diferentes oportunidades su afinidad con la necesidad de un sentido espiritual y trascendente de la arquitectura y de las artes. Una espiritualidad y trascendencia que rechazara la pobreza de las estructuras que únicamente atendían a las cuestiones utilitarias, algo expresado en el programa fundacional de la Bauhaus.

En el manifiesto fundacional se explicitaba que:

> "El objetivo es la obra de arte unificada, la gran construcción (...) La escultura, la pintura y los oficios debían desarrollarse como entidades independientes antes de poder unirse en la gran construcción destinada al hombre nuevo".[126]

En ese contexto, con esos personajes, referirse a *la gran construcción* no puede no suponer un vínculo con la gran obra de la Masonería. De hecho, en todo momento, Gropius se encargó de resaltar la importancia de la tradición medieval en cuanto a su espíritu de construcción comunitaria, a erigir a la catedral como símbolo de dicho espíritu, y a la *obra*, ligada a los constructores medievales de clara tradición masónica. O como él mismo anunciaba:

---

[126] Manifiesto fundacional de la Bauhaus. Citado por Wolfgang Pehnt. *La Arquitectura Expresionista*. Obra citada.

"Debo vaciar mi alma para que Dios pueda entrar".[127]

En varias ocasiones Gropius invocó el espíritu de las hermandades masónicas de la Edad Media, de los gremios y de las logias, algo que, sin duda, y en ese momento, no resultaba inocente. Contenidos sumados a otras referencias explícitas, como la imagen de la catedral en la xilografía de Lyonel Feininger que servía de portada para el Programa de la Bauhaus, o el emblema que la escuela utilizó durante tres años.

Esos primeros años estuvieron signados por la presencia de Itten y su curso introductorio, con un amplio respaldo por parte de Gropius y de Kandinsky.

El curso comenzaba con ejercicios de dibujo de libre asociación, con el estudio de materiales y de problemas de forma basados en la matemática y el ritmo, y con las teorías del color.[128] Una enseñanza predicada desde distintos aportes místicos, religiosos y filosóficos, desde la Teosofía, desde la filosofía Taoísta de Lao-Tsé, y desde el culto mazdeista, que tenía su centro en el movimiento Mazdaznan ubicado en Suiza, de donde era oriundo Itten.

La doctrina de Mazdaz se basaba en el Zarathustra persa, que sostenía las ideas del Duodeísmo y del combate entre la luz y la oscuridad en el mundo. El hombre debía contribuir al triunfo de la luz, perfeccionar su carácter, y llevar un régimen de ayunos, vegetarianismo, purgas, meditación y ejercicios de respiración. Algo que se combinaba con las influencias del Taoísmo y su pedagogía, fundada en el autoconocimiento del individuo.

---

[127] Walter Gropius, citado por Wolfgang Pehnt. *La Arquitectura Expresionista*. Obra citada.

[128] Una profundización de la pedagogía de Itten, junto a la del resto de los maestros de la Bauhaus, se encuentra en Wick, Rainer. *Pedagogía de la Bauhaus*. Madrid. Alianza Editorial. 1993.

Los ejercicios y sus fundamentos pedagógicos incluían técnicas respiratorias y de relajación, cánticos, una dieta saludable, ejercicios rítmicos y ceremonias de purificación. Se leían los textos de Platón, Lao-Tsé, Santo Tomás, los místicos, y la epopeya de Gilgamesh a la luz de una vela. El arte debía servir no solo para explorar sus leyes sino más aún para liberar los poderes creadores del individuo y guiarle hacia una experiencia mística y espiritual de las cosas, en una integración entre la expresión interior de la persona y la expresión de la materia.

La otra figura influyente en esta época de la Bauhaus fue la de Kandinsky, cuyas fuentes intelectuales y espirituales fueron la Teosofía de Madame Blavatsky y la Antroposofía de Steiner. Para él, el trabajo del artista debía elevar la vida cotidiana, de cada día, al plano de lo espiritual, de una dimensión elevada, liberándose del pragmatismo y de la inmediatez de lo físico. Buscar las leyes inmutables e imperecederas de la creación en el arte, que se debían corresponder con las leyes de la naturaleza. Leyes que podían ser aplicadas a todas las artes, en una obra total y unitaria. Esto no implicaba una cuestión simplemente estética o ideológica en cuanto al campo autónomo del arte o de la especificidad disciplinar, a una discusión exclusiva de la autonomía artística y de sus medios o fundamentos, sino a una visión mística y propia del pensamiento esotérico que podía inscribirse desde Pitágoras en adelante.[129]

La referencia arquitectónica más acabada del pensamiento esotérico y místico en la Bauhaus se encuentra en la figura de la catedral.

La catedral como símbolo de la fusión entre pensamiento y construcción, entre lo espiritual y lo material. Una obra que reunía los tres pilares de la Teosofía: Virtud, Belleza y Sabiduría.

---

[129] Los fundamentos de la concepción y de la práctica artística de Vassily Kandinsky están expresados en su famosa obra *De lo espiritual en el arte*. México. Premia Editorial. 1989 (el original de 1912).

El imaginario de la catedral como una construcción colectiva de toda la comunidad se proyecta en la Bauhaus como una profecía a futuro, la profecía de acceder finalmente a un ideal comunitario de toda la sociedad.

La alusión a la catedral no fungía como un referente formal, sino como el proceso de generación de la nueva arquitectura, como la referencia a un modo de formarse y no a la reproducción de un objeto histórico. Adoptar la lógica del gótico no como un modelo formal sino como un modo de concebir y de construir, algo bastante arraigado, por otra parte, en la cultura alemana de fines del XIX y principios del XX.

Lyonel Feininger.
Portada para el Manifiesto de la Bauhaus

El nuevo templo, el *Kultusbau* o la *Catedral de Cristal* según Bruno Taut, no era una iglesia ni tampoco un edificio estrictamente laico o institucional, sino un lugar construido por la arquitectura como recinto consagrado y dirigido a la comunidad, la verdad y la fraternidad entre las personas; un edificio símbolo.

La invocación simbólica a la catedral gótica se debía a que era considerada como la obra suprema de la comunidad y de la construcción, llevada adelante por los constructores medievales, masones dueños del conocimiento hermético.

Unos párrafos más atrás nos hemos referido a la xilografía de Feininger para el *Manifiesto de la Bauhaus* en la que se ve la imagen de la catedral. Esto no solo alude a la referencia histórica sino a la inclusión de una serie de presencias de neto carácter esotérico. Las tres estrellas que coronan la catedral representan las tres artes, pintura, escultura y arquitectura, y aluden al sagrado número 3: 3 estrellas, 3 puertas, 3 torres. Cada uno de estos elementos remite a un contenido simbólico-sagrado. Las 3 estrellas como símbolo de la guía espiritual que debe conducir a los hombres. Las 3 torres, símbolo de la ascensión, de la elevación del espíritu por sobre lo material, la cima de la existencia. Las 3 puertas, las entradas que permiten acceder a la verdad. Las torres y sus agujas se elevan al cielo así como el arte eleva el espíritu y es vía de salvación. Del cielo descienden y se propagan los haces de luz, que iluminan y unifican a los hombres, otorgan vida y el fuego sagrado para la creación. En el centro de la figura se destaca el cubo rodado, la piedra devastada o piedra angular, inscripta en lo que sería el frontis triangular del templo, triángulo que en las distintas tradiciones herméticas o esotéricas simboliza lo divino. La piedra devastada, que en el culto masón es el símbolo de perfeccionar la materia, el símbolo del progreso espiritual. Es el símbolo que representa la conexión de lo humano con lo divino.

Tales despliegues pueden verse, más aún desde cierta perspectiva contemporánea, como motivados y atravesados de un utopismo ingenuo, de un sentimentalismo romántico, o de una irracionalidad mística ajena a toda racionalidad o componente de Modernidad. Hasta como una religiosidad de tipo reaccionaria y anti democrática.

Pero como decíamos al principio del capítulo, no puede escindirse del contexto de época. Constituyó una manera diferente y alternativa de pensar lo Moderno y de construir esa nueva sociedad. Una forma de Modernidad distinta a la de los discursos hegemónicos basados en el exclusivo ideal de progreso técnico-científico, en los nuevos modelos estéticos de la abstracción, la racionalización y el pragmatismo y de la negación de la historia o de la tradición como mandato de un deber ser Moderno. ¿Sobre qué valores y prioridades se construyó finalmente gran parte de la producción moderna? ¿Qué alianzas se entretejieron con los distintos actores del poder que impidieron la realización de ese nuevo sujeto y de esa nueva sociedad que propugnaba el discurso canónico? ¿Cuáles otros mitos propios edificó el Racionalismo y el Objetivismo frente a los apostrofados pertenecientes a otras concepciones?

Aún dentro de su sobriedad, Gropius supo echar algo de luz sobre aquello que aquejaba a la arquitectura moderna como un movimiento, el cual debía:

> "Ser purificado desde el interior si se quiere salvar sus intenciones originarias del materialismo y de los slogans falsos inspirados por el plagio y la falsa interpretación. Etiquetas como 'funcionalismo' o 'Die Neue Sachlichkeit' o 'conveniencia al fin', han disminuida la estimación de la nueva arquitectura... la satisfacción estética del alma humana es tan importante como la material...Lo que es mucho más importante que la economía estructural y que el énfasis funcional es el resultado espiritual que hace esto posible".[130]

Le Corbusier y la figura del demiurgo

La *construcción* de una imagen asociada al Racionalismo, a los medios industriales de producción técnica, a la máquina de habitar, a la poética de la abstracción purista, y aún al reduccionismo de los cinco puntos, es la que más se ha difundido e institucionalizado acerca de la figura de Le Corbusier, según los relatos más convencionales. Pero por debajo, o por detrás, de esa imagen se encuentra otra, mucho menos difundida, que es la de sus vínculos con el pensamiento esotérico, si bien en las últimas décadas esto es algo que en parte se ha revertido.[131]

---

[130] Conferencia de Walter Gropius, citada por Joseph Rykwert en *El lado oscuro de la Bauhaus*. Obra citada.

[131] Además de los trabajos ya citados en general, en el caso específico de Le Corbusier pueden mencionarse los escritos de Birksted, Jan. *Le Corbusier and the occult*. Mit Press. 2009; Calatrava, Juan. *Le Corbusier, 1955: En los alrededores de El Poema del Ángulo Recto*, en *Doblando el*

Toda una serie de elementos se pueden conjugar en esta otra interpretación. El trabajo con el número y la geometría, la presencia de símbolos, la definición de formas o de figuras que remiten a contenidos ocultos, todo ello tanto en su arquitectura como en su pintura, junto con la inclusión de ciertos mensajes cifrados o encriptados en sus textos a lo largo de toda su carrera. Un contenido que cobró diferentes formas y matices, a veces de manera un poco más directa, otras de un modo oculto, en obras como *Ronchamp*, en la *Capilla de Firminy*, en el *Mundaneum*, en *Chandigarh*, en *La Tourette*, en sus pinturas, y en textos como *El Arte Decorativo Hoy*, *El Modulor*, y *El Poema del Ángulo Recto*, por citar tan solo unos pocos ejemplos.

La presencia en su arquitectura de la geometría y el número, de los trazados reguladores, de los sistemas de proporciones, puede ser asociada a primera vista a una concepción eminentemente estética, a la comprensión de la arquitectura como un arte y al seguimiento de un ideal de belleza armónica. Un criterio de belleza armónica y de equilibrio que, tal como se ha planteado en un capítulo anterior, venía asociado a las relaciones de Le Corbusier con la tradición del pensamiento Clásico y del Clasicismo. Pero más allá del rescate o de la conservación de tales ideales a través del uso de ciertos procedimientos formales,

---

Ángulo Recto. 7 Ensayos en torno a Le Corbusier. Madrid. Círculo de Bellas Artes. 2009; los cuatro escritos de Krustrup, Mogens *La peinture du silence*, en Massilia *2005 Annuaire D'Etudes Corbuseennes*. Barcelona. Grup 3 SA. 2005; *L'Illiade. Le Corbusier*. París Milán. Editrice Abitare Segesta. 2000; *Persona*, en *Le Corbusier. Maler og Arkitekt Painter and Architect*. Copenhague. 1995; y *Porte Email. Arkitektens Forlag*. Copenhague. 1991; Moore, Richard. *Le Corbusier. Mith and Meta Architecture. The Last Period. 1947-1965*. Atlanta. Georgia State University. 1977; Richards, Simon. *Le Corbusier and the concept of self*. New Heaven. Yale University Press. 2003; y Stephenson, Nancy. *Analysis and annotations of Le Corbusier's. Le Poeme de L'Angle Droit*. Tesis Doctoral. Atlanta. Georgia State University. 1981.

una segunda lectura puede llevarnos a una interpretación que ahonda en los contenidos esotéricos de tales concepciones.

En una relectura de sus escritos en *Precisiones*, allí la geometría aparece animada por un espíritu pitagórico o platónico en los términos de constituir un sistema armónico vinculado a una dimensión existencial, a la creación de un orden contrario a la confusión, a la recreación de la felicidad en el vivir doméstico y social. Esa identificación entre orden armónico, felicidad y existencia es algo que no puede separarse de dicho pensamiento pitagórico o platónico. Podría tratarse de una cuestión aislada, o asociada tan solo a un tema estético o instrumental, pero otros registros o testimonios se van sumando.

En *El Modulor* también se hacen referencias –a veces de manera directa, otras en algunas entrelíneas– a Platón, Pitágoras, Luca Pacioli, Pico della Mirandola y Leonardo, todos ellos personajes vinculados a los contenidos esotéricos del número, la geometría y el sentido de la belleza armónica como un orden del mundo y de la existencia. Así mismo son conocidos sus contactos con los grupos del Orfismo y sus concepciones sobre el tema de la doctrina secreta de los números y del dualismo.

En Platón y en Pitágoras el número y la geometría representaban la armonía del mundo, la reunificación de los opuestos bajo un ideal de Unidad, algo que se expresaba, por ejemplo, con la música, como en la *Música de las Esferas* pitagórica. En Le Corbusier ese ideal de unidad y de armonía a través de la música y su relación con las formas va a llevarse adelante concretamente en obras como el *Convento de La Tourette* y el *Pabellón Philips*, en donde la música de Xenakis y de Varese juega un papel fundamental en el proyecto.

De la misma manera que en los egipcios o en la Antigüedad Clásica, el número y la geometría constituyen un orden del mundo vinculado a la divinidad. En las pinturas y en la arquitectura de Le Corbusier los trazados reguladores y los sistemas de proporciones son también la expresión de ese orden superior que rige al mundo terrenal, espejo de lo celeste.

"Nuestros sentidos se mueven junto al corazón que trae el recuerdo de su depósito de memorias de los discos y esferas de los dioses de Egipto y del Congo ¡Dioses! Geometría y dioses se sientan uno al lado de otro".[132]

En el caso de Le Corbusier estas concepciones no son tan solo parte de una búsqueda personal fuera de todo contexto ni se deben a una posible interpretación proveniente de la crítica. Su familia, por parte materna, era descendiente de la comunidad de los Cátaros y de sus concepciones religioso-trascendentes. Las creencias cátaras eran herederas de los cultos a Platón y a Dionisios, junto con las tradiciones medievales del amor sagrado y de *La Kabalah*. El trabajo con los criterios del dualismo que se observa en toda la obra de Corbusier –orden/ruptura, racional/irracional, luz/tinieblas– coincide con el dualismo de los dioses cátaros representantes del bien y del mal, y con la dualidad de principios masculinos y femeninos señalados también por Edouard Shuré. Así mismo existen referencias a Joseph Péladan y a los Rosacruces, anotadas en uno de los libros sobre Catarismo de su biblioteca, y es sabida la lectura durante su juventud de autores iniciáticos.[133] Como ya hemos mencionado, a lo largo de toda su obra Le Corbusier buscará esa idea de reunificación y de re-armonización de la existencia frente a las disoluciones y la fragmentación producto de la propia Modernidad, un ideal de volver a unificar los opuestos. Esto es algo que no supone un mero posicionamiento ideológico en términos políticos o de reforma social sino que es coincidente con los principios del esoterismo y de las tradiciones herméticas en cuanto a sus contenidos y concepciones sobre una unidad de las cosas.

---

[132] Le Corbusier. *L'Art décoratif d'aujourd'hui* (El arte decorativo hoy) Editions Cres. L'Esprit Nouveau. París. 1925.

"La matemática es el magistral edificio imaginado por el hombre para comprender el Universo. En ella se encuentran lo absoluto y lo infinito, lo apresable y lo inapresable, y está rodeada de altos muros" (...) "En ellos se abre a veces una puerta", se empuja, se entra y se está ya en otro sitio donde se encuentran los dioses y las claves de los grandes sistemas".[134]

"(...) la armonía, imperando sobre todas las cosas y rigiéndolas en torno a nuestras vidas, es la aspiración espontánea, asidua e inalcanzable del hombre animado de una fuerza: lo divino, y encargado de una misión: hacer de la tierra un paraíso".[135]

Además del uso de la geometría y del número como componentes de un orden superior, la inclusión de figuras y de símbolos vinculados al esoterismo se comprueba en sus pinturas, aguafuertes, grabados y litografías. En pinturas tales como *Tótem* (1921), *Bote mujer y cuerda* (1932), *Marca de pasos en la noche* (1957) y en la serie de *Toro* que va desde los años '20 a los '60.

Lo mismo ocurre con la serie de veinte aguafuertes titulada *Unité*, realizadas en la década del '50, la cual iba a estar acompañada de un texto pero que finalmente quedó inacabada, y con las ilustraciones para una versión de *La Ilíada*, también inconclusa, y con *El Poema del Ángulo Recto*, una obra plástica, literaria y teórica llevada adelante entre 1947 y 1955.[136] En *Unité*

---

[133] En la biblioteca de Le Corbusier se encontraban estos textos sobre esoterismo y ocultismo con anotaciones hechas en ellos por Corbu, como el libro de Edouard Shuré *Los Grandes Iniciados* y el de Serge Hutin *Les Francs Masons*. A partir de sus anotaciones se percibe el interés de Le Corbusier por la Masonería, y sus aspectos místicos.

[134] Le Corbusier. *El Modulor*. Obra citada.

[135] Le Corbusier. *El Modulor*. Obra citada.

[136] Le Corbusier. *Le Poeme de L'Angle Droit*. Madrid. Círculo de Bellas Artes. 2006 (El original de 1955).

Le Corbusier.
Tótem

Le Corbusier.
Bote, Mujer y Cuerda

Le Corbusier.
Toro II

o *El Poema del Ángulo Recto* los temas míticos como el Minotauro, la Mujer o el Laberinto, son el vínculo con una visión cósmica. La tradición Clásica, su sentido cosmológico original, tiene aquí un sentido más dionisíaco que apolíneo a la vez que invoca tales contenidos cosmológicos.

En estos casos se constata la presencia de diferentes figuras, tales como la mujer, el toro, la concha, la madeja o la cuerda, la piña, la espada, y el caballo, entre otras.

La figura del toro no solo evoca al personaje de la tradición Clásica sino también el símbolo de lo masculino, la fuerza y la fogosidad. El abrazo de la mujer y del toro, la unión simbólica de los principios de lo femenino y de lo masculino a la vez que la alusión al mito de Pasifae y el Minotauro. El cuerpo de la mujer, la pareja recostada junto al mar, símbolo del encuentro cósmico entre la tierra y el agua, o la mujer como invocación del dualismo esencial del mundo, de una erótica entendida como soplo vital y como fuerza creadora. Los contenidos esotéricos pueden representarse a través de la figura humana en su totalidad, o de una parte, como los senos de la mujer, pero también por medio de un símbolo, como lo es la concha marina, símbolo del principio femenino. En *El Modulor*, lo mismo que en *El Poema del Ángulo Recto* aparecen la figura del hombre y de la concha, junto a los colores azul y rojo, símbolos de estas dualidades.

Otra figura que se reitera es la de la madeja, que refiere al Hilo de Ariadna y al Laberinto, como en la imagen de la página 36 del *Poema* y en las pinturas *Mujer Roja y Pelota Verde* y *La Hija del Guardián del Faro*. Recordamos que el término laberinto proviene de *labra* –gruta o caverna con muchos pasadizos– y que es un símbolo que remite a diversos significados: la caverna, el vientre materno, el viaje iniciático, el recorrido que debe efectuarse para acceder a un conocimiento superior. Laberinto y madeja, como la del Hilo de Ariadna que permitió a Teseo salir del laberinto y en donde la mujer provee del conocimiento.

En cuanto a la espada, que encabeza la presentación de *El Poema del Ángulo Recto*, es un símbolo polivalente que remite a Aquiles y la cólera, el sacrificio del Minotauro, la muerte de Midón, y al tema de la masculinidad.

Estas cuestiones, tal como aparecen en sus obras y en sus escritos, no pueden separarse de lo que Le Corbusier expresó en varias ocasiones respecto del proceso creativo entendido como una *recherche patiente* –una búsqueda paciente– a los fines de descubrir el camino a seguir. Un camino signado por la invención, *invenio*, no como una creación arbitraria, fortuita o sin fundamento, sino como el resultado de una paciente indagación, de un paciente recorrido. Invención también como *invenire*, que en latín significa descubrir, encontrar. Es así que el proceso creativo se revela también como un laberinto en ese sentido esotérico de descubrir la salida de las cosas, de acceder al conocimiento, de la creación bajo un sentido iniciático.

Geometría, dioses, absoluto, puerta, claves, armonía, laberinto, paraíso, espada, creación, invención...

Términos que en Le Corbusier ya no remiten a una visión signada por el Racionalismo y una praxis de la técnica, sino que pareciera que no pueden escindirse de esa dimensión esotérica que supo ser parte de su pensamiento y de su producción.

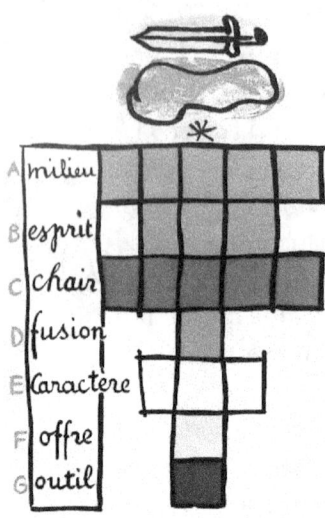

Le Corbusier.
El Poema del Ángulo Recto Iconostase

El Poema del Ángulo Recto

Un caso relevante que va a reunir todos estos desarrollos en las diferentes artes va a ser precisamente el de *El Poema del Ángulo Recto*, realizado entre 1947 y 1955, y que se presenta como una obra-manifiesto que reúne pintura, poesía y teoría y funge como un fundamento para su arquitectura. Organizado de acuerdo a 7 conceptos –número místico que representa la unión del cielo y de la tierra 3+4– según se anuncia en su inicio –*milieu*/medio, *esprit*/espíritu, *chair*/carne, *fusion*/fusión, *caractere*/carácter, *offre*/proposición, y *outil*/herramienta– en él se vuelcan los procesos de búsqueda, la idea de la integración de las artes y la recreación de la Unidad, en virtud de una Verdad Mayor o Superior.

El *Poema* supone una explicación o fundamentación del sentido de su obra a lo largo del tiempo, pero, siguiendo los criterios esotéricos o de los cultos herméticos, se trata de un mensaje encriptado, no revelado a todos y todas, que deja las claves o los indicios para una comprensión por parte de quienes son iniciados o iniciadas.

La iconografía del *Poema* condensa una serie de elementos mitológicos provenientes de las ciencias ocultas, la astrología y la alquimia, expresados por medio de los símbolos y de las figuras a las que nos acabamos de referir.

El permanente interés de Le Corbusier por el tema del dualismo –razón e irracionalidad, luz y tinieblas, femenino y masculino, Apolo y Medusa– proviene en este sentido de la alquimia y sus procesos por los cuales los componentes opuestos son separados y vueltos a unir, sufriendo o atravesando una transformación, un cambio de estado. En la alquimia, la materia y los cuatro elementos se subliman en una quinta materia o quintaesencia, en un estadío más elevado; una quintaesencia a la cual aspira Le Corbusier por medio de la obra de arte y dentro de ella de la arquitectura.

"Deja que los metales se fundan, tolera las alquimias que por lo demás te dejan libres de castigo. Es por la puerta de las pupilas abiertas por donde las miradas cruzadas han podido conducir al acto fulminante de comunión. El ensanchamiento de los grandes silencios".[137]

"La mujer siempre en algún lugar de la encrucijada nos dice que el amor es un juego destinado a los números y al azar en el cruce igualmente accidental".[138]

"Su valor está en esto: El cuerpo humano elegido como soporte admisible de los hombres... Ahí está la proporción! La proporción que pone orden en nuestras relaciones con el entorno".[139]

Le Corbusier. El Poema del Ángulo Recto Milieu. La madeja y el laberinto, página 36

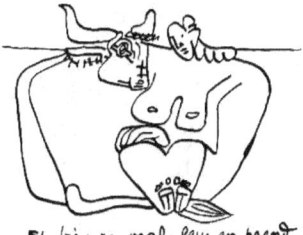

Le Corbusier.
El Poema del Ángulo Recto Carne, página 99

Le Corbusier. El Poema del Ángulo Recto Espíritu, página 55

---

[137] Le Corbusier. *El Poema del Ángulo Recto.* Del Capítulo D: Fusión, página 114. Obra citada.

[138] Le Corbusier. *El Poema del Ángulo Recto.* Del Capítulo C: Carne, página 81. Obra citada.

[139] Le Corbusier. *El Poema del Ángulo Recto.* Del Capítulo B: Espíritu, página 55. Obra citada.

Proporción, número, orden. La figura del cuerpo del hombre y sus proporciones armónicas, como las de la concha marina que aparece arriba a la derecha y cuyas proporciones obedecen a la sección áurea, pero que también representa a lo femenino, en la página 55 del *Poema*.

Siguiendo el hilo del mismo, se entiende que los elementos y los procesos terrenales son la expresión de fenómenos cosmológicos superiores, de acuerdo a una mecánica espiritual, con el cuerpo humano –el hombre y la mujer abrazados, acostados, yacientes, en distintas partes del *Poema*– como una síntesis celestial del sol y de la luna.

Volviendo a la presentación inicial, en la primera hoja, la estructura de la tabla, llamada *Iconostase* por Corbu, en la que se presentan los 7 temas, los mismos dejan entrever una configuración críptica, como parte de un conocimiento iniciático. Numerología y alquimia: En el nivel D, señalado con el color rojo en la tabla, el término fusión alude a la alquimia, así como en su desarrollo posterior Le Corbusier menciona la figura del alquimista. El término Iconostase no resulta nada casual en relación a lo iniciático. Proviene de *Iconostasis*, que era un tabique decorado fijo con puertas, o móvil, que separaba, en las iglesias ortodoxas como así también en algunas católicas, la nave respecto del santuario o del altar, de la misma manera que ocurría en el *Templo de Jerusalén*, en una separación entre el espacio ocupado por el sacerdote o el altar y el de los fieles. La referencia simbólica es innegable: la tabla con los 7 conceptos en la portada del *Poema*, el *Iconostase*, simboliza una puerta de acceso a un conocimiento para iniciados.

La Capilla de Ronchamp

Volvemos ahora sobre el caso de *Ronchamp*, incorporando otras interpretaciones y otros contenidos que hacen al sentido de la obra, o mejor dicho, a la superposición y desdoblamientos de diferentes sentidos que pueden construir una obra, a sus diferentes niveles de interpretación. Es así que bajo esa otra luz, algunas de las cuestiones señaladas en el capítulo anterior pueden leerse desde otro lugar y adquirir otras connotaciones o significados.

En primer lugar la *Capilla de Ronchamp* se inscribe en el resto de la obra y del pensamiento de Le Corbusier, no solo desde los criterios de cierto desarrollo profesional o artístico sino en cuanto a sus concepciones respecto de la dimensión esotérica que anidaba en su arquitectura, en su arte y en sus escritos.

Ronchamp forma parte de lo que Corbusier expone –o deja entrever, sugiere, según sea el caso– por ejemplo en *El Poema del Ángulo Recto*: así como los textos del *Poema* pueden encerrar un mensaje encriptado, dejado para quien lo pueda leer de manera iniciática, lo mismo puede ocurrir con la capilla.

En el *Poema* Le Corbusier deja constancia de su voluntad acerca de una unión de todas las artes, la pintura, la escultura, la poesía y la arquitectura, considerando a esta última como la madre de todas. Pero esa unión no se asemeja al concepto de la Obra de Arte Total que pudieron esgrimir los integrantes del Modernismo de finales del XIX y principios del XX –vinculados al Art Nouveau, a la Secesión Vienesa, al Modernismo Catalán, al Jugendstil, etc.– por el cual todas las artes se encontraban integradas en una única concepción y producción pero desde una perspectiva de tipo más profesional desde la esfera artística o menos provista de un sentido sagrado, al menos en algunos casos.[140] Lo cierto es que, más allá de las particularidades de estas otras experiencias, en Le Corbusier esa idea de unión de las artes remite a un concepto de Unidad que tiene un sentido trascendente o cosmológico. La síntesis o unidad de las artes no se funda en una concepción intelectual

---

[140] Es cierto que en muchos casos existió una componente esotérica o cosmológica en algunos de sus integrantes, si pensamos en Gaudí, en parte de la Secesión Vienesa o en la Colonia de Darmstadt, pero es algo que no necesariamente podamos encontrar en el concepto mismo de la *Obra de Arte Total* y en todos los casos.

o exclusivamente propia del arte sino en un sentido espiritual. Una Unidad cosmológica en donde todo se halla integrado en el plano de la existencia y de las cosas, de lo terrestre y de lo superior. Tal como hemos visto, la relación de la capilla con la pintura y la escultura, con obras como *Ozón I*, *Femme au guéridon et au fer a cheval*, *Composition avec la lune*, *La danseuse et le petit felin*, *Tótem*, o con las aguafuertes del *Poema*, no constituye tan solo un tema artístico o el compartir una estética en común sino que se inscriben en esa dimensión cosmológica de la forma.

Del mismo modo que en la pintura, en la capilla están presentes los símbolos, y no solamente el de la cruz.

Mencionamos anteriormente que Le Corbusier había aludido al caparazón del cangrejo encontrado en las playas de Long Island –*Object Trouvé* u *Objeto a Reacción Poética*– como el disparador de la forma dada a la cubierta. Pero no casualmente, la misma, remite a otra imagen persistente en Corbusier, la de la concha marina, símbolo de la mujer, siendo que la capilla está consagrada a la figura de la Virgen María.

> "Porque el alojamiento profundo está en la gran caverna de este lado de la vida, en la noche".[141]

En los distintos niveles de interpretación del símbolo, *Ronchamp* aparece también como representación de la caverna, a la vez laberinto, a la vez vientre materno, representación de lo femenino y de la fertilidad. María Madre de Dios.

Por su definición formal y su densidad matérica la capilla surge como una representación simbólica de la caverna, entendida ésta en diferentes tradiciones como lugar de culto. Un escenario del mundo simbólico y religioso ctónico, vinculado

---

[141] Le Corbusier. *El Poema del Ángulo Recto*. Del Capítulo C: Carne, página 84. Obra citada.

con la tierra y el mundo subterráneo, lugar de toma de contacto con las fuerzas de las profundidades que más tarde emergen a la luz.

La dimensión espiritual atraviesa así mismo la idea del espacio indecible a la que ya nos hemos referido.

El espacio indecible, en esa su integración con el genio de un lugar, con su espíritu, implica una integración de lo racional y lo emocional, nuevamente el sentido de Unidad con algo superior que anida en un sitio, una Unidad inefable del cosmos y del hombre y de su regreso a los orígenes. Este sentido espiritual y trascendente, y la celebración de un origen, se manifiestan en la comunión de la obra con su medio –el *milieu* del *Poema*– y en el recuerdo y el rescate de los eventos allí verificados, de las ruinas del antiguo templo con que se construye en parte la capilla. Una recuperación de lo arcaico en coincidencia con lo esencial que hace al cosmos y al orden de las cosas.

Le Corbusier. Croquis de las ruinas del templo preexistente en Ronchamp

> "Los paisajes de los cuatro horizontes constituyen una presencia. A estos cuatro horizontes se dirige, habla, la capilla, como consecuencia de un fenómeno acústico introducido en el dominio de las formas. Se trata de una intimidad que debe integrarse en cada cosa, capaz de crear el resplandor del espacio inefable".[142]

En estas palabras del autor resuenan términos como *presencia, integración*, resplandor, que se corren de sus significados convencionales y pasan a formar parte de los discursos de lo esotérico, cargados de contenidos cosmológicos.

---

[142] Le Corbusier. *Textos y dibujos para Ronchamp*. Obra citada.

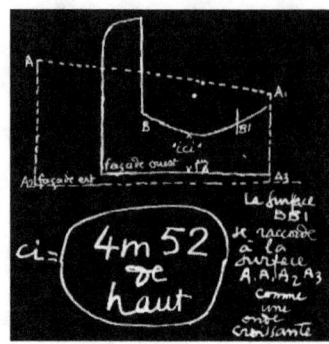

Le Corbusier. Textos y dibujos para Ronchamp. Geometría

Le Corbusier.
Textos y dibujos para Ronchamp. El Árbol

El árbol alquímico.
Con los 7 planetas y las 7 esferas del Opus Magnum. Grabado del siglo XVII

Cuando Le Corbusier asevera que "Notre Dame du Haut es fruto de los números", allí la presencia de los mismos vuelve a invocar el sentido trascendente. El número, lo mismo que la geometría, no obedece a una concepción propia de la racionalización y la objetivación, a la abstracción de la racionalidad científica, sino a su constitución como fundamento de un orden y de una armonía del mundo, elemento que estructura y a la vez representa un orden armónico superior, el "todo es número" de Pitágoras. Como en la tradición pitagórica y platónica, como en el Antiguo Egipto y *La Kabalah*, el número posee el valor de un conocimiento iniciático, de un secreto acerca de ese orden del mundo, de algo que se encuentra oculto y que se debe develar: "Desafío al visitante a poner espontáneamente las cifras dimensionales sobre las diversas partes del edificio" señala Le Corbusier sobre la capilla.[143]

Bajo esas formas orgánicas, gestuales, libres, supuestamente intuitivas, gobernadas, también supuestamente, tan solo por la sensibilidad, existen una geometría y un número subyacentes que todo lo ordenan, a la manera de un mensaje encriptado, como en los textos de *El Poema del Ángulo Recto*.

---

[143] Le Corbusier. *Textos y dibujos para Ronchamp*. Obra citada.

Es este uno de los fundamentos del pensamiento esotérico. Lo que la razón iluminada o la ciencia objetiva, lo que el Racionalismo filosófico y científico separaron, en el pensamiento esotérico y en la tradición neopitagórica y neoplatónica, propias del Humanismo renacentista, estaba unido. Razón y sensibilidad, logos y emoción, estaban unidos, y los números eran la expresión de esa Unidad entre las distintas formas del conocimiento, razón y espíritu.

En cuanto a la luz, la misma opera dentro de estos registros. Luz, que proviene de aquello superior e ilumina las cosas y el pensamiento. También como otra de las dualidades que pone en juego Le Corbusier –luz y tinieblas– en los fuertes contrastes de luz y sombra que se dan en las formas de la capilla. "La clave es la luz, y la luz esclarece las formas".[144]

La obra aparece así como la obra alquímica:

"Cuando se me confía una tarea, tengo por costumbre dejarla reposar en el fondo de la memoria (...) La mente humana está hecha de tal modo que posee una suerte de independencia: es como un recipiente en el cual pueden verterse a granel los componentes de un problema. Se los deja entonces *flotar, cocinarse lentamente, fermentar* (...) Que Ronchamp me sea testigo: cinco años de trabajo con Maissonier y Bona y sus obreros y los ingenieros, aislados todos sobre la colina...".[145]

Ronchamp, la arquitectura, como obra del alquimista, como fusión de elementos que se cocinan lentamente en el atanor y que conllevan una transmutación, un cambio en sus calidades. Frases estas que están acompañadas en el texto de Le Corbusier sobre la obra de la imagen de un árbol, alusión, quizás, al árbol alquímico.

---

[144] Le Corbusier. *Textos y dibujos para Ronchamp*. Obra citada.
[145] Le Corbusier. *Textos y dibujos para Ronchamp*. Obra citada.

En *Ronchamp*, lo mismo que en la *Capilla de Firminy* o en *Chandigarh*, Le Corbusier se encuentra profundamente estimulado por los símbolos y su poder evocador. La tierra y el cosmos, lo divino y lo humano, lo dionisíaco y lo apolíneo, se evocan dentro de un universo simbólico y dentro también de lo Moderno. Alusión a las verdades esenciales de la tierra y del conocimiento humano. Son jeroglíficos que aparecen bajo las formas arquitectónicas o bajo la iconografía del vitreaux de la puerta de entrada. Símbolos de cosmologías mítico-poéticas hace tiempo perdidas pero que subyacen en el inconsciente de las personas o en capas ocultas de la cultura. Para algunos podrá tratarse de una visión nostálgica o anacrónica, anti-moderna; en el caso de Le Corbusier será un impulso que otorgue otros contenidos y otros sentidos a lo que puede entenderse como Moderno.

El Mundaneum

El proyecto encarado por Le Corbusier en 1929 surge por iniciativa de Paul Otlet, quien había creado a principios de siglo un sistema bibliográfico de documentación y archivo denominado *Mundaneum*, del cual el proyecto de Le Corbusier toma su nombre. El propósito de Otlet era crear un sistema de documentación e información –que hoy se halla radicado en Bélgica– que reuniese todo el conocimiento acumulado del mundo a través de la historia, mediante un sistema de clasificación, planteo evidentemente heredero del pensamiento iluminista y de la Enciclopedia del siglo XVIII. Le Corbusier va a tomar esa iniciativa y va a proponer asentarlo en Ginebra, Suiza, dentro de un proyecto de mayor envergadura denominado *La Ciudad Mundial*.

Es entonces que el *Mundaneum* en el proyecto de Corbusier se presenta como el centro de una ciudad mundial en tanto una celebración del conocimiento y de la historia de la civilización, un organismo que concentre todo lo conocido y todo lo producido por la humanidad a lo largo de la historia, desde la época primitiva y hasta ese momento. Una idea basada en

Le Corbusier.
Mundaneum. Vista del Museo del Mundo

el pensamiento de la Ilustración y de la existencia de valores universales que podían caracterizar a la civilización. Valores tales como la libertad, la fraternidad, la igualdad, la justicia, los derechos de las personas y de los pueblos, la ciencia y el arte, la igualdad de todos los pueblos y de las sociedades de toda parte del mundo, concentrados en un reservorio abierto a todas las personas sin distinción y a los fines de difundir todos los conocimientos existentes.

Este planteo de Le Corbusier, tomando lo de Otlet, puede asociarse a su profundo conocimiento de las ideas de la Ilustración en Francia, a esos sus mismos valores universales, y a la relación de tales ideales y valores con la arquitectura iluminista de figuras como Boullèe y Lequeu en la segunda mitad del siglo XVIII. Proyectos de Boullèe tales como el *Palacio de Justicia*, el *Museo*, la *Biblioteca*, el *Palacio de la Asamblea Nacional* o los distintos *Cenotafios*, o como los de Lequeu, *El Templo de los Héroes*, *El Templo de la Sabiduría*, *El Templo de la Igualdad*, *El Templo de la Tierra*, *El Monumento a la Soberanía*, *La Isla del Amor* o *La Ciudad Santa*. Todos esos proyectos pretendían encarnar esos mismos valores universales, esos ideales civilizatorios que parecieran tener una cierta continuidad en la cultura francesa.

Aquí se abren entonces dos vías de filiación del proyecto de Le Corbusier con la tradición de la Ilustración france-

Jean Jacques Lequeu.
Templo de la Igualdad

Jean Jacques Lequeu. Isla del amor

sa y con aquellos proyectos del XVIII: la de la filosofía del Racionalismo y la del Enciclopedismo, como un ideal de orden del conocimiento y de la existencia, como vocación de reunir, ordenar y clasificar todo lo conocido y lo producido, y como intención de celebrar esos valores considerados universales. Sin embargo, existe un tercer componente que también estuvo presente en parte del fenómeno de la Ilustración y así mismo en la arquitectura de Boullèe y Lequeu, que es la tradición esotérica. En los *Cenotafios* de Boullèe, como el dedicado a Newton, o en *La Isla del Amor* o *El Templo de la Sabiduría*, de Lequeu, las componentes de los cultos esotéricos o herméticos se hacen presentes, en general ocultas por detrás de los criterios del Racionalismo o del consabido utopismo señalado para esas arquitecturas.

Luego de pasar por distintas alternativas previas para el edificio principal del conjunto, basadas en la planta circular, el paraboloide o la torre –tal como consta en los archivos de la Fundación Le Corbusier– se llegó a la propuesta definitiva para el *Mundaneum*.

El mismo se insertaba dentro de la organización general de la *Ciudad Mundial* con un predio en forma de rectángulo áureo de unas 70 hectáreas de superficie, constando con una serie de construcciones ubicadas en el mismo: el Museo Mundial, la Universidad, la Ciudad Universitaria, el Hall de los Tiempos Modernos, la Biblioteca, el Pabellón para Demostraciones y Exposiciones, y el edificio para las Asociaciones Internacionales, dejando hacia afuera del rectángulo el estadio y el resto de las edificaciones complementarias. De todas ellas el edificio principal era el del *Museo Mundial*. Circunscribiéndonos más particularmente a este caso del Museo, el mismo se organizaba en un eje compositivo con una primera plazoleta seguida de un Fórum –ambos espacios abiertos de gran tamaño– flanqueados a cada lado por una rampa al aire libre y rematando en el edificio del Museo con su forma de pirámide escalonada o zigurat. El conjunto seguía un criterio de composición academicista tradicional, con una sucesión de espacios y elementos sobre un eje de simetría que remataba en la construcción principal, dentro de un claro sentido de procesión. Como siempre, los criterios de la tradición Clasicista –simetría, axialidad, frontalidad, regularidad– pero en este caso puestos de una manera literal, sin reformulaciones.[146] Un conjunto que recurría entonces a esta idea de monumentalidad para manifestarse como un gran santuario dedicado a la historia del hombre y de la civilización. La tradición clásica y la monumentalidad como parte de la idea histórica de santuario.

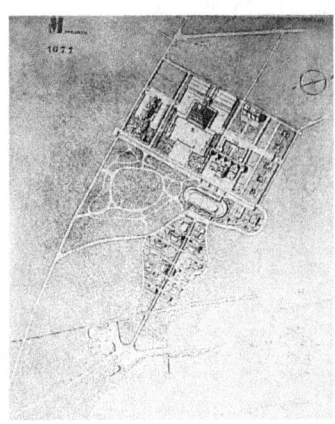

Le Corbusier. Plano de la Ciudad Mundial. Arriba el sector del Mundaneum

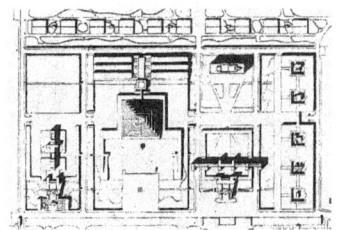

Le Corbusier. Mundaneum. Planta de conjunto con las distintas edificaciones y el Museo Mundial

Las lógicas del *Mundaneum* y del *Museo Mundial* no van a ser un caso aislado en la trayectoria de Le Corbusier. Ya en su proyecto de *Ateliers para Artistas* de 1910 los talleres y patios se organizaban en torno a un espacio central coronado por una

---

[146] Este fue uno de los motivos por los que fue criticado por Karel Teige, acusándolo de academicista e historicista.

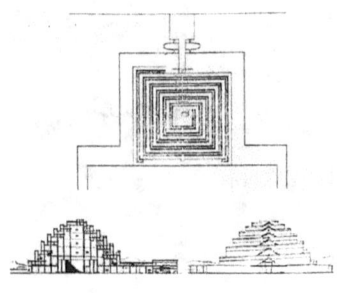

Le Corbusier.
Museo Mundial. Planta, corte y vista

pirámide de planta cuadrada destina a espacio de exposición de los trabajos. Del mismo modo, el Museo Mundial volverá a aparecer en otras propuestas posteriores, algunas de manera más explícita y otras en forma más reelaborada, como en *El Museo de Arte Contemporáneo* en París de 1930 y el *Museo de Crecimiento Ilimitado* de 1939.

El edificio del *Museo Mundial* presentaba una forma de pirámide escalonada o zigurat de base cuadrada de unos 170 metros de lado, una pirámide en espiral de siete niveles escalonados.

El acceso se daba desde la plaza y el Fórum, subiendo por las rampas laterales hasta llegar a la pirámide. A partir de allí se iba subiendo por la rampa en espiral de forma cuadrada que recorría ascendentemente todo el perímetro del edificio, hasta llegar a la cima de la pirámide, en donde se encontraba la entrada. Habiendo ingresado, el espacio central lo conformaba un gran vacío en toda la altura de los siete niveles, debiendo hacer el recorrido interno de manera descendente y en espiral, pasando por los distintos espacios de exposición. La organización temática empezaba en la cúspide de la pirámide con los tiempos y culturas primitivas y finalizaba en el último nivel inferior en el mundo moderno. En el espacio más bajo de la pirámide a nivel enterrado se encontraba el *Sacrarium*, el lugar sagrado donde se guardaba *el tesoro*.

Los espacios de exposición se iban organizando de manera descendente en forma de tres naves paralelas y con su sección en U, las dos de los costados más altas y la del medio más baja, colocando en la primera de ellas los objetos producidos por la cultura, en la segunda los documentos de su tiempo histórico y en la tercera las referencias a su lugar de ubicación. Es por arriba de estas formas en U que se iba circulando exteriormente por la rampa en espiral.

"El Museo del Mundo. Y ahora, después de la actividad colectiva, después de la buena o mala organización, aquí está el hombre solo, frente al universo. Hombre, en tiempo y lugar. Precisamente el trabajo humano trasladado hasta el momento de su creación y en los lugares donde nació. La obra. El tiempo. El lugar. ¿Cómo sincronizar esta presentación con una visualización instantánea? Porque realmente no será conmovedor y útil, sólo si la visualización es instantánea. Museo de tres partes: tres naves paralelas, una al lado de la otra costa, sin tabique que las separe. En una nave la obra humana, aquello que la tradición, la piedad de la memoria o la arqueología nos trajo aquí; en la nave adyacente todos los documentos que fijarán el tiempo, la historia en ese momento, visualizado mediante gráficos, imágenes transmitidas, reconstrucciones científicas, etc. Y la tercera nave con todo lo que nos mostrará el lugar, sus diversas condiciones, sus productos naturales o artificiales, etc.".[147]

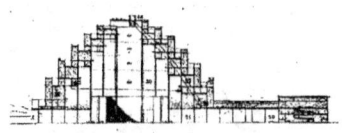

Le Corbusier. Museo Mundial. Corte

A partir de aquí es que pueden ir configurándose algunas de las componentes vinculadas a lo esotérico del proyecto.

Le Corbusier se refiere al mismo con palabras que vuelven a un pasado remoto y propio de las culturas antiguas.

"Construcciones que despiertan aspiraciones arqueológicas".[148]

"Un edificio en forma de pirámide con sus terrazas en espiral que recuerdan a Nínive o a México".[149]

---

[147] Le Corbusier y Jeanneret, Pierre. *Obra Completa. Volumen 1. 1910-29*. Obra citada.

[148] Referencia realizada en su última conferencia dictada en Buenos Aires en 1929 y que aparece en *Precisiones*. Obra citada.

[149] *En defensa de la arquitectura*, en *L'Architecture d'Aujourd'hui*. Obra citada.

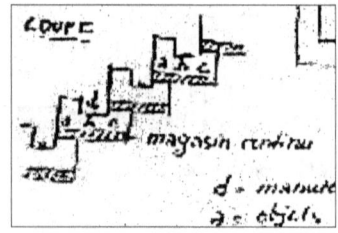

Le Corbusier. Museo Mundial. Corte con los espacios de rampa y circulación en U

Ostensiblemente la imagen del *Museo Mundial* es la de la pirámide escalonada que remite a la *Torre de Babel*.

Una imagen que no funciona tan solo a la manera de una referencia icónica, o de un referente formal, ajeno a todo contenido simbólico o de significados. En ese retorno al pasado o en esa su intención arqueológica, la obra remite a la *Torre de Babel*, a los templos caldeos, a Babilonia y a construcciones como las del *Palacio de Sargón*, todas ellas imbuidas de un contenido mítico o sagrado. Maurizio Fagiolo ha planteado los antecedentes que podría tener en ese sentido el proyecto,[150] pero además, como mencionamos, Le Corbusier supo aludir a tales referencias en diferentes oportunidades, en su *Obra Completa*, en *Precisiones*, en *Hacia una Arquitectura*.

No obstante esta primera aproximación, las vinculaciones con el pasado son múltiples y hacia diferentes antecedentes. Junto con la *Torre de Babel* y los santuarios caldeos pueden encontrarse menciones al *Templo de Tebas* –incluido en *Hacia una Arquitectura*–, a *Santa Sofía* en Constantinopla, o mismo al *Escorial*. A lo largo de toda su carrera Le Corbusier hizo innumerables menciones, tanto escritas como gráficas, a las arquitecturas del pasado arcaico y a la tradición, a la cabaña primitiva, a los santuarios de Mesopotamia, de Egipto y de Cercano Oriente. Referencias a los orígenes de la arquitectura, a las grandes construcciones remotas, a lo primitivo, como parte de un sentido *arqueológico* del proyecto.

Comenzando por la referencia a la *Torre de Babel*, la misma se conecta con sus propios antecedentes míticos junto con los del laberinto, la espiral, la caverna y la montaña sagrada.

---

[150] Fagiolo, Maurizio. *La Nuova Babilonia secondo Le Corbusier*, en Revista Ottagono N° 48. Milán. CO.P.IN.A.1978.

De acuerdo con las tradiciones bíblicas los hombres emprendieron la construcción de la Torre de Babel en un intento de acceder a los cielos parangonándose a la divinidad, ante lo cual dios los castiga creando diversas lenguas entre sus constructores e impidiendo así su ejecución. El nombre bíblico de Babel se vincula con la raíz *bll* que significa confusión, pero además el término Babilonia en su nombre antiguo era *Bab-ilu* o *Bab-ili, Puerta del Cielo* o *Puerta de los Dioses*. En esa primera acepción la torre se halla asociada entonces a la idea de la confusión, del perderse, de la imposibilidad de encontrar el camino, a la manera de los laberintos. Sin embargo, como se sabe, en ciertas tradiciones herméticas o esotéricas el símbolo del laberinto está asociado al conocimiento. La torre pasaría así de ser un símbolo directo de la confusión a relacionarse con el símbolo del laberinto en tanto emprendimiento de un viaje iniciático, de las pruebas a vencer a los fines de llegar al conocimiento verdadero. Pero además de esto, y desde esa dimensión simbólica, la torre se manifiesta como un *Eje del Mundo*, como unión del cielo y de la tierra.

Pieter Brueghel el Viejo. Torre de Babel

El laberinto, una antigua moneda de Cnosos

El recorrido ascensional de la *Torre de Babel* remite a la forma de la espiral, que tanto en la cultura popular, el folklore, los mitos arcaicos o la simbología esotérica representa diferentes contenidos: el sentido de la vida, la fertilidad, el sexo femenino, el recorrido del alma hacia la inmortalidad, la muerte y un nuevo renacer, un viaje hacia la muerte y la resurrección a la vida verdadera. Así torre, laberinto, espiral, se van entrecruzando.

Al mismo tiempo y en el sentido polisémico o ambivalente del símbolo, recordamos que la palabra laberinto remite en griego antiguo al término *labris*, o sea piedra, pero también a *labra*, que significaba caverna o gruta con muchas galerías. En las tradiciones de diferentes culturas, la caverna, de manera similar a la espiral, era un símbolo de lo oculto, de lo desconocido, lo mismo que del sexo femenino, la matriz y de la relación de la mujer con la tierra: *Magna Mater* o *Madre Tierra*.

A la vez, el símbolo de la caverna se emparenta con el de la montaña sagrada, que como hemos visto anteriormente constituía a la idea de la existencia de un eje entre el cielo y la tierra, un *axis mundi*, el cual señalaba la ubicación de un lugar sagrado en la tierra y su conexión con lo divino.

La forma de la torre espiralada se asocia de esta manera con la de la montaña sagrada.

El laberinto la caverna y la montaña sagrada son entonces estructuras simbólicas unidas o vinculadas con un sentido iniciático, y en todas ellas existe siempre un centro, una cripta de los misterios, un centro como adquisición de un saber o de acceso a los misterios: pasar y salir por ese centro simboliza pasar a un nuevo nacimiento. En ese su sentido iniciático o de iniciación hacia una nueva vida, una vida verdadera, es que la caverna y la montaña constituyen una imagen del mundo.

La organización del *Museo Mundial* con su eje compositivo, con los criterios de frontalidad y de monumentalidad, con las dos grandes plazas al aire libre, con el recorrido por las dos rampas laterales y a partir de allí el ascenso por la pirámide en espiral, todo ese recorrido procesional, arman un sentido de orden y de ritmo en el proyecto que se asimila al recorrido y a las procesiones que se daban en los grandes santuarios y templos de la Antigüedad. Las comparaciones provienen del propio Le Corbusier:

> "El ritmo es un estado de equilibrio que surge de simetrías simples o complejos, o procedentes de compensaciones aprendidas. El ritmo es una ecuación: ecualización (simetría, repetición) (por ejemplo templos egipcios, hindúes);

compensación (movimiento de contrarios) (Acrópolis de Atenas); modulación (desarrollo de una primera invención plástica) (*Hagia Sophia*)".[151]

Y en cuanto al sentido procesional y a una secuencia espacial:

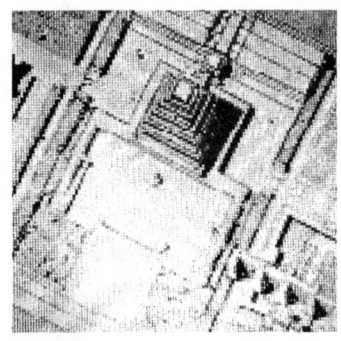

Le Corbusier.
Museo del Mundo. Axonometría

"El plan está organizado. Siguiendo el eje de llegada: avenida de esfinges, pilones, patio con peristilo, santuario".[152]

El *Museo Mundial* remite a algunas de estas cuestiones mencionadas en el plano simbólico de las arquitecturas antiguas y de los conocimientos esotéricos respecto de la *Torre de Babel*, la espiral, el laberinto, la caverna y la montaña sagrada.

Si todas estas figuras son representaciones simbólicas de un viaje iniciático y del acceso a un conocimiento superior, el atravesar toda la secuencia del museo desde el exterior, y en todo su recorrido descendente interior, constituye también en la visión de Le Corbusier la idea de un viaje de iniciación, de un recorrido a través de la historia y de las civilizaciones que permiten el acceso a una dimensión diferente y superior:

"El Museo del Mundo (...) Aquí está el hombre solo, frente al universo. Hombre, en tiempo y lugar".[153]

---

[151] Le Corbusier. *Hacia una Arquitectura*. Obra citada.
[152] Referencia hecha por Le Corbusier al Templo de Tebas, en *Hacia una Arquitectura*. Obra citada.
[153] Le Corbusier y Jeanneret, Pierre. *Obra Completa. Volumen 1 1910-29*. Obra citada.

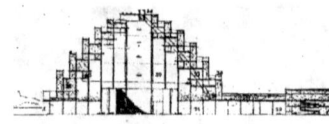

Le Corbusier. El Museo Mundial como Caverna, Montaña Cósmica y Laberinto

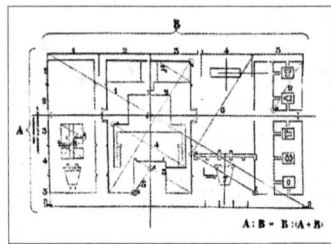

Le Corbusier. Mundaneum.
Sección áurea y trazados reguladores

Con su forma de pirámide en espiral y laberíntica, el *Museo* remite a la *Torre de Babel* y a la figura del laberinto como símbolos del conocimiento en cuanto el edificio representa un templo –moderno– consagrado a todo el conocimiento acumulado del mundo. El recorrido por el mismo constituye un viaje por todo ese saber acumulado a través de la historia de la humanidad. Un conocimiento que no es inmediato, sino que se debe recurrir a toda una procesión y un esfuerzo, tanto físico como simbólico, para acceder a él, como ocurre en el laberinto.

En las configuraciones sagradas, la caverna es el lugar en donde se cumple el acto final de iniciación misma, siendo el laberinto –lugar de las pruebas previas– el camino que conduce a ella. El laberinto forma parte así de todo santuario, de todo lugar destinado a los misterios. Conectado con la caverna y la montaña, que guardan el secreto, el laberinto las rodea con sus repliegues y desemboca finalmente en ellas.[154]

Esta configuración de las arquitecturas cosmológicas es la que se comprueba precisamente en el *Museo Mundial*. La rampa escalonada y en espiral que rodea ascendentemente al cuerpo central del Museo hasta llegar a su cima y penetrar en el interior invoca ese camino de iniciación y de pruebas previas hasta llegar al *centro espiritual*. Por último, el recorrido descendente por la rampa interior en torno al gran vacío central culmina, como anticipamos, en el espacio enterrado ubicado en el centro, el *Sacrarium*, lugar oculto, guardián del tesoro.

---

[154] Las relaciones entre el laberinto, la caverna y la montaña han sido desarrolladas por Guenón, en *Símbolos fundamentales de la Ciencia Sagrada*. Obra citada.

La pirámide escalonada del Museo es representación de la montaña sagrada que guarda en su interior los misterios, un templo para el arte y el hombre desde una visión trascendente.

> "En cuanto a la asimilación de los templos a las Montañas Cósmicas y a su función de vínculo entre la Tierra y el Cielo, los propios nombres de las torres y de los santuarios babilonios dan testimonio: Monte de la Casa, Casa del Monte de todas las tierras, Monte de las Tempestades, Vínculo entre Cielo y Tierra, etc. El zigurat, propiamente hablando, era una Montaña Cósmica".[155]

Los 7 escalones de la pirámide no es un número arbitrario ni responde a un tema funcional, se trata de un número sagrado dentro de la numerología que representa a los 7 planetas, las 7 órbitas del cosmos y la unión del cielo y de la tierra: 3+4.

La planta general del *Mundaneum*, donde se ubica el *Museo Mundial*, se inscribe dentro de un rectángulo áureo y dispone cada una de las piezas de acuerdo a un trazado regulador y a la espiral de segundo grado. Como en el resto de todas sus obras, lo mismo que en su pintura, Le Corbusier recurre a los trazados reguladores no solo como un instrumento formal sino como el criterio de una armonía superior, y se refiere a los mismos en innumerables ocasiones, desde muy temprano ya en *Hacia una Arquitectura* y en *L'Esprit Nouveau*.

> "Así, al tener que resolver el problema arquitectónico del Mundaneum, nos vimos llevados a concebir que un complejo extendido sobre 1.100 metros de longitud por 650 metros de profundidad, no podía abandonarse, en la disposición de los edificios, a las reglas del buen gusto. Pensábamos que el sol transmitiría puntos de la composición suficientemente evidentes para que

---

[155] Elíade, Mircea. *Lo Sagrado y lo Profano*. Obra citada.

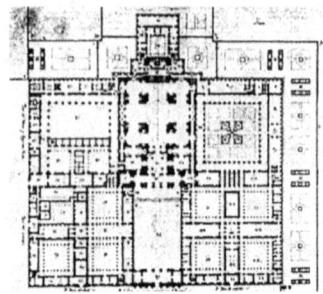

Palacio de El Escorial. Planta

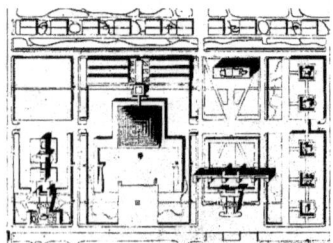

Le Corbusier.
Mundaneum. Planta de conjunto

la mente pudiera reconstruir espacios precisos, y son estos espacios los que hemos ordenado mediante una traza reguladora. Hemos elegido la traza de la Sección de Oro, siendo esta traza, como hemos dicho, la más idealmente pura. He aquí esta huella que actúa sobre el propio plan".[156]

En el trazado regulador del *Mundaneum* cada una de las partes se ubica de acuerdo a los ritmos y a las figuras que define el Número de Oro. Una geometría precisa y armónica que ordena lo que son las distintas piezas del Montaje. Un Montaje que en este caso no recurre al choque, a lo disruptivo, al fragmento, lo inarmónico, o a las superposiciones de lo diferente, sino a un ensamble armónico entre las partes y el todo.

Un ordenamiento, un uso de la geometría, y su relación con los contenidos esotéricos, que se corresponden con otro edificio, en este caso del siglo XVI, pleno de significados cosmológicos, *El Escorial* de Felipe II.

Le Corbusier toma la espiral como la forma geométrica que sigue las leyes naturales del crecimiento, una forma que se manifiesta a través de la vida orgánica, una forma que crece en armonía respecto de toda su definición.

En geometría hay distintos tipos de espirales y Le Corbusier toma para la espiral logarítmica para la organización del *Mundaneum* –dentro del rectángulo áureo– y la espiral de Arquímedes para la pirámide del *Museo Mundial*, convirtiéndola en una

---

[156] Le Corbusier. *Tracés Régulateurs*, en *L'Architecture Vivante*. Obra citada.

espiral cuadrada. Esto es explícito en varias de sus propuestas para museos, como el *Museo de Arte Contemporáneo* en París o el *Museo de Crecimiento Ilimitado*, llamándolos museo en espiral cuadrada.

La propuesta del *Museo Mundial* va a ser formulada por Le Corbusier como la posibilidad de establecer un tipo, en este caso destinado al tema del museo, como se puede ver en algunos proyectos posteriores, entre ellos estos recién mencionados de Arte Contemporáneo y el de Crecimiento Ilimitado.

No obstante, en el caso del *Museo Mundial* la idea del tipo adquiere otros significados y connotaciones.

El tipo no remite exclusivamente a un imaginario de reproducción técnica o al de la serialización de lo industrial. Si bien es algo que puede repetirse en diversas circunstancias o lugares, no solo refiere al mundo de la tecnificación o a la imagen de lo industrial. En el *Museo Mundial* puede decirse que el tipo remite al arquetipo, como una figura arraigada no solo en la historia, sino en la cultura arcaica, mitológica. Figuras arquetípicas como la torre en espiral, la caverna, la montaña cósmica y el laberinto, que se hallan insertas en y desde los orígenes remotos del pasado. Un vínculo del *Museo* con el arquetipo que implica un vínculo con el origen de las cosas y del mundo. Y con otras formas arquetípicas, como la *Torre de Babel*, el *Templo de Tebas*, los santuarios babilónicos, las pirámides. Arquetipo —nuevamente *arque*: principio— o sea, aquel tipo establecido

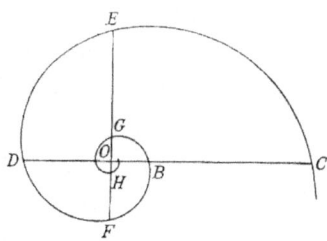

Espiral Logarítmica

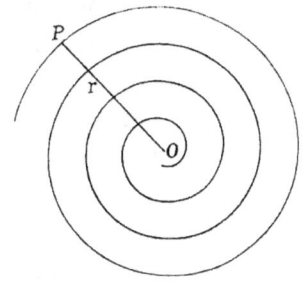

Espiral de Arquímedes

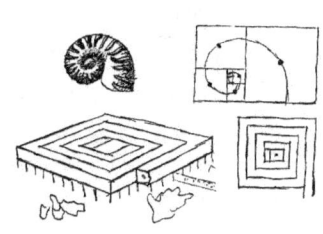

Le Corbusier.
Museo de Crecimiento Ilimitado

en los orígenes del mundo y que promulgara principios de cierto carácter mítico.

De esta manera, el tipo y su concepción moderna, cobra otros significados y se entrelaza ya no solo con la historia sino con tradiciones culturales de carácter arcaico. Una Modernidad y un Modernismo capaces de construir otros relatos y otros contenidos acerca de eso que podría significar ser Moderno.

Le Corbusier otorga este *lieu sacré* la impronta del lugar simbólicamente relevante. Una *Ciudad Mundial* que simboliza la acrópolis de un nuevo mito, un mito moderno: la igualdad entre todos los hombres y mujeres, todas las etnias, todas las culturas.

Destinado a contener y representar toda la cultura del mundo, el *Museo Mundial* se abre en un doble juego.

Por una parte implica un fenómeno de sacralización de la arquitectura moderna, de otorgarle un contenido sagrado a un tema y un programa, como el museo, que en principio no lo tenían. A través de los contenidos sacros de ciertas arquitecturas tradicionales –el santuario, el templo, la torre– se produce una operación de traslación de esas arquitecturas y de su contenido religioso a un tema y un programa totalmente modernos como el de un museo en el siglo XX. La referencia a esas arquitecturas de lo sagrado llevadas a un tema moderno, secular, o desprovisto a priori de un sentido sagrado. Una operación de extrañamiento de llevar una componente de un contexto a otro.

Por otra parte, implica lo que sería *un fenómeno de sacralización de la cultura* por medio de la arquitectura. En el seno de una sociedad moderna, cruzada por los procesos de racionalización y de objetivación, con su separación de toda componente sagrada o mítica, se estaría reinsertando un cierto contenido sagrado dentro de la Modernidad.

Ambas operaciones, la del extrañamiento y la de la sacralización, son eminentemente modernas, como parte del sentido complejo, ambiguo, ambivalente y no unívoco que implica la Modernidad.

4.5. PERIFERIAS CRITICAS DE LO DISCIPLINAR

Muchas de estas diferentes formaciones de la Modernidad y del Modernismo se desplegaron en un espacio de la centralidad del pensamiento y de la producción. Más allá de las componentes afirmativas y negativas de cada una de ellas, de sus formas más institucionales o críticas, en gran parte transitaron por esa condición de centralidad dentro de la disciplina. Una centralidad o pertenencia a un cuerpo de lo disciplinar que les fue otorgado por los modos de producción y de recepción dentro de la cultura pero además, y preponderantemente, por los poderes de legitimación y de institucionalización de las construcciones históricas e historiográficas.

Toda la historiografía sobre la Modernidad en el siglo XX, aún en sus diferentes versiones e interpretaciones, ha expuesto esa capacidad de institucionalizar ciertos discursos, construir legitimaciones en torno a un marco teórico ideológico, social, filosófico, cultural, que define cuerpos de saber, modos de producción, que define aquello que ocupa un lugar central y lo que se deja en las periferias, o se silencia; al decir de Ranciere,[157] aquello que se puede decir y ver y aquello que no, lo que la obra dice o más aún, lo que la obra podría llegar a decir.

---

[157] Ranciere, Jacques. *El destino de las imágenes*. Buenos Aires. Prometeo. 2011.

De manera paralela, o superpuesta, a estos espacios legitimados como centrales, a las producciones que se han celebrado dándoles un lugar privilegiado, se hacen presentes aquellas otras que han permanecido en una condición más de periferia, aquellas que han sido dejadas más bien en los bordes. Expresiones que han sido colocadas en el lugar de lo extraño, de lo *sui generis*, adjetivadas como una excepción, una *boutade*, y en las que se exacerba su perfil crítico. Experiencias que pueden constituir excepciones, pero que no por ello carecen de fundamentos o de un rigor teórico-conceptual. En cierto modo son obras o producciones que ejercen esa condición de la crítica operativa a la que nos referimos al comienzo de este trabajo, y que desestabilizan o interpelan, en las articulaciones entre autonomía y heteronomía, esos espacios centrales de lo disciplinar y lo cultural.

Si damos por sentada la postulación de Adorno de que todas las obras poseen un carácter afirmativo y negativo, de institucionalizar una lógica y a la vez de ejercer una denuncia, algunas de estas experiencias que obran en la periferia de la disciplina exacerban ese sentido crítico o de interpelación. Un lugar de periferia que puede deberse al sitio ocupado por el propio autor o la autora –si pensamos en casos como el de Johannes Baader, Julius Evola, la baronesa Von Freytag, o Rudolf Schlichter–, que en otros obedece a lo institucionalizado por la historiografía y la crítica –como en Bruce Goff– o que hasta pueden ser parte de la producción de alguna figura consagrada, como en Le Corbusier.

Las experiencias de las Vanguardias de principios del XX transitaron en su momento estos lugares de los márgenes, más allá de que posteriormente hayan sido legitimadas, celebradas y metabolizadas por la crítica y por las lógicas de institucionalización socio-cultural. Una marginalidad inicial que, ya sabemos, debiose a su pulsión revulsiva, a sus actuaciones sin red, a su accionar corrosivo y de eliminación de las estructuras propias del sistema. No vamos aquí a adentrarnos en un análisis del fenómeno de las Vanguardias –tema de otro trabajo– sino tan solo a señalar algunas de las características por las cuales pueden ubicarse en estas periferias críticas de lo disciplinar.

La ruptura de los criterios de forma, la crítica a la institución del arte, los nuevos procedimientos, la ruptura en la idea de arte y de objeto artístico, los montajes heteróclitos, las superposiciones, el trabajo con el caos, la ironía y el absurdo, el shock y el acontecimiento, fueron tan solo algunos de los aspectos puestos en juego en su momento en esa su ubicación crítico-marginal.

Pero la relación entre Vanguardia y arquitectura se torna problemática y discutible.

Partiendo de la base de que no todo movimiento o fenómeno innovador constituye una vanguardia, y que las Vanguardias históricas se caracterizaron por atacar al sistema que le daba fundamento a la obra y a las prácticas artísticas, resulta problemática su vinculación con la arquitectura. Por cuestiones de su misma ontología, de su propósito y de su ejecución material, la arquitectura de alguna manera debe mediar u operar con el sistema que las Vanguardias se proponían eliminar. Esto no significa que no puedan existir o no hayan existido ciertas arquitecturas asociadas a los fenómenos de la Vanguardia, si pensamos por ejemplo en las propuestas de Tatlin, Leonidov, Melnikov, Popova, o en las de los racionalistas de la izquierda alemana y holandesa como los ya mencionados Meyer, Stam, Artaria o Teige.[158] Pero no obstante su búsqueda de sustitución del sistema capitalista por otro –el triunfo de la revolución socialista en Rusia o en torno a los idearios de la izquierda alemana y holandesa–, la relación sigue proponiendo sus dificultades. La propia finalidad útil de la arquitectura, la necesidad de mediar con los protocolos y rituales del habitar, las nociones de habitabilidad,

---

[158] Los planteos de los constructivistas rusos y de los racionalistas alemanes y holandeses de la Línea Dura podrían instalarse en una producción de las Vanguardias por cuanto proponían una sustitución del sistema productivo, social, económico y político del capitalismo.

comodidad y de satisfacción de ciertas necesidades, la diferencian y separan de la finalidad sin fin del arte y de la corrosión propias de la Vanguardia.

No obstante esto, podríamos citar algunas elaboraciones de la arquitectura en el seno de lo vanguardista y que actuaron en los márgenes de la disciplina, calificadas por la crítica justamente como insólitas, irracionales, disruptivas o dominadas por el exceso de subjetividad. Nos referimos a ejemplos como los de la *Endless House* de Frederick Kiesler o el *Merzbau* de Kurt Schwitters.

Paralelamente, y por fuera del fenómeno de las Vanguardias, se dieron otros emergentes que expusieron una alternativa a los recorridos centrales de la arquitectura y con figuras sacralizadas que ocupaban ese espacio central, como es el caso de Le Corbusier con el *Pabellón de Beisteguí*. Una obra totalmente atípica, no frecuentada por los abordajes convencionales sobre lo Moderno, que marca la complejidad de su autor a la vez que resulta indiscutiblemente moderna.

Junto con esto, hallamos los ejemplos de figuras con menos trascendencia, como Bruce Goff, que marcaron otros rumbos para la modernidad arquitectónica, actuando en esa condición de borde, no solo por el carácter de sus propuestas sino además por el relegamiento que le otorgó gran parte de la crítica y de los relatos canónicos de la historia.

En sus diferentes propuestas, estas experiencias van a funcionar como un tornasol o una substancia reactiva para volver a interrogarse acerca de lo que constituye lo Moderno y sus diferentes acepciones y características.

Todas ellas van a poner en discusión el discurso hegemónico del Racionalismo y a proponer un criterio de racionalidad alternativo, no exento de rigor o de fundamentos. La ruptura de los cánones formales y el lugar dado al experimentalismo, las diferentes elaboraciones del lenguaje, la concepción del tiempo, la relación con el lugar, la concepción de la naturaleza, los criterios del habitar, van a ser aspectos que interpelen lo consagrado como Moderno, aún en sus distintas concepciones y desde espacios menos transitados.

Se trata de experiencias que rechazan el idealismo de un universal hegeliano y dejan constancia del torbellino inasible de lo Moderno dentro de sus mismas diversidades. La incorporación de la ironía, del anacronismo, de lo intempestivo, de lo adjetivado como informe, de la separación entre apariencia y realidad, de lo arcaico, de la saturación macrosemántica, de la técnica como artificio, son algunos de los ejes problemáticos que se ponen en juego. Se desestabiliza así lo considerado como racional o como coherente por los cánones de la centralidad.

A la par de esto, surge el interrogante acerca de la ontología, la axiología y la teleología de la obra, y de aquello denominado como el estatuto de la misma. Lo que en el resto de las artes se ha desplegado de manera definitiva –desde Duchamp a Malevich, de Picasso a Mondrian, en Remedios Varo, Moholy-Nagy, Man Ray, Hanna Höch, Paul Delvaux, Dubuffet, Pollock o Hans Bellmer– en el caso de la arquitectura el estatuto de la obra sigue puesto en tensión entre la convención y lo disruptivo. Las articulaciones establecidas por los lugares de la centralidad entre forma y expresión, entre materialidad y concepción filosófica del tiempo, entre espacio y usos, o la idea de objeto arquitectónico como objeto edilicio son puestas en discusión.

Esto a su vez reabre un debate entre Modernidad y Vanguardia. Es indudable que autores como Le Corbusier, Goff o Kiesler actúan dentro del sistema de producción material y simbólico capitalista. No obstante, en estas otras obras, se ponen en discusión de manera radical los protocolos del habitar, los de lo público y lo privado, las nociones de confort, consagradas por las convenciones de lo Moderno, de manera más próxima a una mirada de vanguardia. Lo que devendría en una tensión entre los conceptos de experimentalismo y vanguardia. El experimentalismo interpelando a las convenciones, produciendo rup-

Le Corbusier.
Pabellón de Beisteguí. Terraza

turas y desplazamientos críticos, llevando al sistema a una verificación o puesta a prueba hacia sus límites, pero actuando dentro de él, mientras que la vanguardia opera en la búsqueda de su eliminación.

Le Corbusier y el Pabellón de Beisteguí

Entre 1930 y 1931 Le Corbusier y Pierre Jeanneret proyectan y construyen la reforma del departamento y de la terraza que Charles de Beisteguí poseía en un antiguo inmueble ubicado en el 136 de la Avenida de los Campos Elíseos, en París. Una reforma que de Beisteguí había encargado también a Gabriel Guevrekian y a André Lurcat, decidiéndose finalmente por la propuesta de Le Corbusier.

La obra expone una imagen inquietante, extrañada, con el tratamiento de la terraza, pero sumando además la propuesta para el interior, el rol de la técnica, el lugar de la naturaleza, el juego con la ironía, y cierta dimensión mágica o de efecto sorpresa.

Toda la obra aparece como un artefacto, una máquina: la naturaleza de la terraza como algo artefactual, el dispositivo del periscopio para contemplar la ciudad, los paneles interiores, carpinterías y sectores de cercos vivos que se abren y cierran eléctricamente. Pero se trata de una máquina insólita, una máquina a reacción poética, una concepción de la técnica no bajo su acepción utilitaria y de un racionalismo objetivo sino de la técnica asociada a lo fantástico, lo oculto, lo maravilloso o lo misterioso. La construcción de una máquina lúdica.

La azotea se divide en tres sectores y presenta lo que podría denominarse como un *paisaje surrealista*. Un paisaje que aparecía en las pinturas de Magritte, de Delvaux, de Ernst, de Varo, y que aquí se lleva a la arquitectura. La manera de disponer los tabiques de separación y las aberturas, la forma dada a la vegetación, el contraste entre la abstracción y la pureza de algunos de esos elementos con lo figurativo historicista de otros elementos, proponen un paisaje extrañado, sugerente, en cierto modo fantástico, irreal, propio de la poética del Surrealismo.

En el sector más alto de la terraza tal poética llega a su clímax.

Rene Magritte.
El Umbral de la Libertad

Los muebles, diseñados por Emilio Tierry, una cómoda de piedra, el espejo, los sillones, el hogar de estilo barroco, un papagayo disecado, relojes, cajas de música, junto con la alfombra verde de césped, conforman un *collage*, un montaje de piezas que se reúnen de manera insólita en ese espacio a cielo abierto, un lugar de encuentro de esos objetos que resulta inapropiado, irracional, justamente, *fuera de lugar*, pero a la vez de ensueño, provocativo. Es la misma idea de lugar de encuentro inapropiado que podemos hallar en la famosa frase de Lautréamont "Bello como el encuentro fortuito de una máquina de coser y un paraguas en una mesa de operaciones",[159] el acoplamiento de dos realidades irreconciliables en un plano que, en apariencia, no resulta pertinente a ninguna de las dos. Lo extraño no son los objetos, sino ese lugar en que se hallan, que convierte a la terraza en un lugar rarificado, insólito, extravagante, ajeno a los ideales de un racionalismo funcionalista.

Le Corbusier supo referirse a los surrealistas con cierto desdén, desestimándolos, como en su escrito de *L'Art Décoratif d'Aujourd'hui* de 1925. Pese a esto, no pueden negarse ciertas componentes surrealistas en algunos de sus planteos a nivel proyectual y a nivel discursivo.

---

[159] Ducasse, Isidore. Conde de Lautréamont. *Obras Completas. Los Cantos de Maldoror. Poesías. Cartas*. Barcelona. Editorial Argonauta. 1979 (El original de 1869).

Le Corbusier.
Pabellón de Beisteguí. Terraza

Ya en los objetos a reacción poética, en las figuras incluidas en sus pinturas –en *Léa*, de 1931, una ostra gigante entra por una puerta para encontrarse con una guitarra–, se comprueba esa dimensión metafórica y poética que poseen los objetos y lo discordante que puede ser su reunión. Objetos a reacción poética que, como ya hemos visto, se desprenden de su sentido original y se metaforizan cobrando otros significados de la mano de esa visión poética que les otorga el autor.

Lo mismo ocurre con la ironía, convertida en un procedimiento o categoría proyectual.[160] De manera similar al Surrealismo, la ironía funciona como un recurso para desestabilizar lo convencional, lo considerado como racional y coherente, un recurso para abrir la interpretación y la relación entre cosas no solo no semejantes sino discordantes, para abrir la relación entre las cosas no solo por la semejanza. La ironía de un interior barroco estilo Luis XV en una terraza al aire libre, de una alfombra de césped que remarca la alusión a esa interioridad; un montaje o collage insólito, disparatado, que corroe la supuesta racionalidad de lo real y de la relación entre las cosas.

Lo insólito o irónico de este montaje hace que el mismo resulte más artificioso, menos *natural* –si cabe el término–, remarcando su sentido artefactual en tanto un artefacto o maquinaria lúdica. Reunión de elementos al aire libre como pura artificiosidad, máquina lúdica que dispara alusiones, enriqueciendo

---

[160] La ironía en la arquitectura constituye un procedimiento muchas veces utilizado a lo largo de la historia, si pensamos en el *Tambo* de Lequeu, el proyecto para el concurso del *Chicago Tribune* de Loos, o la *Villa Dall'Ava* de Koolhaas, entre muchos otros ejemplos.

el contenido iconográfico, proponiendo una colisión temporal a la vez que espacial, interrogando acerca de lo que resulta real, falso o verdadero. ¿Resulta efectivamente real ese interior barroco propio del *Ancien Régime* en un exterior, o es el sueño que desde una perspectiva onírica sacude lo supuestamente real? Una máquina artificiosa pero sugerente con la presencia de objetos inesperados en ese sitio, artificio que suscita emociones, objetos convertidos en objetos a reacción poética. Los muebles, el espejo, el hogar, han abandonado su estatuto funcional, su idea de objetos de uso, su función útil, para convertirse en objetos cargados de una poética, de una condición sugerente, inquietante, como el sillón en una pintura de De Chirico, como los dos burros dentro de dos pianos arrastrando a sendos clérigos en *El Perro Andaluz* de Buñuel, como en *El dormitorio del amo vale la pena pasar en él una noche* de Max Ernst, o como en la vajilla forrada en piel de *Plato, taza y cuchara recubiertos de piel* de Méret Oppenheim.

Méret Oppenheim.
Plato, taza y cuchara recubiertos de piel

Le Corbusier.
Pabellón de Beisteguí. Terraza

El montaje de todo el dispositivo surreal se completa con la incorporación a distancia de las vistas de cuatro monumentos relevantes, de cuatro *lugares sagrados* según Le Corbusier, de la ciudad de París: el *Arco de Triunfo*, la *Torre Eiffel*, *Las Tullerías* y *Notre Dame* y el *Sacré Coeur*. Tales piezas arquitectónico-urbanísticas de la realidad de la ciudad aparecen como parte del montaje en un juego de cercanía y distancia, del mismo modo que se incorporaban partes, elementos o fragmentos de realidad –un trozo de madera, una pieza de metal, una etiqueta, un boleto– dentro de los collages cubistas o dadaístas. Un collage arquitectónico que, como en el caso de las artes plásticas, incorporaba un fragmento o una pieza de la realidad a la configuración de la obra artística.

Esta operación, la inclusión de fragmentos o piezas de la realidad, al igual que en las artes plásticas, venía a plantear un debate acerca del tema de la representación. El arte moderno no solamente consagraba la poética y el lenguaje de la abstracción sino que establecía una tensión o una relación entre abstracción y figuración o abstracción y representación: la obra moderna ya no *representaba* la realidad sino que la incluía, con su presencia en forma de fragmentos, dentro de sí misma. De manera similar, en el *Pabellón de Beisteguí* se pone en juego esa relación entre la abstracción del lenguaje racionalista de la obra y lo figurativo de las formas historicistas de los muebles y de los monumentos de la ciudad. La obra moderna en arquitectura ya no representaba la tradición histórica con sus formas arquitectónicas sino que la incluía como parte de una realidad construida.

La componente surrealista va a definir así mismo la presencia de la naturaleza.

Se trata de una naturaleza totalmente operada, manipulada, convertida no solo en un material sino en algo artificioso. La vegetación allí incluida presenta formas insólitas, que han perdido toda su naturalidad, presentando un paisaje extraño, onírico, ya que la imagen natural de esa naturaleza se ha visto deformada. Con la presencia de ese interior en el exterior, con la alfombra verde, con la deformación de la naturaleza, la persona se sumerge en un paisaje construido, totalmente artificioso, propio de las regiones de lo irreal, de los sueños o de lo onírico. Perdida la imagen natural de la naturaleza, llevada a su deformación, se distorsiona la idea de lo real, de la relación entre realidad y apariencia. El visitante se introduce así en un mundo fantástico, artificioso, similar al del barroco; y no es casual en ese sentido el gusto de Charles de Beisteguí por el barroco.

El propósito del proyecto, tal como lo había solicitado el propietario, apuntaba a constituir un lugar para el divertimento, para la expansión, para causar sorpresa entre sus invitados. De

Beisteguí era un millonario excéntrico, miembro de la elite social y cultural parisina, coleccionista de arte, organizador de grandes fiestas, y admirador del barroco, de los castillos de Luis II de Baviera, del Surrealismo, de todo lo relacionado con lo insólito, lo fantástico, lo artificioso. Es así que la encomienda parte desde la propia iniciativa del propietario para crear esa fantástica maquina lúdica.

En este desarrollo va a cobrar un papel significativo el lugar de la técnica.

Como anticipamos, una mirada sobre la técnica que no es la de una concepción pragmática o utilitaria, vinculada con la eficiencia funcional, sino con una interpretación fantástica, lúdica, hasta de misterio, sobre la técnica.

Uno de los aportes en este sentido es la inclusión de un periscopio desde el cual se podía observar el entorno de la ciudad. En una pequeña cámara de forma oval, parcialmente oscura, el periscopio funcionaba como un artilugio técnico que sobresalía del plano de la cubierta y proyectaba las imágenes urbanas sobre el plano de una mesa circular, jugando con esta idea del voyerista, del observar sin ser visto. Divisar el paisaje urbano desde el interior reducido de una pequeña cámara y a través de una máquina. La distancia interpuesta entre el ático y el panorama parisino queda señalada por un aparato tecnológico, el periscopio. De manera coincidente con el cine, en

Le Corbusier. Pabellón de Beisteguí. La naturaleza

Le Corbusier. Pabellón de Beisteguí. La terraza y el periscopio

Le Corbusier. Pabellón de Beisteguí. Interior

el cual entre la realidad y el espectador se interpone el artefacto técnico de la cámara: en ese mundo moderno ya no se puede mirar naturalmente sino a través de una máquina.[161]

Así, la máquina de habitar de Le Corbusier se ha convertido en una máquina lúdica, una *boite a miracles*, desde el punto de vista de la creación de una ilusión. Algo que vuelve a vincularla con el espíritu barroco y sus invenciones técnico-ilusorias de la *Cámara Oscura* y de la *Linterna Mágica*. En el siglo XVII Athanasius Kircher inventa ambos dispositivos como artilugios típicamente barrocos en esa relación compleja entre realidad y apariencia, entre lo real y lo proyectado, en la facultad de mirar entendida a través de un medio técnico. En el *Pabellón de Beisteguí*, al deslizar una de las divisiones interiores entre el salón y el comedor, se creaba una sala de proyecciones cinematográficas. Al presionar otro botón, del techo desaparecía una araña de cristales que de otra forma habría estorbado la proyección.

La interposición de un medio técnico que altera la apariencia de las cosas y crea un sentido misterioso e insólito alcanza también a la iluminación y al accionar de algunos elementos. Las arañas o candelabros –de clara reminiscencia barroca– carecen de luz eléctrica e iluminan por la luz producida por la llama de las velas, generando un clima fantasmagórico. Al mismo tiempo, la instalación eléctrica hace que algunos tabiques divisorios del interior se desplacen sobre una guía, que el cerco vivo de la terraza se abra y cierre automáticamente dejando ver el panorama de la ciudad, o que el espejo de la entrada se mueva en vertical, deslizándose de manera misteriosa, sorprendente.

En este caso la tecnología no está puesta al servicio del funcionamiento útil de la vivienda, del confort funcional, sino que

---

[161] Esta interposición de un artefacto técnico o de una máquina entre la realidad y la persona en el caso del cine, y a diferencia del teatro, fue planteada también para esa época por Benjamin en *La obra de arte en la época de su reproducción técnica*. Obra citada.

se emplea como un símbolo inequívoco del *savoir-vivre*, de la excentricidad de la elite, del gusto por lo sofisticadamente insólito y asombroso. La manera en el accionar de las cosas resulta invisible, mágica, una magia que diluye lo real y se reinscribe en la poética surrealista.

Este empleo de la técnica para sorprender y crear efectos y artificios es propio del barroco, creador de maquinarias y artilugios técnicos para generar grandes espectáculos visuales y sensoriales, y el escenario de un mundo pleno de artificios. Desde una de las terrazas, *Notre Dame* aparece aislada, de manera parcial por arriba del parapeto. Al apretar un botón, se desliza automáticamente el cerco vivo y se abre el espectáculo de la gran ciudad, en un efecto típicamente barroco. En una alianza entre barroco y técnica, para Le Corbusier las nuevas condiciones de la ciudad moderna son consecuencia de los medios, los que instituyen la relación entre artificio y naturaleza.

Bruce Goff y la Casa Bavinger

El ejemplo de la *Casa Bavinger*, en Oklahoma, construida entre 1950 y 1955, se inscribe dentro de la producción general de Goff, la cual rehúye cualquier tipo de clasificación y se caracteriza por su total singularidad, por la búsqueda experimental en cada trabajo, comenzando cada obra como un caso totalmente nuevo. En algunas interpretaciones, se la ha asociado a los criterios del Organicismo, pero la misma escapa ampliamente a esa denominación.

A partir de esto, y diferenciándose precisamente de aquellos abordajes que buscan las clasificaciones, la obra de Goff, y la *Bavinger* en este caso, presentan toda una serie de ejes problemáticos o de categorías que hacen a lo proyectual y a una interpelación de las formas más convencionales de la disciplina.

La ruptura del objeto arquitectónico entendido como objeto edilicio, las relaciones entre forma, expresión y materialidad, el tema de la concepción estructural como temática moderna, las concepciones del uso y del programa, la concepción del tiempo

Bruce Goff.
Casa Bavinger. Exterior

como componente de lo proyectual, los procedimientos formales, son todas categorías que ponen en discusión no solo las convenciones más estereotipadas de lo Moderno sino su propia conceptualización. En este caso desde una producción muy personal, que varía de una obra a la otra, y que es parte de una ubicación marginal respecto de los cánones centrales, y propia de un autodidacta.

Construida dentro de un bosque de árboles nativos de *black jacks*, desde su concepción formal la obra se basa en la geometría de una espiral logarítmica de unos 30 metros de longitud que va describiendo un movimiento ascendente.

El criterio espacial rompe absolutamente con la lógica de las compartimentaciones interiores, presentando una continuidad espacial total, sin tabiques divisorios entre los distintos locales. En la planta baja se ubican la sala de estar, el comedor y de manera semi-oculta la cocina y el baño. Todo esto se resuelve dentro de un sistema de desniveles y plataformas interiores que rompen con la uniformidad y continuidad del nivel 0.0. A medida que se va ascendiendo se ubican las distintas plataformas de líneas curvas que se hallan suspendidas en el espacio y colgadas por tensores, que albergan los dormitorios y el estudio.

Esto supone una ruptura radical con los criterios de forma y espaciales y de su relación con los protocolos del uso, de lo público, lo privado y la intimidad. La idea funcionalista de función –valga la redundancia– basada en una lógica mecanicista es sustituida por nuevos rituales del uso, alterando la idea de la relación espacio compartimentado-privacidad y proponiendo una noción de apropiación y de los modos del habitar diferente a las de las convenciones de la filosofía y de las prácticas burguesas que seguían rigiendo a la mayoría de las propuestas del Racionalismo o del Modernismo en general. Esto implica un cambio en la idea del programa, entendiendo al programa no como un listado de usos o de funciones sino como la concepción y la estrategia con que se abordan las diferentes variables del proyecto.

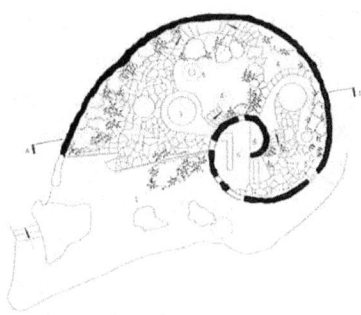
Bruce Goff. Casa Bavinger. Planta Baja

Las relaciones entre forma, materialidad y expresión se separan definitivamente de los postulados del Racionalismo y sus valores de homogeneidad, esencia, serialización, reducción expresiva, abstracción, pureza, perfección formal y material. Nada queda aquí de la forma apolínea ni del paradigma de un ideal universal preconizado por Hegel, ni de un juicio artístico de validez general como el instaurado por Kant.

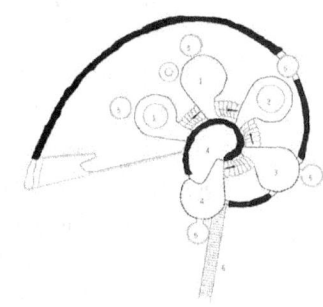
Bruce Goff. Casa Bavinger. Planta niverles

De la misma manera se diferencian de las propuestas vinculadas al Regionalismo o a la arquitectura autóctona,

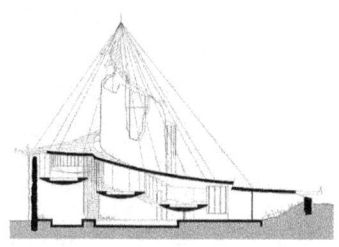
Bruce Goff. Casa Bavinger. Corte

que proponían una integración de algunos de esos criterios racionalistas y de la abstracción moderna con las tradiciones de una cultura local.

La obra se mueve dentro de una concepción compleja de la forma, a partir de la espiral, de las superposiciones, de la definición volumétrica y de los desniveles y diferentes situaciones espaciales interiores.

Como en otras experiencias dentro de la diversidad de Modernidades, la idea de Belleza, asociada al purismo y a la abstracción, es sustituida por la de la Estética, que incorpora lo extraño, lo heterogéneo, lo rústico, lo no acordado.

La expresión de la obra expone cierta característica anacrónica, al trabajar con la forma, los desniveles y la materialidad la idea de una cueva o gruta, de un habitar que alude a lo arcaico. La imagen, y en términos de esa concepción del tiempo que puede invocar la obra, no remite a una expresión futurista, de progreso tecnológico, sino que alude a un imaginario de lo arcaico, de lo primigenio en la idea de cobijo, de un pasado y un habitar primitivos en su contacto con la tierra y con la densidad matérica propia de esa condición remota en el tiempo. Así, la materialidad, no resulta tan solo una decisión técnico-constructiva o estética; se carga de otros significados que le otorgan otro espesor simbólico a la obra en cuanto a las ideas de lo que constituye lo Moderno, sus contaminaciones o mezclas con otras dimensiones del tiempo, las superposiciones temporales −presente/pasado primitivo−, los sincretismos, la idea de un tiempo no cronológico sino atravesado por la memoria o un inconsciente de lo antropológico. Un imaginario primigenio que no obstante no es nostálgico ni anti-moderno sino que propone otra noción de Modernidad, de contacto con la experiencia de la densidad textural, de la experiencia háptica, de conjunción con una condición ambiental más acorde con la naturaleza.

Esa relación con la naturaleza sin duda no es lineal, recurre a la metáfora, a la alusión, ya que aún en esa condición ambiental la obra se muestra como una construcción, como algo ejecutado por las personas.

Un *constructo* que integra lo artificial y lo natural en su expresión y en su manipulación técnica. Pero eso natural resulta ambiguo: en algunos casos el material se muestra en un estado natural, como con las piedras que constituyen el muro, mientras que en otros demuestran que ya han sufrido un proceso de conversión por las técnicas industriales.

Estas preocupaciones por lo ambiental, el uso de la metáfora, la inclusión de una idea del tiempo, los sincretismos, la ambigüedad, la idea de un *constructo*, la referencia simbólica a la naturaleza, la revisión de los usos y de la intimidad familiar, la reelaboración de las relaciones entre forma, espacio y uso, o la combinación de lo arcaico con criterios y técnicas constructivas y estructurales experimentales hacen que la obra sea eminentemente moderna.

Bruce Goff. Casa Bavinger. Interiores

En esa su condición moderna la concepción material y estructural recurre a técnicas mixtas y experimentales, utilizando materiales del lugar, industriales y reciclados, con la construcción del muro de piedras junto con la columna central que sirve de anclaje y de la cual cuelgan los tensores que sostienen la cubierta y las plataformas suspendidas. La columna proviene de la reutilización de un vástago de los que se utilizan en las perforaciones de petróleo de los campos cercanos, los tensores metálicos alteran la idea de tectonicidad, y el muro de piedra natural contrasta con el cerramiento de vidrio curvo que cierra parte de la vivienda.

La expresión general de la obra podría asemejarse a un imaginario retro-futurista, un artefacto tecno-arcaico, que conjuga lo moderno con lo primitivo. Una Modernidad de mezcla, de lo heterogéneo, que pone en crisis la imagen consagrada de lo que se considera como Moderno y *coherente*.

Dicha expresión está caracterizada por la exacerbación de la experiencia sensorial como un nuevo o diferente rasgo de lo Moderno, que no opera con la reducción de elementos, la homogeneidad unificadora y la discreción expresiva.

A diferencia de otras formas del Modernismo –que priorizan el sentido visual– aquí todos los sentidos están puestos en juego, la vista, el tacto, el oído, el olfato. El interior sumerge a la persona en una experiencia sensorial densa, con la rusticidad de la piedra de mineral de hierro *iron-rock*, los solados pétreos, la incrustación de piedras cristalinas de color turquesa, los estanques con peces, y las diferencias de nivel entre los distintos sectores de la planta baja. Un sentido de descenso interior hace que nos sumerjamos hacia adentro de una gruta en cierto modo invadida por la presencia de lo moderno de algunos de los elementos como la escalera, las piezas metálicas, los lucernarios, o el mobiliario. Quizás como una gruta que ha sido colonizada luego de un desastre nuclear, o como el imaginario de un nuevo espacio doméstico que asocia el ideal de confort al de un ambiente natural.

En su expresión particular, la *Casa Bavinger* pone en crisis la imagen convencional del objeto arquitectónico y del tema vivienda. Tanto la imagen tradicional como las nuevas expresiones dominadas por la idea de la abstracción maquinista o purista. La imagen tradicional de vivienda como objeto arquitectónico ya había sido cuestionada o modificada por un nuevo tipo de objeto arquitectónico a manos de la expresión abstracta, purista e industrial. Con Goff la imagen de la vivienda –en términos de un imaginario social, como objeto y como programa– vuelve a re-proponerse bajo estas nuevas características que hemos presentado.

Como en otros casos, las indagaciones de lo Moderno vuelven a poner en cuestión el estatuto de la obra, lo que la obra es y representa, la desestabilización por medio de su imagen, su expresión y su construcción como obra de los contenidos y de las lógicas de sentido que la misma implica.

Bruce Goff. Casa Nicol. Interior

En la trayectoria de Bruce Goff la *Casa Bavinger* no resulta un caso aislado o producto de un encargo singular.

En todas sus viviendas expone las posibilidades de una Modernidad diferente, como en la *Casa Nicol*, la *Casa Duncan*, la *Casa Pluncket*, la *Casa Searing*, o la *Casa Struckus*, entre otras.

Bruce Goff. Casa Pluncket. Exterior

Dentro de un sentido eminentemente moderno, la vivienda es un campo para experimentar las posibilidades del proyecto en cuanto a los criterios de las mezclas y de los sincretismos, de las hibridaciones, a las relaciones entre abstracción y figuración, a las cualidades expresivas y estéticas de una obra, al lugar de la materialidad, a la innovación y a la memoria antropológica de los rituales del habitar. La conformación de una expresión moderna, en cierto modo futurista,

Bruce Goff. Casa Struckus. Detalle

en ocasiones que remite a un imaginario de lo espacial, como en la *Casa Nicol*, la indagación en las probabilidades tipológicas como las del hexágono, entremezcladas con dispositivos formales innovadores, con materiales en estado natural y otros procesados, con estéticas vinculadas a la abstracción junto con elementos figurativos reelaborados de las culturas autóctonas o vernáculas, o con la inclusión de elementos escultóricos singulares, son algunas de las características que van a tomar estas indagaciones proyectuales que ubican a la Modernidad en un espacio más de lo experimental que en el de la fórmulas del modelo hegemónico.

Frederick Kiesler y la Endless House

La *Endless House* o *Casa Sin Fin* describe varias propuestas a nivel de proyecto que se suceden entre fines de los años '40 y fines de los '50, las cuales no llegaron a construirse pero que no obstante dejaron expresa una posición significativa acerca de las concepciones y de los alcances de la disciplina.

La propuesta tiene un fuerte carácter experimental, y pone en crisis todas las categorías de la arquitectura, los criterios de forma, las ideas sobre los usos, la materialidad, los modos de apropiación y de vivencia del espacio doméstico, la misma idea de lo doméstico en relación a la manera de dar forma, las implicancias de lo psicológico y de lo perceptivo en lo arquitectónico, lo que significa la Modernidad, y una ontología, un *ser*, de la arquitectura.

La misma recoge una serie de experiencias previas que Kiesler desarrolla en sus escritos, en el *Manifiesto del Correalismo* publicado en 1949 en *L'Architecture d'Aujourd' hui*,[162] y en los espacios expositivos construidos para la exposición *Art of This Century*, con la *Sala Surrealista*, en 1942, y para la Exposición Internacional de París de 1947, con la *Sala de las Supersticiones*. Otro antecedente va a ser la propuesta del *Teatro sin Fin* de 1923. En todo ello se abordaba la problemática de una concepción espacial diferente, del espacio infinito, de los fenómenos de la percepción, que van a desembocar en las ideas para la arquitectura doméstica de la *Casa Sin Fin*.

El proyecto de la *Endless House* constituye una crítica a las teorías y prácticas del funcionalismo modernista, a las teorías

---

[162] Kiesler, Frederick. *Manifiesto del Correalismo*, en *L'Architecture d'Aujourd' hui*. París. 1949.

Frederick Kiesler. Endless Theatre

Frederick Kiesler. Endless House. Maqueta

y prácticas mecanicistas para la arquitectura, a los modelos estereotipados de lo útil-funcional consagrados como supuestos valores de verdad y de eficiencia.

> "El funcionalismo no tiene en cuenta la interrelación del cuerpo con su ambiente: espiritual, físico, social, mecánico".[163]

> "Funcionalismo es determinación y por lo tanto nació muerto. El funcionalismo es la normalización de la actividad rutinaria. Por ejemplo, un pie que camina (pero no baila), un ojo que ve (pero que no mira), una mano que agarra (pero no crea)".[164]

Lo apuntado por Kiesler señala las limitaciones y el reduccionismo de las concepciones funcionalistas, y la necesidad de ampliar los alcances de la arquitectura a los factores psicológicos, fenomenológicos, propios de una experiencia más completa que supera y trasciende lo exclusivamente racionalizado y objetivado de la existencia.

---

[163] Kiesler, Frederick. *Notes of Architecture. The Space-House. Annotations at Random.* Hound & Horn. 1934.

[164] AA.VV. *Frederick Kiesler. 1890-1965. En el interior de la Endless House.* IVAM Centre Julio González. Universidad de Illinois. 1997.

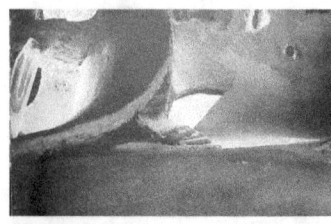

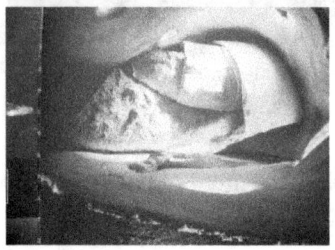

Frederick Kiesler.
Endless House. Interior de la maqueta

En las propuestas efectuadas, entre 1948 y 1959, Kiesler rompe con la concepción euclidiana del espacio y con la diferenciación taxativa de cerramientos verticales y horizontales –muros y cubiertas– configurando un espacio continuo y fluido, dinámico, de formas interpenetrables, y una envolvente curvilínea, de carácter *orgánica*, dinámica y flexible. El término de infinito o de *Sin Fin* implicaba para Kiesler la idea de lo versátil, de la posibilidad de un cambio permanente, sin posiciones ni situaciones fijas.

En este caso, el concepto de orgánico no se refería a las formas curvas de la naturaleza sino justamente a la idea del cambio, de la transformación, que caracteriza a la misma. La naturaleza como un fenómeno cambiante, que atraviesa procesos de transformación y que implican esa metáfora del movimiento. Del mismo modo que la función, que en lo biológico importa esa condición de cambio, de movimiento orgánico. Al igual que en la naturaleza, para Kiesler en la arquitectura la función es un proceso en contínua transformación, y la forma no sigue a la función sino que la función sigue al movimiento vital, a la pulsión vital de la existencia. La vida es polidimensional, orgánica y fluida, y por lo tanto no se corresponde con las formas rectas, estáticas y normalizadas. Las formas curvas de la *Endless House* no responden a un criterio estético o de formalismo de lo natural sino que la forma se halla en relación con una concepción orgánica de la vida. Los espacios interiores de la vivienda no determinan funciones cerradas en sí sino que remiten a principios multiusos y a esa dinámica de la vida como movimiento.

La dimensión orgánica otorgada a la vivienda la asemeja a un ser vivo opuesto a la máquina, al espacio biológico, un cobijo de carácter biológico o seno nutriente para la vida de la familia.

En el espacio doméstico el mobiliario está integrado a la propia envolvente, y ésta se va adaptando formalmente a la posición idónea del cuerpo para efectuar cada uso, asimilando la membrana de cerramiento al cuerpo de la persona. El cerramiento de la *Endless House* tiene propiedades biomórficas, y se debe entender como una piel más de nuestro organismo. En el *Manifiesto del Correalismo* Kiesler afirma:

> "La casa no es una máquina. Ni la máquina una obra de arte. La casa es un organismo vivo y no solamente un conjunto de materiales muertos: vive en su totalidad y en sus detalles. La casa es una piel del cuerpo humano".[165]

El concepto de psico-función se opone al de la función en su sentido mecanicista y laxamente utilitario, para pensar en una integración de lo funcional, lo psíquico y lo artístico, dando lugar a las cualidades psicológicas de las formas, los espacios y los materiales. En esto se reúnen las dos nociones que definen la arquitectura para Kiesler: la unión de las artes en la arquitectura y la inclusión de lo psíquico y de los cinco sentidos.

La arquitectura debe dar cuenta de las necesidades psicológicas de la persona y de cómo actúa el efecto psicológico del espacio en la misma. Es el principio de unidad entre la conciencia creativa de las personas y su ambiente cotidiano lo que configura el ámbito de la arquitectura.

Todo a lo largo de su carrera, en el armado de espacios de exposición, en sus diseños para el teatro moderno, y en estas propuestas para la vivienda, Kiesler desarrolla un estudio de los temas de la visión y de la percepción en el sentido en cómo

---

[165] Kiesler, Frederick. *Manifiesto del Correalismo*. Obra citada.

estas actúan sobre los usuarios considerando a la mente y al cuerpo en su conjunto en el proceso de la percepción. Los estímulos externos actúan sobre el cuerpo de manera amplia y compleja, no siendo exclusivamente gobernados por el intelecto. La imagen que se crea en el cerebro y en el imaginario de las personas no es meramente el resultado de un proceso mecánico o racional sino que está mediada por un proceso creativo en el que influyen distintos factores: los cinco sentidos –se conoce por la visión, el tacto, el oído–, la memoria, el afecto y rechazo, la sensibilidad corporal.

La intensificación de los estímulos sensoriales, el juego de la memoria como mecanismo que produce extrañamientos, la presencia de lo lúdico y de lo onírico, vincula a Kiesler con los postulados del Surrealismo, con el que compartió muchos de sus intereses y prácticas. La creación de un espacio doméstico en la *Endless House* definido no por los medios de la racionalidad y la utilidad sino por estas otras componentes mencionadas comparten las búsquedas del Surrealismo en cuanto a las posibilidades de subvertir los dictados hegemónicos de la racionalidad objetiva como mecanismo, como única modo de construcción e interpretación de la realidad.

Las propuestas para la *Endless House* se materializaron en dos maquetas de yeso –de unos dos o tres metros de longitud– y en una serie de planos, y si bien el proyecto no llegó a construirse de manera real o concreta, tales representaciones dan cuenta de estas ideas. Ya desde los bosquejos iniciales se percibe la lógica de su concepción creativa y arquitectónica, en donde lo gestual, los modos del trazo, exponen esa concepción ajena a los dictados de un racionalismo técnico-abstracto y del imperativo del logos.

En ambas maquetas la casa se encuentra elevada, separada del suelo apoyando sobre unos pilares. Más allá de esta solución en la maqueta, se expresaba la voluntad de elevar la construcción, dejándola suspendida en el espacio y liberando el nivel del suelo.

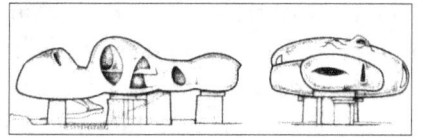  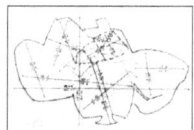

Frederick Kiesler. Endless House. Alzadas, planta, diagrama

El procedimiento formal no recurre al Montaje sino al Modelado, en donde la forma se va modelando y definiendo como producto de un trabajo manual hecho en la arcilla con las curvas que se interpenetran y unen sin solución de continuidad. De la escasa documentación y registros se desconoce si tal operación formal se fundamenta en una geometría que organiza el tratamiento de la curva, pero a partir de las premisas de Kiesler no parece que existiese una geometría que racionalice de esa manera el proceso formal sino que el mismo se va dando como parte de esa dinámica compleja en la que intervienen lo sensorial, el conocimiento táctil, los estímulos y las componentes psíquicas. La lógica del procedimiento es desde el inicio claramente espacial, ya que Kiesler rechazaba los dictados racionalistas de comenzar el diseño por una planta: para él la planta era tan solo la huella de la vivienda.

Lo que resulta evidente es que se trata de una estrategia proyectual que rompe con los criterios de configuración formal y espacial de la abstracción estética en cuanto a la descomposición de la forma y del volumen en elementos –planos y líneas–, a la primacía de la regularidad, al ensamblado o montaje de partes, a la continuidad del espacio dentro de una forma cúbica o definida por planos. En la *Endless House* se verifica un criterio diferente en las relaciones entre forma, materialidad y expresión, a partir de la continuidad formal y material, la expresión monolítica y de densidad matérica sin una descomposición formal-material. No existen en la propuesta los planos ni las columnas, la diferenciación entre elementos o el montaje a partir del criterio del elementarismo. Todo se da a partir de las ideas de la continuidad y del movimiento asociados a esa idea de un organismo o cuerpo biomórfico. Al observar las imágenes de la maqueta, más allá de su condición de algo inicial, se percibe como el espacio interior no se define por la compartimentación a partir de elementos sino que cada situación interna es producto del trabajo de modelado formal y espacial.

De la misma manera nada queda de una relación con los criterios de la tradición del Clasicismo. La axialidad, la simetría, la regularidad, la tripartición, la centralidad, la frontalidad, han quedado olvidadas desde una concepción totalmente innovadora y alternativa de lo Moderno. Los vínculos con esa tradición que podían verificarse en Le Corbusier, Mies, Loos, Perret, aún desde un diálogo crítico, en Kiesler han desaparecido totalmente.

En cuanto a las relaciones con el lugar la *Casa Sin Fin* resulta indiferente a las mismas. No propone una asimilación a las características físicas del sitio ni un seguimiento o una reelaboración de las tradiciones locales como en los Regionalismos; tampoco plantea una contraposición en términos de naturaleza y artificio o entre las preexistencias del lugar y la nueva intervención. Su erección resulta indiferente a las particularidades de un lugar, disponiéndose en un espacio abstracto, o neutro, y sin hacer menciones por parte del autor a una preexistencia o cultura local. Al contrario, en ese sentido pareciera que Kiesler aboga por una comunidad universal, por una integración cósmica en un mundo ya sin diferencias ni inequidades.

Al volver a las imágenes, tanto del exterior como del interior de la *Casa Sin Fin*, pareciera que la propuesta retoma las invocaciones a lo arcaico o a lo primitivo, con ese imaginario de retorno a una caverna como idea de cobijo. No obstante el propósito de Kiesler no se dirigía hacia esas referencias sino a una interpretación diferente desde y para la Modernidad. La *Casa Sin Fin* como exponente de una visión de futuro sobre el desarrollo que debía efectuar la humanidad. De hecho sus otros trabajos, sus proyectos de teatro –el *Space Theatre*–, las salas de exposición, y sobre todo su proyecto de *Ciudad Espacial,* confirman esa búsqueda de una comunidad universal en un futuro. Las formas curvas y texturadas, la rugosidad formal y textural, no evocan los imaginarios grutescos del arcaísmo sino la incorporación a los procesos creativos y proyectuales de las modernas teorías de la percepción y de la psicología.

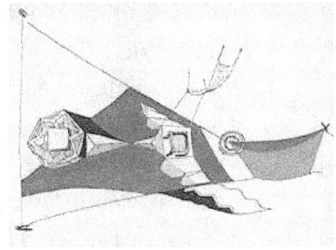
Frederick Kiesler. Arquitectura y Arte

Así mismo con la incorporación y el uso de nuevos y alternativos materiales para la construcción y sus posibilidades de expresión, tales como la esponja, el caucho, la paja, el hule o las telas, apelando a sus cualidades expresivas y a su incidencia psico-funcional. Obviamente se trata de materiales industriales, pero el imaginario al que remiten o construyen no es el de una arquitectura cuya expresión es una metáfora de los medios industriales de producción. No se trata, como en Le Corbusier, de una estetización de la técnica, ni como en Mies, de su monumentalización. La técnica aparece, a diferencia de otras visiones de lo Moderno, como un recurso que alimenta la dimensión existencial, psicológica y experiencial de la arquitectura, no como el motor o lo que determina su supuesto progreso.

El discurso de la técnica en un sentido pragmático y positivista afín a las ideas de Comte, a mediados del XIX, tomado en parte por Pevsner y Giedion como componente ineludible de la tecnificación y la mecanización de la arquitectura y de la cultura modernas –podemos recordar el texto de Giedion *La mecanización toma el mando*– es contravenido en este caso por Kiesler, dándole a la Modernidad un sentido totalmente diferente.

El caso de Kiesler podría tomarse en cierto modo como un antecedente de los despliegues posteriores de la cultura contemporánea de fines del siglo XX y para el XXI en cuanto a la problemática de la autonomía disciplinar y la disolución de sus límites o lo referente a lo transdisciplinar.

La cultura Moderna se basó, como ya expresamos, en la primacía de la autonomía disciplinar, en la especificidad del conocimiento de cada arte, disciplina o rama del conocimiento. Kiesler va a poner en crisis esta visión al discutir la autonomía disciplinar o especificidad de la arquitectura y dar lugar a formas de lo transdisciplinar o interdisciplinar.

En la *Endless House,* al igual que en sus otros proyectos u obras, la arquitectura se entremezcla con las otras disciplinas artísticas, promoviendo una unión de todas las artes. Esta disolución de los límites disciplinares o corrimiento respecto de la autonomía de la arquitectura se verifica en dos aspectos: la concepción misma de la arquitectura y del arte en sus principios y procedimientos, y la ontología, el ser, del objeto arquitectónico.

Por una parte, la arquitectura no procede solamente en base a sus principios y procedimientos sino que unifica criterios o concepciones artísticas en cuanto a las teorías de la percepción, la relación experiencial con la persona, los modos de producción de la obra. La arquitectura no se fundamenta en su conocimiento específico sino que se integra con la pintura, la escultura, el teatro, en una cosmovisión unitaria del arte. Por la otra, la misma entidad del objeto arquitectónico está puesta en entredicho. La *Casa Sin Fin* pone en crisis la idea del objeto arquitectónico como objeto edilicio, nuevamente la vivienda deja de asemejarse a la imagen y al imaginario socio-cultural que se tiene de la misma.

Kurt Schwitters y el Merzbau

El *Merzbau* fue una construcción que realizó Schwitters en el interior de su departamento en Hannover desde principios de los años veinte y que fue desplegándose a lo largo de los años, siendo destruida en 1943 durante un bombardeo. Una construcción totalmente irregular, sin orden aparente, que crecía ocupándolo todo de manera saturada y acumulativa, y que terminaba perforando el techo del departamento y ocupando el piso superior.

Pero a contramano de ese aparente desorden y acumulación caótica la obra dejaba abierta la posibilidad de toda una reflexión crítica acerca del proyecto, de la arquitectura, del estatuto de la disciplina y de la obra.

Una primera reflexión refiere a la idea de la utilización de un procedimiento y de los alcances del mismo como lógica organizativa. La construcción iba definiendo una serie de cavernas o de nichos que se iban superponiendo y ensamblando, a partir de un procedimiento de montaje. Pero ese montaje rehuía y se oponía a otras formas del montaje –como en Le Corbusier o Mies, o como en Picasso o Moholy-Nagy– que reconstruían un cierto criterio de belleza o de armonía formal. Montajes que rompían con el criterio convencional de la composición pero que no resultaban revulsivos o disolventes, sino que proponían un nuevo criterio de unidad formal. En el *Merzbau* el montaje no se propone ninguna reconstrucción de una unidad armónica, sino todo lo contrario. Su lógica es la de la fragmentación total de la forma, la de una acumulación y una saturación disruptiva, agobiante, la de la no jerarquía, la de la no dialéctica entre norma y ruptura, la de una desterritorialización. A eso se agregaba el uso de materiales de desecho, de objetos o de elementos encontrados, de desperdicios, y hasta de cosas personales o corporales aportadas por amigos y conocidos de Schwitters, como colillas de cigarrillos, lápices, mechones de pelo, una porción de dentadura y hasta un recipiente con orina. Todo ello aportado por personajes como Hans Richter, Mies Van der Rohe, Hanna Höch, Hans Arp, Theo Van Doesburg, Sophie Taeuber Arp, y Naum Gabo, entre otros y otras.

Kurt Schwitters. Merzbau

Kurt Schwitters. Construcción para damas nobles

Kurt Schwitters. Columna Merz

Lo disruptivo y rupturista del *Merzbau* implicaba ese uso de materiales de desperdicio o de basura que pasaban a convertirse en un material artístico. De la misma manera sucedía con las obras de Schwitters en las artes plásticas, con ejemplos como los collages o ensamblajes: *Construcción para damas nobles*, *Merzbild* o la *Columna Merz*. El arte, y en este caso la arquitectura, dejaban de concebir la idea del *material noble*, del material legitimado por la historia o la tradición, para incorporar como instrumento crítico esos otros materiales de desecho.

La idea de fragmento remite a dos direcciones distintas pero coincidentes. Por una parte la fragmentación de las formas o de las piezas con que se construye la obra. Por la otra, la presencia de esos fragmentos de realidad –colillas, pedazos de lápices, cabellos u orina, boletos de tranvía, billetes, trozos de madera o de metal encontrados, desperdicios, una rata embalsamada– que, como en el Cubismo, modifica la idea de representación y de expresión de lo real: la pintura o el arte ya no representan la realidad por su apariencia visual sino que la incorpora en la obra mediante fragmentos de la misma, como fragmentos de la realidad urbana moderna.

Este trabajo con los collages y los montajes ya lo venía realizando Schwitters en sus obras, con el ensamblaje de piezas y de objetos encontrados, en ejemplos tales como los mencionados *Construcción para damas nobles* y *Merz*. Collages o montajes que no se limitaban al ensamblaje de figuras o imágenes planas sino que incluían objetos con relieves y fuertes texturas.

Es así que tanto en el *Merzbau* como en sus collages, la obra adquiere un fuerte carácter táctil y de profundidad. La obra plástica o el collage deja de ser una obra plana o superficial para incluir esa rugosidad y profundidad entre los elementos u objetos que la componen. Lo mismo sucede con el *Merzbau* con la relación entre las partes, su textura, y las cavernas o huecos que se van formando. La obra de arquitectura y el espacio dejan de ser algo visual para convertirse en una percepción táctil.

Johannes Baader. Drama Dio Dada

Montajes, que se diferencian de los de le Corbusier o Mies, pero que se vinculan con el de Melnikov en el *Pabellón de la URSS*, o con otras obras dadaístas como el *Drama Dio Dadá* de Johannes Baader. Un montaje en el que se ha llevado a un extremo la des-jerarquización de las relaciones entre las partes componentes.

En su despliegue formal y espacial el *Merzbau* posee un claro carácter escultural, pero una escultura dentro de la cual vivir. Schwitters se refería a ella como:

> "Sin lugar a dudas, no construí un interior para que la gente viva en el él, ya que eso puede ser hecho mucho mejor por los nuevos arquitectos. Yo estoy construyendo una escultura abstracta (cubista) dentro de la cual las personas pueden ir o entrar. La idea de este interior es sobre todo la de una escultura somática".[166]

---

[166] De una carta de Kurt Schwitters, citada por Leah Dickerman, en *Merz and Memory: On Kurt Schwitters*, en AA.VV. *The Dada Seminars*. Obra citada.

Kurt Schwitters. Merzbau

Pero en su acumulación y saturación, esta escultura adquiere un sentido invasivo, como el de una excrecencia. Un crecimiento orgánico que todo lo va ocupando, y que a la vez va cambiando, ya que cotidianamente se van agregando más piezas, más elementos, más cavernas, que ocupan toda la vivienda, transgrediendo los límites entre los cuartos y entre el interior y el exterior.

En su despliegue se va conformando un conjunto de nichos o de cavernas dedicadas a sus amigos y conocidos, como los y las artistas antes citados. Cada una de ellas guarda esos *souvenirs*, objetos o desperdicios personales que remarcan el homenaje o la memoria de cada una de esas personas. Objetos que recuerdan o funcionan como una suerte de relicarios a la manera en que existían en la Edad Media. Tales piezas, un mechón de pelo, una porción de dentadura, un cordón de zapato, en su cualidad táctil, en su corporeidad, transfieren un sentido aurático, una cualidad singular que se halla condensada en el objeto. Souvenirs que como los antiguos relicarios importan una corporización de la memoria. Y así como los relicarios en el Medioevo o en los siglos XV y XVI se encontraban en las iglesias o capillas, así también las cavernas del *Merzbau* adquieren un sentido sagrado, de devoción, y maravilloso a la vez.

El fragmento en la construcción arquitectónica-escultural coincide con lo fragmentario de esas piezas devocionales.

Schwitters denominó a estas cavernas o nichos con el nombre de *grottos*, lo cual remitía al concepto de gruta, aquella construcción de índole rústica y fantástica que se encontraba en las villas y los jardines humanistas del XV y del XVI. Allí, lo mismo que en el Merzbau, la gruta podía guardar algo fantástico, o podía recibir los cuerpos de las personas que se disponían para bañarse, como en la *Villa Giulia* de Vignola o la gruta de los *Jardines de Bóboli*, de Buontalenti. No obstante, en el *Merz-*

bau, y como parte de su componente disruptiva, el cuerpo, en esas grutas, se encontraba reducido a un fragmento, a una pieza, como en los relicarios, o a un desperdicio, con lo cual la idea de gruta se emparentaba con la de grotesco. En las grutas de las villas o los jardines humanistas el grutesco –o grotesco– refería a la expresión rústica, sin pulir, de la piedra natural; en el *Merzbau* lo grutesco aludía a lo grotesco de las piezas o desechos que allí se podían encontrar.

Buontalenti.
La gruta en los jardines de Bóboli

En una primera lectura, la recolección y la acumulación de objetos e imágenes constituían una alusión o una referencia a la lógica de acumulación de la cultura burguesa y de su habitar doméstico. La cultura burguesa del siglo XIX y su interior doméstico se caracterizaban por ese impulso de adquirir, recolectar y acumular objetos de todo tipo, un arsenal de objetos de uso diario, de enseres, también decorativos, muebles, que representaban la idea de una cultura material derivada de la producción industrial y del consumo masivo en las culturas urbanas

El interior del espacio doméstico burgués en el siglo XIX.
Coleccionismo y acumulación

modernas. Una lógica que se asociaba a la vez con la idea del coleccionismo, propia también del siglo XIX. El interior burgués estaba signado así por la idea del *horror vacui*, del rechazo por el vacío, convirtiéndose de esta manera en un universo interior plagado de objetos *íntimos*; *horror vacui* y objetos propios de una intimidad como en el *Merzbau*.

En ese sentido la propuesta de Schwitters planteaba una crítica a las ideas y concepciones de la habitabilidad, del interior doméstico, de la acumulación, la posesión y el consumo. La construcción del *Merzbau*, en esa su excrecencia, su saturación y su grotesco, constituía una crítica social. Tales características, su exabrupto, lo anómalo, lo disruptivo, no pueden ser tomadas como un capricho del autor, una falta de coherencia o un signo de irracionalidad para la disciplina, sino precisamente como una crítica a los exabruptos, las anomalías y lo fragmentario de la vida moderna y de las lógicas de la producción y del consumo del sistema capitalista. La ironía –por medio del grotesco y lo provocativo– funcionaba así como un procedimiento para lo proyectual, un instrumento para el autor. Ironía que fue innegablemente un instrumento de las Vanguardias para poner en denuncia, en casos como los de Hannah Höch, Hans Arp, Francis Picabia, Hugo Ball, Marcel Duchamp, Man Ray, y el mismo Schwitters.

Si la figura del coleccionista y de la colección fue un rasgo típico de la cultura burguesa del siglo XIX, con esa pulsión por acumular y poseer, puede decirse que esos objetos coleccionados poseían una capacidad de condensar cualidades, de poseer un aura o de ser depositarios de una atracción deseante, de ser pasibles de una tactilidad y de estar cargados de una memoria. La colección, el objeto, como un tipo de memoria material y artificializada. Esa misma capacidad aurática, táctil, deseante, y de condensar una memoria que –irónicamente– podían tener los objetos depositados en las grutas y nichos del *Merzbau*.

Lo grotesco también podía entenderse como esa acumulación irreverente y heterogénea de grutas y objetos, que no solo se dedicaba a sus amigos y amigas artistas sino también a personajes y acontecimientos de la cultura y de la historia de Alemania, algunos propios de una historia real, otros de una historia ficticia. Schwitters lo exponía así en uno de sus escritos sobre el *Merzbau*:

"Está el tesoro de los Nibelungos con el tesoro resplandeciente; el Kyffhäuser con la mesa de piedra; la gruta de Goethe con su imagen sin una pierna y con la misma como una reliquia y muchos lápices desgastados por la escritura; la Caverna del Crimen Sexual con el cuerpo extremadamente mutilado de una pobre joven, pintado de rojo tomate y espléndidas ofrendas votivas; el distrito del Ruhr con su carbón marrón; una exhibición de arte con pinturas y esculturas de Miguel Ángel y mías siendo miradas por un perro atado con una correa (...) the Mona Hausmann consistente en una reproducción de la Mona Lisa con la cara pegada de Raoul Hausmann (ella ha perdido totalmente su estereotipada sonrisa en el proceso); un prostíbulo con la joven de tres piernas construida por Hannah Höch; y la Gran Gruta del Amor".[167]

La acumulación de grutas y de fragmentos, de partes reales de objetos y de cuerpos, de representaciones en pinturas, fotomontajes y esculturas, se propone significar o expresar el colapso del cuerpo y de la psiquis de las personas, la fragmentación de la existencia, y la definitiva pérdida de la Unidad entre las cosas y el Ser. Fragmentación que expresa la fragmentación de la vida moderna, el colapso y la decadencia de la cultura y de la civilización en Alemania luego de la Primera Guerra.

Así como los objetos depositados en el *Merzbau* estaban cargados de una memoria de sus aportantes, también eran el documento de una memoria de la cultura y de la historia alemana, de su colapso y de su decadencia en la mirada de Schwitters.

El nombre *Merzbau* estaba vinculado con el término *Kommerz*, comercio; *Merzbau*, que irónicamente aludía a una construcción comercial, como una crítica al dominio del dinero, del consumo y de la transacción en todos los ámbitos de la existencia.

---

[167] Kurt Schwitters sobre el *Merzbau*, citado por Leah Dickerman, en *Merz and Memory: On Kurt Schwitters*, en AA.VV. *The Dada Seminars*. Obra citada.

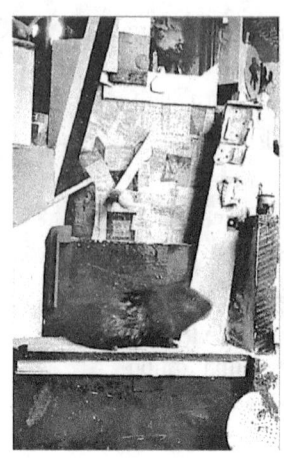 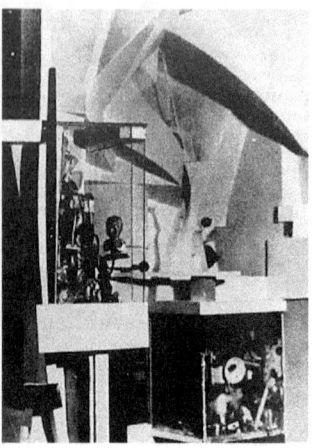

Kurt Schwitters. Merzbau

El uso de materiales de desperdicio o de desechos en las obras plásticas y collages de Schwitters, al igual que en el *Merzbau*, y su referencia al *Kommerz*, era así una crítica a la conversión de todo en una mercancía por parte del Capitalismo. El material de desechos que invocaban los detritus de una cultura económica que todo lo convierte en mercancía para luego ser desechado.

A partir de todo esto, con sus grutas dedicadas a momentos o personajes de la historia de Alemania, con su fragmentación y desperdicios, el *Merzbau* adquiere las connotaciones de un monumento, o de un altar. Un altar en honor a la memoria y a la identidad alemanas que el autor percibe en esa decadencia y colapso de la cultura, en una pérdida definitiva de su Unidad, como resultado de los excesos del economicismo y de la lógica del consumo material. Una fragmentación formal y espacial para un altar escatológico dedicado a la ruina. Las imágenes de Goethe con una pierna cortada, del cadáver de la joven ultrajada, de los soldados de la guerra sin cabeza, de actos de violencia sexual, de cuerpos dañados. La colección de fragmentos de Schwitters es un testimonio del trauma de la vida moderna al que se refirieron otros autores como

Baudelaire, Proust, Simmel, Benjamin y Freud. Y es un documento acerca de la memoria como un problema y como un trauma, de la memoria como el lugar del desasosiego.

El espacio interior doméstico se reconfigura como un santuario referido al mundo exterior, aludiendo a su fragmentación y disolución, como así también las nuevas formas de lo público y de lo privado. El espacio interior de la vivienda deja de ser el de las experiencias de la interioridad y de la intimidad de lo privado, con sus regulaciones con lo público, con lo que se comparte con el visitante y con lo que se reserva para esa intimidad o privacidad interior. La intimidad que debía abrigar a esa colección de objetos de carácter íntimo, queda abierta y expuesta, y la separación entre los diferentes espacios interiores que remarcan la diferencia entre lo público y lo privado propios del interior doméstico decimonónico ha quedado abolida.

Kurt Schwitters. Merzbau. Altar

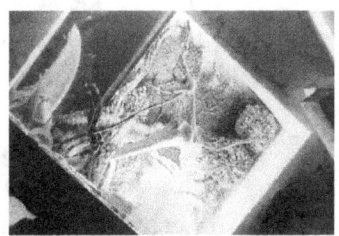

Kurt Schwitters. Merzbau. Gruta

Otro aporte que propone el *Merzbau* a la reflexión crítica sobre el proyecto y la arquitectura es el alejamiento de la autonomía o de la especificidad disciplinar –propias de lo Moderno– para involucrarse con lo que posteriormente, en la cultura contemporánea de fines del siglo XX y principios del XXI, se denominaría como la disolución de los límites disciplinares.

Como ya dijéramos anteriormente, la cultura Moderna, a partir de sus desarrollos desde mediados del siglo XVIII, se caracterizó por el principio de la autonomía disciplinar, por el cual cada disciplina o rama del conocimiento se movía dentro de su propia esfera dictando sus propias leyes, principios, categorías, sistemas de valoración, o modos de acción y producción.

En el *Merzbau*, los límites precisos entre las disciplinas comienzan a difuminarse, se diluyen las demarcaciones taxativas entre una forma de conocimiento o un arte y otro, dando lugar a los entrecruzamientos, las mezclas o las fusiones propias de lo transdisciplinar. En ese entrecruzamiento transdisciplinar, en la disolución de los límites disciplinares, en el *Merzbau* se fusionan la arquitectura, la escultura, la instalación y el acontecimiento dentro de una misma obra, perdiendo cada una de ellas su propia autonomía.

Como muchos otros dadaístas, Schwitters era poeta, escultor, artista plástico, actor, todo ello al mismo tiempo. Sus escritos se entremezclan con su obra plástica, en una fusión entre poesía y pintura. Debido a la disolución de los límites disciplinares, en el *Merzbau* no resulta pertinente plantearse donde termina la arquitectura y comienza la escultura; la lógica es totalmente otra ya que no responde a los lineamientos de la autonomía. Los procedimientos de las diferentes prácticas artísticas se mezclan dentro del sentido poético de la forma y en torno al procedimiento del montaje. Ese procedimiento, el montaje, reúne a todas las artes como una misma lógica formal. Pero la fusión o la disolución de los límites no se limitan a la manera en que se organiza la forma, sino que comprenden a la concepción misma de la obra, a su modo de experimentarla, a su modo de vinculación con el cuerpo y su percepción. Una percepción que incluye lo experiencial, lo visual, lo táctil, lo fenomenológico, una experiencia de carácter inmersivo, como en una instalación o en el arte del acontecimiento.

En el *Merzbau*, la disolución de los límites disciplinares no debe confundirse con la idea de la *Obra de Arte Total* –o *Gesamtkunstwerk*– propia de los Modernismos de fines del siglo XIX, del Art Nouveau, de la Secesión Vienesa, etc. En el concepto de Obra de Arte Total se daba un aporte desde las diferentes disciplinas o artes –la arquitectura, la escultura, el diseño industrial, el diseño textil y hasta la música– pero cada una de ellas no perdía su especificidad y la obra surgía como la sumatoria de todas ellas a partir de sus diferentes aportaciones, pero sin existir una fusión en el proceso y en el producto. No se trataba de un trabajo transdisciplinar, en el sentido dado por Morin, sino de un proceso creativo y de producción dado por lo multidisciplinar. En Schwitters la concepción es diferente y no puede distinguirse –y tampoco interesa– si se trata de arquitectura, escultura o instalación.

Tal concepción, rompiendo con la idea de la autonomía e involucrándose con la disolución de los límites implicaba en esos años veinte un atentado o una crítica al arte tradicional basado justamente en la autonomía.

De manera similar a la que se separaba y oponía a la tradición en el arte, se diferenciaba también de los montajes en Le Corbusier o en Mies, y de los collages en Picasso.

La categoría de montaje en Le Corbusier o Mies no renunciaba finalmente a la recreación de una unidad en términos de belleza o de una esencia. El ensamblaje de partes podía acudir a las superposiciones, a las tensiones entre elementos, a una confrontación entre la norma y la ruptura, a un cierto nivel de desestructuración de la forma, pero al mismo tiempo invocaba o evocaba un nuevo criterio de unidad de la forma, la intención de reunificar aquello que la propia Modernidad había fragmentado. De hecho hemos insistido en que uno de los núcleos teóricos de Le Corbusier era esa reunificación de los opuestos, ese regreso a una reunión armoniosa de lo contrapuesto.

En Picasso, sus collages también proponían una desestructuración de la forma tradicional, una ruptura del concepto de unidad y de la relación armónica y equilibrada entre las partes y las partes y el todo. Y como en Schwitters, el ensamblaje reunía elementos, objetos o piezas de la realidad, etiquetas, tickets de teatro, fragmentos de telas, boletos de tranvía, recortes de diarios, etc. Pero sus obras y su concepción no renunciaban

Pablo Picasso. La botella de suze

totalmente a un ideal de belleza o a la recreación de una nueva unidad estética.

En Schwitters, en el *Merzbau* y en sus collages, nada de eso ocurre. Los objetos tomados de la calle o aportados por sus conocidos, los desperdicios o imágenes provocativas o disruptivas, no invocan ninguna recreación de una unidad o de recuperación de una armonía. Por el contrario, se diferencian de esas otras formas de concepción de lo Moderno al denunciar la fragmentación y la disolución, y lo improbable de volver a recuperar esa Unidad perdida.

Así como Tatlin con el *Monumento a la III Internacional* celebra el triunfo de la revolución soviética, en las relaciones entre forma y significado, Schwitters construye con el Merzbau una crítica a la sociedad del momento. Una crítica a la sociedad alemana de posguerra, una denuncia de los traumas existenciales, una interpelación a los modos del habitar doméstico o a los protocolos de lo público y lo privado. Del mismo modo, propone una crítica a los principios y concepciones del arte tradicional y de la autonomía, a partir de esa disolución de los límites disciplinares; una disolución que, por otra parte, anticipa las concepciones y las experiencias de la cultura contemporánea de finales del siglo XX y principios del XXI.

El *Merzbau* no puede considerarse tan solo como una construcción fantástica ajena a toda racionalidad, como el capricho subjetivo de su autor, como un exabrupto vanguardista.

Se posiciona como un instrumento de interpelación a las concepciones y principios del proyecto, a las convenciones dictadas por la institución de la arquitectura. Interpela los dictados canonizados por la mirada funcionalista, interrogando por lo que se considera la idea de uso y por las tensiones entre uso y función, que no son un sinónimo. Se interroga así mismo por lo determinado como lo público y lo privado por la cultura burguesa del habitar doméstico y sus relaciones con las personas. Lo que cuestionaban algunos modernos –Le Corbusier, Mies, Scharoun, Oud, Gropius, Rietveld– respecto del espacio doméstico y del habitar tradicional, Schwitters lo lleva a un extremo mucho más cáustico. El proyecto y la arquitectura se invisten así de una concepción experimental y crítica, como un instrumento desestabilizador acerca de sus propios principios y convenciones y acerca de la sociedad y la cultura. Y es capaz de efectuar esa crítica operativa, de la crítica producida desde su propio conocimiento, de la cual descreía Tafuri.

Kurt Schwitters. Merz

BIBLIOGRAFÍA

AA.VV. *Alvar Aalto.* Barcelona. Ediciones del Serbal. 1998
AA.VV. *A&V Monografías de Arquitectura y Vivienda.* N°7. *Le Corbusier I.* Madrid. S.G.V. 1987
AA.VV. *A&V Monografías de Arquitectura y Vivienda* N°10. *Le Corbusier II.* Madrid. S.G.V. 1987
AA.VV. *Bauhaus.* Madrid. Alberto Corazón Editor. 1971
AA.VV. *El Rival de Prometeo. Vidas de autómatas ilustres.* Madrid. Editorial Impedimenta. 2009
AA.VV. *Frederick Kiesler. 1890-1965. En el interior de la Endless House.* IVAM Centre Julio González. Universidad de Illinois. 1997
AA.VV. *The Dada Seminars.* Washington. National Gallery of Art. 2005
AA.VV. *The Total Artwork in Expressionism.* Hatje Cantz Verlag. Alemania. 2011
Adorno, Theodor. *Filosofía de la nueva música.* Madrid. Akal. 2004
Adorno, Theodor. *Teoría Estética. Obras Completas 7.* Madrid. Akal. 2004
Adorno, Theodor y Horkheimer, Max. *Dialéctica del Iluminismo.* Buenos Aires. Editorial Sudamericana. 1987
Albrecht, Donald. *Designing Dreams. Modern Architecture in the movies.* Nueva York. Harper and Row. 1986
Allan Poe, Edgar. *Cuentos 1.* Buenos Aires. Alianza Editorial. 1990
Anderson, Perry. *Modernidad y Revolución. Revista Leviatán.* Madrid. 1984.
Apollinaire, Guillaume. *Los pintores cubistas. Meditaciones Estéticas.* Buenos Aires. Nueva Visión. 1964
Argan, Giulio Carlo et al. *El pasado en el presente. El revival en las artes plásticas, la arquitectura, el cine y el teatro.* Barcelona. Gustavo Gili. 1977

Baldock, John. *El simbolismo Cristiano.* Madrid. EDAF. 1992
Banham, Reyner. *Teoría y diseño arquitectónico en la era de la máquina.* Buenos Aires. Nueva Visión. 1971
Baudrillard, Jean. *Las Estrategias Fatales.* Barcelona. Anagrama. 1984
Behrendt, Walter. *Arquitectura Moderna. Su naturaleza, sus problemas y formas.* Buenos Aires. Ediciones Infinito. 1959
Benjamin, Walter. *El Ángel de la Historia, en Tesis sobre la filosofía de la historia.* Barcelona. Edhasa. 1971.
Benjamin, Walter. *Iluminaciones.* Madrid. Taurus. 1992
Benjamin, Walter. *Iluminaciones II.* Madrid. Taurus. 1999
Benjamin, Walter. *La obra de arte en la época de su reproducción técnica. Discursos Interrumpidos.* Madrid. Taurus. 1986
Bergson, Henri. *Memoria y Vida.* Madrid. Alianza Editorial. 1987
Berman, Marshall. *Brindis por la Modernidad.* Revista Nexos. México. 1985.
Birksted, Jan. *Le Corbusier and the occult.* Mit Press. 2009
Blundell Jones, Peter. *Modelos de la Arquitectura Moderna: Monografía de edificios ejemplares.* Barcelona. Editorial Reverté. 1911
Borges, Jorge Luis y Bioy Casares, Adolfo. *Crónicas de Bustos Domecq.* Buenos Aires. Ediciones Losada. 1992
Borges, Jorge Luis. *Otras Inquisiciones.* Buenos Aires. Emecé Editores. 1989
Borsi, Franco y König, Giovanni. *Architettura dell' espressionismo.* Génova. Vitali y Ghianda. 1972
Breton, André. *Manifiesto del Surrealismo.* Barcelona. Editorial Labor. 1995
Buchloh, Benjamin. *Formalismo e Historicidad. Modelos y métodos en el arte del siglo XX.* Madrid. Ediciones Akal. 2004
Bürger, Peter. *Teoría de la Vanguardia.* Barcelona. Ediciones Península. 1987
Burke, Edmund. *Indagación filosófica sobre el origen de nuestras ideas acerca de lo sublime y lo bello.* Madrid. La Balsa de la Medusa. 1992
Calatrava, Juan. Le Corbusier, 1955: En los alrededores de El Poema del Ángulo Recto, en Doblando el Ángulo Recto. 7 Ensayos en torno a Le Corbusier. Madrid. Círculo de Bellas Artes. 2009
Cirlot, Victoria. *Del mito del Grial al surrealismo.* Buenos Aires. Siruela. 2015
Cohen, Jean Louis. *L'architecture au futur depuis 1889.* París. Phaidon. 2012
Colomina, Beatriz. *Privacy and Publicity. Modern Architecture as Mass Media.* Massachusetts. The MIT Press. 1994

Colquhoun, Alan. *Arquitectura e Historicismo*, en *Cuadernos de Historia del Instituto de Arte Americano e investigaciones Estéticas "Mario J. Buschiazzo"*. Buenos Aires. FAU-UBA. 1988.
Colquhoun, Alan. *La Arquitectura Moderna. Una historia desapasionada*. Barcelona. Gustavo Gili. 2005
Colquhoun, Alan. *Modernidad y Tradición Clásica*. Madrid. Júcar Universidad. 1991
Conrads, Ulrich y Sperlich, Hans. *Phantastiche Architektur*. Stuttgart. Hatje. 1960
De Fusco, Renato. *El placer del arte: Comprender la pintura, la arquitectura y el diseño*. Barcelona. Gustavo Gili. 2013
De Fusco, Renato. *Historia de la Arquitectura Contemporánea*. Madrid. Hermann Blume Ediciones. 1981
De Fusco, Renato. *La idea de Arquitectura. Historia de la crítica desde Viollet-le-Duc a Pérsico*. Barcelona. Gustavo Gili. 1976
Del Valle, Luis. *Arquitectura, Cine y Tecnología en los comienzos de la Modernidad. El Gabinete del Dr. Caligari, Metrópolis, Tiempos Modernos*. Apuntes de Cátedra. Teoría de la Arquitectura. FADU-UBA. Buenos Aires. 1994
Del Valle, Luis. *Cultura y Proyecto en los inicios de la modernidad europea. Los despliegues del Clasicismo en los siglos XV y XVI*. Buenos Aires. Ediciones Diseño. 2023
Del Valle, Luis. *Desde el Jardín. Revista X2. eXperimentos en arquitectura y diseño*. Mar del Plata. Facultad de Arquitectura, Urbanismo y Diseño. Universidad Nacional de Mar del Plata. 2009
Del Valle, Luis. *El Montaje. Apuntes de Cátedra. Historia de la Arquitectura I, II y III. Cátedra Del Valle*. Buenos Aires. FADU-UBA. 2016
Del Valle, Luis. *Imaginarios Urbanos y Arquitectónicos en el Cine. La ciudad como lugar del misterio, la amenaza y la muerte*, en *Revista Área. Agenda de Reflexión en Arquitectura, Diseño y Urbanismo* N°21. Buenos Aires. UBA-FADU. Secretaría de Investigaciones. Octubre de 2015
Deleuze, Giles y Guattari, Félix. *El Anti-Edipo: Capitalismo y Esquizofrenia*. Madrid. Paidós. 1985
Deleuze, Giles y Guattari, Félix. *Mil Mesetas*. Madrid. Paidós. 1985
De Micheli, Mario. *Las vanguardias artísticas del siglo XX*. Madrid. Alianza Editorial. 1995
De Toro, Alfonso y de Toro, Fernando editores. *Jorge Luis Borges. Pensamiento y saber en el siglo XX*. 1999. Madrid. Vervuert Iberoamericana
Didi-Huberman, George. *Ante el tiempo. Historia del arte y anacronismo de las imágenes*. Buenos Aires. Adriana Hidalgo. 2006

Ducasse, Isidore. Conde de Lautréamont. *Obras Completas. Los Cantos de Maldoror. Poesías. Cartas.* Barcelona. Editorial Argonauta. 1979
Eisner, Lotte. *La pantalla Demoníaca.* Madrid. Cátedra. 1996
Elíade, Mircea. *Lo Sagrado y lo Profano.* Barcelona. Ediciones labor. 1967
Fernández, Roberto. Utopías sociales y cultura técnica. Buenos Aires. Concentra. 2005
Fiedler, Konrad. *Escritos sobre el arte.* Madrid. Visor. 1991
Foster, Hal. *Dioses Prostéticos.* Madrid. Ediciones Akal. 2008
Foucault, Michel. *Nietzsche, Freud, Marx.* Barcelona. Anagrama. 1970
Foucault, Michel. *Las palabras y las cosas. Una arqueología de las ciencias humanas.* México. Siglo XXI. 1986
Frampton, Kenneth. *Historia Crítica de la Arquitectura Moderna.* Barcelona. Gustavo Gili. 1981
Freud, Sigmund. *Obras Completas.* Madrid. Biblioteca Nueva. 1974.
Ghyka, Matila. *El número de oro.* Buenos Aires. Editorial Poseidón. 1968
Giedion, Siegfried. *Espacio Tiempo y Arquitectura. El futuro de una nueva tradición.* Barcelona. Editorial Reverte. 2009
Giedion, Siegfried. *La mecanización toma el mando.* Barcelona. Gustavo Gili. 1987
Gómez Avilés, Iván. *Esoterismo y Arte Moderno.* Madrid. Ediciones Asimétricas. Sin fecha
Gómez Avilés, Iván. *Geometría y esoterismo. El edificio del Goetheanum.* Buenos Aires. Diseño Editorial. 2015
González Madrid, María José. *Surrealismo y saberes mágicos en la obra de Remedios Varo.* Tesis Doctoral. Universitat de Barcelona. 2013
Gorostiza, Jorge. *La imagen supuesta. Arquitectos en el cine.* Madrid. Fundación Caja de Arquitectos.1997
Gropius, Walter. *Notas para un discurso pronunciado ante los artesanos de Weimar.* Berlín. Archivo Bauhaus
Guenón, René. *Símbolos fundamentales de la ciencia sagrada.* Buenos Aires. Eudeba. 1988
Habermas, Jürgen. *Modernidad: Un Proyecto Incompleto. Revista Punto de Vista.* Buenos Aires. 1984
Hawthorne, Nathaniel. *Wakefield y otros relatos.* Madrid. Editorial Montesinos. 1994
Heidegger, Martin. *Ser y Tiempo.* México. Fondo de Cultura Económica. 1971
Huberman, Alicia. *Alvar Aalto.* New York. MoMA. 1972
Jeanneret, Charles Edouard. *Hacia una Arquitectura.* Buenos Aires. Editorial Poseidón. 1970
Kandinsky, Vassily. *De lo espiritual en el arte.* México. Premia Editorial. 1989

Kaufmann, Emil. *De Ledoux a Le Corbusier. Origen y desarrollo de la arquitectura autónoma*. Barcelona. Gustavo Gili. 1986
Kiesler, Frederick. *Manifiesto del Correalismo*, en *L'Architecture d'Aujourd'hui*. París. 1949.
Kiesler, Frederick. *Notes of Architecture. The Space-House. Annotations at Random*. Hound & Horn. 1934
Kracauer, Siegfried. *De Caligari a Hitler. Una historia psicológica del cine alemán*. Barcelona. Paidós. 1985
Kracauer, Siegfried. *Estética sin Territorio*. Murcia. Colegio de Aparejadores y Arquitectos Técnicos de la Región de Murcia. 2006
Kraus, Karl. *Contra los periodistas y otros contras*. Madrid. Taurus. 1992
Krauss, Rosalind. *La originalidad de la Vanguardia y otros mitos modernos*. Madrid. Alianza Editorial. 1996
Krauss, Rosalind. *Los Papeles de Picasso*. Barcelona. Gedisa Editorial. 1999
Krustrup, Mogens. *La peinture du silence*, en *Massilia 2005 Annuaire d'Etudes Corbuseennes*. Barcelona. Grup 3 SA. 2005
Krustrup, Mogens. *L'Illiade. Le Corbusier*. París Milán. Editrice Abitare Segesta. 2000
Krustrup, Mogens. *Persona*, en *Le Corbusier. Maler og Arkitekt Painter and Architect*. Copenhague. 1995
Krustrup, Mogens. *Porte Email. Arkitektens Forlag*. Copenhague. 1991
Lahuerta, Juan José. *1927 La abstracción necesaria en el arte y la arquitectura europeos de entreguerras*. Barcelona. Anthropos. 1989
Lamarck, Jean Baptiste. *Filosofía Zoológica*. Barcelona. Editorial Alta Fulla- Mundo Científico. 1986
L'Architecture d'Aujourd'hui. Número Especial. Boulogne Sur Seine. 1946
L'Architecture d'Aujourd'hui. N° 96. Número dedicado a la arquitectura religiosa. Junio-julio de 1961
Le Corbusier. *El Modulor. Ensayo sobre una medida armónica a la escala humana aplicable universalmente a la arquitectura y a la mecánica*. Barcelona. Editorial Poseidón. 1980
Le Corbusier. *L'Art décoratif d'aujourd'hui (El arte decorativo hoy)* Editions Cres. L'Esprit Nouveau. París. 1925
Le Corbusier. *Le Poeme de L'Angle Droit*. Madrid. Círculo de Bellas Artes. 2006
Le Corbusier. *Precisiones. Respecto de un estado actual de la arquitectura y del urbanismo*. Barcelona. Editorial Poseidón. 1978
Le Corbusier. *Textos y dibujos para Ronchamp*. Ginebra. Coopi. 1989
Le Corbusier. *Texts and Sketches for Ronchamp*. Versión en inglés. Fundación Le Corbusier. París
Le Corbusier. *Urbanismo*. Madrid. Planeta Agostini. 1992

Le Corbusier et Pierre Jeanneret. *Oeuvre complete*. Alemania. Edition Girsberger. 1995.
Levi-Strauss, Claude. *El totemismo en la actualidad*. México. Fondo de Cultura Económica. 1997
Liendivit, Zenda. *La metrópolis del mal*, en *Contratiempo. Revista de Cultura y Pensamiento* N°1. Buenos Aires. 2006
Loos, Adolf. *Ornamento y Delito*, en *Ornamento y delito y otros escritos*. Barcelona. Gustavo Gili. 1980
Marchán Fiz, Simón. *Contaminaciones figurativas*. Madrid. Alianza Editorial. 1986
Milá, Ernesto. *El misterio Gaudí. Sus claves esotéricas y simbólicas ¿Francmasón, rosacruz, alquimista?* Barcelona. Ediciones Martínez Roca. 1994
Molloy, Sylvia. *Las letras de Borges*. 1999. Rosario. Beatriz Viterbo
Moore, Richard. *Le Corbusier. Imágenes y Símbolos*. 1977
Moore, Richard. *Le Corbusier. Mith and Meta Architecture. The Last Period. 1947-1965*. Atlanta. Georgia State University. 1977
Morpurgo-Tagliabue, Guido. *La Estética Contemporánea*. Buenos Aires. Losada. 1971
Neumann, Dietrich. *Film Architecture. From Metropolis to Blade Runner*. Frankfurt. Prestel Verlag
Nietzsche, Friedrich. *Más allá del bien y del mal*. Buenos Aires. Ediciones Lea SA. 2015
Oud, Johannes. *Mi trayectoria en De Stijl*. Murcia. Colegio Oficial de Aparejadores y Arquitectos Técnicos. 1986
Pearson, Paul David. *Alvar Aalto and the International Style*. The Mitchell Publishing Company. New York. 1978
Pehnt, Wolfgang. *La Arquitectura Expresionista*. Barcelona. Gustavo Gili. 1973
Petit, Jean. *Suite de Dessins. Panoramas Forces Vives*. Ginebra.1968
Pevsner, Nikolaus. *Pioneros del diseño moderno. De William Morris a Walter Gropius*. Buenos Aires. Ediciones Infinito. 2003
Pfister, Wolfgang. *Ludwig*. Frankfurt. Surhkamp Verlag. 1972
Piña, Eudes. *Expresionismo alemán. Cine expresionista y principales obras*. Madrid. El Cid Editorial
Porphyrios, Demetri. *Heterotopía. Un estudio sobre el orden en la obra de Alvar Aalto*, en AA.VV. *Alvar Aalto*. Barcelona. Ediciones del Serbal. 1998
Prada, Manuel de. *Arte. Arquitectura y montaje*. Buenos Aires. Diseño Editorial. 2014
Quetglas, Josep. *El Horror Cristalizado. Imágenes del Pabellón de Alemania de Mies Van der Rohe*. Barcelona. Ediciones Actar. 2001

Ramírez, Juan Antonio. *La Arquitectura en el Cine. Hollywood, la Edad de Oro*. Madrid. Blume. 1986
Ramírez, Juan Antonio. *La metáfora de la colmena. De Gaudí a Le Corbusier*. Madrid. Ediciones Siruela. 1998
Rancière, Jacques. *El destino de las imágenes*. Buenos Aires. Prometeo. 2011
Revista Domus. Milán. 1947
Revista Ottagono N° 48. Milán. CO.P.IN.A.1978
Richards, Simon. *Le Corbusier and the concept of self*. New Heaven. Yale University Press. 2003
Rivera, David. *La Otra Arquitectura Moderna. Expresionistas, Metafísicos y Clasicistas. 1910-1950*. Barcelona. Editorial Reverté. 2017.
Rodríguez Mora, Oscar. *De las vanguardias a la arquitectura contemporánea. Espacio-tiempo, hiperespacio y nuevas geometrías*. Buenos Aires. Diseño Editorial. 2018
Rowe, Colin y Koetter, Fred. *Ciudad Collage*. Barcelona. Gustavo Gili. 1981
Rowe, Colin. *Manierismo y Arquitectura Moderna y otros escritos*. Barcelona. Gustavo Gili. 1978
Russell-Hitchcock, Henry. *Arquitectura de los siglos XIX y XX*. Madrid. Ediciones Cátedra. 2008
Russell Hitchcock, Henry y Johnson, Philip. *The International Style*. New York. Norton Ed. 1932
Samuel, Flora. Le Corbusier. *Arquitecto y feminista*. Cambridge. Academy Press. 2004
Sánchez Biosca, Vicente. *Sombras de Weimar. Contribución a la historia del cine alemán. 1918-1933*. Madrid. Verdoux. 1990
Schildt, Göran. Alvar Aalto. *The mature years*. New York. Rizzoli. 1991
Scholem, Gershom. *La cábala y su simbolismo*. México. Siglo XXI. 1995
Schumacher, Thomas. *The Danteum*. Princeton Architectural Press. 1993
Simondon, Gilbert. *El modo de existencia de los objetos técnicos*. Buenos Aires. Prometeo. 2007
Sketches. Publicación del Instituto Tecnológico de Massachusetts. MIT Press. Cambridge. Massachusetts. 1978.
Stephenson, Nancy. *Analysis and annotations of Le Corbusier's. Le Poeme de L'Angle Droit*. Tesis Doctoral. Atlanta. Georgia State University. 1981
Subirats, Eduardo. *Linterna Mágica. Vanguardia, media y cultura tardomoderna*. Madrid. Ediciones Siruela. 1997
Sullivan, Louis. *The Tall Office Building artistically considered*. Lippincott's Magazine. 1896
Tafuri, Manfredo. *Historia de la Arquitectura Contemporánea*. Buenos Aires. Editorial Viscontea. 1982

Tafuri, Manfredo. *La Esfera y el Laberinto. Vanguardias y Arquitectura. De Piranesi a los años setenta.* Barcelona. Gustavo Gili. 1984.
Tafuri, Manfredo. *Teorías e Historia de la Arquitectura.* Madrid. Ediciones Celeste. 1997.
Tarabukin, Nikolai. *El último cuadro. Del caballete a la máquina / Por una teoría de la pintura.* Barcelona. Gustavo Gili. 1977
Taut, Bruno. *Die Stadtkrone – La Corona de la Ciudad –* Jena. 1919
Torres Cuenco, Jorge. *Le Corbusier: visiones de la técnica en cinco tiempos.* Barcelona. Fundación Caja de Arquitectos. 2004
Triguero, Guillermo. *Criaturas del cine expresionista alemán.* Barcelona. Ediciones Hermenaute. 2022
Von Hildebrand, Adolf. *El problema de la forma en la obra de arte.* Madrid. Visor. 1988
Weber, Max. *La ética protestante y el espíritu del capitalismo.* México. Fondo de Cultura Económica. 2011 (El original de 1904).
Weston, Richard. *Alvar Aalto.* Londres. Phaidon Press. 1995
Weston, Richard. *Villa Mairea.* Londres. Phaidon Press. 1992
Wick, Rainer. *Pedagogía de la Bauhaus.* Madrid. Alianza Editorial. 1993
Wittgenstein, Ludwig. *Tractatus lógico-philosophicus.* Madrid. Alianza editorial. 1999
Zevi, Bruno. *Verso una architettura organica.* Turín. Einaudi. 1945